westermann

Uwe Hoffmann, Johannes Verhuven

Praxisorganisation und -verwaltung

Zahnmedizinische Fachangestellte

9. Auflage

Bestellnummer 49782

Die in diesem Produkt gemachten Angaben zu Unternehmen (Namen, Internet- und E-Mail-Adressen, Handelsregistereintragungen, Bankverbindungen, Steuer-, Telefon- und Faxnummern und alle weiteren Angaben) sind i. d. R. fiktiv, d. h., sie stehen in keinem Zusammenhang mit einem real existierenden Unternehmen in der dargestellten oder einer ähnlichen Form. Dies gilt auch für alle Kunden, Lieferanten und sonstigen Geschäftspartner der Unternehmen wie z. B. Kreditinstitute, Versicherungsunternehmen und andere Dienstleistungsunternehmen. Ausschließlich zum Zwecke der Authentizität werden die Namen real existierender Unternehmen und z. B. im Fall von Kreditinstituten auch deren IBANs und BICs verwendet.

Zusatzmaterialien zu Praxisorganisation und -verwaltung ZFA

Für Lehrerinnen und Lehrer

BiBox Einzellizenz für Lehrer/-innen (Dauerlizenz)
BiBox Klassenlizenz Premium für Lehrer/-innen und bis zu 35 Schüler/-innen (1 Schuljahr)
BiBox Kollegiumslizenz für Lehrer/-innen (Dauerlizenz)
BiBox Kollegiumslizenz für Lehrer/-innen (1 Schuljahr)

Für Schülerinnen und Schüler

BiBox Einzellizenz für Schüler/-innen (1 Schuljahr)
BiBox Einzellizenz für Schüler/-innen (4 Schuljahre)
BiBox Klassensatz PrintPlus (1 Schuljahr)

Druck und Bindung: Westermann Druck GmbH, Georg-Westermann-Allee 66, 38104 Braunschweig

ISBN 978-3-427-**49782**-0

Vorwort

In der mehrere Jahrzehnte umfassenden Zeit, in der dieses Buch als Begleitung in der Ausbildung diente, hat sich der Ausbildungsberuf bis zu den heutigen Anforderungen an Zahnmedizinische Fachangestellte stetig verändert. Aufbau und Inhalte wurden stets angepasst und trafen auf Zustimmung, sonst wäre ein so langjähriger Erscheinungszeitraum nicht möglich gewesen.

Nun erscheint eine neu bearbeitete Ausgabe mit dem Ziel, die Lesbarkeit durch eine verständliche Sachdarstellung zu verbessern. Die aufgrund vieler Anregungen vorgenommene Bearbeitung bietet den Auszubildenden die Chance, die für die Aufgaben in der Praxisorganisation und -verwaltung zwingend erforderlichen Kompetenzen zu erwerben und zu verbessern. Damit die in diese Lernprozesse eingebundenen Lehrerinnen und Lehrer entlastet werden, wurden ergänzende Materialien entwickelt, die die Phasen eines eigenständigen Lernens unterstützen. So werden in der BiBox Lösungen zu allen Aufgaben angeboten. Die Auszubildenden haben so die Möglichkeit, ihren Lernerfolg zu überprüfen. Weiterhin können die angehenden Zahnmedizinischen Fachangestellten anhand eines Arbeitsheftes ihre Kompetenzen trainieren und festigen. Neben Aufgaben, die eine selbst formulierte Antwort erfordern, werden eine Vielzahl von Multiple-Choice-Aufgaben geboten. Die Auszubildenden haben so die Möglichkeit, sich auf die Abschlussprüfung vorzubereiten.

Wir würden uns freuen, wenn Sie uns weiterhin mit vielen Anregungen begleiten. Nur so lässt sich die langjährige Tradition erfolgreich fortsetzen, aktuelle Lehr- und Übungswerke für die Ausbildung anzubieten.

Inhalt

Lernfeld 1: Die eigene Rolle im Ausbildungsbetrieb mitgestalten

Lernfeld 2: Patienten empfangen und begleiten

Lernfeld 3: Hygienemaßnahmen organisieren und Medizinprodukte aufbereiten

Lernfeld 9: Praxisbedarf beschaffen und verwalten

Lernfeld 13: Arbeitsprozesse organisieren und optimieren

Lernfeld 1: Die eigene Rolle im Ausbildungsbetrieb mitgestalten

1 Duale Berufsausbildung

Sarah und Michaela haben die Fachoberschulreife erreicht und reden über ihre Zukunftspläne. Sarah: „Ich habe eine Ausbildung als Zahnmedizinische Fachangestellte begonnen. Nach meinem Praktikum bei einem Zahnarzt kam für mich kein anderer Beruf mehr infrage. Letzte Woche hatte ich zum ersten Mal Berufsschulunterricht. Es war sehr interessant."

Michaela: „Ich möchte Gesundheits- und Krankenpflegerin werden. Daher gehe ich weiter zur Schule, denn ohne Fachhochschulreife habe ich keine Chance, ein Krankenhaus zu finden, bei dem ich mit dieser Ausbildung beginnen kann. Ich versuche auf einem Berufskolleg diesen Abschluss zu erreichen."

Aufgaben

1. Informieren Sie sich über die duale Berufsausbildung. Stellen Sie die wesentlichen Aussagen in einer Übersicht zusammen.
2. Suchen Sie im Internet nach dem Lehrplan Zahnmedizinische Fachangestellte für Ihr Bundesland. Lassen Sie sich die Übersicht über die Fächer und Lernfelder, die während der dreijährigen Ausbildung in Ihrer Berufsschule unterrichtet werden, ausdrucken.
3. Erkundigen Sie sich, welche Möglichkeiten das berufliche Schulwesen (Berufsschule, Berufskolleg) bietet, um weitere Schulabschlüsse wie z. B. die Fachhochschulreife zu erreichen.
4. Kopieren Sie die Skizze mit dem Grundriss einer Zahnarztpraxis. Ordnen Sie den einzelnen Räumen die entsprechenden Aufgaben der zahnärztlichen Versorgung zu.

Die Ausbildung zur/zum Zahnmedizinischen Fachangestellten

Die Ausbildung zur oder zum Zahnmedizinischen Fachangestellten ist eine **duale Berufsausbildung**. Sie findet an zwei Ausbildungsorten, im Betrieb und in der Berufsschule statt. Eine überwiegend praktische Ausbildung leistet der Ausbildungsbetrieb. In der Berufsschule wird allgemeinbildendes und berufstheoretisches Wissen vermittelt.

Duale Berufsausbildung

Betrieb

Rechtsgrundlage:
- Berufsbildungsgesetz (BBiG)
- Ausbildungsverordnungen

Die betriebliche Ausbildung erfordert:
Ausbildungsverhältnis – Basis ist der Ausbildungsvertrag

Berufsschule

Rechtsgrundlage:
- Schulgesetze

Die schulische Ausbildung erfordert:
Ausbildung in einer Fachklasse auf der Basis des Lehrplans

Der Besuch der Berufsschule ist Pflicht. Der Berufsschulunterricht erfolgt üblicherweise an zwei Tagen in der Woche. Der Ausbildungsrahmenplan (siehe S. 12) regelt, was Zahnmedizinische Fachangestellte in der Praxis lernen. Dabei lassen sich zwei Schwerpunkte unterscheiden:

Der zahnmedizinische Bereich

- Empfang der Patientinnen und Patienten und deren Betreuung vor, während und nach der Behandlung
- Assistenz bei der zahnärztlichen Behandlung
- Intra- und extraorale Röntgenaufnahmen nach Anweisung und unter zahnärztlicher Aufsicht durchführen
- Mitwirken bei allen Maßnahmen zur Prophylaxe
- Erste Hilfe – Durchführung und Assistenz bei Notfällen
- Einhaltung und Umsetzung des betrieblichen Hygieneplans

Der Verwaltungsbereich

- Organisation des Praxisablaufs
- Übernahme der Büro- und Verwaltungsarbeiten
- Mithilfe bei der Durchführung der Abrechnung
- Mitwirken beim Qualitätsmanagement

Die folgende Abbildung zeigt den Grundriss einer Zahnarztpraxis. Deutlich zu unterscheiden sind die Bereiche, in denen überwiegend Verwaltungsarbeit geleistet wird, von den Räumen, in denen die zahnärztliche Behandlung, Prophylaxe, das Röntgen und Laborarbeiten erfolgen.

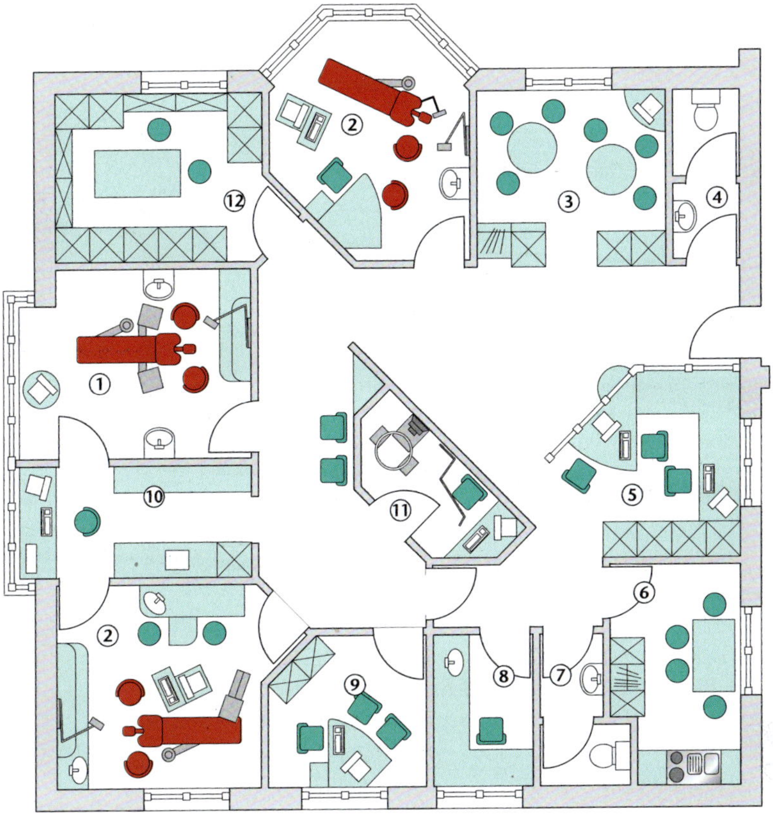

① Prophylaxeraum
② Behandlungsraum
③ Wartezimmer
④ Patienten-WC
⑤ Anmeldung
⑥ Personalraum
⑦ Personal-WC
⑧ Praxislabor
⑨ Büro
⑩ Hygienebereich
⑪ Röntgenraum
⑫ Lagerraum

Neben dem fachlichen Können ist der Umgang mit den Patientinnen und Patienten besonders wichtig. Hierzu gehört es, Vertrauen zu schaffen, Ängste zu nehmen und Einfühlungsvermögen zu zeigen.

Das Berufsbildungsgesetz verpflichtet Zahnärztinnen und Zahnärzte zur umfassenden Ausbildung.

2 Berufsbildungsgesetz und Berufsausbildungsvertrag

Sarah erzählt: „Gestern ist mein Ausbildungsvertrag von der Zahnärztekammer zurückgekommen. Ich werde den Vertrag nun erst einmal in Ruhe lesen."
Anne blättert interessiert in dem Vertrag. „Oh, die Arbeitszeit beträgt insgesamt 39 Stunden und viele Urlaubstage hast du auch. Und der Verdienst ist auch in Ordnung. Mussten deine Eltern den Vertrag mit unterschreiben?" „Ich bin noch nicht volljährig. Daher mussten meine Eltern den Vertrag auch unterschreiben."

Aufgaben

1. Beschreiben Sie, wie es bei Ihnen zum Abschluss des Berufsausbildungsvertrages kam.
2. Lesen Sie Ihren Ausbildungsvertrag sorgfältig durch. Schreiben Sie die Überschriften der einzelnen Paragrafen heraus. Prüfen Sie, ob der in dem folgenden Kapitel dargestellte verpflichtende Inhalt des Ausbildungsvertrages auch in Ihrem Vertrag enthalten ist.
3. Kopieren Sie aus Ihrem Vertrag die Pflichten, die Auszubildende übernehmen müssen.
4. Erstellen Sie eine kurze Übersicht mit den Pflichten, die der Zahnarzt/die Zahnärztin mit Abschluss des Ausbildungsvertrages übernommen hat.

Der Berufsausbildungsvertrag

Der Berufsausbildungsvertrag wird zwischen dem oder der Ausbildenden (meist ein niedergelassener Zahnarzt oder eine niedergelassene Zahnärztin), und der/dem Auszubildenden abgeschlossen. Bei Minderjährigen ist zusätzlich die Zustimmung der Eltern oder gesetzlichen Vertreter erforderlich.

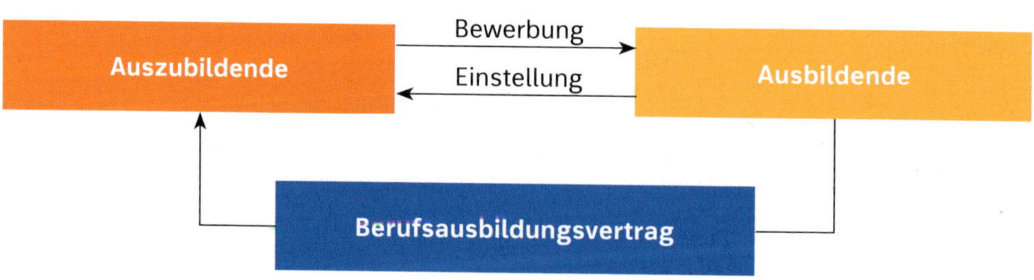

Der Vertragsabschluss erfolgt in schriftlicher Form und dreifacher Ausfertigung. Der vollständig ausgefüllte Berufsausbildungsvertrag ist vom ausbildenden Zahnarzt oder der ausbildenden Zahnärztin und der oder dem Auszubildenden zu unterschreiben. Ein Exemplar des Vertrages geht an die zuständige Zahnärztekammer.

Nach dem Berufsbildungsgesetz, das rechtliche Grundlage für alle staatlich anerkannten Ausbildungsberufe ist, müssen im Ausbildungsvertrag folgende Inhalte zwingend enthalten sein:

1. Name und Anschrift der Ausbildenden sowie der Auszubildenden, bei Minderjährigen zusätzlich Name und Anschrift ihrer gesetzlichen Vertreter oder Vertreterinnen
2. Art, sachliche und zeitliche Gliederung sowie Ziel der Berufsausbildung, insbesondere die Berufstätigkeit, für die ausgebildet werden soll
3. Beginn und Dauer der Berufsausbildung
4. die Ausbildungsstätte und Ausbildungsmaßnahmen außerhalb der Ausbildungsstätte
5. Dauer der regelmäßigen täglichen Ausbildungszeit
6. Dauer der Probezeit
7. Zahlung und Höhe der Vergütung sowie deren Zusammensetzung, sofern sich die Vergütung aus verschiedenen Bestandteilen zusammensetzt
8. Vergütung oder Ausgleich von Überstunden
9. Dauer des Urlaubs
10. Voraussetzungen, unter denen der Berufsausbildungsvertrag gekündigt werden kann
11. ein in allgemeiner Form gehaltener Hinweis auf die Tarifverträge, Betriebs- oder Dienstvereinbarungen, die auf das Berufsausbildungsverhältnis anzuwenden sind
12. Die Form des Ausbildungsnachweises

Umsetzung der Inhalte in den Ausbildungsverträgen der jeweiligen Zahnärztekammern

Zu 2: Art, sachliche und zeitliche Gliederung der Berufsausbildung und
zu 12: Form des Ausbildungsnachweises

Ein betrieblicher Ausbildungsplan ist als Vordruck dem Ausbildungsvertrag beigefügt. Er kann bei den jeweiligen Zahnärztekammern über das Internet abgerufen werden. Ein Beispiel zeigt der folgende Abschnitt:

Betrieblicher Ausbildungsnachweis

Abschnitt A: berufsprofilgebende Fertigkeiten, Kenntnisse und Fähigkeiten

	Zu vermittelnde Fertigkeiten, Kenntnisse und Fähigkeiten		Beantworten Sie hierzu folgende Fragen bzw. lösen Sie die Aufgaben zum Thema:
1	Verschwiegenheitspflichten und berufsrechtliche Vorgaben erkennen und einhalten. (§ 4 Absatz 2 Nr. 1)	a) Rechtliche Regelungen, auch zur ärztlichen Schweigepflicht, einhalten und durch geeignete Maßnahmen sicherstellen.	▪ Was gehört zu den Sprechstundengeheimnissen? ▪ Wem gegenüber ist striktes Schweigen einzuhalten? ▪ Wie gehen Sie mit Auskünften am Telefon um?
		b) Rechtliche Grenzen für selbstständiges Handeln einhalten	▪ Welche Aufgaben darf ein Zahnarzt an seinen Auszubildenden delegieren?
		c) Dokumente und Behandlungsunterlagen unter Berücksichtigung von Datenschutzvorgaben sicher aufbewahren und die Aufbewahrungsfristen einhalten	▪ Wie sieht die Dokumentations- und die dazu gehörige Aufbewahrungspflicht aus?
		d) Betriebs- und Geschäftsgeheimnisse wahren	▪ Welche Informationen gehören zu den Betriebs- und Geschäftsgeheimnissen?

Quelle: https://bzk-koblenz.de/fileadmin/BZK/Downloads/Betrieblicher_Ausbildungsnachweis_NEU_2022_Version_25_08_2022.pdf, [22.01.2024])

Der betriebliche Ausbildungsplan ist Bestandteil des Ausbildungsvertrages. Mit ihm wird die sachliche und zeitliche Gliederung des Ausbildungsablaufes entsprechend dem Ausbildungsrahmenplan festgelegt.

Der Ausbildungsrahmenplan regelt, was Zahnmedizinische Fachangestellte in der Praxis lernen. Er gliedert sich in berufsprofilgebende und integrativ zu vermittelnde Fertigkeiten, Kenntnisse und Fähigkeit. Zu den berufsprofilgebenden Fertigkeiten, Kenntnissen und Fähigkeiten gehören u. a.

1. **Verschwiegenheitspflichten und berufsrechtliche Vorgaben erkennen und einhalten,**
2. **Patientinnen und Patienten individuell betreuen,**
3. **über Prävention und Gesundheitsförderung informieren sowie bei Prophylaxemaßnahmen mitwirken [...]**

Die integrativ zu vermittelnden Fertigkeiten, Kenntnisse und Fähigkeiten sind:

1. **Organisation des Ausbildungsbetriebes, Berufsbildung sowie Arbeits- und Tarifrecht,**
2. **Sicherheit und Gesundheit bei der Arbeit,**
3. **Umweltschutz und Nachhaltigkeit,**
4. **digitalisierte Arbeitswelt sowie**
5. **Kommunikation und Kooperation.**

(Vgl.: Verordnung über die Berufsausbildung zum Zahnmedizinischen Fachangestellten und zur Zahnmedizinischen Fachangestellten vom 16. März 2022)

Die Auszubildenden müssen einen Ausbildungsnachweis (Berichtsheft) führen. Sie müssen jede Woche auf entsprechenden Vordrucken der Zahnärztekammer aufschreiben, was sie in der Praxis und eventuell auch in der Berufsschule gemacht haben. Für sie ist es der Ausbildungsnachweis; für den ausbildenden Zahnarzt/die ausbildende Zahnärztin dient es zur Ausbildungskontrolle.

Mit dem Abschluss des Ausbildungsvertrages haben sich die Auszubildenden zur ordnungsgemäßen Führung und regelmäßigen Vorlage verpflichtet. Weiterhin ist ein ordnungsgemäßer Ausbildungsnachweis Voraussetzung für die Zulassung zur Abschlussprüfung.

Zu 3: Beginn und Dauer der Ausbildung,
Zu 5: Dauer der regelmäßigen täglichen Ausbildungszeit
Zu 6: Dauer der Probezeit

Im Berufsausbildungsvertrag der Zahnärztekammer Westfalen-Lippe finden sich hierzu die farbig gekennzeichneten Regelungen:

Dauer der Ausbildung und tägliche Ausbildungszeit

Die Ausbildungsdauer beträgt nach der Ausbildungsverordnung 3 Jahre.
Die regelmäßige tägliche Ausbildungszeit beträgt 8 Stunden.

Allgemein gilt:

Die durchschnittliche wöchentliche Ausbildungszeit darf bei Auszubildenden, die das 18. Lebensjahr noch nicht vollendet haben, höchstens 40 Arbeitsstunden betragen. Die tägliche Arbeitszeit darf acht Stunden nicht überschreiten. Im Übrigen gelten für Minderjährige die Vorschriften des Jugendarbeitsschutzgesetzes.

Bei Auszubildenden gilt in der Regel der Manteltarifvertrag für Zahnmedizinische Fachangestellte. Demnach beträgt die regelmäßige Arbeitszeit ausschließlich der Pausen durchschnittlich 39 Stunden wöchentlich. Auf die Arbeitszeit der Auszubildenden wird die Berufsschulunterrichtszeit einschließlich der Pausen angerechnet. Zusätzlich gilt, dass ein Berufsschultag pro Woche mit mehr als 5 Unterrichtsstunden mit der durchschnittlichen täglichen Ausbildungszeit auf die wöchentliche Arbeitszeit angerechnet wird.

Um durch diese Einfügung eine Umbruchverschiebung zu vermeiden, würde ich im Bedarfsfall die Abbildung zum betrieblichen Ausbildungsnachweis entfallen lassen (Seite 11) oder kürzen. So können beispielsweise die Punkte c) und d) in der Abbildung entfallen.

Die wöchentliche Arbeitszeit ist so zu verteilen, dass in jeder Woche ein ganzer Tag oder zwei halbe Tage arbeitsfrei bleiben.

Probezeit und Ausbildungsende
Die Probezeit beträgt mindestens einen Monat und höchstens vier Monate.

Wird die Abschlussprüfung vor Ablauf der vereinbarten Ausbildungszeit abgelegt, so endet das Ausbildungsverhältnis mit dem Tage des Bestehens der Prüfung.

Besteht die/der Auszubildende die Abschlussprüfung nicht, so verlängert sich das Ausbildungsverhältnis auf ihr/sein Verlangen bis zur nächstmöglichen Wiederholungsprüfung, höchstens um ein Jahr.

Zu 4: Ausbildungsmaßnahmen außerhalb der Ausbildungsstätte
Die/der Auszubildende ist verpflichtet, am Berufsschulunterricht und an Prüfungen sowie an **Ausbildungsmaßnahmen außerhalb der Ausbildungsstätte** teilzunehmen, für die sie/er vom Zahnarzt/der Zahnärztin freigestellt wird.

Zu 7: Zahlung und Höhe der Vergütung
Die gesetzliche Regelung lautet: Ausbildende zahlen den Auszubildenden eine angemessene Vergütung. Die Höhe der Ausbildungsvergütung richtet sich nach dem jeweils aktuellen Gehaltstarifvertrag.

Zu 9: Dauer des Urlaubs
Der ausbildende Zahnarzt/die ausbildende Zahnärztin gewährt der oder dem Auszubildenden den Urlaub nach den geltenden Bestimmungen des Manteltarifvertrages für Zahnmedizinische Fachangestellte.

Zu 10: Kündigung des Berufsausbildungsvertrages
Während der Probezeit kann das Berufsausbildungsverhältnis ohne Einhalten einer Kündigungsfrist und ohne Angabe von Gründen schriftlich gekündigt werden.

Nach Beendigung der Probezeit kann das Berufsausbildungsverhältnis nur gekündigt werden

- aus einem wichtigen Grund ohne Einhaltung einer Kündigungsfrist (fristlose Kündigung) und
- von der/dem Auszubildenden mit einer Kündigungsfrist von vier Wochen, wenn sie/er die Berufsausbildung aufgeben oder sich für eine andere Berufstätigkeit ausbilden lassen will.

Zu 11: Hinweis auf die Anwendung der tarifvertraglichen Regelungen
Soweit in einem Ausbildungsvertrag Regelungen nicht getroffen worden sind, finden die Bestimmungen des Berufsbildungsgesetzes (BBiG) sowie der Mantel- und Gehaltstarif in der jeweils gültigen Fassung entsprechend Anwendung.

Rechte und Pflichten der Vertragsparteien

Pflichten des ausbildenden Zahnarztes/der ausbildenden Zahnärztin

- Die Auszubildenden sind entsprechend dem Berufsbild und dem Ausbildungsrahmenplan auszubilden. Dabei muss der Zahnarzt/die Zahnärztin die ordnungsgemäße Führung des Ausbildungsnachweises durch die Auszubildenden überprüfen.

- Ausbildungsmittel einschließlich Berufs- und Schutzkleidung sind kostenlos zur Verfügung zu stellen.
- Die Auszubildenden sind zum Besuch der Berufsschule anzuhalten und freizustellen.
- Den Auszubildenden dürfen nur Tätigkeiten übertragen werden, die der Ausbildung dienen und ihren körperlichen Kräften angemessen sind.
- Die Auszubildenden sind zur Teilnahme an der Zwischen- und Abschlussprüfung anzumelden und freizustellen.
- Bei Beendigung des Ausbildungsverhältnisses ist den Auszubildenden ein **schriftliches Zeugnis** auszustellen. Es muss Angaben enthalten über Art, Dauer und Ziel der Berufsausbildung sowie über die erworbenen beruflichen Fertigkeiten, Kenntnisse und Fähigkeiten der Auszubildenden. Auf Verlangen der Auszubildenden müssen auch Angaben über Verhalten und Leistung aufgenommen werden.

Pflichten der Auszubildenden

- Lernpflicht der Auszubildenden: Die Auszubildenden haben die Pflicht, alle Fertigkeiten und Kenntnisse zu erwerben, um das Ausbildungsziel zu erreichen. In diesem Zusammenhang ist auch der Ausbildungsnachweis (Berichtsheft) ordnungsgemäß zu führen und regelmäßig vorzulegen.
- Dienstleistungspflicht: Alle übertragenen Aufgaben und Verrichtungen sind von den Auszubildenden sorgfältig auszuführen und die festgesetzten Arbeitszeiten zu beachten.
- Berufsschule, Prüfungen und sonstige Maßnahmen: Die Auszubildenden haben die Pflicht zur Teilnahme am Berufsschulunterricht, an überbetrieblichen Ausbildungen und an Prüfungen.
- Weisungsgebundenheit: Die Auszubildenden haben Weisungen zu befolgen, die ihnen im Rahmen der Ausbildung von Weisungsberechtigten erteilt werden.
- Sorgfaltspflicht: Praxiseinrichtung und Arbeitsmaterial sind nur zu den übertragenen Arbeiten zu verwenden und es ist sorgfältig damit umzugehen.
- Sauberkeit und Hygiene: Die Auszubildenden haben die Pflicht zur Sauberkeit und Hygiene.
- Schweigepflicht: Die Auszubildenden haben alle Praxisvorgänge sowie den Personenkreis der Patientinnen/Patienten geheim zu halten.
- Mitteilungspflicht: Wichtige Vorkommnisse in der Praxis sind unverzüglich den Ausbildenden mitzuteilen.

Klärung von Streitigkeiten

Bei Streitigkeiten aus dem Berufsausbildungsverhältnis ist vor Inanspruchnahme des Arbeitsgerichtes eine gütliche Einigung unter Mitwirkung der Zahnärztekammer anzustreben. Dies erfolgt mithilfe des dafür eingerichteten Schlichtungsausschusses. In einem Gespräch, in dem beide Seiten ihre Sichtweisen darlegen, wird versucht, zu einer Einigung zu kommen. Zuvor helfen eventuell auch die Ausbildungsberaterinnen und -berater. Diese sind selbst als niedergelassene Zahnärzte/Zahnärztinnen tätig und haben umfassende Erfahrung in allen Fragen der Ausbildung. Sie vermitteln neutral bei Problemen, die während der Ausbildung im Betrieb oder in der Berufsschule auftreten.

Scheitert eine gütliche Einigung, bleibt oft nur der Ausweg einer Klärung mithilfe des Arbeitsgerichtes. Umfassende Beratung und Hilfen bieten hier die Berufsverbände.

3 Grundlagen des Vertragsrechts

Der 14-jährige Manuel kommt mit Schmerzen in die Praxis von Dr. Heine. Melanie, die am Patientenempfang die Krankenversichertenkarte entgegennimmt, fragt: „Wissen deine Eltern, dass es dir nicht gut geht und du deshalb unsere Praxis aufsuchst?" „Nein, ich hatte solche Zahnschmerzen, dass ich mich in der Schule abgemeldet habe, um zum Zahnarzt zu gehen." „Setz dich erst einmal ins Wartezimmer. Ich werde Dr. Heine informieren. Er nimmt dich sicher gleich dran."

Aufgaben

1. Sarah hat ein Verwarnungsgeld von 10,00 EUR bezahlen müssen, weil sie beim Abbiegen nicht geblinkt hat.
   a) Zu welchem Rechtsbereich gehört dieser Verstoß gegen die Verkehrsordnung?
   b) Wer ist bei dieser Rechtsbeziehung beteiligt?
2. Sarah war beim Kauf ihres gebrauchten Motorrollers 17 Jahre alt. Sie hat sich das Geld für den Kauf zusammengespart.
   a) War Sarah beim Kauf des Motorrollers bereits rechts- und geschäftsfähig?
   b) Begründen Sie, warum Sarah die Zustimmung ihrer Eltern für den Kauf benötigte.
   c) Ist Sarah Eigentümerin und Besitzerin des Motorrollers?
   d) Zu welchem Teil des Rechts gehören Kaufverträge?
3. Einer Zahnmedizinischen Fachangestellten wurde von ihrem Arbeitgeber am Ende des Arbeitstages mündlich mitgeteilt, dass er ihr aus wirtschaftlichen Gründen zum Ende des Monats kündige.
   a) Um welche Art der Willenserklärung handelt es sich bei einer Kündigung?
   b) Warum ist die Kündigung in diesem Fall rechtsunwirksam?
4. a) Welche Form ist beim Kauf eines Motorrollers für einen Kaufvertrag vorgeschrieben?
   b) Welche Form ist in diesem Fall zu empfehlen?
5. Melanie hat eine neue Einbauküche gegen Ratenzahlung gekauft. In welcher Form ist ein Ratenkaufvertrag abzuschließen?
6. Dr. Heine hat seinem Sohn für dessen Studium in Würzburg ein Apartment gekauft. Welche Form muss in diesem Fall der Abschluss des Kaufvertrages haben?
7. Bei einer Inspektion von Sarahs Roller stellt sich heraus, dass der Roller nicht, wie im Kaufvertrag festgehalten, 4000 km, sondern bereits ca. 9000 km gelaufen hat. Was kann Sarah in diesem Fall unternehmen?

8. Der 5-jährige Jan hat sich am Kiosk ein Comic-Heft gekauft. Leider hat er es mit Eis bekleckert. Seine Eltern sind verärgert, dass ihrem Sohn ein Heft verkauft worden ist.

   a) Wie können sie in diesem Fall reagieren?

   b) Haben sie ein Recht auf Rückgabe des Heftes und Herausgabe des Kaufpreises, obwohl das Heft verunreinigt ist? Begründen Sie Ihre Antwort.

Rechtsgrundlagen des Vertragsrechts

Beim Abschluss des Ausbildungsvertrages wurde deutlich, wie wichtig das Vertragsrecht ist. Dies spielt, wie das Eingangsbeispiel zeigt, auch eine bedeutsame Rolle in der zahnärztlichen Praxis. Melanie hat einen Augenblick gezögert, ob Manuel ohne Einwilligung der Eltern behandelt werden darf. Dann war sie sich aber sicher, dass dies möglich ist. Dieses Beispiel zeigt, dass in einer Zahnarztpraxis Rechtsvorschriften zu beachten sind. Dies trifft auch auf unser alltägliches Leben zu. Tag für Tag schließen wir eine Vielzahl von Verträgen. Solange alles gut geht, sind wir uns der vielen Rechtsvorschriften, die damit verbunden sind, nicht bewusst. Erst wenn etwas schief gelaufen ist, versuchen wir, Recht zu bekommen. Die **Kenntnisse über** die **Grundlagen des Vertragsrechts** helfen somit, im Zweifelsfall unser Recht durchzusetzen.

Ein geordnetes Zusammenleben der Menschen hat zu allen Zeiten und in allen Lebensbereichen Regeln erfordert. Zum einen wird dieses Zusammenleben durch **Sitte**, **Gewohnheit** und **Brauch** geregelt, die sich im Laufe der Zeit entwickelt haben. Zum anderen sorgt der Staat durch die Festlegung des Rechts durch Gesetze für eine weitere Grundlage des geordneten Zusammenlebens.

Definition: *Die Gesamtheit der in einem Staat gültigen Rechtsvorschriften bezeichnet man als Rechtsordnung.*

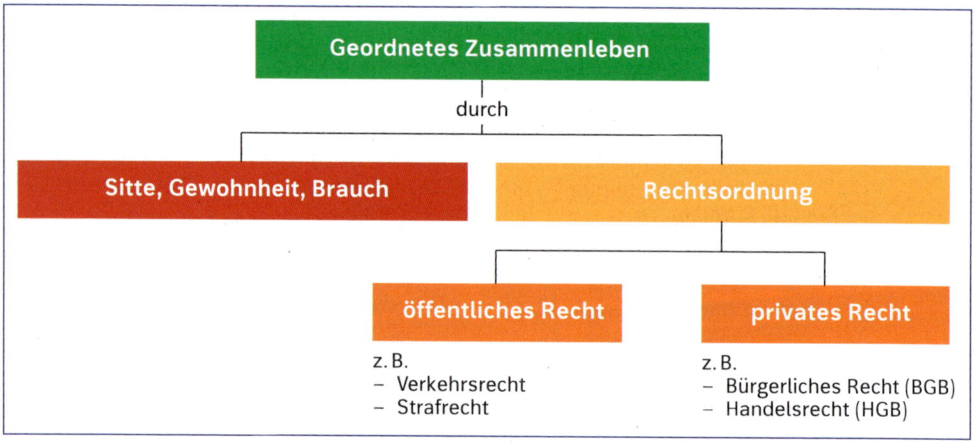

Das **öffentliche Recht** regelt die Rechtsbeziehung des Staates zu seinen Bürgerinnen und Bürgern. Verkehrsrecht und Strafrecht gehören zum Bereich des öffentlichen Rechts. In dieser Rechtsbeziehung wird der Staat vertreten durch Beauftragte, wie beispielsweise Polizeibeamte. Öffentliches Recht ist **zwingendes Recht**, d. h. es, hat für alle Bürger allgemeine Geltung und kann nicht durch Vereinbarungen von Bürgern abgeändert werden.

Beispiel: *Sarahs Vater wird von einem Polizisten nach einer Tempomessung angehalten. Er muss ein Verwarnungsgeld von 60,00 EUR zahlen, weil er zu schnell gefahren ist.*

Das **private Recht** regelt die Rechtsbeziehung zwischen den einzelnen Bürgern sowie die Rechtsverhältnisse der Unternehmen. So gehören beispielsweise alle Rechtsregeln zum Abschluss von Verträgen zum Privatrecht. Im Privatrecht gilt, dass **alle Beteiligten gleichrangig** sind und grundsätzlich ihre Vertragsvereinbarungen frei gestalten können.

Beispiel: *Sarahs volljährige Schwester kauft von ihrem ersparten Taschengeld ein Smart-TV. Sie handelt mit dem Verkäufer einen Preisnachlass von 3 % aus.*

Den größten Teil der gesetzlichen Regeln für den Abschluss von Verträgen enthalten das **Bürgerliche Gesetzbuch (BGB)** und das **Handelsgesetzbuch (HGB)**. Überwiegend haben die hier enthaltenen Regelungen zu Verträgen **Ersatzcharakter**. Sie gelten nur, wenn von den Vertragsparteien nicht ausdrücklich etwas anderes vereinbart wurde.

Beispiel: *In einem Kaufvertrag wurde bezüglich der Art und Güte der Ware keine Vereinbarung getroffen. In diesem Fall gelten deshalb die Vorschriften von HGB und BGB (§ 243 Abs. 1 BGB, § 360 HGB). Der Verkäufer muss eine Ware mittlerer Art und Güte liefern.*

Die Vertragsparteien können den Inhalt der Verträge weitgehend frei bestimmen. Dies bezeichnet man als **Grundsatz der Vertragsfreiheit**.

Rechts- und Geschäftsfähigkeit

Um Verträge rechtsgültig abzuschließen, müssen die Vertragspartner rechts- und geschäftsfähig sein.

Definition: *Rechtsfähigkeit ist die Fähigkeit von natürlichen und juristischen Personen, Träger von Rechten und Pflichten zu sein. Natürliche Personen sind alle Menschen.*

Rechtsfähigkeit

bezieht sich auf

natürliche Personen

- alle Menschen
  Beginn: mit der Geburt
  Ende: mit dem Tod

juristische Personen

- Personenvereinigungen oder Vermögensmassen mit eigener Rechtspersönlichkeit, man unterscheidet:
  - juristische Personen privaten Rechts, z. B. Genossenschaft, GmbH, Verein
  - juristische Personen öffentlichen Rechts, z. B. Länder, Rundfunkanstalten

  Beginn: Rechtsakt, z. B. Eintragung in ein öffentliches Register (GmbH-Eintrag in das Handelsregister)
  Ende: Rechtsakt – Löschung

Definition: *Geschäftsfähigkeit ist die Fähigkeit, Rechtsgeschäfte selbstständig und gültig abzuschließen.*

Im BGB werden **drei** Stufen der Geschäftsfähigkeit unterschieden:

1. Geschäftsunfähigkeit – Kinder unter sieben Jahren sowie Personen im Zustand des verminderten Bewusstseins. Rechtsgeschäfte, die ein Geschäftsunfähiger abschließt, sind nichtig. Ausnahme: Wird ein geschäftsunfähiges Kind zum Einkaufen geschickt, handelt es als Bote, d.h., es überbringt die Willenserklärung eines gesetzlichen Vertreters. Der abgeschlossene Kaufvertrag ist voll gültig.
2. Beschränkte Geschäftsfähigkeit – Minderjährige zwischen sieben und 18 Jahren. Sie können Rechtsgeschäfte nur mit Zustimmung eines gesetzlichen Vertreters abschließen. Eine im Voraus gegebene Zustimmung heißt Einwilligung, eine nachträgliche bezeichnet man als Genehmigung. Liegt eine Einwilligung vor, ist das Rechtsgeschäft von Anfang an gültig.

Ohne Einwilligung ist ein Rechtsgeschäft schwebend unwirksam. Es wird gültig, wenn es nachträglich genehmigt, und wird nichtig, wenn die Genehmigung verweigert wird. Bei folgenden Ausnahmen benötigt ein beschränkt Geschäftsfähiger keine Zustimmung:

a) Geschäfte, die mit dem monatlichen Taschengeld beglichen werden;

b) Geschäfte, die nur Vorteile bringen, Schenkungen ohne weitere Verpflichtungen (Geld, Schmuck ...);

c) Geschäfte, die ein von den Eltern erlaubtes Arbeitsverhältnis betreffen, z. B. Kauf von Berufsbekleidung, von Essenmarken;
Auflösung des Ausbildungsverhältnisses nur mit Zustimmung der Eltern;

d) Geschäfte aus dem selbstständigen Betrieb eines Erwerbsgeschäftes, das der Minderjährige mit Einwilligung der gesetzlichen Vertreter und der Genehmigung des Vormundschaftsgerichtes betreibt.

3. Volle Geschäftsfähigkeit – Alle Personen ab 18 Jahren.

Eigentum und Besitz

Eine Sache kann, je nachdem was vertraglich vereinbart wurde, als Eigentum oder Besitz erworben werden. Bei Kaufverträgen erwirbt der Käufer üblicherweise Eigentum und Besitz der gekauften Sache.

Definition: *Eigentum ist die rechtliche Herrschaft über eine Sache, d. h., die Eigentümerin oder der Eigentümer kann nach Belieben darüber verfügen.*

Definition: *Besitz ist die tatsächliche Herrschaft über eine Sache. Er wird durch die Übergabe der Sache an die Besitzerin oder den Besitzer erworben.*

Übertragen wird Eigentum durch die Übergabe der Sache und die Einigung darüber, dass das Eigentum auf den Erwerber übergehen soll. Es gibt aber auch Verträge, bei denen aufgrund der vertraglichen Vereinbarung eine Sache nur als Besitz oder Eigentum erworben wird.

Beispiel: *Im Arbeitsvertrag des Außendienstmitarbeiters einer Firma für Zahnarztinstrumente ist festgelegt, dass ihm für die Besuche bei den Zahnärzten ein Firmenwagen zur Verfügung steht. Er ist Besitzer des Wagens. Die Firma ist Eigentümer. Sie kann z. B. festgelegen, dass das Auto nach zwei Jahren verkauft wird.*

Rechtsgeschäfte

Über den Begriff Rechtsgeschäft macht man sich normalerweise keine Gedanken. Wir kaufen Güter des täglichen Bedarfs ein und denken dabei sicher nicht daran, dass wir damit eine Vielzahl von Rechtsgeschäften abgeschlossen haben. Ein **Rechtsgeschäft** setzt immer eine **Willenserklärung** voraus. Bei einem Kaufvertrag bietet der Verkäufer eine Ware an (1. Willenserklärung). Der Käufer möchte die Ware kaufen (2. Willenserklärung). Eine Willenserklärung hat immer rechtliche Folgen. So ist der Verkäufer an sein Angebot gebunden, d. h., er ist verpflichtet, die Ware zu den angebotenen Bedingungen zu verkaufen. Der Käufer muss seinen Verpflichtungen aus dem Kauf nachkommen, u. a. die Ware bezahlen. Eine Willenserklärung zu einem Rechtsgeschäft erfolgt:

- durch eine ausdrückliche mündliche oder schriftliche Erklärung,
- durch schlüssiges (konkludentes) Handeln, z. B. ein Patient sucht die Zahnarztpraxis auf und legt seine Versichertenkarte vor.

Einseitiges Rechtsgeschäft

Bei einem **einseitigen Rechtsgeschäft** gibt nur eine Person eine Willenserklärung ab. Eine einseitige Willenserklärung ist rechtswirksam, wenn sie **nicht empfangsbedürftig** ist, beispielsweise ein Testament. Es gibt aber auch einseitige Rechtsgeschäfte, die erst dann rechtswirksam sind, wenn der Empfänger die Willenserklärung nachweislich erhalten hat. Hierbei handelt es sich um **empfangsbedürftige Willenserklärungen**.

Beispiel: *Eine Kündigung ist nur rechtswirksam, wenn der Gekündigte schriftlich fristgemäß von der Kündigung in Kenntnis gesetzt wird. Wird eine Kündigung persönlich überreicht, muss man sich aus Beweisgründen den Empfang der Kündigung schriftlich bestätigen lassen. Wird eine Kündigung mit der Post verschickt, ist diese per Einschreiben eigenhändig mit Rückschein zu versenden.*

Mehrseitiges Rechtsgeschäft

Im Eingangsbeispiel zu Rechtsgeschäften ist der Kaufvertrag dargestellt. Verträge sind **zweiseitige bzw. mehrseitige Rechtsgeschäfte**. Sie entstehen durch übereinstimmende Willenserklärungen von mindestens zwei Beteiligten. Die erste Willenserklärung heißt **Antrag**. Die Zustimmung bezeichnet man als **Annahme**.

Form der Rechtsgeschäfte

Rechtsgeschäfte können in beliebiger Form abgeschlossen werden (**Grundsatz der Formfreiheit**). Insbesondere die täglichen Rechtsgeschäfte im Alltag, wie der Einkauf von Lebensmitteln, laufen ohne Nachdenken über zu beachtende Formen ab. Sie erfolgen überwiegend durch schlüssiges (konkludentes) Handeln. So betritt der Kunde beim Einkauf von Lebensmitteln das Geschäft mit einem Warenkorb. Er packt die benötigten Waren in den Korb und zahlt an der Kasse. Es wird somit ein Vertrag, eventuell ohne ein Wort zu wechseln, durch schlüssiges Handeln geschlossen. Für einige Rechtsgeschäfte schreibt das Gesetz eine bestimmte Form vor. Wird dieser Formzwang nicht eingehalten, ist das Rechtsgeschäft nichtig, d. h. ungültig. Folgende Formvorschriften sind zu unterscheiden:

- **Schriftliche Form** – ein schriftlicher Vertrag muss vorliegen, z. B. bei Ausbildungsverträgen, Ratenkäufen, Mietverträgen (die länger als ein Jahr gelten), Kündigungen.
- **Notarielle Beglaubigung** – die Echtheit einer Unterschrift wird durch einen Notar bestätigt, z. B. bei Anträgen auf Eintragung in das Grundbuch, Handelsregister oder Vereinsregister. Erst dann ist die entsprechende Willenserklärung gültig. Die Eintragung kann dann durch die entsprechende Behörde erfolgen.

  Der Notar ist ein Jurist, der u. a. Beglaubigungen und die Beurkundung von Rechtsgeschäften vornimmt. Die Ernennung (Bestellung) zur Notarin oder zum Notar erfolgt durch den Staat. Es ist ein freier Beruf, wie auch der Beruf des niedergelassenen Zahnarztes der Zahnärztin. Im Praxisschild des Notars finden sie üblicherweise die Angabe „Rechtsanwalt und Notar".
- **Notarielle Beurkundung** – ein Notar verfasst den Vertrag in Form einer Urkunde. Die Vertragsparteien bestätigen den Inhalt des Vertrages durch Unterschriften. Die Unterschriften der Vertragspartner werden durch die Notarin oder den Notar beglaubigt.

Diese Form des Vertragsabschlusses ist vorgeschrieben z. B. beim Kauf von Immobilien (Grundstück, Haus, Eigentumswohnung), Eheverträgen, Schenkungsversprechen, Eintragung einer Hypothek oder Erbschaftsverträgen.

Nichtige und anfechtbare Rechtsgeschäfte

Ein Vertragsabschluss kommt durch **übereinstimmende** Willenserklärungen zustande. Stellt sich heraus, dass aus bestimmten Gründen eine Übereinstimmung nicht vorliegt oder gegen grundlegende gesetzliche Vorschriften verstoßen wurde, gilt der Vertrag als nicht geschlossen. Er ist **nichtig**.

Gründe für die Nichtigkeit von Rechtsgeschäften	Beispiele
Geschäftsunfähigkeit	Ein sechsjähriger Junge kauft ein Spielzeugauto.
Rechtsgeschäftlicher Wille – vorübergehende Störung der Geistestätigkeit.	Sandra hat mit Freundinnen in einer Diskothek gefeiert und war wohl betrunken. Am anderen Tag sucht sie ein junger Mann mit einem Rennrad auf. Er verlangt 400,00 EUR und zeigt ihr einen Kaufvertrag, den sie in der Diskothek unterschrieben hat.
Scheingeschäfte – die Vertragspartner wollen sich nicht entsprechend der Vereinbarung binden (fehlender rechtsgeschäftlicher Wille).	Es wurde ein Kaufpreis von 300.000,00 EUR für ein Grundstück vereinbart. Im Kaufvertrag sind nur 250.000,00 EUR angeben, um Grunderwerbssteuer zu sparen.
Scherzgeschäfte – Offensichtlich nicht ernst gemeinte Rechtsgeschäfte	Du bekommst das Haus, wenn du für den Rest deines Lebens den Rasen mähst.
Geschäfte, die gegen ein **gesetzliches Verbot oder gegen die guten Sitten verstoßen**	Kauf von Rauschgift; Kauf gestohlener Dinge

Gründe für die Nichtigkeit von Rechtsgeschäften	Beispiele
Wucher – Ein Vertragspartner bereichert sich, indem er eine unvorteilhafte Situation des Schuldners zu seinem Vorteil nutzt. Wucher geschieht durch Ausnutzung einer – Zwangslage, – der Unerfahrenheit, – einem eingeschränkten Urteilsvermögen oder – einer erheblichen Willensschwäche eines Vertragspartners.	Sabrina Böning ist völlig überschuldet. Sie benötigt dringend ein Darlehen über 3.000,00 EUR, um ihre Mietschulden zu bezahlen. Ihr Vermieter macht ihr das Angebot, den geschuldeten Betrag als Darlehen zu gewähren. Vereinbart wird eine Verzinsung von 30 %.
Formmangel Verstoß gegen gesetzlich vorgeschriebene Formvorschriften	Ein Zahnarzt kündigt das Arbeitsverhältnis einer Zahnmedizinischen Angestellten mündlich.

Ein **anfechtbares** Rechtsgeschäft ist zunächst gültig. Bei bestimmten Gründen kann es angefochten werden. Das Rechtsgeschäft wird dann rückwirkend unwirksam.

Anfechtbare Rechtsgeschäfte	Beispiele
Irrtum Die Anfechtung hat unverzüglich, d. h. direkt nach der Entdeckung des Irrtums zu erfolgen.	
– **Inhaltsirrtum** – Ein Vertragspartner irrte sich über die Bedeutung seiner Willenserklärung.	– Sarah war sich über ein Fremdwort nicht im Klaren. Sie bestellte Aqua destillata (destilliertes Wasser), sollte aber Desinfektionsmittel bestellen.
– **Erklärungsirrtum** – Die Willenserklärung eines Vertragspartners entspricht offensichtlich nicht dem, was er äußern wollte,	– Ein Patient wird über die Kosten einer geplanten Füllung aufgeklärt. Statt der tatsächlichen Kosten von 250,00 EUR wird ihm mitgeteilt, dass 25,00 EUR in Rechnung gestellt werden.
– **Übermittlungsirrtum** – Die Willenserklärung einer Person (z. B. des Zahnarztes) wird durch eine beauftragte Person (z. B. durch eine ZFA) unrichtig weitergegeben.	– Bei der Bestellung des Praxisbedarfs wurden irrtümlich statt 250 Einmalspritzen 25.000 bestellt.
– **Eigenschaftsirrtum** – Eine Vertragspartei irrt sich über eine wesentliche Eigenschaft des Kaufgegenstandes.	– Dr. Heine kauft in der Galerie Sulz ein Bild, das er für ein Original von Picasso hält. Diesen Eindruck hat er auch aufgrund des Verkaufsgesprächs mit Herrn Sulz. Später stellt sich heraus, dass es sich um ein preiswertes Duplikat handelt.
– **Arglistige Täuschung** (innerhalb eines Jahres nach Kenntnisnahme)	– Beim Kauf eines Pkw wurde die Motorleistung mit 60.000 km bestätigt. Die tatsächliche Kilometerleistung betrug aber 160.000 km.
– **Widerrechtliche Drohung** (innerhalb eines Jahres nach Beendigung)	– Zwang zur Unterschrift unter einen Vertrag

4 Zweige und Berufe des Gesundheitswesens

4.1 Zweige des Gesundheitswesens

Voller Interesse hat Anne, Sarahs Freundin aus Amerika, einem Gespräch von Sarah und Michaela über ihre Berufsausbildung zugehört.

„Eine Ausbildung zur Zahnmedizinischen Fachangestellten oder eine Ausbildung als Gesundheits- und Krankenpflegerin kennen wir in Amerika gar nicht“, erzählt sie. „Als Pflegehilfspersonal darfst du schon nach einem mehrwöchigen Kurs und einer kleinen Prüfung arbeiten. Alles Weitere lernst du in der Praxis. Bei uns gibt es auch nicht die strenge Aufteilung zwischen Arztpraxen und Krankenhäusern. Viele Patienten suchen oft sogenannte Gesundheitszentren auf. Hier erfolgt je nach Bedarf eine zahnärztliche Behandlung oder eine stationäre Versorgung. Über das Gesundheitswesen hier werde ich meinen Freunden Interessantes berichten können. Gestern habe ich in der Stadt das Gesundheitsamt gesehen. Was macht ein Amt für Gesundheit?“

Aufgaben

1. Informieren Sie sich mithilfe des Internets über die Bereiche des Gesundheitssystems in Deutschland.
2. Erstellen Sie eine Übersicht über die Aufgaben, die das Gesundheitsamt in Ihrem Wohnort übernimmt.
3. Stellen Sie dar, wie die stationäre Versorgung organisiert ist.
4. Beschreiben Sie, welche Leistungen Patienten in der ambulanten zahnärztlichen Versorgung in Anspruch nehmen können.
5. Stellen Sie die möglichen Kooperationsformen niedergelassener Vertragszahnärzte mit möglichen Vor- und Nachteilen einander gegenüber.

Öffentlicher Gesundheitsdienst

Insgesamt umfasst das Gesundheitswesen folgende Bereiche:

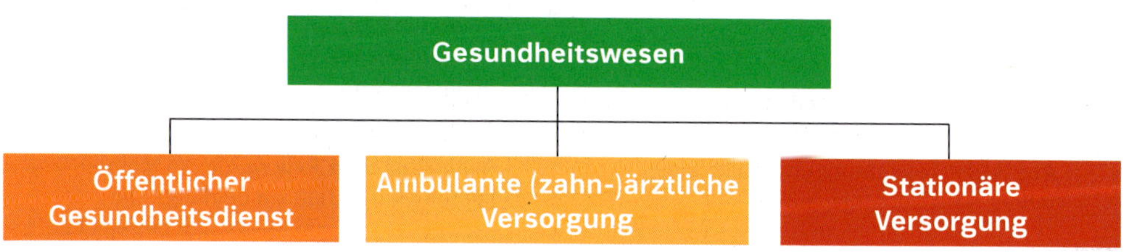

Der **öffentliche Gesundheitsdienst** umfasst alle Behörden, die Überwachungs- und Dienstleistungsaufgaben im Bereich „Gesundheit“ wahrnehmen.

Gesundheitsbehörden

- Gesundheitsbehörden der Bundesländer, z. B. Ministerium für Gesundheit im jeweiligen Bundesland
- Bundesgesundheitsbehörden, z. B. Bundesministerium für Gesundheit
- Gesundheitsbehörden der Europäischen Union, z. B. Europäische-Arzneimittel-Agentur (EMA)
- Gesundheitsbehörden anderer Staaten, z. B. Reichsinstitut für öffentliche Gesundheit und Umwelt (Niederlande)
- internationale Gesundheitsbehörden und Organisationen, z. B. Weltgesundheitsorganisation (WHO)

Die oberste Behörde im öffentlichen Gesundheitsdienst ist das **Bundesministerium für Gesundheit**. Die Aufgaben des Gesundheitsministeriums werden auf der Internetseite https://www.bundesgesundheitsministerium.de/ministerium/aufgaben-und-organisation/aufgaben.html vorgestellt. Zu den zentralen Aufgaben zählt u. a. die Leistungsfähigkeit der gesetzlichen Krankenversicherung sowie der Pflegeversicherung zu erhalten und zu verbessern.

Die wichtigsten Behörden im öffentlichen Gesundheitsdienst sind die **Gesundheitsämter** in den Städten und Gemeinden. Mit ihnen haben die Bürger, aber auch die niedergelassenen Ärzte und Zahnärzte am ehesten Kontakt. Viele Angebote stehen direkt für jeden Bürger zur Verfügung. Die niedergelassenen Ärztinnen/Ärzte und Zahnärzte und -ärztinnen wirken in Zusammenarbeit mit den Gesundheitsämtern beim Gesundheitsschutz und der Krankheitsbekämpfung mit. Schwerpunktaufgaben der Gesundheitsämter sind insbesondere:

- Amtsärztlicher und amtszahnärztlicher Dienst
- Kinder- und Jugendärztlicher bzw. zahnärztlicher Dienst
- Gesundheitsförderung
- Infektionsschutz
- Hygieneüberwachung
- Umweltmedizin
- Sozialer Dienst
- AIDS-Beratung
- Gesundheitsberichterstattung, Epidemiologie

Jeder, der schon einmal ein amtsärztliches Zeugnis benötigte, hatte mit dem Gesundheitsamt Kontakt, da nur die hier tätigen Amtsärzte und -ärztinnen befugt sind, ein entsprechendes Zeugnis auszustellen. Das Gesundheitsamt ist auch für den niedergelassenen Arzt bzw. die Ärztin die direkt zuständige Behörde, wenn z. B. bei einem Patienten oder einer Patientin eine meldepflichtige Erkrankung nach dem Infektionsschutzgesetz anzuzeigen ist.

Stationäre Versorgung

Was versteht man unter stationärer Versorgung und wo wird sie erbracht?

Die stationäre Versorgung im Rahmen der gesetzlichen Krankenversicherung gliedert sich in zwei große Bereiche: den Bereich der Krankenhausversorgung und den Bereich der stationären medizinischen Rehabilitation. [...]

Bei dem Verdacht auf oder dem Vorliegen einer schwerwiegenden akuten Erkrankung, die eine dauerhafte Unterbringung und medizinische Überwachung des Patienten erforderlich macht, haben gesetzlich Krankenversicherte einen unmittelbaren gesetzlichen Anspruch auf die vollstationäre Behandlung in einem zugelassenen Krankenhaus. Allerdings muss zuvor durch das Krankenhaus geprüft werden, ob das Behandlungsziel nicht durch vor-, nach- oder teilstationäre Behandlung oder durch ambulante Behandlung erreicht werden kann (§ 39 Abs. I S. 2 SGB V).

Die stationäre Krankenhausbehandlung ist somit immer nachrangig gegenüber anderen, in der Regel weniger kostenintensiven Behandlungsformen. Der Aufnahme zur stationären Behandlung in ein Krankenhaus geht grundsätzlich eine Überweisung durch eine niedergelassene Ärztin einen niedergelassenen Arzt voraus. Ohne Überweisung haben normalerweise nur Notfälle und Privatpatienten Zugang zum Krankenhaus. Dem Patienten steht dabei die Wahl des Krankenhauses grundsätzlich frei; eine freie Arztwahl innerhalb des Krankenhauses besteht jedoch nicht. [...]

(Quelle: Bundeszentrale für politische Bildung: Thomas Gerlinger: Strukturen und Inanspruchnahme. In: https://www.bpb.de/themen/gesundheit/gesundheitspolitik/252140/strukturen-und-inanspruchnahme/ 22.09.2017, [22.01.2024])

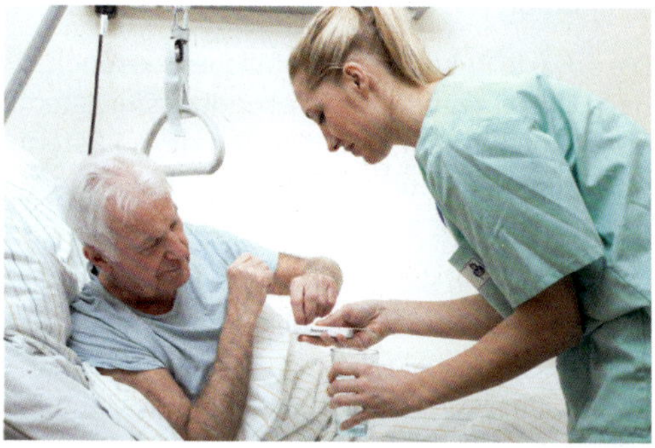

Bei der Krankenhausversorgung unterscheidet man folgende Stufen: Die **Akutkrankenhäuser** sind für eine Basisversorgung zuständig. In der nächsthöheren Stufe bieten Krankenhäuser neben der Grundversorgung zusätzlich eine Schwerpunktversorgung an. Diese Krankenhäuser verfügen über zusätzliche Fachabteilungen und Einrichtungen, beispielsweise der Intensivmedizin. Zur höchsten Stufe gehören Krankenhäuser mit allen Möglichkeiten einer **Maximalversorgung**. Sie sind für die Versorgung von Schwerstkranken und schwer verletzten Unfallopfern ausgestattet. Die Krankenhäuser sind in der Regel nach **Fachabteilungen** wie Innere Medizin, Chirurgie, Gynäkologie, Urologie usw. aufgebaut. Sie werden von Fachärzten und Fachärztinnen dieser Disziplinen (Fachrichtungen) geleitet.

Eine Besonderheit sind die **Zahnkliniken** an den Universitätskrankenhäusern. Sie bieten nicht nur eine stationäre Versorgung an. In Fachabteilungen werden alle Leistungen der Zahn-, Mund- und Kieferheilkunde ambulant für alle Versicherten angeboten. Typische Fachabteilungen sind:

- Parodontologie
- Kieferorthopädie
- Klinik für Mund-, Kiefer- und Gesichtschirurgie
- Zahnerhaltung
- Prothetische Zahnmedizin

Manchmal sind im Anschluss an eine Krankenhausbehandlung Rehabilitationsmaßnahmen notwendig. Sie sollen helfen, die Leistungsfähigkeit der Patienten wiederherzustellen oder eine Pflegebedürftigkeit zu vermeiden. Reichen die Leistungen einer ambulanten Rehabilitation nicht aus, übernimmt die Krankenkasse die Kosten für eine stationäre Rehabilitation mit Unterkunft und Verpflegung in einer Rehabilitationsklinik.

Was ist eine stationäre Kur?

Bei einer stationären Vorsorge- oder Rehabilitationskur erfolgt die Unterbringung in anerkannten Kur- oder Rehabilitationskliniken. Alle Anwendungen und Therapien finden direkt in der Klinik statt, auch die Unterbringung und Verpflegung.

Der Aufenthalt in einer Kur- oder Rehaklinik, von Fachleuten auch einfach Einrichtung genannt, entspricht nicht dem Aufenthalt in einem Krankenhaus. Die Diagnostik muss bereits abgeschlossen sein und der Patient muss soweit genesen sein, dass er aktiv an den Therapien teilnehmen kann. Eine stationäre Dauer beträgt in aller Regel drei Wochen. [...]

(Quelle: Vgl. https://www.rehakliniken.de/kur/was-sind-kuren, [22.01.2024])

Krankenhäuser

Akutkrankenhäuser

z.B. Krankenhäuser für
- innere Krankheiten
- Chirurgie
- Unfallbehandlung
- Gynäkologie und Geburtshilfe

Sonderkrankenhäuser

z.B. Krankenhäuser für
- Psychiatrie
- Rheumaerkrankungen
- Suchtkrankheiten
- Kuren

nach den angebotenen Versorgungsmöglichkeiten unterscheidet man Krankenhäuser der

- Grundversorgung (sichern die wohnortnahe Grundversorgung)
- Regelversorgung (Krankenhäuser mit mehr als drei Fachrichtungen und teilweise überörtlicher Krankenversorgung)
- Zentralversorgung (überörtlicher Einzugsbereich; viele Spezialdisziplinen)
- Maximalversotgung (zumeist Universitätskliniken)

Ambulante zahnärztliche Versorgung

Die ambulante zahnärztliche Versorgung erfolgt bei niedergelassenen Zahnärzten/Zahnärztinnen. Sie umfasst u.a.

- Verhütung und Früherkennung von Zahnkrankheiten,
- zahnärztliche Behandlung
- zahnärztliche kieferorthopädische Behandlung sowie
- zahnärztliche Behandlung und zahntechnische Leistungen bei Versorgung mit Zahnersatz und Zahnkronen.

Zur Erfüllung dieser Aufgaben bedarf der Zahnarzt/die Zahnärztin einer umfassenden Ausbildung. Um die oben genannten zahnärztlichen Leistungen für Kassenpatienten zu erbringen, ist eine Zulassung als Vertragszahnarzt/-ärztin, eine sogenannte „Kassenzulassung", notwendig.

Ausbildung
Die zahnärztliche Ausbildung umfasst ein Studium der Zahnheilkunde. Nach Bestehen aller Abschlussprüfungen erhalten Zahnmediziner auf Antrag die Approbation (staatliche Zulassung) als Zahnarzt oder Zahnärztin.

Kieferorthopäden sind ebenfalls Zahnärzte und Zahnärztinnen, die nach dem Studium der Zahnmedizin zusätzlich eine Weiterbildung geleistet haben. Schwerpunkt dieser Tätigkeit ist das Erkennen, Verhüten und Behandeln von Zahn- und Kieferfehlstellungen.

Oralchirurgen (Facharzt/Fachärztin für Oralchirurgie) sind ebenfalls Zahnärztinnen und Zahnärzte, die nach ihrem Studium eine Weiterbildungszeit abgeleistet haben. Sie erlangen dabei Fertigkeiten und Qualifikationen in Bezug auf chirurgische Eingriffe in der Mundhöhle und zumeist auch in der Implantologie.

Mund-, Kiefer-, Gesichtschirurgen haben zusätzlich zum Studium der Zahnmedizin ein Studium der Medizin durchlaufen. Sie sind somit Zahnarzt und Arzt bzw. Zahnärztin und Ärztin.

Zulassung
Bis zu 80 % der Versicherten sind in einer gesetzlichen Krankenkasse pflichtversichert. Daher sind fast alle Zahnärzte Vertragszahnärzte, d. h., sie haben eine Kassenzulassung. Diese erhalten sie nach einer zweijährigen Vorbereitungszeit in einer zugelassenen Praxis oder in einer Zahnklinik. Der Vertragszahnarzt oder die Vertragszahnärztin ist verpflichtet, alle gesetzlich versicherten Patienten zu behandeln.

Niederlassung

Die Zahnärztin oder der Zahnarzt kann sich mit einer eigenen Praxis niederlassen oder im Angestelltenverhältnis in einer Zahnklinik oder einer Praxis tätig sein. Zusatzprüfungen können zu verschiedenen Tätigkeitsschwerpunkten wie „Implantologie" oder „Parodontologie" führen.

Betriebsformen bei der ambulanten zahnärztlichen Versorgung

Bei den niedergelassenen Zahnärzten ist die **Einzelpraxis** die häufigste Betriebsform. Ein Zahnarzt ist als Praxisinhaber allein verantwortlich.

Bei der **Berufsausübungsgemeinschaft** (BAG, früher Gemeinschaftspraxis) schließen sich mehrere Vertragszahnärzte und -ärztinnen zusammen. Gegenüber Patienten bilden sie eine Einheit. Sie betreuen gemeinsam denselben Patientenstamm und haben eine einzige Kartei. Die BAG und nicht der einzelne Zahnarzt rechnet die Leistungen mit der KZV ab.

In einer **Praxisgemeinschaft** streben die beteiligten Zahnärzte bzw. Zahnärztinnen mit ihrer Kooperation Kostenvorteile an. Durch die gemeinsam gemieteten oder gekauften Praxisräume und Geräte und das gemeinsam beschäftigte Personal werden Kosten eingespart. Die beteiligten Zahnärzte/-ärztinnen haben jeweils ihren eigenen Patientenstamm; jeder rechnet die erbrachten Leistungen einzeln mit der KZV ab.

Medizinische Versorgungszentren (MVZ) sind zur vertragsärztlichen und vertragszahnärztlichen Versorgung zugelassene, fachübergreifende Behandlungseinrichtungen unter ärztlicher bzw. zahnärztlicher Leitung. In ihnen sind oft Vertragszahnärzte, Kieferchirurgen und weitere Fachmediziner (Mitinhaber des MVZ) und angestellte Zahnärzte und Ärzte tätig. Zusätzlich können im MVZ nichtärztlichen Leistungserbringer, z. B. Dentallabor, tätig sein.

 **BEHANDLUNG VON ANGSTPATIENTEN** Speziell für Angstpatienten bieten wir besonders schonende Methoden und auf Wunsch auch Vollnarkose	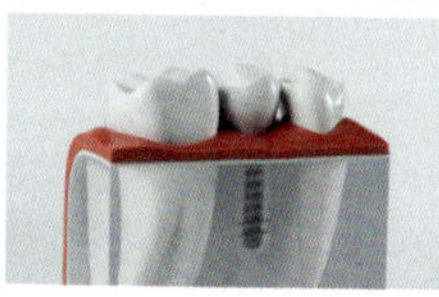 **ZAHNIMPLANTATE** Von 3D-Planung, 3D-Röntgendiagnostik, Knochenaufbau bis zum Zahnersatz: Feste Zähne auf Implantaten	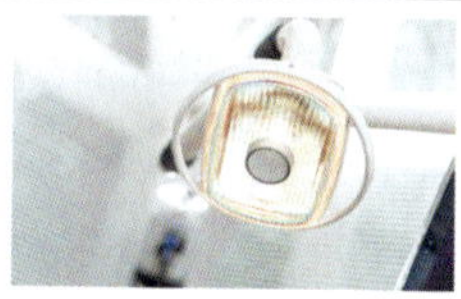 **CHIRURGISCHE EINGRIFFE** Kleine chirurgische Eingriffe wie Weisheitszähne oder Wurzelspitzen-Resektionen bis zu komplexen Zahn-OPs	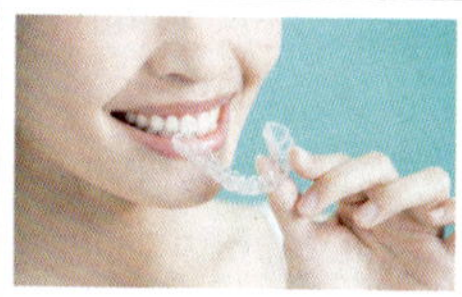 **KIEFERORTHOPÄDIE** Moderne, ästhetische Kieferorthopädie für Kinder und Erwachsene: von der Zahnspange bis zum Invisalign®
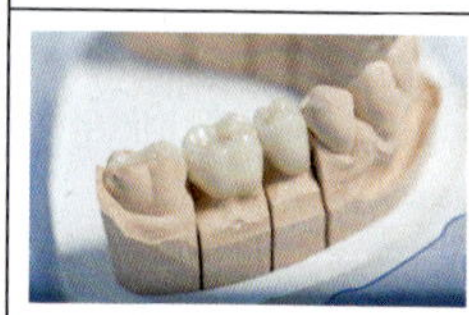 **METALLFREIER ZAHNERSATZ EXZELLENT UND ERSCHWINGLICH** Exzellente, bioverträgliche Materialien: Erschwingliche Kronen, Brücken und Prothesen. Sprechen Sie uns an.	 **KIEFERGELENKBESCHWERDEN UND CMD** Vom Zähneknirschen oder Kieferknacken bis zu Craniomandibulärer Dysfunktion: Umfassende Funktionsdiagnostik	 **KOMPLETTE ZAHN-SANIERUNGEN** Ob mit oder ohne Implantate und Knochenaufbau: Komplette Zahnsanierungen natürlich unter einem Dach	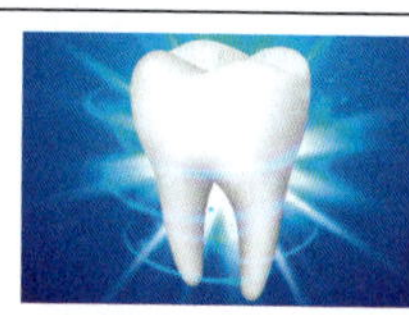 **LASER UND OZON: MODERNE METHODEN ZUR ZAHNERHALTUNG** Schonende Behandlung mit Laser oder Ozon bei Wurzelentzündungen und Parodontitis. Auch für Angstpatienten!

Zahnärztliche Leistungen (Beispiel einer Webseite)

Kooperationen von Vertragsärzten in der ambulanten Versorgung sollen

- eine bessere und wirtschaftliche Nutzung der personellen und sachlichen Ausstattung ermöglichen,
- den kollegialen Erfahrungsaustausch erleichtern,
- qualitätsfördernd wirken,
- die Präsenz durch wechselseitige Vertretungen sicherstellen,
- durch Einsatz von Informationstechnologie und verbesserter Kommunikation beim Abbau von Bürokratie helfen.

4.2 Berufe in der ambulanten zahnärztlichen Versorgung

Anne, Sarahs Freundin aus Amerika, staunt immer wieder über die Unterschiede bei der gesundheitlichen Versorgung zwischen ihrem Heimatland und der Bundesrepublik Deutschland. „Letztens habe ich bei einem Besuch in deiner Praxis eine Kollegin von dir gesehen, die trug an ihrem Kittel ein Schild mit der Bezeichnung ZMP vor ihrem Namen."

„Ja, wir haben eine Vielzahl von Berufen im Gesundheitswesen", antwortet Sarah. „Ich selbst musste es erst einmal lernen, bei uns zwischen der Zahnmedizinischen Prophylaxe-Assistentin, der Zahnmedizinischen Verwaltungsassistentin usw. zu unterscheiden. Im Beruf der Zahnmedizinischen Fachangestellten gibt es eine Vielzahl von Weiterbildungsmöglichkeiten und Aufstiegsfortbildungen. Hier eine Übersicht zu gewinnen, ist nicht einfach. Andererseits ist es interessant, in einem Bereich tätig zu sein, der einem so viele berufliche Möglichkeiten bietet."

Aufgaben

1. Informieren Sie sich über die Aufgaben der Zahnmedizinischen Fachangestellten mithilfe des Ausbildungsberufsbildes. Erstellen Sie anhand des Ausbildungsrahmenplanes eine Übersicht mit den Kenntnissen und Fertigkeiten, die im ersten Ausbildungsjahr zu erwerben sind.
2. Welche Fortbildungsmöglichkeiten gibt es für Zahnmedizinische Fachangestellte?

Zahnmedizinische Fachangestellte

Zahnmedizinische Fachangestellte assistieren dem Zahnarzt oder der Zahnärztin bei der Untersuchung, Behandlung, Betreuung und Beratung von Patientinnen und Patienten und führen organisatorische und Verwaltungsarbeiten durch (siehe S. 8). Aufgabenschwerpunkte sind:

- Assistenz bei der Behandlung,
- Prophylaxe,
- Praxisorganisation und Praxisverwaltung.

Grundlegende Informationen über alle Tätigkeiten einer Zahnmedizinischen Fachangestellten enthält das **Ausbildungsberufsbild**. Es beinhaltet die Fertigkeiten und Kenntnisse, die in der Ausbildungszeit zu erwerben sind.

Eine Hilfestellung zur Organisation der Ausbildung bietet der **Ausbildungsrahmenplan**. In diesem wird eine sachliche und zeitliche Gliederung der Berufsausbildung vorgenommen. Er schreibt somit fest, zu welchem Zeitpunkt der Ausbildung die im Ausbildungsberufsbild beschriebenen Fertigkeiten und Kenntnisse zu erwerben sind. Abweichungen vom Ausbildungsrahmenplan aus betriebspraktischen Gründen sind aber möglich und üblich.

Der Ausbildungsfortschritt ist in einem Ausbildungsnachweis, dem Berichtsheft, zu dokumentieren. Die Abschlussprüfung umfasst zwei Teile. Teil 1 findet im vierten Ausbildungshalbjahr statt. Er beinhaltet folgende Prüfungsbereiche:

- Durchführen von Hygienemaßnahmen und Aufbereiten von Medizinprodukten;
- Empfangen und Aufnahmen von Patientinnen und Patienten.

Teil 2 am Ende der Ausbildung findet in den folgenden Prüfungsbereichen statt:

- Assistieren und Dokumentieren von zahnärztlichen Maßnahmen;
- Organisieren der Verwaltungsprozesse und Abrechnen von Leistungen;
- Wirtschafts- und Sozialkunde.

Mündliche Ergänzungsprüfungen finden dann statt, wenn sie für das Bestehen der Prüfung notwendig sind. Verantwortlich für die Durchführung aller Prüfungen ist ein Prüfungsausschuss der jeweiligen Zahnärztekammer.

Fortbildung und Aufstiegschancen für die ZFA

Im Anschluss an die Ausbildung eröffnen sich interessante Aufstiegsmöglichkeiten. Die Bundeszahnärztekammer listet auf ihrer Internetseite zu den Aufstiegschancen der ZFA folgende Spezialisierungen auf:

- Zahnmedizinische Prophylaxeassistentin/Zahnmedizinischer Prophylaxeassistent (ZMP)
- Zahnmedizinische Verwaltungsassistentin/Zahnmedizinischer Verwaltungsassistent (ZMV)
- Fachwirtin/Fachwirt für Zahnärztliches Praxismanagement (FZP)
- Zahnmedizinische Fachassistentin/Zahnmedizinischer Fachassistent (ZMF)
- Dental-Hygieniker/Dental-Hygienikerin (DH)

(Quelle: https://www.bzaek.de/praxisteam/zahnmedizinische-fachangestellte/aufstiegschancen.html, verändert 22.01.2024])

Umfassende Informationen zu den Fortbildungsmöglichkeiten bieten die Bundes- und alle Landeszahnärztekammern.

Gesundheitsfachberufe im zahnärztlichen Bereich

Zahntechniker/Zahntechnikerin

Zahntechniker und Zahntechnikerinnen erhalten ihre Aufträge vom Zahnarzt/von der Zahnärztin. Ihr Aufgabengebiet umfasst u. a. die Erstellung von Zahnkronen, Zahnersatz und Inlays auf der Basis von Kieferabformungen.

Zahntechniker und Zahntechnikerinnen arbeiten in selbstständigen Dentallabors und in den Praxen selbst. Weiterhin gibt es Beschäftigungsmöglichkeiten in Zahnkliniken oder Betrieben der zahntechnischen Industrie. Zahntechniker/Zahntechnikerin ist ein anerkannter Ausbildungsberuf nach der Handwerksordnung. Die Ausbildung dauert dreieinhalb Jahre.

5 Zahnärztliche Organisationen

In Sarahs Ausbildungspraxis ist Dr. Späker als Assistent tätig. Er möchte sich in absehbarer Zeit als Vertragszahnarzt niederlassen. Er hat schon an entsprechenden Fortbildungen der Zahnärztekammer und der Kassenzahnärztlichen Vereinigung teilgenommen. In einem Gespräch mit Sarah merkt er an: „Ich finde es gut, dass die Zahnärztekammer, aber auch die KZV entsprechende Fortbildungen anbietet. Immerhin zahle ich bei der Zahnärztekammer meine Mitgliedsbeiträge, bei der Kassenzahnärztlichen Vereinigung sind erst Beiträge fällig, wenn ich eine eigene Praxis mit Kassenzulassung habe."

„Und ich dachte immer, man muss erst Beiträge an die Zahnärztekammer zahlen, wenn man als Zahnarzt eine eigene Praxis hat."

„Nein, Sarah, jeder approbierte Zahnarzt in Deutschland ist Mitglied der zuständigen Zahnärztekammer", erklärt Dr. Späker. „Mitglied der Kassenzahnärztlichen Vereinigung wird er, wenn er eine Kassenpraxis übernimmt oder neu eröffnet. Darüber hinaus kann man in weiteren Berufs- oder zahnärztlichen Organisationen freiwillig Mitglied sein."

Aufgaben

1. Informieren Sie sich mithilfe des Internets über die Aufgaben der Zahnärztekammer und der Kassenzahnärztlichen Vereinigung. Erarbeiten Sie eine Übersicht über die wichtigsten Aufgaben.
2. Welche Aufgaben übernimmt die Zahnärztekammer bei der Ausbildung der Zahnmedizinischen Fachangestellten?
3. Welche weiteren Berufsorganisationen gibt es für Zahnärzte? Welche Ziele haben diese Organisationen? Stellen Sie die Berufsorganisationen mit ihren Zielen auf einem Plakat dar.

5.1 Aufgaben der Zahnärztekammern

Die Zahnärztekammern sind Körperschaften öffentlichen Rechts. Sie übernehmen für den Staat Aufgaben und einen Teil der Aufsichtsfunktionen bei der zahnärztlichen Versorgung. In jedem Bundesland befindet sich eine Zahnärztekammer. Nur Nordrhein-Westfalen verfügt aufgrund seiner großen Einwohnerzahl über zwei Zahnärztekammern, der Zahnärztekammer Nordrhein und der Zahnärztekammer Westfalen-Lippe.

Ihre Aufgaben sind:

- Vertretung der Interessen der Zahnärztinnen und Zahnärzte
- Regelung der zahnärztlichen Weiterbildung
- Qualitätssicherung der Berufsausübung
- Sicherung des Ansehens der Zahnärzte und Zahnärztinnen in der Öffentlichkeit
- Überwachung der Berufspflichten

- Überwachung der Ausbildung der Zahnmedizinischen Fachangestellten
- Schlichtung von Streitigkeiten von Mitgliedern untereinander
- Überprüfung von Patientenbeschwerden
- Erstellung von Gutachten zu Behandlungsfehlern

Zur Erhaltung eines hoch stehenden Berufsstandes kümmert die Kammer sich um Fortbildungen, Qualitätsmanagement, Qualitätssicherung, Hygiene, Begutachtung und vieles mehr, das mit dem Betrieb einer Zahnarztpraxis zusammenhängt.

Zahnärztekammer	Kassenzahnärztliche Vereinigung
▪ **Mitglieder**: alle Zahnärzte und Zahnärztinnen im Bereich der Kammer ▪ zuständige Stelle für die Ausbildung der Zahnmedizinischen Fachangestellten	▪ **Mitglieder**: alle, die durch Zulassung oder Ermächtigung an der vertragszahnärztlichen Versorgung teilnehmen, u. a. die niedergelassenen Kassenzahnärzte

Die Landeszahnärztekammern haben sich in der Bundeszahnärztekammer zu einer Arbeitsgemeinschaft zusammengeschlossen. Deren Aufgaben werden im Folgenden umrissen:

Aufgabengebiete

- Einsatz für ein freiheitliches, zukunftsorientiertes Gesundheitswesen
- Vertretung des zahnärztlichen Berufsstandes gegenüber der Politik, den Medien und der breiten Öffentlichkeit auf Bundesebene
- Schaffung von Rahmenbedingungen zur Erbringung und Anerkennung zahnmedizinischer Leistungen
- Förderung einer fortschrittlichen und auf wissenschaftlichen Erkenntnissen basierende Zahnheilkunde, die den Patienten in den Mittelpunkt stellt.
- Koordinierung und Weiterentwicklung der zahnärztlichen Aus-, Fort- und Weiterbildung in Zusammenarbeit mit zahnärztlich-wissenschaftlichen Organisationen
- Stärkung der Prävention und Gesundheitsförderung
- Verbesserung der zahn-(medizinischen) Versorgung der Bevölkerung
- Vertretung der Interessen der Zahnärzteschaft auf europäischer und international Ebene

(Quelle: Bundeszahnärztekammer: Organisationsstruktur. In: https://www.bzaek.de/ueber-uns/organisationsstruktur.html [22.01.2024])

5.2 Aufgaben der Kassenzahnärztlichen Vereinigungen

Den Kassenzahnärztlichen Vereinigungen gehören in Deutschland alle Zahnärztinnen und Zahnärzte an, die zur ambulanten **Behandlung von Versicherten der gesetzlichen Krankenversicherungen** zugelassen sind (Vertragszahnärzte). Wie bei den Zahnärztekammern gibt es in jedem Bundesland eine Kassenzahnärztliche Vereinigung. Nur Nordrhein-Westfalen bildet mit zwei Kassenzahnärztlichen Vereinigungen eine Ausnahme.

KZVBW Kassenzahnärztliche Vereinigung Baden-Württemberg

Hauptaufgaben der Kassenzahnärztlichen Vereinigung (KZV)

Die Hauptaufgaben der Kassenzahnärztlichen Vereinigung sind:

- Sicherstellungsauftrag (Sicherstellung der ambulanten kassenzahnärztlichen Versorgung)
- Interessenvertretung aller Mitglieder
- Gewährleistungsauftrag

Sicherstellungsauftrag
Die Kassenzahnärztliche Vereinigung ist verantwortlich für die Sicherstellung der ambulanten zahnärztlichen Versorgung aller Bürgerinnen und Bürger, die gesetzlich krankenversichert sind.

Ziel ist es, die Versicherten

- wohnortnah,
- ausreichend,
- zweckmäßig

unter Berücksichtigung einer wirtschaftlichen Behandlungsweise zu versorgen. Dabei wird der allgemein anerkannte Stand zahnmedizinischer Erkenntnisse zugrunde gelegt. Die KZV ist verantwortlich für die kassenzahnärztliche Versorgung auch außerhalb der Sprechzeiten. In sprechstundenfreien Zeiten wird ein zahnärztlicher Bereitschaftsdienst organisiert.

Interessenvertretung der Mitglieder

Die KZV vertritt die Interessen ihrer Mitglieder u. a. in folgenden Belangen:

- Verhandlungen der Honorarverträge und der Vergütung,
- Organisation der Abrechnung der vertragszahnärztlichen Leistungen mit den Krankenkassen,
- Umsetzung von Verträgen mit den Krankenkassen,
- Beratung bei der vertragszahnärztlichen Tätigkeit,
- Vertretung berufspolitischer Interessen.

Gewährleistungsauftrag

Die KZV verantwortet Qualität und Wirtschaftlichkeit der ambulanten zahnärztlichen Versorgung. Zum Gewährleistungsauftrag gehören:

- Gewährleistung einer ordnungsgemäßen Erbringung zahnärztlicher Leistungen,
- Prüfung und Sicherung der Qualität,
- Prüfung der Abrechnung,
- Überwachung der vertragszahnärztlichen Pflichten.

Kassenzahnärztliche Bundesvereinigung (KZBV)

Dachorganisation aller Kassenzahnärztlichen Vereinigungen ist die Kassenzahnärztliche Bundesvereinigung (KZBV). Mitglieder der Kassenzahnärztlichen Bundesvereinigung (KZBV) sind die 17 Kassenzahnärztlichen Vereinigungen (KZVen).

Funktionen und Aufgaben

- Rechte und wirtschaftliche Interessen der Vertragszahnärzte und -zahnärztinnen gegenüber den Krankenkassen zu wahren.
- KZVen und KZBV garantieren allen sozialversicherten Patienten eine qualifizierte ambulante zahnmedizinische Versorgung.
- Information der Öffentlichkeit über die gesundheitspolitischen Positionen.
- Vertretung der Interessen der Vertragszahnärzte bei Gesetzgebungsverfahren,
- Führung des Bundeszahnarztregisters.
- Abschluss von Verträgen mit den Spitzenverbänden der gesetzlichen Krankenkassen und anderer Sozialleistungsträger.

Neben den Körperschaften öffentlichen Rechts gibt es eine Vielzahl von Berufsorganisationen, die als Verbandsvertretung auf freiwilliger Basis in besonderer Weise die Interessen der Zahnärztinnen und Zahnärzte vertreten, z. B. Bundesverband der Zahnärzte des öffentlichen Gesundheitsdienstes, Freier Verband Deutscher Zahnärzte. Bei den Verhandlungen und dem Abschluss von Gehalts- und Tarifverträgen für Zahnmedizinische Fachangestellte wird die Arbeitgeberseite vertreten durch die Arbeitsgemeinschaft zur Regelung der Arbeitsbedingungen der Zahnmedizinischen Fachangestellten/Zahnarzthelferinnen und -helfer. Allerdings gibt es nur Tarifverträge für die Bundesländer bzw. Landeszahnärztekammern Hamburg, Hessen, Saarland, Westfalen-Lippe und Niedersachsen. Alle anderen Landeszahnärztekammern sprechen nur Empfehlungen aus, die sich aber an den Tarifverträgen orientieren.

6 Berufsorganisationen der Arbeitnehmer

Sarah: „Vor Beginn der Ausbildung habe ich die Ausbildungsmesse ‚Tage der Berufsausbildung' besucht. Bei den Informationsständen zur Ausbildung der Medizinischen Fachangestellten und der Zahnmedizinischen Fachangestellten war u. a. auch ein Stand des Berufsverbandes. Sind eigentlich viele Kolleginnen in unserer Praxis Mitglied in einem Berufsverband?"

Melanie, die als langjährige Mitarbeiterin in der Zahnarztpraxis die meisten Angestellten von Anfang an kennt, meint: „Anja, Katrin und Annika sind Mitglieder im Verband medizinischer Fachberufe e.V. Von den anderen weiß ich nicht, ob sie einem Berufsverband angehören."

Aufgaben

1. Informieren Sie sich, welche Berufsverbände die Arbeitnehmerinteressen der Zahnmedizinischen Fachangestellten vertreten.
2. Verschaffen Sie sich einen Überblick über Aufgaben und Ziele dieser Organisationen.

Berufsverbände und Gewerkschaften sind wichtige Säulen zur Vertretung der Interessen der Arbeitnehmer. Aufgrund ihres Engagements gelang es in der Vergangenheit u. a., die Arbeits- und Lebensbedingungen zu verbessern, die Einkommen zu steigern und die Arbeitszeiten zu verkürzen.

Der Verband medizinischer Fachberufe e. V. ist im Bereich der Gesundheitsberufe tätig und gehört keinem Dachverband an.

Verband medizinischer Fachberufe e.V.

Zielsetzung bei allen Arbeitnehmervertretungen ist:

- Sicherung qualifizierter Arbeitsplätze,
- Aushandeln angemessener Tarifverträge,
- umfassende Öffentlichkeitsarbeit,
- Vertretung der Mitglieder bei arbeits- und sozialrechtlichen Problemen.

7 Leistungsangebot und Leistungsbereitschaft einer Zahnarztpraxis

Sarah: „Heute habe ich bei einem Patienten sehr ungeduldig reagiert. Wir hatten so viel zu tun, aber er glaubte, dass er sofort behandelt würde, weil er Schmerzen hatte."
Melanie: „Geduld und Freundlichkeit gehören zu unserem Beruf. Wenn ein Patient meint, er müsse aufgrund von Schmerzen direkt behandelt werden, solltest du Dr. Heine oder Dr. Späker rufen. Keine Sorge, der Patient wird sich sicherlich nicht gleich auf unserer Internetseite unter dem Punkt ‚Lob & Kritik' beschweren. Aber wir sollten in der nächsten Teambesprechung noch einmal das Problem des Umgangs mit sehr ungeduldigen Patienten ansprechen."

Aufgaben

1. Erstellen Sie eine Übersicht über das Leistungsangebot einer Zahnarztpraxis.
2. Welche Aufgabenbereiche werden in einer Zahnarztpraxis unterschieden?
3. Benennen Sie stichwortartig die Aufgaben der Zahnmedizinischen Fachangestellten in der Praxis.
4. Führen Sie für einen Tag ein kurzes Protokoll über die Tätigkeiten, die Sie im Ablauf eines Tages übernommen haben.
5. Beschreiben Sie alle Maßnahmen, die in einer Zahnarztpraxis im Rahmen des Praxismarketings umgesetzt werden.
6. Schauen Sie sich im Internet die Praxiswebsiten mehrerer Zahnarztpraxen an. Vergleichen Sie diese mit miteinander. Listen Sie bei diesem Vergleich Vor- und Nachteile einer Praxiswebsite auf.
7. Entwerfen Sie eine Stellenanzeige, in der eine Zahnmedizinische Fachangestellte für den Bereich der Anmeldung gesucht wird.
8. Erstellen Sie eine Übersicht über Vor- und Nachteile eines systematischen Arbeitsplatzwechsels.
9. Was gehört zu einer guten Mitarbeiterführung?

7.1 Aufgaben der Zahnmedizinischen Fachangestellten im Rahmen des Leistungsangebotes

Das Leistungsangebot einer Zahnarztpraxis umfasst:

- die Verhütung von Zahnkrankheiten,
- die zahnärztliche Behandlung von Zahn-, Mund- und Kieferkrankheiten sowie Zahnfehlstellungen,
- die zahnärztliche Behandlung und zahntechnische Leistungen bei der Versorgung mit Zahnersatz und Zahnkronen.

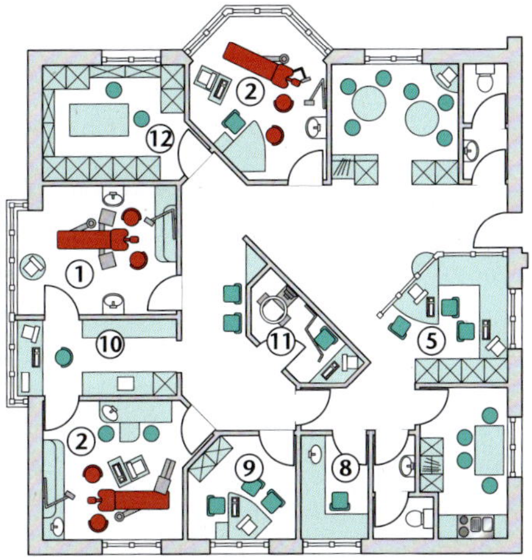

Die Aufgaben der Zahnmedizinischen Fachangestellten ergeben sich aus dem Einsatzort in der Zahnarztpraxis. Gehen wir von dem in der Abbildung dargestellten Aufbau einer Zahnarztpraxis aus, ergeben sich folgende Hauptaufgaben:

Anmeldung (5), (9), (11), (12)	▪ Patientenannahme einschließlich Patientenbetreuung ▪ Organisation des Sprechstundenablaufs ▪ Abwicklung der Büro-, Verwaltungs- und Abrechnungsarbeiten einer Praxis
Behandlung (1), (2), (10)	▪ Assistenz bei Untersuchung und Behandlung ▪ Durchführung aller Hygienemaßnahmen einschließlich Sterilisation der Instrumente ▪ Anwendung, Pflege und Wartung der medizinischen Instrumente, Geräte und Apparate
Prophylaxe (1)	▪ Durchführung von Prophylaxemaßnahmen
Labor (8)	▪ Laborarbeiten im Zusammenhang mit Zahnkronen und Zahnersatz durchführen

Bei ihrer Tätigkeit übernehmen Zahnmedizinische Fachangestellten die **delegierbaren Leistungen**, d.h. Leistungen, die der Zahnarzt oder die Zahnärztin an sie übertragen darf. Bei der Behandlungsassistenz, bei der Nutzung der Röntgengeräte, im Rahmen von Laborarbeiten und bei der Umsetzung von Prophylaxemaßnahmen gilt, dass die Zahnmedizinischen Fachangestellten Tätigkeiten entsprechend den Weisungen des Zahnarztes oder der Zahnärztin übernehmen. Zuvor muss sichergestellt sein, dass die ZFA über die Qualifikation zur Übernahme dieser Leistungen verfügen. Weiterhin muss gewährleistet sein, dass der Patient oder die Patientin durch die Tätigkeit der ZFA in keiner Weise gefährdet wird. Sicherheit und Schutz der zu Behandelnden stehen immer im Vordergrund. Von daher sind Zahnärztinnen und Zahnärzte auch zur ständigen Überwachung und Aufsicht der delegierbaren Leistungen verpflichtet. Aus diesem Grund muss sich der Zahnarzt auch immer in unmittelbarer Nähe aufhalten. Bei allen delegierbaren Leistungen trägt der Zahnarzt bzw. die Zahnärztin die volle Verantwortung, denn er oder sie haftet im Falle von Pflichtverletzungen durch Mitarbeitende so, als ob ein eigener Behandlungsfehler begangen wurde.

Welche Leistungen der Zahnarzt bzw. die Zahnärztin an die Zahnmedizinischen Fachangestellten übertragen darf, ist aus dem Ausbildungsberufsbild und dem Ausbildungsrahmenplan ersichtlich. Weiterhin gibt es hierzu Delegationsrahmen der Kassenzahnärztlichen Bundesvereinigung (KZVB). Voraussetzungen für delegierbare Leistungen:

- Es liegt eine genaue und nachvollziehbare Einzelanweisung des Zahnarztes/der Zahnärztin zur Übernahme einer Leistung durch die ZFA bei einem Patienten oder einer Patientin vor.
- Die entsprechende Leistung kann delegiert werden und gefährdet den Patienten nicht in besonderer Weise.

- Die/der ZFA verfügt über die entsprechende Qualifikation (Überprüfung und Aufsicht durch den Zahnarzt/die Zahnärztin).
- Der Zahnarzt/die Zahnärztin hält sich in unmittelbarer Nähe auf und kann im Bedarfsfall eingreifen.

7.2 Leistungsbereitschaft – die Zahnarztpraxis als patientenorientiertes Unternehmen

Niedergelassene Zahnärzte und Zahnärztinnen streben grundsätzlich an, den Erfolg und die Anerkennung ihrer Praxis auf Dauer zu sichern. Sie möchten das Vertrauen ihrer Patientinnen und Patienten gewinnen und behalten. Neben der hochwertigen zahnärztlichen Behandlung ist u. a. die Entwicklung eines Praxisprofils wichtig. Darunter versteht man, wie sich eine Praxis gegenüber ihren Patientinnen und Patienten darstellt. Aus der folgenden Anzeige eines Anbieters wird deutlich, welche Ziele mit der Entwicklung eines Praxisprofils verfolgt werden:

Wir helfen Ihnen auf dem Weg zu einem nachhaltigen Erfolg Ihrer Praxis. Wir entwickeln mit Ihnen zusammen ein prägnantes und einmaliges Praxisprofil. Mit unserer Hilfe entsteht so ein Marketingkonzept, das Patienten und Patientinnen überzeugt, zu Ihnen zu kommen. Das unverwechselbare Erscheinungsbild Ihrer Praxis wird auch Ihre Mitarbeiterinnen, Mitarbeiter und Partner begeistern und so langfristig die wirtschaftliche Grundlage Ihrer Praxis stärken.

Folgende Bereiche gehören zu einem Praxisprofil:

Praxismarketing

Ziel von Praxismarketing ist es, ein positives Bild der Praxis zu vermitteln und damit die Patientenzahlen zu erhöhen (siehe Seite 116). Dies beginnt beim Erstkontakt mit den Patienten. Dieser sollte geprägt sein von einem respektvollen Umgang. Unvermeidbare Wartezeiten sollten für die Patientin oder den Patienten so gestaltet werden, dass sie möglichst nicht als zu unangenehm empfunden werden. Ein Angebot, das viele Praxen ihren Patienten bieten, ist ein umfassendes Informationsprogramm zu Zahngesundheit, Vorsorge und zahnärztlichen Leistungen. Beispielsweise helfen Videos mit Beiträgen zu einer zahngesunden Vorsorge und Zahnpflege, die Wartezeit sinnvoll zu überbrücken. Der Wartebereich und die übrige Inneneinrichtung sind so zu gestalten, dass die Umgebung schon viele Ängste nimmt. Ein einheitliches, einprägsames Erscheinungsbild muss in allen Praxisbereichen sichtbar sein. Dies gilt von den Praxisvordrucken bis zur Gestaltung der Internetseiten. Für die folgenden Bereiche sind im Rahmen des Praxismarketings Konzepte für ein unverwechselbares Praxisbild zu erarbeiten:

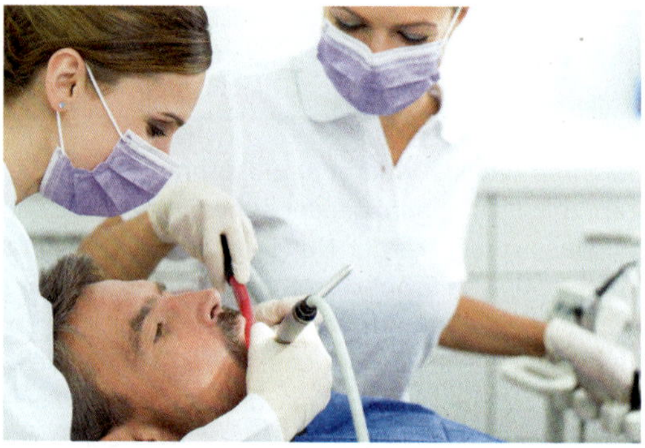

Mit Freude und engagiert bei der Arbeit

- Praxis-Website,
- Praxis-Logo,
- Praxis-Drucksachen,
- Praxis-Kleidung,
- Gestaltung der Praxiseinrichtung.

Um Praxiserfolge im Rahmen eines Marketingkonzeptes zu erzielen, muss somit Folgendes erreicht werden:

- Erhöhung der Patientenzufriedenheit,
- großes Engagement der Mitarbeiterinnen und Mitarbeiter und Identifikation mit den gestellten Aufgaben,
- überzeugende Kommunikation mit der Patientin oder dem Patienten.

Praxismarketing lässt sich umschreiben mit „Tue Gutes, aber sprich auch darüber". Der Bekanntheitsgrad ist unter Ausnutzung aller Möglichkeiten, auch des Internets, zu steigern. Nur so bleibt man im Gedächtnis der Patienten und erreicht deren Bindung an die eigene Praxis (vgl. Lernfeld 2, S. 117f).

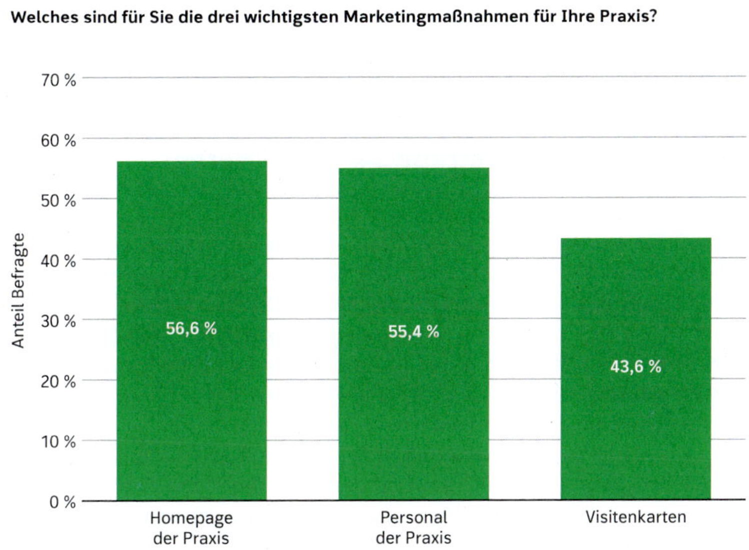

(Quelle: https://de.statista.com/statistik/daten/studie/622315/umfrage/umfrage-unter-deutschen-aerzten-zu-den-wichtigsten-praxis-marketingmassnahmen [15.02.2024])

Praxismanagement

Ein noch so gutes Marketingkonzept hat keinen Erfolg, wenn die Patientin oder der Patient beispielsweise lange Wartezeiten in Kauf nehmen muss und insgesamt der Eindruck entsteht, dass die Praxisabläufe nicht optimal organisiert sind. Erste Voraussetzung einer **guten Organisation** ist die klare Aufgabenzuordnung (siehe Seite 225f). Die Übertragung von Aufgaben an die Zahnmedizinischen Fachangestellten wird im Rahmen einer Aufgabenanalyse vorgenommen. Hierbei wird zunächst die Gesamtaufgabe der Praxis aufgeteilt. Gesamtaufgabe ist die optimale Versorgung Patientinnen und Patienten. Um diese zu erreichen, werden in den zahnärztlichen Praxen meist folgende Hauptaufgaben festgelegt:

- Verwaltungs- und Praxismanagement,
- Behandlungsassistenz,
- Prophylaxe,
- Labor, Röntgen.

Anschließend werden die bei diesen Hauptaufgaben anfallenden Teilaufgaben ermittelt. Im nächsten Schritt werden die Teilaufgaben zu einem Aufgabenbereich (Stelle) zusammengefasst, der von den Zahnmedizinischen Fachangestellten zu übernehmen ist. Sie haben diese Stelle mit ihren Aufgaben auszufüllen.

Typische Elemente einer **Stellenbeschreibung** finden sich in Stellenanzeigen wieder.

Große zahnärztliche Praxis sucht für sofort oder später erfahrene

Zahnmedizinische Fachangestellte (m/w/d)

für den Bereich Assistenz einschließlich aller damit verbundenen Arbeiten.

Sie sollten über mehrjährige Erfahrungen in diesem Bereich verfügen. Weiterhin werden Kenntnisse im Bereich des Röntgens vorausgesetzt.
Wir legen Wert auf Teamfähigkeit und hohe fachliche und soziale Kompetenz.
Sie erwartet eine sich neu strukturierende Praxis mit Aufstiegsmöglichkeiten, ein weitgefächertes Aufgabenfeld, Weiterbildungsangebote sowie nach entsprechender Einarbeitung und Engagement Zulagen bzw. Leistungsprämien.

Ihre aussagefähigen Bewerbungsunterlagen richten Sie bitte schriftlich an:

Zahnarztpraxis Dr. med. dent. Hubert Heine
Schillerstraße 54, 44623 Herne

Mit der klaren Aufgabenzuordnung zu einer Stelle ist eine Arbeitsteilung verbunden, die eine hohe Effizienz der Arbeit bewirkt. Zahnmedizinische Fachangestellte kennen ihren Arbeitsbereich und beherrschen die Arbeit mit entsprechender Sicherheit und Schnelligkeit. Dabei schleicht sich in vielen Praxen oft die Gewohnheit ein, dass bestimmte Hauptaufgaben an bestimmte Personen gebunden sind. Eine Zahnmedizinische Fachangestellte ist nur noch im Anmelde- und Verwaltungsbereich tätig, eine andere nur noch mit Assistenz betraut usw. Probleme treten in diesen Fällen auf, wenn eine Zahnmedizinische Fachangestellte aufgrund von Urlaub oder Krankheit vertreten werden muss. Ein wirksames Instrument des Praxismanagements zur Vermeidung dieser Nachteile ist der **systematische Arbeitsplatzwechsel.** In bestimmten Zeitabständen findet ein Wechsel im Einsatzbereich zwischen den Zahnmedizinischen Fachangestellten statt.

Neben der eindeutigen Festlegung der Verantwortungsbereiche (**formale Organisation**) gehört zum Praxismanagement u. a.

- die Optimierung der Praxisabläufe einschließlich Terminorganisation,
- die wirtschaftliche Abwicklung der gesamten Abrechnung,
- die betriebswirtschaftliche Gesamtplanung als Grundlage für die Erzielung eines Praxisgewinns.

Arbeitsteilung durch klare Aufgabenzuordnung

Zahnarzt und Zahnärztin als Praxisinhaber konzentrieren sich bei der täglichen Arbeit schwerpunktmäßig auf die Behandlung der Patienten. Sie müssen notwendigerweise Führungsaufgaben im Bereich Praxisverwaltung und -organisation an Mitarbeiterinnen und Mitarbeiter übertragen. Führung, insbesondere Mitarbeiterführung, will gelernt sein. Hier für die richtigen Bedingungen zu sorgen, ist eine wichtige Aufgabe. So muss z. B. eindeutig festgelegt werden, in welchem Umfang eine Zahnmedizinische Fachangestellte Weisungsbefugnisse gegenüber den anderen Angestellten hat. Ganz wichtig in diesem Zusammenhang ist, dass **regelmäßige Mitarbeitergespräche** stattfinden. Praxisinhaber führen mit jeder Mitarbeiterin und jedem Mitarbeiter in einem festgelegten Turnus Gespräche und geben, was sehr wichtig ist, auch Rückmeldungen über die Einschätzung der individuellen Leistungen.

Trotz guter Organisation lassen sich Probleme und Konflikte nicht immer vermeiden. Um diese Reibungsverluste möglichst klein zu halten, sollte das **regelmäßige Teamgespräch** fest in den Terminplan einer Praxis eingeplant werden. Zu einem im Wochenplan festgelegten Zeitpunkt werden unter Leitung des Praxisinhabers alle auftretenden Probleme angesprochen und möglichst gemeinsam gelöst. Gleichzeitig dient das Gespräch der Information aller Beschäftigten über Probleme in den einzelnen Bereichen einer Praxis.

Durch Praxismanagement werden die Rahmenbedingungen für das Leistungsangebot einer Praxis geschaffen. Die Leistungsbereitschaft wird sehr geprägt durch Motivation, Engagement und Identifikation der Mitarbeitenden mit der eigenen Praxis.

(Quelle: med2day GbR, https://www.med2day.com/praxisberatung-aerzte/ [22.01.2024])

8 Informelle Organisation

Sarah: „Gehen wir nächste Woche Mittwoch wirklich mit allen Kolleginnen aus der Praxis zum Bowlen? Bleibt es dabei?" Melanie: „Ja, wir machen das jetzt regelmäßig seit ungefähr einem Jahr. Das Betriebsklima ist dadurch wesentlich besser geworden. Man kommt dann auch mal dazu, länger privat ein Wort miteinander zu reden, was ja in der Praxis oft nicht möglich ist."

Aufgaben

1. Wodurch unterscheiden sich die formelle und informelle Organisation?
2. Fördert oder behindert die informelle Organisation die Leistungsbereitschaft einer Praxis? Beschreiben Sie Ihre Einschätzung.
3. Welche Maßnahmen dienen dazu, einer Gefährdung der formalen Organisation durch die informelle Organisation vorzubeugen?

Bei der Zusammenarbeit von Menschen entwickeln sich persönliche Beziehungen. Man findet einander sympathisch oder weniger sympathisch. Es ergeben sich Aktivitäten, die über den Arbeitsplatz hinausgehen, beispielsweise gestaltet man gemeinsam die Freizeit. Das Geflecht persönlicher Beziehungen beeinflusst die Organisation. Die aufgrund der Aufgabenanalyse entwickelte Organisation, die Arbeitsteilung der Angestellten in der Praxis regelt, bezeichnet man als **formale** oder auch **formelle Organisation**. Das Geflecht persönlicher Beziehungen bezeichnet man als **informale** oder auch **informelle Organisation**.

Formale Organisation	Informale Organisation
Aufgabenanalyse mit dem Ergebnis der Arbeitsteilung (Stellen)	Geflecht persönlicher Beziehungen, das ▪ in der Praxis, ▪ über den Arbeitsplatz hinaus besteht

Die informelle Organisation prägt entscheidend das Betriebsklima. Sie kann die Motivation und Leistungsbereitschaft des einzelnen Mitarbeiters stärken, aber auch hemmen. Sie kann folgende Vor- und Nachteile haben:

Positive Auswirkung	Negative Auswirkung
▪ gutes Betriebsklima mit einem positiven Gefühl der Anerkennung ▪ fördert teilweise die Kommunikation ▪ stärkt eventuell Motivation und Leistungsbereitschaft	▪ eine Gruppenmeinung herrscht vor, der sich alle unterzuordnen haben ▪ Gruppendruck auf Einzelne und Gruppenbestrafung sind möglich ▪ Gruppenziele widersprechen den Praxiszielen, z. B. keine weitere Annahme von Patienten gegen Sprechstundenende, um pünktlich Feierabend zu haben

Soll die informale Organisation die formale Organisation nicht gefährden, so sind folgende Punkte zu beachten:

- In regelmäßigen Mitarbeiterbesprechungen ist ein Informationsaustausch anzustreben, der dem Informationsbedürfnis aller Beteiligten gerecht wird.
- Begründete persönliche Belange der Mitarbeiterinnen und Mitarbeiter sind in der formalen Organisation zu berücksichtigen.
- Gruppenbeziehungen und -ziele, die sich gegen Mitarbeiter der Praxis richten oder formale Praxisziele bewusst gefährden, müssen aufgelöst werden.

9 Konfliktmanagement

Melanie erlebt heute in der Anmeldung einen unruhigen Tag. In der Terminplanung sind Fehler aufgetreten, sodass Patienten ungewöhnlich lange warten müssen. Zusätzlich sind noch einige Anträge und Berichte fertigzustellen. Zwischenzeitlich stellen die Kolleginnen Fragen und Melanie merkt mehr und mehr, dass sie trotz ihrer Erfahrung langsam die Übersicht verliert. Als Sarah fragt, welches Behandlungszimmer für Frau Röttger vorgesehen sei, reagiert Melanie ziemlich ungehalten: „Wir haben einen Tagesplan. Auch du musst in der Lage sein, diesen zu lesen. Du siehst doch, was ich im Augenblick zu tun habe.“ Sarah ist völlig verblüfft über die Reaktion ihrer Kollegin.

Schweigend entnimmt sie aus dem Terminplan, in welches Behandlungszimmer sie Frau Röttger führen muss. Während der Behandlung ist sie in ihrer Assistenz teilweise so unkonzentriert, dass Dr. Heine erstaunt fragt: „Sarah, was ist los? Du bist mit deinen Gedanken ganz woanders!“

Aufgaben

1. Zählen Sie aufgrund Ihrer bisherigen Erfahrungen Konfliktursachen auf, die sich im täglichen Praxisablauf ergeben.
2. Wie kann man frühzeitig Konflikte erkennen?
3. Welche Grundsätze sollte man zur Vermeidung von Konflikten in der Praxis beachten?
4. Welche Arten von Besprechungen lassen sich im Rahmen der Personalführung, welche im Rahmen der Praxisorganisation und Konfliktlösung unterscheiden?

Konflikte frühzeitig erkennen

Im Eingangsbeispiel zeigt sich, dass durch Konflikte die Arbeitsleistung erheblich gemindert werden kann. Konfliktmanagement ist daher eine Voraussetzung, im Praxisteam einen dauerhaften Praxiserfolg zu sichern. Eine der wichtigsten Grundlagen des Konfliktmanagements ist **Kommunikation**.

Im Beispiel beruht der Konflikt auf einem Fehler in der Organisation. Melanies Aufgabe ist so gestaltet, dass sie trotz ihrer umfassenden Erfahrung nicht zu bewältigen ist. Ein solcher Konflikt ist nur durch eine Neugestaltung der Aufgaben zu bewältigen. Allerdings müssen die Probleme auch bekannt sein. Durch Kommunikation muss deutlich werden, dass die Vielzahl der Aufgaben in der Anmeldung für eine Person zu einer Überforderung führt.

Viel schwerer fällt die Bewältigung von Konflikten, die aufgrund der Eigenarten der Teammitglieder entstehen.

Solche Konflikte zu lösen gehört zu den wichtigsten Aufgaben des Zahnarztes. Dabei muss er auch das Praxispersonal einbinden. Voraussetzung ist eine positive, wertschätzende Kommunikation zwischen Mitarbeiterinnen, Zahnarzt/Zahnärztin und mit den Patienten. Bezogen auf das Team gilt der Grundsatz:

Jede Mitarbeiterin und jeder Mitarbeiter ist auf persönliche Art einzigartig, wichtig und unverzichtbar für das Team.

Die unterschiedlichsten Charaktere mit ganz verschiedenen Fähigkeiten müssen in einem Team zusammenarbeiten. Um Konflikte frühzeitig wahrzunehmen, sollten folgende Fragen offen erläutert werden:

- Werden in der Praxis die verschiedenen Mitarbeiterinnen und Mitarbeiter sowie ihre Aufgaben von allen Beteiligten akzeptiert und geschätzt?
- Hilft man einander in schwierigen Situationen?
- Geht man entspannt und wertschätzend miteinander um?

Anzeichen für schwelende Konflikte sind:

- mangelnde Motivation,
- Kündigungen von Mitarbeitern und Mitarbeiterinnen,
- hoher Krankenstand,
- lautstarke Auseinandersetzungen in der Praxis,
- Unzufriedenheit der Patientinnen und Patienten.

Personalführung und Konfliktmanagement

Kommunikation ist ein wichtiger Bestandteil zur Lösung von Konflikten. Sie ist aber insbesondere für den Zahnarzt und die Zahnärztin auch ein Mittel der **Personalführung**. Eine gute Personalführung ist eine Grundlage für die Vermeidung von Konflikten.

Im Zusammenhang mit der Personalführung lassen sich folgende Gesprächsarten unterscheiden:

- **Zielgespräche**
  Ein Praxisinhaber bespricht mit einer Mitarbeiterin, ob und wie die mit ihr vereinbarten Ziele erreicht wurden. Neue Ziele werden festgelegt. Dabei ist zu beachten, dass diese Ziele überprüfbar, realistisch und angemessen sind.
  Zielgespräche haben den Vorteil, dass die Mitarbeiterin besser einschätzen kann, was von ihr erwartet wird.
- **Feedbackgespräche**
  Bei diesem Gespräch gibt z. B. eine Zahnärztin einer Praxismitarbeiterin eine Rückmeldung über ihre Leistung und ihr Verhalten. Durch dieses Gespräch erhält die Angestellte die Chance, bei einer eher kritischen Rückmeldung ihre Arbeits- und Verhaltensweise zu verändern.
  In der Praxis werden oft Ziel- und Feedbackgespräche miteinander verknüpft.

Folgende Gesprächstypen lassen sich zur Sicherung eines reibungslosen Praxisablaufs und zur Lösung von Konflikten unterscheiden:

- **Eilige Teambesprechungen**
  Bei aktuellen Konflikten im Team sollten zeitnah Teambesprechungen angesetzt werden. Nur so können Probleme, Missverständnisse und andere Konfliktursachen unverzüglich bereinigt werden.
- **Organisationsbesprechungen**
  Kurze Organisationsbesprechungen vor oder nach der Sprechstunde sind ein bewährtes Instrument, um wichtige Praxisabläufe oder Klärungen im Bereich der delegierbaren Aufgaben zu erläutern. Wenn jedes Teammitglied seine Aufgaben kennt, die Aufgaben des anderen einzuschätzen weiß, dann ist der Umgang miteinander entspannter.
- **Regelmäßige Teambesprechungen**
  Auch bei eingespielten Praxisteams gibt es immer mal Störungen und Probleme, die bereinigt werden müssen. Regelmäßige Teambesprechungen sind ein Instrument, um alle Probleme des Praxisalltags zur Sprache zu bringen und nach Lösungen zu suchen, die für alle Beteiligten tragbar sind.

- **Besprechungen bei Veränderungen im Praxisablauf**
  Der Fortschritt in der Zahnmedizin mit neuen Behandlungsmethoden und Geräten führt zu erheblichen Veränderungen im Praxisablauf. Das gesamte Praxisteam muss bei Veränderungen von Praxisabläufen geschult und eingewiesen werden. Unterbleibt ein solches Training, ist dies oft die Ursache für Fehler und Unzufriedenheit.

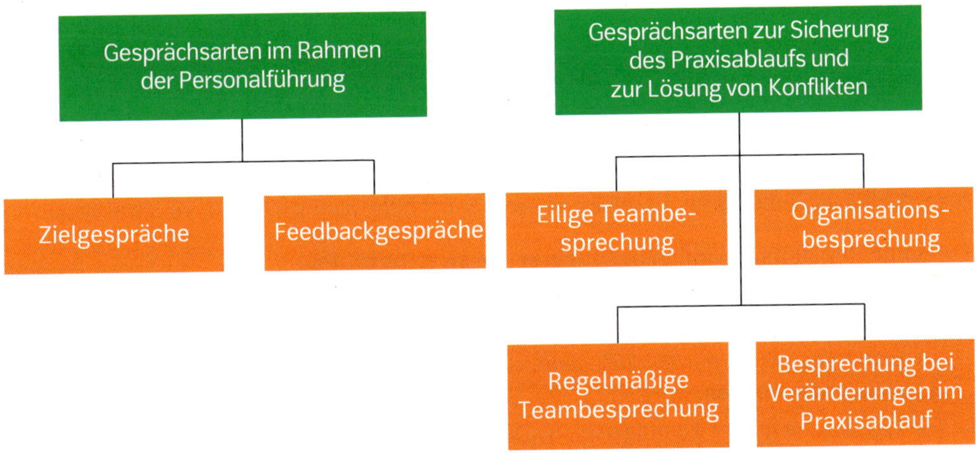

10 Jugendarbeitsschutzgesetz

In Sarahs Ausbildungspraxis wird der Personaleinsatz der Zahnmedizinischen Fachangestellten für die in diesem Monat anfallenden Notfalldienste geplant. Die Erstkraft will Sarah ebenfalls einplanen. Dr. Hubert Heine weist ausdrücklich darauf hin, dass in seiner Praxis minderjährige Auszubildende nicht beim Notdienst eingesetzt werden.

Aufgaben

1. Welchen Grund könnte Dr. Heine haben, minderjährige Auszubildende nicht beim Notfalldienst einzusetzen?
2. Ist der Einsatz im zahnärztlichen Notfalldienst grundsätzlich nicht möglich? Prüfen Sie anhand der folgenden Informationen im unten stehenden Text diese Frage.
3. Erläutern Sie weiterhin alle Bestimmungen des Jugendarbeitsschutzgesetzes zur Arbeits- und Freizeit.
4. Nennen Sie Beispiele für Beschäftigungsverbote und Beschränkungen bei Jugendlichen.
5. Welcher gesundheitlichen Betreuung unterliegen jugendliche Auszubildende?

Das Jugendarbeitsschutzgesetz (JArbSchG) hat das Ziel, Jugendliche vor Überlastungen in der Arbeitswelt zu bewahren. Das Gesetz schützt deshalb junge Menschen vor Arbeit,

- die zu früh beginnt,
- die zu lange dauert,
- die zu schwer ist,
- die sie gefährdet oder
- die für sie ungeeignet ist.

Jugendlicher im Sinne dieses Gesetzes ist, wer 15 und älter, aber noch nicht 18 Jahre alt ist.

Folgende Regelungen sind in besonderer Weise zu beachten:

- Jugendliche dürfen nicht länger als acht Stunden täglich und 40 Stunden in der Woche arbeiten. Ausnahme: Wird beispielsweise in einer Zahnarztpraxis mittwochs nur bis 13:00 Uhr gearbeitet, dürfen die jugendlichen Auszubildenden an den übrigen Werktagen 8 1/2 Stunden arbeiten.
- Für Jugendliche gilt die Fünftagewoche. Der Samstag und der Sonntag sind grundsätzlich arbeitsfrei. Eine Beschäftigung im ärztlichen Notdienst ist erlaubt. Die oder der Auszubildende muss dann als Ausgleich an einem berufsschulfreien Arbeitstag freibekommen.
- Jugendliche dürfen nur in der Zeit zwischen 06:00 Uhr und 20:00 Uhr arbeiten.
- Zwischen Feierabend und Arbeitsbeginn am nächsten Tag müssen immer zwölf Stunden liegen.
- Zur Erholung haben Jugendliche das Recht auf geregelte Pausen. Bei einer Arbeitszeit von
  - über 4 1/2 bis sechs Stunden müssen diese 30 Minuten,
  - bei einer Arbeitszeit von über sechs Stunden insgesamt 60 Minuten andauern.

  Die erste Pause muss spätestens nach 4 1/2 Stunden gemacht werden. Keine Pause darf kürzer als 15 Minuten sein.
- Der Anspruch Jugendlicher auf Jahresurlaub ist nach Alter zu Beginn des Kalenderjahres gestaffelt:
  - 15-Jährige: 30 Werktage,
  - 16-Jährige: 27 Werktage,
  - 17-Jährige: 25 Werktage.

Der Samstag ist ein Werktag. Die Woche wird somit mit Werktagen gerechnet.

Für die Teilnahme am Unterricht der Berufsschule sind Jugendliche grundsätzlich freigestellt (siehe auch Seite 12). Sie brauchen nach der Schule nicht mehr in ihren Ausbildungsbetrieb zur Arbeit zurückzukehren, wenn die Berufsschule länger als fünf Unterrichtsstunden dauert. Die völlige Freistellung von der Arbeit im Betrieb gilt aber nur an einem Berufsschultag der Woche. Dieser Berufsschultag wird mit der durchschnittlichen täglichen Arbeitszeit der Auszubildenden auf ihre Wochenarbeitszeit angerechnet. Wer zweimal wöchentlich je sechs Stunden die Berufsschule besucht, muss an einem dieser Tage wieder an seinen Ausbildungsplatz zurück. Zusätzliche betriebliche Ausbildungsveranstaltungen sind bis zu zwei Stunden pro Woche zulässig.

Freigestellt werden müssen Auszubildende auch für die Zeit vor Unterrichtsbeginn, wenn die Berufsschule vor 09:00 Uhr beginnt. Gleiches trifft zu, wenn die Berufsschule zwar erst um 09:00 Uhr oder später anfängt, aber vorher nur eine kurze Anwesenheit am Ausbildungsplatz möglich ist.

Für die Prüfungen und den Tag vor der schriftlichen Abschlussprüfung sind die jugendlichen Auszubildenden ebenfalls von der Arbeit freizustellen.

Die Gesundheit der Jugendlichen wird durch ärztliche Untersuchungen geschützt. Kein Arbeitgeber darf Jugendliche ohne ein ärztliches Gesundheitszeugnis einstellen (Erstuntersuchung). Spätestens ein Jahr nach Beginn der Beschäftigung ist bei einem jugendlichen Auszubildenden eine Nachuntersuchung durchzuführen. Der Arbeitgeber muss sich die Bescheinigung über diese ärztliche Nachuntersuchung vorlegen lassen.

Der Zahnarzt/die Zahnärztin muss vor Beginn der Beschäftigung jugendliche Auszubildende über die mit der Beschäftigung verbundenen Gefährdungen aufklären. Weiterhin müssen sie mit allen Maßnahmen zur Abwehr der Gefahren vertraut sein (Gefahrenunterweisung). Jugendliche dürfen mit Gefahrstoffen und biologischen Arbeitsstoffen nur unter bestimmten Voraussetzungen und unter Aufsicht von Fachkundigen beschäftigt werden, wenn dies zur Erreichung des Ausbildungszieles erforderlich ist. Hierzu gehört das Röntgen und Arbeiten mit giftigen, ätzenden oder reizenden Stoffen.

Bereiche, auf die sich der Schutz bezieht

Dauer der Arbeitszeit	Anrechnung der Berufsschulzeit	Regelungen zu Prüfungen
Ruhepausen und Aufenthaltsräume	**Regelungsbereiche im Jugendarbeitsschutzgesetz**	tägliche Freizeit
Nachtruhe	5-Tage-Woche	Samstags- und Sonntagsruhe
Urlaub	gefährliche Arbeiten	Erstuntersuchung und Nachuntersuchung

11 Arbeitssicherheit und Arbeitsschutz

Sarah darf erstmals bei der Behandlung eines Patienten assistieren. Melanie schaut sich ganz genau an, ob Sarah auch den Mundschutz korrekt angelegt hat und ob die Handschuhe richtig sitzen. „Erinnert mich bitte daran, dass wir demnächst mal wieder eine Personalbesprechung und -schulung zum Arbeitsschutz machen", merkt Dr. Heine an.

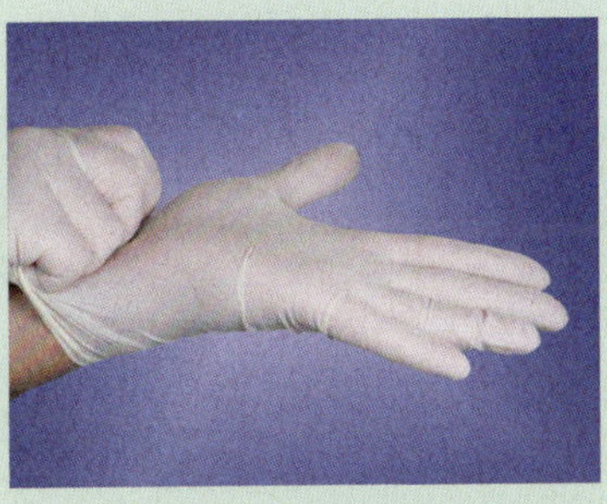

Aufgaben

1. Welche besondere Verantwortung hat der Zahnarzt bzw. die Zahnärztin im Zusammenhang mit dem Arbeitsschutz des Praxispersonals?
2. Welche Bereiche umfasst der Arbeitsschutz?
3. Welche Maßnahmen müssen zum Arbeitsschutz in einer Zahnarztpraxis ergriffen werden?
4. Aus welchem Grunde erfolgt in Zahnarztpraxen eine Gefährdungsbeurteilung?
5. Was sind Gefahrstoffe? Geben Sie einige Beispiele für Gefahrstoffe in der Zahnarztpraxis.
6. Was ist in der Praxis zu leisten, damit ZFA sicher mit Gefahrstoffen umgehen?
7. Welche Maßnahmen zur Sicherung der Hygiene sind in einer Zahnarztpraxis umzusetzen?

Zahnärzte und -ärztinnen haben als Arbeitgeber durch umfassenden Arbeitsschutz dafür zu sorgen, dass die Gesundheit aller Mitarbeitenden vor Gefahren geschützt ist, die bei der Arbeit in der Praxis entstehen.

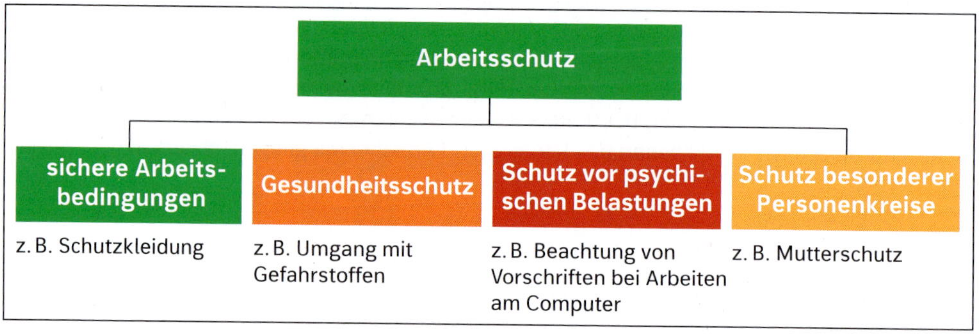

Arbeitsschutz und Arbeitssicherheit verfolgen das Ziel, Unfälle und Berufskrankheiten zu vermeiden. Um die Umsetzung in den Praxen sicherzustellen, haben Gesetzgeber und Berufsgenossenschaft arbeitsschutzrechtliche Mindeststandards festgelegt.

Verantwortlich für den Arbeitsschutz in der Praxis ist der Zahnarzt bzw. die Zahnärztin. Zur Umsetzung der Anforderungen zum Arbeitsschutz und zur Arbeitssicherheit müssen folgende Maßnahmen ergriffen werden:

- Benennung eines Betriebsarztes oder einer Betriebsärztin und einer Fachkraft für Arbeitssicherheit
- Durchführung der vorgeschriebenen arbeitsmedizinischen Vorsorgeuntersuchungen des Praxisteams
- Durchführung einer aktenkundigen Gefährdungsbeurteilung in der Praxis
- Festlegen entsprechender Schutzmaßnahmen
- Unterweisung des Teams hinsichtlich Gefährdungen und Schutzmaßnahmen
- Umsetzung der Erste-Hilfe-Anforderungen
- Erstellung einer Gefahrstoffdokumentation
- Prüfung der zahnmedizinischen Einrichtungen und Elektrogeräte

Eine zentrale Maßnahme ist die Gefährdungsbeurteilung der Praxis. Nur so können geeignete Schutzmaßnahmen zur Gefahrenabwehr geplant und umgesetzt werden. Bei der Erstellung einer Gefährdungsbeurteilung in einer Zahnarztpraxis leistet die Berufsgenossenschaft für Gesundheitsdienst und Wohlfahrtspflege (BGW) Hilfe (z. B. im Internet unter www.bgw-online.de). Um eine sichere Gefährdungsbeurteilung der Praxis durch den Zahnarzt oder die Zahnärztin zu gewährleisten, bietet sich das folgende systematische Vorgehen in sieben Schritten an:

Die sieben Schritte der Gefährdungsbeurteilung

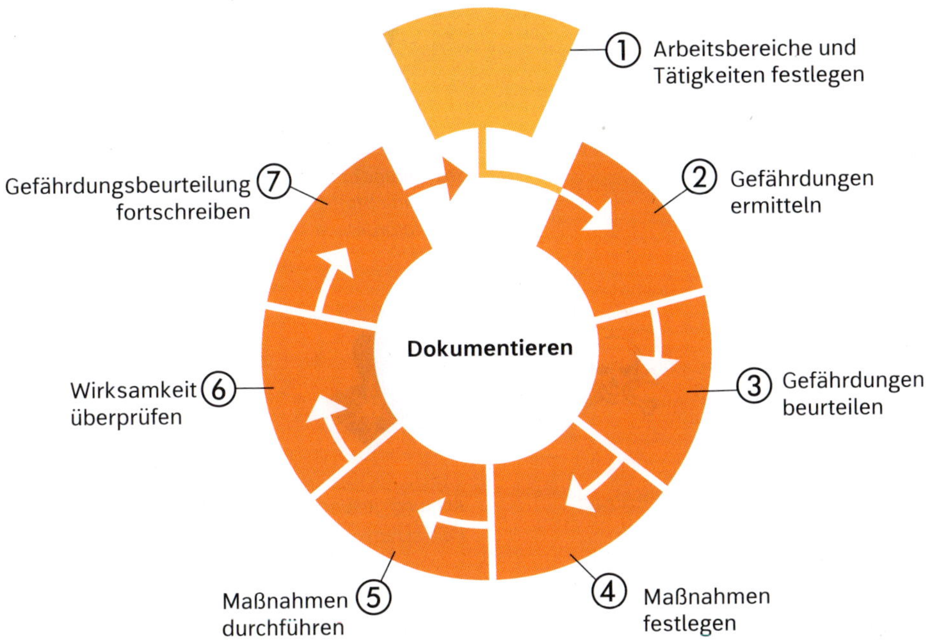

Eine erhebliche Gefährdung geht von dem in jeder Zahnarztpraxis notwendigen Umgang mit **Gefahrstoffen** aus. Hier ist eine geeignete Handhabung sicherzustellen, damit Arbeitsunfälle oder gar Berufskrankheiten vermieden werden und eine Schädigung der Umwelt ausgeschlossen werden kann.

Gefahrstoffe sind durch folgende Gefährdungsmerkmale gekennzeichnet:

Gefahrstoffe		
▪ sehr giftig ▪ giftig ▪ gesundheitsschädlich ▪ ätzend ▪ reizend ▪ sensibilisierend ▪ krebserregend ▪ fortpflanzungsgefährdend ▪ erbgutverändernd ▪ auf sonstige Weise chronisch schädigend	▪ explosionsgefährlich ▪ brandfördernd ▪ hochentzündlich ▪ leichtentzündlich ▪ entzündlich ▪ explosionsfähig	▪ umweltgefährlich

Zur deutlichen Kennzeichnung von Gefährdungsmerkmalen werden auf den Verpackungen von Gefahrstoffen Gefahrensymbole eingesetzt. Folgende Symbole werden nach dem „Global harmonisierten System zur Einstufung und Kennzeichnung von Chemikalien (GHS)“ unterschieden:

Explosive Stoffe

Entzündbare Stoffe

Entzündend (oxidierend) wirkende Stoffe (brandfördernde Stoffe)

Unter Druck stehende Gase

Hautätzend

Akute Toxizität (Giftigkeit)

Achtung gesundheitsschädlich

Umweltschädlich

Zahnmedizinische Fachangestellte müssen umfassend über den Umgang mit Gefahrstoffen informiert sein. Dabei haben sie alle entsprechenden Schutzmaßnahmen zu beachten. In regelmäßigen Abständen sollte eine erneute Unterweisung stattfinden, damit die Handhabung der Gefahrstoffe immer dem neuesten technischen Stand entspricht.

Ein wichtiger Gesichtspunkt des Arbeitsschutzes ist die Beachtung der Maßnahmen zum Infektionsschutz. Auf der einen Seite sind die Patientinnen und Patienten vor den vielfältigen Infektionsgefahren bei einer zahnärztlichen Behandlung zu schützen. Andererseits sind aber auch der Zahnarzt/die Zahnärztin und alle in der Praxis Beschäftigten einer starken Infektionsgefährdung ausgesetzt. Vorbeugende Maßnahmen sind daher unbedingt erforderlich.

Eine Grundvoraussetzung zur Vermeidung von Infektionen ist die ständige Sicherung der Hygiene in einer Praxis.

Der Hygieneplan einer Praxis sollte folgende Sachverhalte umfassen:

- Händehygiene (Händereinigung, Händedesinfektion und Handpflege),
- Schutzkleidung (Handschuhe, Kittel, Schürze, Haarschutz, Schutzmaske),
- Entsorgungsvorrichtungen, z. B. für gebrauchte Kanülen,
- Reinigung, Desinfektion und gegebenenfalls Sterilisation von Instrumenten,
- Flächendesinfektion.

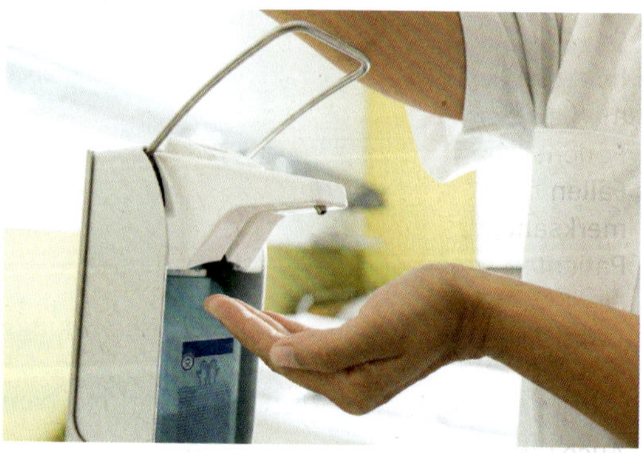

Händehygiene – eine grundlegende Vorsorgemaßnahme

12 Die Gestaltung von Arbeitsraum und Arbeitsplatz

„Der Fragebogen zu unserer Zahnarztpraxis hat ja interessante Ergebnisse gebracht. Einige Patienten finden den Gesamteindruck nicht so gut", bemerkt Sarah. „Die technische Ausstattung ist in unserer Praxis sicherlich sehr gut. Wir haben in den letzten Jahren die Praxiseinrichtung in fast allen Bereichen erneuert. Unsere Arbeitsplätze beispielsweise sind toll und vor allem auch bequem. Vorher hatte ich immer abends Rückenschmerzen. Nicht so gelungen finde ich die Wandfarben und unsere neue Beleuchtung im Bereich der Anmeldung. Das könnte man noch heller und freundlicher gestalten", meint Melanie.

Aufgaben

1. Wie wirkt sich die Gestaltung der Zahnarztpraxis auf den Patientenzuspruch aus?
2. a) Welcher Grundsatz gilt hinsichtlich der Gestaltung des Raumgefüges einer Praxis?

   b) Was bewirkt die Nichteinhaltung dieses Grundsatzes?
3. Was versteht man unter der Ergonomie von Arbeitsplätzen?
4. Mit welchen Fragen kann eine erste ergonomische Prüfung eines Arbeitsplatzes vorgenommen werden?
5. Welche ergonomischen Gestaltungsbereiche lassen sich in einer Zahnarztpraxis unterscheiden?
6. Welche Folgen für das Praxispersonal haben Arbeitsplätze, die nicht ergonomischen Grundsätzen entsprechen?

Die Gestaltung der Zahnarztpraxis beeinflusst nicht nur den Patientenzuspruch, sondern sie hat auch Einfluss auf die Sicherheit und Gesundheit bei der Arbeit. Ideal ist es, wenn eine Harmonie zwischen der Geräteausstattung und der Gesamtgestaltung der Praxis erreicht wird. Patienten und Patientinnen befinden sich fast immer in einer Ausnahmesituation. In vielen Fällen benötigen sie dringend zahnärztliche Hilfe. In dieser Situation sind sie besonders aufmerksam gegenüber ihrer Umgebung. Mit dem Betreten der Praxis nehmen Patientinnen und Patienten von der Anmeldung über das Wartezimmer bis zu allen Behandlungs-, Diagnose- und Therapiebereichen die gesamte Präsentation aufmerksam wahr.

Die Gestaltung der Praxis ist somit ein Element des Patientenzuspruchs und damit des Praxismarketings.

Auch das Praxispersonal wird in erheblichem Maße durch die Gestaltung der Praxis beeinflusst. Es verbringt viel Zeit in den Praxisräumen. Farb- und Lichtgestaltung, die Einrichtung und deren Funktionalität haben großen Einfluss auf die Arbeitsfreude und damit auf die Leistungsbereitschaft.

Die **Strukturqualität** einer Praxis wird unter anderem gekennzeichnet durch ein gelungenes Raumgefüge. Auf der Basis der meist nicht veränderbaren baulichen Bedingungen sollte eine

größtmögliche Optimierung der Anordnung der Praxisräume erreicht werden. Sonst entsteht wegen der langen Wege ein erhöhter zeitlicher Aufwand.
Das Raumgefüge muss ein funktionales und wirtschaftliches Arbeiten ermöglichen. **Fehler im Raumgefüge bewirken einen erhöhten Zeit- und Personalaufwand** und somit höhere Kosten. Es gilt der Grundsatz, dass durch die Raumanordnung möglichst kurze Wege sowohl von den Patienten als auch vom Praxispersonal und dem Zahnarzt zurückzulegen sind. Laufwegskizzen machen die zurückzulegenden Wege sichtbar. Sie sind eine Hilfe, bessere Lösungen zu finden. Die nachfolgende Abbildung zeigt, wie in einem bestehenden Raumgefüge durch Umbau eine wesentliche Verbesserung des Raumgefüges und damit eine Erhöhung der Wirtschaftlichkeit erreicht wurde.

Praxis vor dem Umbau

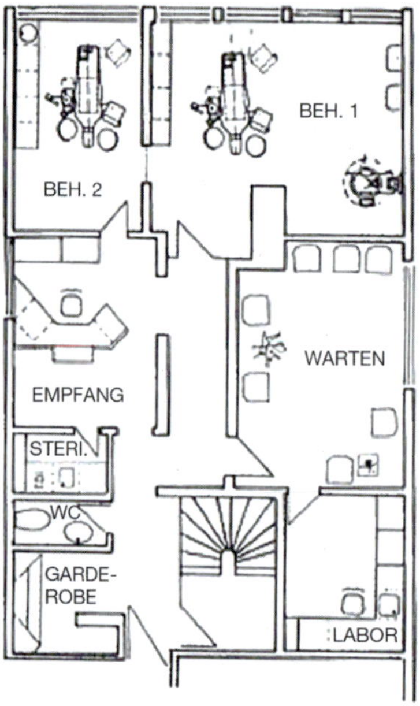

Praxis nach dem Umbau

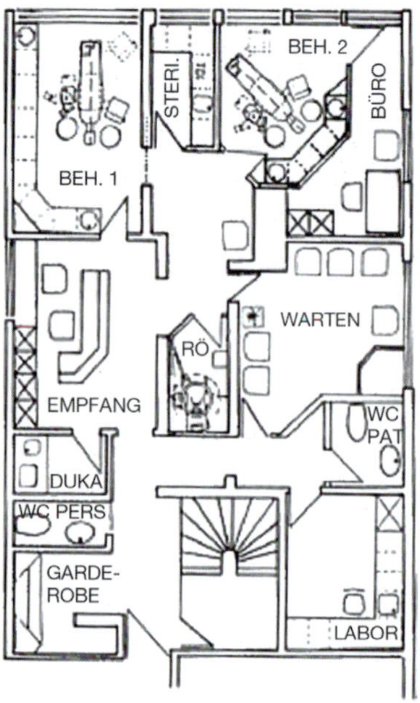

In allen Bereichen der Praxis sind ergonomische Gesichtspunkte zu berücksichtigen. Mangelnde Ergonomie ist für den Praxisinhaber und das Praxispersonal eine große Belastung. Im schlimmsten Fall führt sie zu Erkrankungen, z. B. Haltungsschäden.

Unter Ergonomie versteht man die menschengerechte Gestaltung der Arbeit. Es besteht eine Wechselbeziehung zwischen der technischen Ausstattung des Arbeitsplatzes und der aufgrund der Arbeit entstehenden Belastung und Beanspruchung des Menschen. Eine ausgewogene und möglichst geringe Belastung soll erreicht werden. Bei der Prüfung der Ergonomie von Arbeitsplätzen helfen folgende Fragen:

- Ist die Arbeit von Menschen unter Berücksichtigung ihrer biologischen Voraussetzungen, z. B. Reichweite der Arme, ausführbar? **(Ausführbarkeit)**
- Ist die Arbeit auf Dauer, d. h. über ein gesamtes Berufsleben, ohne Gefahr für die Gesundheit erträglich? **(Erträglichkeit)**
- Ist die Arbeit und sind die Arbeitsbedingungen auf Dauer zumutbar? **(Zumutbarkeit)**
- Sind die für die Arbeit vorgesehenen Personen mit den Arbeitsbedingungen und den Arbeitsinhalten zufrieden? **(Zufriedenheit)**

Unter Berücksichtigung dieser Fragen werden folgende ergonomische Gestaltungsbereiche in einer Zahnarztpraxis unterschieden:

Ergonomische Gestaltungsbereiche

Arbeitsplatz	Arbeitsmittel	Einrichtung	Arbeitsumgebung
Berücksichtigung von Körperhaltung (z. B. bei der Assistenz), Gesichts- und Blickfeld (z. B. bei der Computerarbeit)	z. B. Formgebung der Instrumente	geeignete Arbeitstische und -stühle	– Lärmminderung – Beleuchtung – Minderung der Schadstoffbelastung

Die ergonomische Gestaltung des Arbeitsplatzes soll gesichert werden durch eine Vielzahl von Gesetzen und Vorschriften. Der Zahnarzt oder die Zahnärztin als Käufer von Praxiseinrichtung muss sich entweder beraten lassen und darauf vertrauen, dass die Anbieter von Praxiseinrichtungen die gesetzlichen Vorschriften auch umsetzen. Prüfsiegel und Gütezeichen sollen die Einhaltung der ergonomischen Anforderungen zusichern.

13 Arbeitsschutzgesetze

Melanie: „Ich habe eine wunderbare Neuigkeit für euch, ich bin schwanger."
Sarah: „Herzlichen Glückwunsch, Melanie, ich wünsche dir alles Gute! Da wird sich ja nun einiges in unserer Praxis ändern. Weiß Dr. Heine schon Bescheid?" „Ja, natürlich, ich habe zuerst mit ihm gesprochen. Ich arbeite ab jetzt nur noch in der Anmeldung und in der Verwaltung. Da kann ich Stefanie unterstützen, die ja seit ihrem schweren Autounfall aufgrund ihrer Schwerbehinderung nur noch in der Anmeldung tätig ist."
„Aber da arbeitet doch schon Britta. Was passiert mit ihr?" „Auch hier scheint sich alles sehr glücklich zu fügen. Brittas Mann arbeitet seit einiger Zeit in München und sie will nun auch nach München ziehen und dort in einer Zahnarztpraxis arbeiten. Vor 14 Tagen hat sie Dr. Heine ihre Kündigung überreicht und scheidet zum Ende dieses Monats aus der Praxis aus." „Aber hat sie denn nicht aufgrund ihrer langen Betriebszugehörigkeit eine längere Kündigungsfrist?" „Nein, die längeren Kündigungsfristen aufgrund einer längeren Beschäftigungsdauer gelten nur für den Arbeitgeber." „Und was machst du nach der Geburt deines Kindes? Wirst du weiter hier arbeiten?" „Zunächst einmal beginnt sechs Wochen vor dem voraussichtlichen Geburtstermin die Mutterschutzfrist. Mit Dr. Heine habe ich vereinbart, dass ich vor dieser Frist noch meinen Jahresurlaub von 28 Tagen nehme. Nach dem Ende der Mutterschutzfrist weiß ich noch nicht, was ich mache. Vielleicht nehme ich Elternzeit in Anspruch. Ich muss das noch in Ruhe mit meinem Mann besprechen." „Und wer wird nun deine bisherigen Aufgaben übernehmen?" „Ja, Sarah, da hast du Glück, du wirst eine sehr nette und liebe Kollegin bekommen. Marietta und ich waren in der gleichen Klasse der Berufsschule. Sie

war bisher in einer Praxis, die von einem neuen Zahnarzt übernommen wurde. Mit ihrem neuen Chef kam sie überhaupt nicht zurecht. Daher hatte sie sich dummerweise auf einen Auflösungsvertrag eingelassen. Seit acht Wochen ist sie arbeitslos. Nun wird sie zum Ersten des nächsten Monats bei uns anfangen." „Na, das sind ja viele Neuigkeiten auf einmal. Die Hauptsache aber ist, dass du mir als Kollegin erhalten bleibst."

Aufgaben

1. Aus welchen Gründen sollte eine schwangere Zahnmedizinische Fachangestellte nicht mehr die Behandlungsassistenz übernehmen?
2. Welche Vorschriften beinhaltet das Mutterschutzgesetz bezüglich der Mutterschutzfrist?
3. Kann das Arbeitsverhältnis einer schwangeren Zahnmedizinischen Fachangestellten durch den Arbeitgeber gekündigt werden? Erläutern Sie den besonderen Kündigungsschutz schwangerer Arbeitnehmerinnen.
4. Welches Ziel wird mit der Elternzeit verfolgt?
5. Wer kann Elternzeit beanspruchen?
6. Über welchen Zeitraum kann Elternzeit beansprucht werden?
7. Eltern und Alleinerziehende erhalten finanzielle Unterstützung vom Staat durch die Zahlung von Elterngeld. Erläutern Sie die Voraussetzungen für die Zahlung von Elterngeld.
   - Wie viel Prozent des Einkommens beträgt das Elterngeld?
   - Über welchen Zeitraum wird diese Unterstützung gezahlt?
8. Welchem besonderen Schutz unterliegen schwerbehinderte Arbeitnehmer?
9. Welche Unterstützung erhält ein Arbeitgeber bei der Einrichtung von Arbeitsplätzen für Schwerbehinderte?
10. Auf welche Arten kann es zu einer Auflösung eines Arbeitsvertrages kommen? Erläutern Sie kurz die verschiedenen Möglichkeiten.
11. Welche Kündigungsfristen gelten für die Zahnmedizinische Fachangestellte bzw. für den Praxisinhaber oder die Praxisinhaberin nach dem Manteltarifvertrag?
12. Eine Zahnmedizinische Fachangestellte arbeitet in einem Praxiszentrum mit 18 Mitarbeiterinnen. Sie soll die Kündigung erhalten. Was ist in diesem Fall zu beachten?
13. Welchen Urlaubsanspruch hat eine Auszubildende in einer Zahnarztpraxis?
14. Eine Zahnmedizinische Fachangestellte hat am 31. Dezember des laufenden Jahres noch 14 Tage alten Urlaub zu bekommen. Kann sie diesen Urlaub im darauffolgenden Kalenderjahr in Anspruch nehmen?
15. Britta, die aus der Zahnarztpraxis ausscheidet, hat noch Anspruch auf 20 Tage Urlaub. Es besteht aber keine Möglichkeit, diesen Urlaub noch in Anspruch zu nehmen. Was passiert mit ihrem Urlaubsanspruch?

Ziel der Arbeitsschutzgesetze ist, die Sicherheit und den Gesundheitsschutz der Beschäftigten zu sichern und zu verbessern. Neben dem eigentlichen Arbeitsschutzgesetz *(ArbSchG)* gibt es eine Vielzahl von Gesetzen und Verordnungen, wobei Beschäftigte leicht den Überblick verlieren können. Im Bedarfsfall muss jemand um Beratung bitten, die u. a. von Berufsverbänden und Gewerkschaften geleistet wird.

Im Folgenden sind einige besonders wichtige Schutzgesetze dargestellt, die für Zahnmedizinische Fachangestellte von Bedeutung sind.

Mutterschutzgesetz

Der Schutz werdender Mütter am Arbeitsplatz wird vom Mutterschutzgesetz und der Verordnung zum Schutze der Mütter am Arbeitsplatz geregelt.

Gerade im Gesundheitsdienst gibt es verschiedene Gefahren für Schwangere und das werdende Kind, z. B.:

- Infektionsgefahren,
- Röntgenstrahlen,
- Chemikalien (z. B. Säuren und Laugen),
- Heben und Tragen von Lasten,
- Nacht- und Schichtdienst.

Mutterschutz dient der Gesundheit des Kindes.

Aufgrund des Mutterschutzgesetzes ergeben sich für Praxisinhaber folgende Pflichten:

- Überprüfung des Arbeitsplatzes auf mögliche gesundheitliche Gefährdung für die werdende oder stillende Mutter mit folgenden möglichen Maßnahmen:
  - Änderung der Arbeitsbedingungen,
  - Veranlassung eines Tätigkeitswechsels,
  - Freistellung von der beruflichen Tätigkeit.
- unverzügliche Mitteilung der Schwangerschaft einer Beschäftigten an die zuständige Behörde.

Änderung der Arbeitsbedingung

Schwangere dürfen

- keine Entsorgung und Reinigung kontaminierter schneidender, stechender oder bohrender Instrumente vornehmen,
- keine Assistenz am Behandlungsstuhl leisten,
- keine nicht desinfizierten Abdrücke bearbeiten,
- keinen Kontakt mit bekannt infektiösen Personen haben.

Das Mutterschutzgesetz beinhaltet zudem eine Reihe von Bestimmungen zur zulässigen Arbeitszeit. Es gilt u. a.:

- eine Begrenzung der zulässigen Mehrarbeit,
- Festlegung einer zwingend geltenden Mindestruhezeit
- Vorgaben zu Arbeitszeiten u. a.
- Arbeit zwischen 20 und 22 Uhr und an Sonn- und Feiertagen nur mit Einverständnis der Schwangeren,
- Verbot von Nachtarbeit.

Veranlassung eines Tätigkeitswechsels

Anhand der Gefährdungsanalyse ist dann zu prüfen, in welchem Teil der Praxis und mit welchen Aufgaben eine Weiterbeschäftigung möglich ist. So werden schwangere ZFA oft in der Praxisverwaltung oder in der Anmeldung eingesetzt.

Freistellung von der beruflichen Tätigkeit

Sechs Wochen vor der voraussichtlichen Entbindung darf der Zahnarzt oder die Zahnärztin eine schwangere ZFA nicht beschäftigen, es sei denn, sie erklärt sich ausdrücklich zur Arbeitsleistung bereit. Diese Erklärung kann die Schwangere jederzeit widerrufen. Nach der Entbindung gilt ein Beschäftigungsverbot von acht Wochen bzw. zwölf Wochen bei Früh- und Mehrlingsgeburten.

Mutterschutzgesetz

Beachtung der gesundheitsrechtlichen Vorschriften

- Nachtarbeitsverbot (20:00–06:00 Uhr)
- Mehrarbeitsverbot
- Sonn- und Feiertagsarbeitsverbot
- Verbot des Umgangs mit gefährlichen Stoffen und Strahlungen
- kein Kontakt mit infektionsverdächtigen Patienten und Materialien
- kein Umgang mit benutzten Instrumenten

Kündigungsverbot

Einer Schwangeren kann während der Schwangerschaft bis zum Ende der Mutterschutzfrist nicht gekündigt werden

Beschäftigungsverbot während der Mutterschutzfrist

- 6 Wochen vor dem errechneten Entbindungstermin
- 8 Wochen nach der Entbindung
- bei Mehrlingsgeburten oder Frühgeburten 12 Wochen nach der Entbindung

Ausführliche Informationen zu den Themen **Mutterschutz, Elternzeit und Elterngeld** finden Sie in den Broschüren des Bundesministeriums für Familie, Senioren, Frauen und Jugend (BMFSFJ) und auf der Website www.bmfsfj.de.

(Quelle: BMSFFJ 2023: www.bmfsfj.de/bmfsfj/service/publikationen/leitfaden-zum-mutterschutz-73756 [23.01.2024])

(Quelle: BMFSFJ 2023: www.bmfsfj.de/bmfsfj/service/publikationen/eltern-geld-eltern-geld-plus-und-eltern-zeit-73782 [23.01.2024])

Elternzeit

Arbeitnehmerinnen und Arbeitnehmer haben einen gesetzlichen Anspruch auf **Elternzeit**. Dies ist eine unbezahlte Freistellung von der Arbeit für Mütter und Väter, die ihr Kind nach der Geburt selbst betreuen wollen.

Die Elternzeit kann bis zum 3. Geburtstag des Kindes genommen werden. Ein Teil der Elternzeit kann aber auch zwischen dem 3. und dem 8. Lebensjahr beansprucht werden.

Die Elternzeit muss spätestens 7 Wochen vor der Inanspruchnahme beim Arbeitgeber angemeldet werden. Dabei ist festzulegen, in welchem Zeitraum die Elternzeit stattfinden soll.

Während der Elternzeit sind Arbeitnehmerinnen und Arbeitnehmer vor Kündigungen geschützt.

Elterngeld

Das Elterngeld soll es berufstätigen Eltern ermöglichen, nach der Geburt eines Kindes vorübergehend ganz oder teilweise auf eine Erwerbstätigkeit zu verzichten, um mehr Zeit für die Betreuung ihres Kindes zu haben.
Die damit verbundenen Gehaltseinbußen werden zum Teil durch das Elterngeld ausgeglichen.
Anspruch auf Elterngeld haben Mütter und Väter, die

- mit ihrem Kind in einem gemeinsamen Haushalt leben;
- ihr Kind selbst betreuen;
- während der Elternzeit entweder gar nicht oder höchstens 32 Stunden pro Woche arbeiten.

Ausführliche Informationen zu den Themen Elternzeit, Elterngeld und ElterngeldPlus bietet das Bundesministerium für Familie, Senioren, Frauen und Jugend (BMFSFJ) auf seiner Website und in aktuellen Publikationen.

Elterngeld

Berechtigte	Dauer der Zahlung
Anspruch haben Mütter und Väter, die - ihre Kinder nach der Geburt selbst betreuen und erziehen, - nicht mehr als 32 Stunden in der Woche erwerbstätig sind, - mit ihren Kindern in einem Haushalt leben und - einen Wohnsitz oder ihren gewöhnlichen Aufenthalt in Deutschland haben - Immer nur ein Elternteil hat Anspruch auf das Elterngeld. Wenn beide Eltern gleichzeitig Elterngeld in Anspruch nehmen, halbiert sich die Bezugsdauer.	**Basiselterngeld** - Eltern haben Anspruch auf 12 Monatsbeiträge, Alleinerziehende haben Anspruch auf 14 Monatsbeiträge - Anspruch auf zwei zusätzliche Partnermonate, wenn der Partner für diese Zeit seine Erwerbstätigkeit reduziert - der Anspruch besteht nur während der ersten 14 Lebensmonate des Kindes **ElterngeldPlus** - die Monatsbeiträge können auf Antrag halbiert werden, wodurch sich der Auszahlungszeitraum verdoppelt - Eltern, die sich für eine partnerschaftliche, gleichzeitige Betreuung des Kindes entscheiden, erhalten einen Partnerschaftsbonus. Sie bekommen bis zu vier zusätzliche ElterngeldPlus-Monate, wenn in dieser Zeit beide zwischen 24 und 32 Wochenstunden arbeiten.

Familienportal

Ob für Eltern Basiselterngeld, ElterngeldPlus, Partnerschaftsbonus oder die Kombination aller drei Gestaltungsmöglichkeiten infrage kommt, hängt von den Lebensumständen ab. Wer von den Partnern ist in welchem Umfang erwerbstätig? Wer übernimmt verstärkt die Kinderbetreuung? Wie sieht es mit der finanziellen Absicherung aus? All dies sind Fragen, die die Entscheidung der Eltern beeinflussen. Auf der Internetseite des Bundesfamilienministeriums (www.bmfsfj.de bzw. www.familien-wegweiser.de) können Eltern mit dem **Elterngeldrechner** die verschiedenen Gestaltungsmöglichkeiten durchrechnen und so eine Einschätzung zur Höhe des Elterngeldanspruchs bekommen.

Schwerbehindertenschutz

Schwerbehinderten Menschen Arbeitsplätze zu verschaffen, ist u. a. Ziel des Schwerbehindertenschutzes. Bei der Suche nach Arbeit sind sie oftmals wegen ihrer Behinderungen benachteiligt. Damit Arbeitgeber Menschen mit Behinderungen trotzdem einstellen, bietet der Staat finanzielle Hilfen für die Einrichtung behindertengerechter Arbeitsplätze. Darüber hinaus besteht für Arbeitgeber mit mehr als 20 Beschäftigten die Verpflichtung, wenigstens 5 % der Arbeitsplätze für schwerbehinderte Menschen bereitzustellen. Geschieht dies nicht, ist eine Ausgleichsabgabe zu zahlen. Die Einsatzmöglichkeiten einer ZFA mit Schwerbehinderung begrenzen sich meist auf Tätigkeiten im Praxisempfang und in der Verwaltung. Bei den notwendigen Umbauten und bei sonstigen Belastungen, die sich aus der Beschäftigung von Schwerbehinderten ergeben, erhält die Zahnarztpraxis entsprechende Hilfen. Zuständig ist das **Integrationsamt**. Schwerbehinderte unterliegen einem besonderen **Kündigungsschutz**. Eine Kündigung eines schwerbehinderten Arbeitnehmern ohne vorherige Zustimmung des Integrationsamtes ist unwirksam.

Kündigungsschutzgesetz

Auch in einer Zahnarztpraxis kündigen erfahrungsgemäß hin und wieder Mitarbeiterinnen oder Mitarbeiter. Manchmal lässt es sich auch nicht vermeiden, dass jemandem gekündigt wird. Da eine Kündigung des Arbeitnehmers durch den Arbeitgeber erhebliche soziale Folgen nach sich ziehen kann, gibt es in Deutschland einen besonderen Kündigungsschutz, der im Kündigungsschutzgesetz geregelt ist. Ziel ist es, Arbeitnehmerinnen und Arbeitnehmer vor einer unverhältnismäßig schnellen bzw. ungerechtfertigten Kündigung zu schützen.

Arbeitsverträge werden normalerweise ohne jede Fristbegrenzung abgeschlossen. Es gibt aber auch **befristete Arbeitsverträge**, z. B. Vertretung einer Zahnmedizinischen Fachangestellten während des Mutterschutzes oder der Elternzeit. Diese enden mit der vereinbarten Frist. Diese Vereinbarung muss schriftlich vorliegen.

Unbefristete Arbeitsverträge können folgendermaßen beendet werden:

- Aufhebungsvertrag,
- ordentliche Kündigung durch den Arbeitnehmer/die Arbeitnehmerin,
- ordentliche Kündigung durch den Arbeitgeber/die Arbeitgeberin,
- außerordentliche Kündigung,
- Änderungskündigung.

Bei einem **Aufhebungsvertrag** wird der Arbeitsvertrag in beiderseitigem Einvernehmen beendet. Oft wird dies dem Arbeitnehmer durch die Zahlung einer Abfindung schmackhaft gemacht. Der Aufhebungsvertrag ist aber oft mit erheblichen Nachteilen verbunden.

Diese sind:

- Verzicht auf den allgemeinen Kündigungsschutz,
- Verlust eines besonderen Kündigungsschutzes, z. B. nach dem Mutterschutz- oder Schwerbehindertengesetz,
- Sperrzeit beim Bezug von Arbeitslosengeld; da der Arbeitnehmer durch einen Aufhebungsvertrag seine Arbeitslosigkeit herbeigeführt hat, muss er damit rechnen, dass eine zwölfwöchige Sperrzeit gegen ihn verhängt wird,
- Anrechnung einer Abfindung auf das Arbeitslosengeld.

Bei einer **ordentlichen Kündigung** durch die Arbeitnehmerin oder den Arbeitnehmer muss eine Kündigungsfrist von vier Wochen zum 15. des Monats oder zum Monatsende eingehalten werden (**Grundkündigungsfrist**). Der Arbeitgeber bzw. die Arbeitgeberin hat somit Zeit, sich um einen neuen Beschäftigten zu bemühen. Ein Kündigungsgrund muss nicht angegeben werden. Die Kündigung ist immer eine einseitige, empfangsbedürftige Willenserklärung.

Bei einer Kündigung durch den Arbeitnehmer hat dieser sicherzustellen, dass der Arbeitgeber von der Kündigung nachweislich Kenntnis erlangt. Dies gilt umgekehrt auch bei der Kündigung durch den Arbeitgeber.

Auch bei einer **ordentlichen Kündigung durch den Arbeitgeber bzw. die Arbeitgeberin** sind die o.g. Kündigungsfristen einzuhalten. Allerdings verlängert sich hier die Kündigungsfrist in Abhängigkeit von der Dauer des Beschäftigungsverhältnisses des Arbeitnehmers. Es gelten die in der folgenden Tabelle aufgeführten gesetzlichen Fristen. Diese wurden so auch teilweise in den Manteltarif für ZFA übernommen.

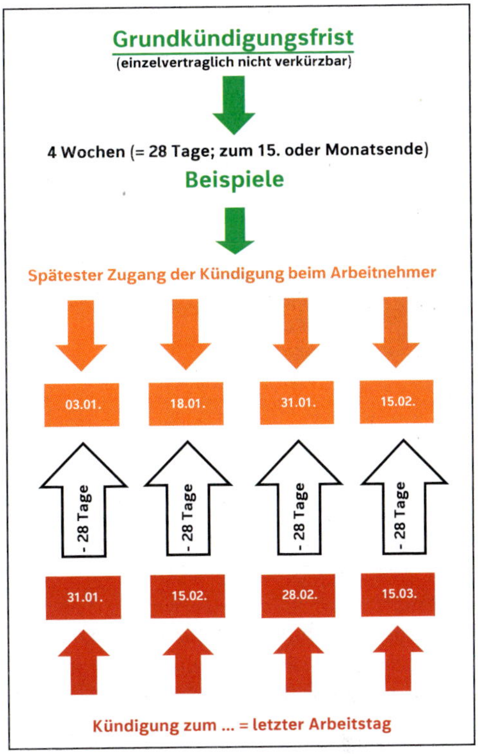

Dauer des Beschäftigungsverhältnisses	Kündigungsfrist zum Ende des Kalendermonats
2 Jahre	1 Monat
5 Jahre	2 Monate
8 Jahre	3 Monate
10 Jahre	4 Monate
12 Jahre	5 Monate
15 Jahre	6 Monate
20 Jahre	7 Monate

Diese Fristen gelten nur für den Arbeitgeber bzw. die Arbeitgeberin. Bei einer Kündigung durch den Arbeitnehmer oder die Arbeitnehmerin gilt die Grundkündigungsfrist. Bei der **Kündigung des Arbeitsverhältnisses einer Zahnmedizinischen Fachangestellten durch den Praxisinhaber** ist eine Vielzahl gesetzlicher Vorschriften zu beachten. Die Vorschriften zum Kündigungsschutz sind sehr unübersichtlich und können teilweise auch von Experten im Kündigungsschutzrecht in den Einzelheiten kaum mehr überschaut werden. Es empfiehlt sich daher für eine von einer Kündigung betroffene Person, sich von Experten eines Berufsverbandes oder einer Gewerkschaft bzw. von einem arbeitsrechtlich spezialisierten Rechtsanwalt beraten zu lassen. Insbesondere soll der Arbeitnehmer vor einer **sozial ungerechtfertigten Kündigung** geschützt werden. Hier gelten allerdings für die Anwendung des Kündigungsschutzgesetzes folgende Voraussetzungen:

- Das Unternehmen muss mindestens zehn Arbeitnehmer/Arbeitnehmerinnen beschäftigen (Teilzeitkräfte werden mit einem entsprechenden Anteil berücksichtigt).
- Das Arbeitsverhältnis muss mindestens sechs Monate bestehen.

Gegen eine ordentliche Kündigung können Zahnmedizinische Fachangestellte mit einer Kündigungsschutzklage vorgehen, wenn das Kündigungsschutzgesetz gilt. Allerdings gilt in zahlreichen Praxen aufgrund der geringen Anzahl der dort Beschäftigten das Kündigungsschutzgesetz nicht.

Ordentliche Kündigung

- **Bedarf der Schriftform**
- **erst wirksam mit dem Zugang beim Empfänger**
- **nur notwendig bei unbefristeten Arbeitsverträgen**
  Befristete Arbeitsverträge enden mit der vereinbarten Frist.
- **Beachtung der gesetzlichen Kündigungsfristen**
  Vier Wochen zum 15. oder zum Ende eines Monats; bei längerer Betriebszugehörigkeit verlängert sich die Kündigungsfrist für den Arbeitgeber stufenweise auf bis zu 6 Monate.

In Praxen, in denen das Kündigungsschutzgesetz nicht gilt, kann der Arbeitgeber einer Zahnmedizinischen Fachangestellten ohne Angabe von Gründen kündigen. Er muss nur die Kündigungsfristen beachten, bzw. die besonderen Vorschriften in Spezialfällen, z. B. Mutterschutzgesetz, Schwerbehindertengesetz. Ist das Kündigungsschutzgesetz zu beachten, z. B. in großen Zahnarztpraxen mit zehn und mehr Beschäftigten, muss die Arbeitgeberin oder der Arbeitgeber einen Grund zur Rechtfertigung der Kündigung angeben. Das Kündigungsschutzgesetz unterscheidet drei Gründe:

1. Verhaltensbedingte Kündigung

Verhält sich der Arbeitnehmer trotz mehrerer Abmahnungen weiterhin arbeitsvertragswidrig (z. B. durch wiederholtes Zuspätkommen, aufgrund wiederholter grob fahrlässiger Verursachung von Schäden, durch Störung des Betriebsfriedens), kann der Arbeitgeber ihm kündigen. Allerdings müssen die der Kündigung vorhergehenden Abmahnungen rechtswirksam sein, d. h.

- es muss eine genaue Tatbeschreibung des vertragswidrigen Verhaltens vorliegen,
- das vertragswidrige Verhalten muss ausdrücklich missbilligt werden,
- es muss ein Hinweis auf das erwartete korrekte Verhalten vorliegen,
- es muss ein Hinweis auf die arbeitsrechtlichen Konsequenzen bei einer Wiederholung des vertragswidrigen Verhaltens erfolgen.

2. Personenbedingte Kündigung

Hier liegen die Gründe in der Person der Arbeitnehmerin oder des Arbeitnehmers, etwa bei einer lang anhaltenden Krankheit, die zur Arbeitsunfähigkeit führt und auch in Zukunft führen wird.

3. Betriebsbedingte Kündigung

Fallen beispielsweise Arbeitsplätze in der Praxis weg, weil die Patientenzahl erheblich abgenommen hat, wird der Praxisinhaber betriebsbedingte Kündigungen in Erwägung ziehen.

Das Kündigungsschutzgesetz schreibt in diesem Falle vor, dass eine besondere **Sozialauswahl** getroffen werden muss. Zu berücksichtigen sind die Betriebszugehörigkeit, das Lebensalter und Unterhaltsverpflichtungen der Beschäftigten. Die Sozialauswahl soll verhindern, dass Mitarbeiterinnen oder Mitarbeitern gekündigt wird, für die eine Kündigung eine besondere soziale Härte darstellt. Von mehreren vergleichbaren Beschäftigten ist die Person zu kündigen, für welche eine Kündigung die geringsten sozialen Folgen hat. Bei einer betriebsbedingten Kündigung trifft dies am ehesten auf eine junge, unverheiratete Mitarbeiterin ohne Kind zu.

Verhaltensbedingte Kündigung	Personenbedingte Kündigung	Betriebsbedingte Kündigung
Beispiele: ▪ unberechtigte Krankmeldung ▪ Störungen des Betriebsfriedens ▪ häufige Unpünktlichkeit ▪ unentschuldigtes Fehlen	Beispiele: ▪ fehlende Eignung ▪ mangelhafte Leistung ▪ häufige Erkrankung ▪ Suchtabhängigkeit	Beispiele: ▪ Personaleinsparungen sind durch Rationalisierung der Behandlungsabläufe möglich ▪ Rückgang des Patienten-zahl

Bei einer **außerordentlichen Kündigung** kündigt ein Arbeitgeber bzw. ein Arbeitnehmer aus einem wichtigen Grund **fristlos**. Wichtiger Grund heißt, es kann dem Kündigenden nicht zugemutet werden, den Ablauf der regulären Kündigungsfrist abzuwarten. Kündigt der Arbeitgeber, muss dieser neben dem außerordentlichen Kündigungsgrund ein Verschulden des Arbeitnehmers oder der Arbeitnehmerin beweisen. Außerdem ist zu prüfen, ob andere mögliche Mittel, z. B. eine Abmahnung, ausgereicht hätten.

Gründe für eine fristlose Kündigung:

- Arbeitsverweigerung
- grobe Beleidigungen
- sexuelle Belästigung
- Straftaten in der Praxis
- Trunk- und Drogensucht
- eigenmächtiger Urlaubsantritt
- Nichtzahlung des Gehaltes
- Verstoß gegen die Schweigepflicht

243 810

Urlaubsanspruch

Urlaub dient der Gesundheitserhaltung der Beschäftigten. Die gesetzlichen Regelungen gehören somit zum Arbeitsschutz.

Der Urlaubsanspruch wird abgesichert über

- tarifvertragliche Regelungen,
- das Bundesurlaubsgesetz, wenn tarifvertragliche Regelungen fehlen,
- das Jugendarbeitsschutzgesetz für Arbeitnehmerinnen und Arbeitnehmer bis zur Vollendung des 18. Lebensjahrs.

Nach dem Manteltarif beträgt der Urlaub für Zahnmedizinische Fachangestellte:

Bei einer Beschäftigungsdauer unter acht Jahren	27 Arbeitstage
Nach achtjähriger Beschäftigungsdauer	29 Arbeitstage
Nach sechzehnjähriger Beschäftigungsdauer	31 Arbeitstage

Ist im Arbeitsvertrag keine Vereinbarung zum Urlaub getroffen, gelten die Bestimmungen des Bundesurlaubsgesetzes. Demnach beträgt der Mindesturlaub 24 Werktage bzw. 20 Arbeitstage (gesetzlicher Mindesturlaub).

Für nicht volljährige Beschäftigte gelten die Bestimmungen des Jugendarbeitsschutzgesetzes. Ist, wie bei den Zahnmedizinischen Fachangestellten, die tarifvertragliche Regelung für minderjährige Beschäftigte günstiger als das Jugendarbeitsschutzgesetz, gilt der Tarifvertrag.

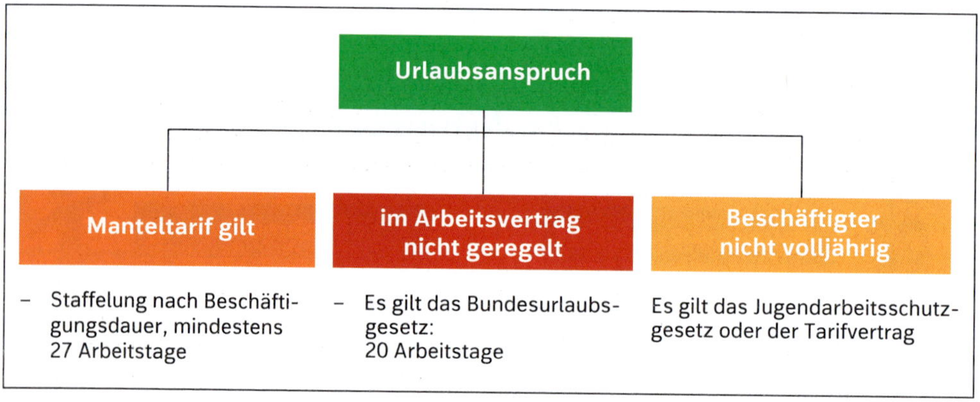

Bei der Planung des Jahresurlaubs sind folgende allgemeine Richtlinien zu beachten:

- Bei einem neuen Arbeitsverhältnis muss die Arbeitnehmerin oder der Arbeitnehmer eine Wartefrist von sechs Monaten einhalten, bevor der Jahresurlaub in Anspruch genommen werden darf.
- Der Urlaub sollte möglichst zusammenhängend gewährt werden. Es sind mindestens zwei Wochen hintereinander einzuplanen.
- Bei der zeitlichen Festlegung sollten die Urlaubswünsche der Arbeitnehmerin oder des Arbeitnehmers möglichst berücksichtigt werden.
- Der Arbeitgeber hat das Recht, aus betrieblichen Gründen einen gewissen Anteil des Urlaubs auf einen bestimmten Zeitpunkt festzulegen.
- In der innerbetrieblichen Planung ist eine soziale Rangfolge zu beachten. So haben beispielsweise Arbeitnehmer mit Kindern in der Planung Vorrang vor Arbeitnehmern ohne Kinder.

- Erkrankt eine Arbeitnehmerin oder ein Arbeitnehmer während des Urlaubes, so ist dem Arbeitgeber eine Arbeitsunfähigkeitsbescheinigung vorzulegen. Der Urlaub wird damit unterbrochen und die Anzahl der Tage der Erkrankung zählen nicht als Urlaub.
- Wird Urlaub wegen Arbeitsunfähigkeit oder aus betrieblichen Gründen bis zum Ende eines Kalenderjahres nicht angetreten, so ist er innerhalb der nächsten drei Monate (31. März des Folgejahres) zu gewähren und zu nehmen.

Auszubildende sollten ihren Urlaub möglichst zusammenhängend in den Berufsschulferien nehmen. Beginnt oder endet das Arbeitsverhältnis im Laufe des Kalenderjahres, so beträgt der Urlaubsanspruch 1/12 für jeden vollen Beschäftigungsmonat.

14 Arbeitsgerichtsbarkeit

Sarah: „Julia, eine Mitschülerin aus meiner Berufsschulklasse, war heute völlig aufgelöst. Sie wollte, wie es eigentlich abgesprochen war, in den Herbstferien Urlaub nehmen. Dann hat ihr Chef ihr kurzfristig mitgeteilt, dass dies aufgrund der Erkrankung einer Zahnmedizinischen Fachangestellten aus seinem Team nicht möglich sei. Sie hat aber ihren Urlaub bereits gebucht. Nun hat sie den größten Ärger in der Praxis." Melanie: „Ja, leider gibt es gelegentlich Probleme wegen solcher Dinge. Wir versuchen, solchen Ärger vor allem durch Gespräche zu vermeiden. Außerdem haben wir das Glück, dass Dr. Heine ein ausgesprochen großzügiger Chef ist. Unsere neue Mitarbeiterin Marietta hat in der nächsten Woche noch einen Termin vor dem Arbeitsgericht. Ihr letzter Chef hat einen Teil des Lohnes nicht bezahlt. Lass uns bloß alles dafür tun, dass es in unserer Praxis weiterhin friedlich zugeht!"

Aufgaben

1. Konflikte, die sich mit der Praxisinhaberin oder dem Praxisinhaber aus dem Ausbildungs- oder Arbeitsvertrag ergeben, sollten möglichst durch Gespräche gelöst werden. Erläutern Sie die Voraussetzungen für ein erfolgreiches Gespräch.
2. Warum muss sich eine auszubildende Zahnmedizinische Fachangestellte bei Streitigkeiten, die sich mit dem Praxisinhaber bei der Ausbildung ergeben, zunächst an die Zahnärztekammer wenden?
3. Wer kann an einer außergerichtlichen Einigung arbeitsrechtlicher Konflikte noch mitwirken?
4. Scheitern die außergerichtlichen Versuche einer gütlichen Einigung, muss als letzte Möglichkeit der Weg eines Arbeitsgerichtsverfahrens beschritten werden. Beschreiben Sie kurz dieses Verfahren.

Streitigkeiten zwischen Auszubildenden und dem Praxisinhaber, aber auch zwischen den anderen Mitarbeitenden und dem Arbeitgeber, lassen sich nie ausschließen. Der beste Weg, diese Streitigkeiten beizulegen, ist eine gütliche Einigung. So wird das für die Zusammenarbeit wichtige Betriebsklima am wenigsten belastet. Der erste Schritt ist die Lösung von Konflikten durch Gespräche. Um diese erfolgreich zu führen, sollte Folgendes beachtet werden:

- Überprüfen Sie mithilfe von Vertrauten Ihre eigene Wahrnehmung und Einstellung zum Konflikt. Ein objektiver Rat hilft in vielen Fällen.
- Versuchen Sie die körperlichen und verbalen Konfliktsignale zu erkennen und gegebenenfalls zu ändern. Zorn und verletzende Formulierungen helfen nicht, einen Konflikt zu lösen.
- Überprüfen Sie die Einstellung und Verhaltensmuster Ihres Gesprächspartners. Oft hilft es weiter, wenn man sich in die Rolle des anderen versetzt.

Voraussetzungen für ein erfolgreiches Gespräch sind

- Ort und der Zeitpunkt für das Gespräch richtig wählen,
- eine klare Analyse der Konfliktsituation und
- Vorbereitung eines Angebotes zur Lösung des Konflikts.

Auszubildende, die glauben, dass sie zur Lösung eines Konflikts Hilfe von Personen außerhalb der Praxis benötigen, sollten sich zunächst an die Zahnärztekammer wenden. **Mit dem Ausbildungsvertrag haben sich die Auszubildenden verpflichtet, bei Streitigkeiten aus dem Berufsausbildungsverhältnis vor Inanspruchnahme des Rechtsweges eine gütliche Einigung unter Mitwirkung der Zahnärztekammer anzustreben.** Die entsprechende Bestimmung im Ausbildungsvertrag der Zahnärztekammer Westfalen-Lippe lautet:

§ 12 Beilegung von Streitigkeiten

Bei Streitigkeiten aus dem bestehenden Berufsausbildungsverhältnis ist vor Inanspruchnahme des Arbeitsgerichts der nach § 111 Abs. 2 des Arbeitsgerichtsgesetzes errichtete Güteausschuss der zuständigen Stelle (Zahnärztekammer Westfalen-Lippe) anzurufen.

(Quelle: Berufsausbildungsvertrag für Zahnmedizinische Fachangestellte, Zahnärztekammer Westfalen-Lippe, in: https://www.zahnaerzte-wl.de/pages/vertraege [22.01.2024])

Hilfe bieten auch die **Ausbildungsberaterinnen und -berater,** die aufgrund des Berufsbildungsgesetzes bei der Zahnärztekammer auf Bezirks- oder Kreisebene berufen sind. Ihre Hauptaufgabe ist es, die Durchführung der Berufsausbildung zu überwachen und Ausbildende und Auszubildende zu beraten. Gerade aufgrund dieser Aufgaben sind sie in der Lage, bei Streitigkeiten aus dem Ausbildungsverhältnis kompetent Rat zu geben.

Zahnmedizinische Fachangestellte, die Mitglied in einem **Berufsverband oder einer Gewerkschaft** sind, werden kostenlos in allen Fragen beraten, die das Arbeitsverhältnis betreffen. Ist bei Streitigkeiten keine gütliche Einigung zu erzielen, erhalten sie von ihrem Verband oder ihrer Gewerkschaft in der Regel Rechtsschutz bei Klagen vor einem Arbeitsgericht. Lassen sich Streitigkeiten durch außergerichtliche Bemühungen nicht beilegen, bleibt als letzte Möglichkeit die Einschaltung des **Arbeitsgerichts**. Eine Kündigungsschutzklage muss grundsätzlich innerhalb einer Frist von drei Wochen nach Zugang der Kündigung erfolgen. Arbeitnehmer, der eine Klage vor dem Arbeitsgericht erheben will, sollte sich von seiner Gewerkschaft oder von einem Rechtsanwalt beraten lassen, die ihn auch vor Gericht vertreten. Es besteht aber kein Anwaltszwang, d. h., ein Arbeitnehmer kann seine Interessen auch selbst vertreten. Hiermit wird vor allem das Ziel verfolgt, dass mögliche Kosten niemanden hindern, sein Recht vor dem Arbeitsgericht zu suchen. Aus diesem Grunde sind auch die Gerichtskosten gering.

An den Arbeitsgerichten findet vor der eigentlichen Streitverhandlung ein **Güteverfahren** unter der Leitung eines Berufsrichters oder einer Berufsrichterin statt. Ziel ist eine Beilegung des Rechtsstreites auf der Basis einer gütlichen und zufriedenstellenden Einigung der beteiligten Parteien. Das Verfahren wird dadurch schnell und kostengünstig abgeschlossen. Es fallen keine Gerichtsgebühren an. Gelingt keine Einigung, kommt es zu einer **Streitverhandlung**, an der neben der Berufsrichterin oder dem Berufsrichter zwei ehrenamtliche Richter oder Richterinnen mitwirken, eine Vertretung aus Kreisen des Arbeitgebers und eine Vertretung aus Kreisen des Arbeitnehmers. Am Ende des Verfahrens fällt das Gericht ein Urteil zu den Ansprüchen des Klägers oder der Klägerin. Gegen das Urteil kann die unterlegene Partei Berufung beim zuständigen **Landesarbeitsgericht** einlegen, wenn das Arbeitsgericht die Berufung zulässt oder wenn der Streitwert mehr als 600,00 EUR beträgt. Hier müssen sich die Parteien dann aber durch einen Rechtsanwalt oder den Vertreter einer Gewerkschaft oder eines Verbandes vertreten lassen. Gegen Urteile des Landesgerichtes ist unter bestimmten Voraussetzungen eine Revision beim **Bundesarbeitsgericht** zulässig.

Arbeitsgerichtsverfahren

Arbeitnehmer | **Arbeitgeber**

↓

Klage bei Rechtsstreitigkeiten aus dem Arbeitsverhältnis

schriftlich oder mündlich zu Protokoll beim zuständigen Arbeitsgericht

↓

Vertretung vor Gericht ist in folgender Form möglich:

1. persönlich
2. Vertreter von Gewerkschaften für Arbeitnehmerseite/ Vertreter von Arbeitgeberverbänden für Arbeitgeberseite
3. Rechtsanwalt oder Rechtsanwältin

Vor Beginn des Prozesses ist ein Güteverfahren dringend vorgeschrieben. Güteverfahren: Die Streitenden sollen sich durch einen Vergleich einigen, um Kosten zu sparen.

↓

Arbeitsgericht (1. Instanz; kein Anwaltszwang)

Laienrichter (Arbeitnehmervertreter) | Berufsrichter/ Berufsrichterin | Laienrichter (Arbeitgebervertreter)

↓

Urteil

Ab 600,00 EUR Streitwert ist eine Berufung möglich.

↓

Berufung

Die Berufungsverhandlung erfolgt beim Landesarbeitsgericht.

↓

Vertretung vor Gericht ist in folgender Form möglich:

1. Vertreter von Gewerkschaften für Arbeitnehmerseite/ Vertreter von Arbeitgeberverbänden für Arbeitgeberseite
2. Rechtsanwalt/Rechtsanwältin

↓

Landesarbeitsgericht
(2. Instanz; Anwaltszwang)

Laienrichter | Berufsrichter | Laienrichter

↓

Urteil

Möglichkeit der Revision

↓

Revision

Die Revisionsverhandlung erfolgt beim Bundesarbeitsgericht.

↓

Vertretung vor Gericht

durch Rechtsanwalt/Rechtsanwältin

↓

Bundesarbeitsgericht
(3. Instanz; Anwaltszwang)

Laienrichter | Berufsrichter | Laienrichter

↓

Urteil

15 Sozialversicherung und Möglichkeiten der privaten Absicherung

15.1 Staatliche Sozialversicherung

Sarahs Vater kommt mit sorgenvoller Miene nach Hause: „In unserer Firma sieht es im Augenblick nicht gut aus. Ein großer Auftrag, um den wir uns bemüht haben, ist an ein anderes Unternehmen gegangen. Ich befürchte, dass ich demnächst kurzarbeiten muss." „Ich habe den Eindruck, der Staat leistet nicht genug, um die Arbeitslosigkeit zu bekämpfen. Ach, hätte ich als Mädchen eine Ausbildung gemacht, vielleicht könnte ich jetzt mehr mitverdienen und wir hätten ein paar Sorgen weniger", antwortet Sarahs Mutter. Anne, Sarahs Freundin aus Amerika, kann dem Gespräch nicht recht folgen: „Was hat denn der Staat mit der Bekämpfung der Arbeitslosigkeit zu tun?" „In Deutschland haben wir eine soziale Marktwirtschaft. Der Staat versucht mit entsprechenden Maßnahmen zur Existenzsicherung seiner Bürgerinnen und Bürger beizutragen und möglichst den Wohlstand zu fördern. Außerdem werden allen Freiheitschancen eingeräumt. Das war leider nicht immer so. Früher war es nicht selbstverständlich, dass Frauen eine Ausbildung machten. Außerdem sind wir im Fall von Krankheit, Pflegebedürftigkeit, im Alter und bei Arbeitslosigkeit abgesichert. Bis zum Beginn von Sarahs Ausbildung haben wir noch Kindergeld erhalten", erläutert Sarahs Mutter Anne die Situation in Deutschland. „Und was passiert mit denen, die nicht abgesichert sind? Bei uns in Amerika sind manche Leute ohne Job und ohne Geld froh, wenn sie in einer der Suppenküchen von Zeit zu Zeit eine warme Mahlzeit bekommen." „Bei uns erhält man wenigstens Bürgergeld. Hungern muss glücklicherweise niemand."

Aufgaben

1. Was versteht man unter einer sozialen Marktwirtschaft?
2. Ermitteln Sie, welche Bereiche die staatliche Sozialpolitik umfasst. Geben Sie für alle Bereiche der staatlichen Sozialpolitik je ein Beispiel.
3. Welche Grundsätze der sozialen Sicherung lassen sich unterscheiden?
4. Erläutern Sie anhand eines Beispiels jeweils Grundgedanken, Anspruchsberechtigung und Finanzierung der jeweiligen sozialen Sicherung.
5. Welche Möglichkeiten einer zusätzlichen Absicherung durch private Vorsorge werden angeboten?
6. Stellen Sie die grundlegenden Unterschiede zwischen der Sozialversicherung und einer privaten Vorsorge durch Individualversicherungen dar.

Ziele staatlicher Sozialpolitik

Die **Sozialpolitik** umfasst **alle staatlichen Maßnahmen**, die dem **Ziel einer Verbesserung der sozialen Gerechtigkeit** dienen.

In der sozialen **Marktwirtschaft** besteht auf der einen Seite die Freiheit des Marktes. Hier werden Waren und Dienstleistungen angeboten. Im Idealfall sollte jeder, der es will, als Selbstständiger Waren und Dienstleistungen anbieten oder als Arbeitnehmer tätig sein können. Leider erzielen trotz großer Anstrengungen nicht alle ein ausreichendes Einkommen, um damit ein menschenwürdiges Leben zu führen. Insbesondere bei Krankheit, Arbeitslosigkeit und im Alter sollte eine ausreichende Absicherung vorhanden sein.

Der Staat sorgt für einen sozialen Ausgleich, er ist sozialpolitisch tätig. Die Verpflichtung des Staates, für einen sozialen Ausgleich zu sorgen, bezeichnet man als **Sozialstaatsprinzip.**

Die Sozialpolitik des Staates umfasst

- Existenzsicherung,
- Wohlstandsförderung,
- Angleichung von Freiheitschancen.

Existenzsicherung

Die Existenz des überwiegenden Teils der Bürgerinnen und Bürger in Deutschland ist dadurch gesichert, dass sie Einkommen als Arbeitnehmer erzielen oder als Selbstständige entsprechende Einkünfte haben. Arbeitslosigkeit und viele andere Probleme auf dem Arbeitsmarkt können nur gelöst werden, wenn der Staat lenkend in diesen Markt eingreift. Die staatliche Arbeitsmarktpolitik, z. B. Aus-, Fort- und Weiterbildung, Berufsberatung und Arbeitsvermittlung, soll günstige Arbeitsbedingungen und möglichst viele Arbeitsplätze schaffen.

Im Alter, bei Krankheit, Pflegebedürftigkeit und Arbeitslosigkeit sichert der Staat über die Sozialversicherung die Bürger in bestimmtem Maße ab. Wem diese Sicherung nicht reicht, der muss zusätzlich aus eigenen Mitteln private Vorsorge betreiben.

Ist ein Bürger unzureichend abgesichert und gerät in Existenznot, wird ihm über das Bürgergeld oder die Sozialhilfe eine Grundsicherung gewährt.

Wohlstandsförderung

„Wohlstand für alle!" – Dieses Wahlversprechen kennzeichnet ein Ziel staatlicher Wirtschaftspolitik. Der Staat versucht Einfluss auf die Wirtschaft zur Erhaltung und Steigerung des Wohlstandes zu nehmen. Dabei verfolgt der Staat folgende Ziele:

- Senkung der Arbeitslosigkeit,
- geringe Preissteigerung (Inflationsrate),
- Förderung des Wirtschaftswachstums,
- Förderung des Umweltschutzes.

Angleichung der Freiheitschancen

Die Gleichstellung von Frau und Mann ist ein Thema, das im Beruf eine große Rolle spielt. Der Staat versucht über die Gesetzgebung, bestehende Ungleichheiten abzubauen. Werden beispielsweise bestimmte Ausbildungen nicht allen ermöglicht, weil sie zu teuer sind, oder werden Frauen nicht entsprechend ihrem Leistungsvermögen eingesetzt, nutzt man die vorhandenen Möglichkeiten nicht. Dies schadet der Wirtschaft.

Die Angleichung von Freiheitschancen steigert somit die Leistungsfähigkeit einer Volkswirtschaft. Es sollte daher für jeden die Chance bestehen, eine Ausbildung, die den eigenen Fähigkeiten entspricht, wählen zu können.

Aus der Sozialpolitik ergeben sich für den Staat Verpflichtungen gegenüber den Bürgerinnen und Bürgern. Diese sind in einer Vielzahl von Gesetzen festgehalten. Das umfassendste Gesetzbuch, in dem eine Vielzahl von Ansprüchen der Bürger an den Staat festgeschrieben ist, ist das **Sozialgesetzbuch (SGB).** Es beinhaltet u. a. die Vorschriften zur Sozialversicherung, zur Sozialhilfe und zur Kinder- und Jugendhilfe.

Grundsätze der sozialen Sicherung

	Vorsorge	Versorgung	Fürsorge
Grundgedanke	Beiträge für die Sozialversicherung werden bei allen Arbeitern und Angestellten vom Lohn oder Gehalt einbehalten. Nur bei der gesetzlichen Unfallversicherung zahlt der Arbeitgeber allein die Beiträge. Die Sozialversicherung umfasst ▪ Krankenversicherung, ▪ Rentenversicherung, ▪ Arbeitslosenversicherung, ▪ Pflegeversicherung, ▪ Unfallversicherung. Der Staat ermuntert darüber hinaus seine Bürger mit Steuervergünstigungen, individuelle Vorsorge durch Abschluss von Privatversicherungen zu betreiben. Die Beitragszahlungen sind in einem bestimmten Rahmen steuerlich abzugsfähig.	Der Staat entschädigt für Leistungen, Dienste und Opfer, die vom Bürger für die Allgemeinheit erbracht werden. Darüber hinaus hilft er benachteiligten Menschen. Zu den Versorgungsleistungen zählen beispielsweise: ▪ Kindergeld, ▪ Versorgung von Menschen mit Behinderung, ▪ Kriegs- und Wehrdienstopferversorgung, ▪ Versorgung von Menschen, die Opfer von Gewalttaten wurden.	Der Staat leistet einzelnen, in Not geratenen Menschen, die über keinerlei finanzielle Unterstützung verfügen, Hilfe. Insbesondere über das Bürgergeld und die Sozialhilfe soll diesen Bürgern ein menschenwürdiges Leben ermöglicht werden.
Anspruchsberechtigung	durch Beitragszahlungen	durch Leistungen	alle Einwohnerinnen und Einwohner der Bundesrepublik Deutschland
Finanzierung	▪ durch Beiträge zur Sozialversicherung ▪ durch staatliche Hilfen ▪ Steuerersparnis für Beiträge zu Privatversicherungen	aus Steuermitteln	aus Steuermitteln

Die Absicherung der wirtschaftlichen und sozialen Existenzrisiken des Bürgers durch staatliche Maßnahmen der sozialen Sicherung bezeichnet man auch als **soziales Netz**.

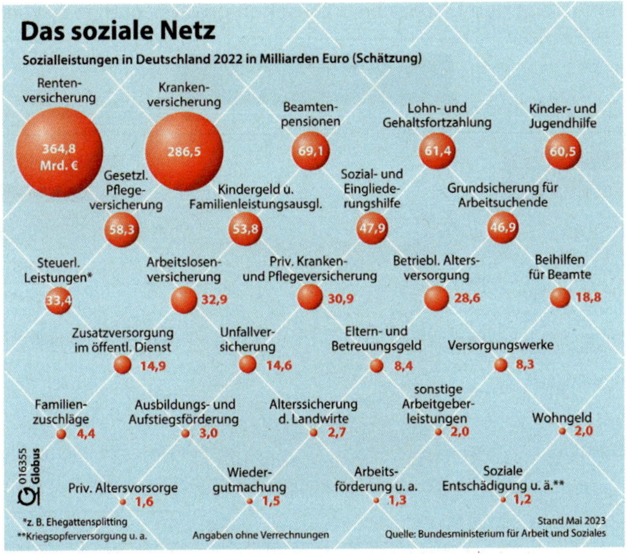

Die Finanzierung der Sozialleistungen ist aufgrund steigender Ausgaben ein großes Problem. Die Lösung, es steigen die Beiträge für die Sozialversicherung und die Leistungen werden gekürzt. So müssen beispielsweise in der gesetzlichen Krankenversicherung bei einer Vielzahl von Leistungen die Versicherten Zuzahlungen leisten, die Renten steigen langsamer und das Rentenalter wurde angehoben.

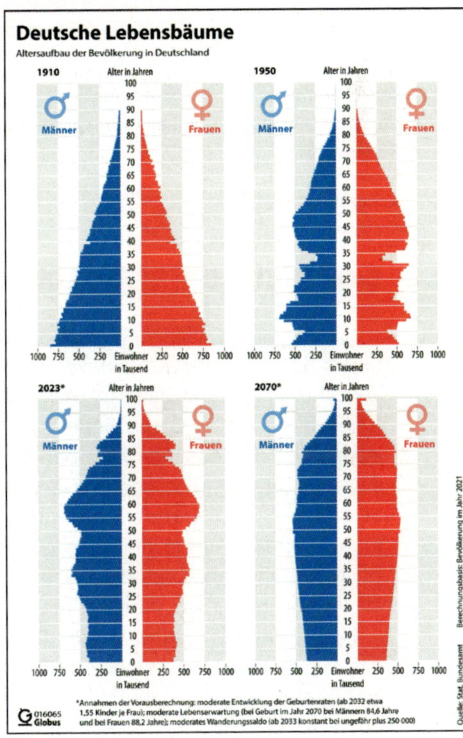

Möglichkeiten der individuellen Sicherung

Neben der sozialen Absicherung durch die gesetzliche Sozialversicherung besteht die Notwendigkeit zu einer **privaten Vorsorge**. Die Sozialversicherung wird in Zukunft nur noch eine Grundabsicherung leisten. So werden beispielsweise die Renten zukünftig wesentlich niedriger sein als heute. Notwendig ist daher eine private Altersvorsorge. Der Staat fördert diese mit Steuervorteilen und Zulagen. Wichtige Beispiele sind die betriebliche Altersvorsorge und ergänzende private Pflegeversicherungen. Darüber hinaus bleibt es jedem überlassen, sich gegen Risiken des täglichen Lebens zu versichern, wie z. B.durch eine Haftpflicht-, Hausrat- oder Berufsunfähigkeitsversicherung.

Das folgende Schema zeigt den Unterschied zwischen privater und gesetzlicher Versicherung:

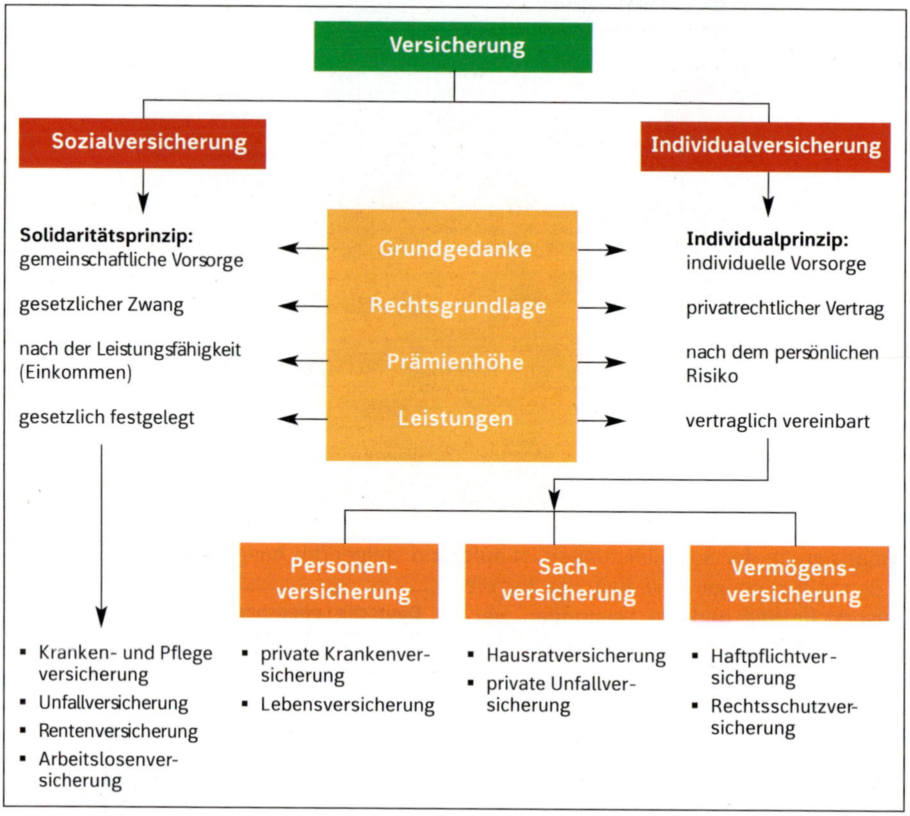

15.2 Grundzüge der Sozialversicherung

Sarah hat von ihrer Krankenversicherung die Versichertenkarte erhalten. Diese zeigt sie Anne, die staunt. „Damit kannst du dich bei jedem niedergelassenen Arzt behandeln lassen und du musst sein Honorar nicht selbst bezahlen?“ „Ja, stattdessen werden jeden Monat Krankenversicherungsbeiträge vom Lohn einbehalten. Sobald ich achtzehn Jahre alt werde, muss ich darüber hinaus Zuzahlungen leisten.“ Sarahs Vater, der zugehört hat, wendet ein: „Die niedrigen Beiträge, die du zahlst, sind ja wohl kaum der Rede wert. Mir wird bei meinen Beiträgen zur Sozialversicherung schon schwindelig.“ „Dann erhältst du auch einmal eine gute Rente“, antwortet Sarah.

Aufgaben

1. Wer ist in der Sozialversicherung pflichtversichert?
2. Wonach richten sich die Beiträge?
3. Ermitteln Sie, wer diese Beiträge zahlt.
4. Erläutern Sie die Prinzipien, die man bei der Sozialversicherung unterscheidet.

Die Sozialversicherung ist eine gesetzliche Pflichtversicherung, überwiegend für Angestellte und Arbeiter. Mit dem Abschluss eines Ausbildungs- bzw. Arbeitsvertrages wird man automatisch Mitglied in der gesetzlichen Kranken-, Pflege-, Renten-, Arbeitslosen- und Unfallversicherung.

Die fünf Säulen der Sozialversicherung und ihre Träger sind folgende:

- **1. gesetzliche Krankenversicherung** – Krankenkassen
- **2. Rentenversicherung** – Deutsche Rentenversicherung
- **3. Arbeitsförderung/ Arbeitslosenversicherung** – Bundesagentur für Arbeit
- **4. Pflegeversicherung** – Pflegekassen der Krankenkassen
- **5. Unfallversicherung** – Berufsgenossenschaften

Es gelten folgende grundlegende Prinzipien in der gesetzlichen Sozialversicherung:

Prinzip der Versicherungspflicht

In Deutschland ist die große Mehrheit der Bevölkerung in der Sozialversicherung pflicht- oder in Teilbereichen freiwillig versichert.

Prinzip der Beitragsfinanzierung

Die Beiträge zu den einzelnen Zweigen der Sozialversicherung finanzieren Arbeitnehmer und Arbeitgeber grundsätzlich zu gleichen Teilen. Nur in der Pflegeversicherung müssen kinderlose Arbeitnehmer, die älter als 23 Jahre alt sind, einen Zusatzbeitrag von 0,6 % leisten. Die Beiträge zur gesetzlichen Unfallversicherung zahlt der Arbeitgeber allein.

Prinzip der Solidarität

In der Kranken- und Pflegeversicherung richtet sich der Beitrag nach dem Einkommen. Jeder Versicherte erhält aber unabhängig von der Höhe seiner Beiträge die gleiche Leistung. Dies bezeichnet man als **Solidaritätsprinzip**. Auf diese Weise wird ein Ausgleich zwischen Kranken und Gesunden, Jungen und Älteren, zwischen weniger und gut Verdienenden, zwischen Familien und Alleinstehenden geschaffen.

Versicherte zahlen unterschiedlich hohe Beiträge → **Versicherte erhalten die gleiche Sachleistung**

Prinzip der Äquivalenz

Das Äquivalenzprinzip gilt vor allem für die Rentenversicherung. Die Höhe der Beitragszahlungen zur Rentenversicherung richtet sich nach dem Einkommen. Die Leistungen sind wiederum abhängig von der Höhe der gezahlten Beiträge. Dies bezeichnet man als **Äquivalenzprinzip**, d. h., hohe Beiträge bewirken eine hohe Rente, niedrige Beitragszahlungen hingegen führen dazu, dass die Arbeitnehmerin oder der Arbeitnehmer im Alter nur eine niedrige Rente bezieht.

Versicherte zahlen unterschiedlich hohe Beiträge → **Versicherte erhalten in Abhängigkeit von den Beiträgen unterschiedliche Geldleistungen**

Prinzip der Selbstverwaltung

Die Träger der einzelnen Zweige der Sozialversicherung sind öffentlich-rechtliche Körperschaften. Der Staat hat die jeweilige Aufgabe und Verantwortung an sie übertragen. Sie übernehmen unter der Aufsicht des Staates die Steuerung und Verwaltung aller anfallenden Aufgaben. Arbeitnehmer und Arbeitgeber können sich in die Selbstverwaltungsorgane der jeweiligen Träger der Sozialversicherung wählen lassen. Sie sind dann unmittelbar an dieser Selbstverwaltung beteiligt.

Die Prinzipien der Sozialversicherung gestalten sich wie folgt:

- Versicherungspflicht
- Äquivalenzprinzip
- Beitragsfinanzierung
- Selbstverwaltung
- Solidaritätsprinzip

15.3 Gesetzliche Krankenversicherung

„Heute bin ich geschafft. So viele Notfälle an einem Tag hatten wir noch nie", stöhnt Sarah. „Ja, heute ist unsere gesamte Terminplanung durcheinandergeraten. Ich hoffe nur, dass alle erbrachten Leistungen bei dieser Hektik richtig erfasst wurden", antwortet Melanie.

Aufgaben

1. Die gesetzliche Krankenversicherung ist eine Zwangsversicherung. Was besagt diese Aussage?
2. Sarahs Vater liegt mit seinem Bruttoeinkommen oberhalb der Versicherungspflichtgrenze. Was können die Gründe sein, dass er als freiwilliges Mitglied in der gesetzlichen Krankenversicherung geblieben ist?
3. Nennen Sie einige der großen gesetzlichen Krankenversicherungen und geben Sie Beispiele für sonstige Kostenträger.
4. Welchen Anteil am Beitrag zur gesetzlichen Krankenversicherung (GKV) hat der Arbeitnehmer, welchen Beitrag der Arbeitgeber zu tragen?
5. Melanie hat bei ihrer Krankenversicherung die hausarztzentrierte Versorgung gewählt. Welche weiteren verpflichtenden Tarifangebote müssen die gesetzlichen Krankenversicherungen ihren Mitgliedern anbieten?
6. Erläutern Sie kurz die wichtigsten Leistungen der GKV nach den Gesichtspunkten
   - Verhütung von Krankheiten,
   - Leistungen bei Krankheit,
   - Früherkennung,
   - Schwangerschaft und Mutterschaft.

Krankenversicherung

Die Krankenversicherung als Solidargemeinschaft hat die Aufgabe, die Gesundheit der Versicherten zu erhalten, wiederherzustellen oder ihren Gesundheitszustand zu bessern. Das umfasst auch die Förderung der gesundheitlichen Eigenkompetenz und Eigenverantwortung der Versicherten. Die Krankenkassen erbringen die dafür erforderlichen Leistungen und helfen durch Aufklärung und Beratung.

Die Versicherten sind für ihre Gesundheit mitverantwortlich. Sie sollen durch eine gesundheitsbewusste Lebensführung, durch frühzeitige Beteiligung an gesundheitlichen Vorsorgemaßnahmen sowie durch aktive Mitwirkung an Krankenbehandlung und Rehabilitation dazu beitragen, Krankheit und Behinderung zu vermeiden oder ihre Folgen zu überwinden.

Nach dem Recht der gesetzlichen Krankenversicherung können in Anspruch genommen werden:

- Leistungen zur Förderung der Gesundheit, zur Verhütung und zur Früherkennung von Krankheiten,
- Krankenbehandlung insbesondere ärztliche und zahnärztliche Behandlung, Versorgung mit Arznei-, Verband-, Heil- und Hilfsmitteln, häusliche Krankenpflege und Haushaltshilfe, Krankenhausbehandlung, medizinische und ergänzende Leistungen zur Rehabilitation, Betriebshilfe für Landwirte, Krankengeld,
- bei Schwangerschaft und Mutterschaft ärztliche Betreuung, Hebammenhilfe, stationäre Entbindung, häusliche Pflege, Haushaltshilfe, Betriebshilfe für Landwirte, Mutterschaftsgeld,
- Hilfe zur Familienplanung und Leistungen bei durch Krankheit erforderlicher Sterilisation und bei nicht rechtswidrigem Schwangerschaftsabbruch.

Alle Einwohner der Bundesrepublik Deutschland sind verpflichtet, sich zur Absicherung im Krankheitsfall in der gesetzlichen oder privaten Krankenversicherung zu versichern.

Grundlage für die gesetzliche Krankenversicherung ist das Fünfte Buch des Sozialgesetzbuches, das SGB V. Für besondere Personengruppen regeln auch andere Gesetze den Krankenversicherungsschutz (zum Beispiel das Gesetz über die Krankenversicherung der Landwirte oder das Künstlersozialversicherungsgesetz).

(Qelle: Unsere Sozialversicherung – Wissenswertes speziell für junge Leute, Herausgeber: Deutsche Rentenversicherung Bund, Stand: 6/2023, S. 143.)

Versicherte Personen

In der Bundesrepublik Deutschland ist jede Bürgerin und jeder Bürger verpflichtet, über eine Krankenversicherung im Krankheitsfall so abgesichert zu sein, dass mindestens die Kosten für die ambulante und stationäre Behandlung abgedeckt sind. Diese Absicherung erfolgt über

- die gesetzliche Krankenversicherung (GKV),
- die private Krankenversicherung (PKV) oder
- sonstige Kostenträger, wie beispielsweise die Unfallversicherung, die im Fall eines Arbeitsunfalls alle Behandlungskosten übernimmt.

Rund 90 % der Bevölkerung (ca. 75 Mio. Menschen) sind Mitglied in einer GKV. Folgende Versicherte werden in der gesetzlichen Krankenversicherung unterschieden:

- Versicherungspflichtige,
- freiwillig Versicherte,
- Familienversicherte.

Die gesetzliche Krankenversicherung ist eine Zwangsversicherung. Wer aufgrund einer beruflichen oder privaten Lebenssituation versicherungspflichtig ist, muss sich in einer gesetzlichen Krankenversicherung versichern. Da sich die Versicherungspflicht auf eine Vielzahl von Situationen bezieht und teilweise recht komplizierte Tatbestände umfasst, werden hier nur die großen Gruppen von versicherungspflichtigen Personen genannt. Auf die besonderen Voraussetzungen der Versicherungspflicht der einzelnen Gruppen wird dabei nicht eingegangen. Im Einzelfall geben die gesetzlichen Krankenversicherungen Auskunft, ob eine Versicherungspflicht vorliegt.

In der GKV sind versicherungspflichtig:

- Arbeiterinnen und Arbeiter, Angestellte und Auszubildende,
- Rentnerinnen und Rentner, die während ihrer Erwerbstätigkeit gesetzlich krankenversichert waren,
- Empfängerinnen und Empfänger von Arbeitslosengeld,

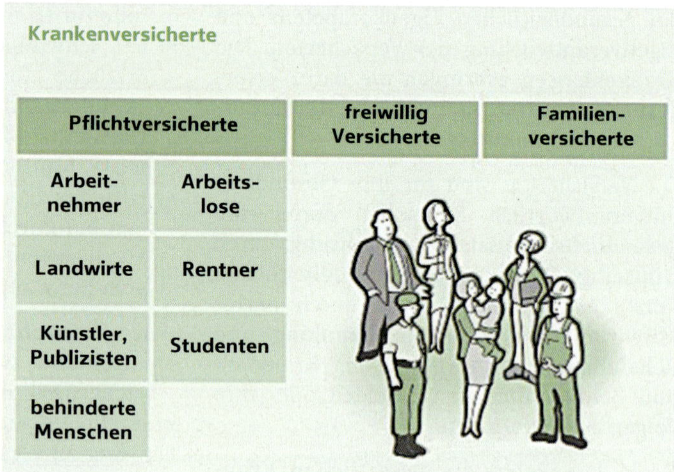

- Personen, die Bürgergeld
- Landwirtinnen und Landwirte und ihre mitarbeitenden Familienangehörigen,
- Menschen mit Behinderungen, die in anerkannten Werkstätten tätig sind,
- Studierende.

Von der **Pflichtversicherung ausgenommen** sind Angestellte, deren regelmäßiges Jahresarbeitsentgelt die **Jahresarbeitsentgeltgrenze** (Versicherungspflichtgrenze) übersteigt. Die Versicherungspflichtgrenze ändert sich jährlich. Die jeweilige Höhe kann im Internet abgerufen werden. Übersteigt das Einkommen die Versicherungspflichtgrenze, können Arbeitnehmer nach Ablauf des Kalenderjahres wählen, ob sie freiwillig in einer gesetzlichen Krankenversicherung versichert sein möchten (freiwillig Versicherte) oder in eine private Krankenversicherung wechseln. Versicherungsfrei sind alle Beschäftigten des Staates und staatlicher Einrichtungen, die als Beamtinnen und Beamte, Richterinnen und Richter, Berufssoldatinnen und -soldaten usw. Beihilfe erhalten oder Anspruch auf freie Heilfürsorge haben (Polizeibeamte, Beamte der Berufsfeuerwehr, Justizvollzugsbeamte u. a.). Wer eine geringfügige Beschäftigung (Minijob) ausübt, ist ebenfalls versicherungsfrei. **Familienversicherte Personen** zahlen zwar selbst keine Krankenkassenbeiträge, sind aber dennoch Mitglieder in einer gesetzlichen Krankenversicherung mit einer eigenen Krankenversichertenkarte. Mitversichert sind

- Ehepartner,
- eingetragene Lebenspartner,
- minderjährige Kinder,
- Kinder bis zum 23. Geburtstag, wenn diese nicht erwerbstätig sind,
- Kinder bis zum 25. Geburtstag, wenn diese in einer Schul- bzw. Berufsausbildung sind oder ein freiwilliges soziales oder ökologisches Jahr ableisten,
- Kinder ohne Altersbegrenzung, die wegen einer Behinderung nicht in der Lage sind, sich selbst zu unterhalten.

Weitere Voraussetzungen für familienversicherte Personen sind, dass sie

- ihren Wohnsitz in Deutschland haben,
- nicht selbst Mitglied in einer gesetzlichen Krankenkasse sind,
- nicht hauptberuflich tätig sind,
- kein regelmäßiges Gesamteinkommen haben, das einen festgelegten monatlichen Betrag überschreitet (geringfügig Beschäftigte).

In der kostenfreien Mitversicherung zeigt sich das Solidarprinzip der gesetzlichen Krankenversicherung.

Kassenarten

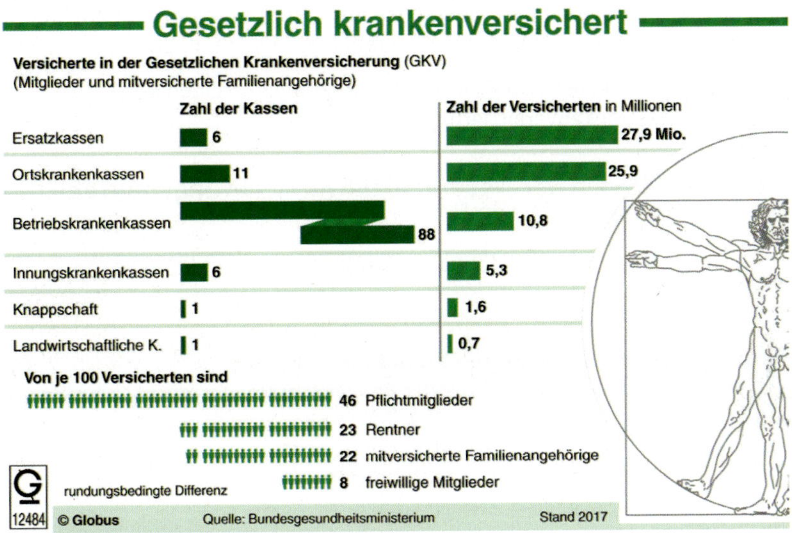

Aus der Grafik wird ersichtlich, welche Kassenarten die Versicherten in Deutschland wählen können.

Mitglieder der Landwirtschaftlichen Krankenkasse können nur Personen sein, die in der Landwirtschaft tätig sind oder waren. Betriebskrankenkassen können festlegen, dass sie nur Personen als Mitglieder aufnehmen, die im betreffenden Betrieb tätig sind. Legen sie dies nicht fest, stehen sie allen Personen offen.

Versicherte, die die Krankenkasse wechseln möchten, müssen bei ihrer bisherigen Krankenkasse nicht mehr kündigen. Das übernimmt die neue Krankenkasse für die Versicherten. Ein erneuter Wechsel der Krankenkasse ist dann im Regelfall erst nach 18 Monaten möglich.

Erhöht die Krankenkasse den Zusatzbeitrag, haben Versicherte ein Sonderkündigungsrecht. Die eigentlich geltende 18-monatige Bindungsfrist für einen Krankenkassenwechsel gilt in diesem Falle nicht. Spätestens bis zum Ablauf des Monats, in dem die Krankenkasse den Zusatzbeitrag erhöht, müssen Versicherte die Kündigung einreichen. Während der laufenden Kündigung ist noch der Zusatzbeitrag der alten Krankenkasse zu zahlen. Erst mit Ablauf des übernächsten Kalendermonats wird die Kündigung wirksam. Dann kann der Wechsel in eine günstigere Krankenkasse vollzogen werden.

Finanzierung

Die Ausgaben der gesetzlichen Krankenkassen werden durch Beiträge, sonstige Einnahmen (z. B. Zusatzbeiträge) und Zuschüsse aus Steuermitteln finanziert.

Der **allgemeine Beitragssatz** der Versicherten beträgt einheitlich 14,6 % vom Bruttomonatsverdienst. Die Krankenkassen erheben in der Regel darüber hinaus einen Zusatzbeitrag. Arbeitnehmer und Arbeitgeber teilen sich die GKV-Beitragskosten je zur Hälfte.

Hat eine Arbeitnehmerin oder ein Arbeitnehmer ein sehr hohes Einkommen, wird der Beitrag nur bis zu einer bestimmten Höhe, der sogenannten **Beitragsbemessungsgrenze in der gesetzlichen Krankenversicherung**, berechnet. Diese wird jährlich neu festgelegt. Liegt ein Arbeitnehmergehalt über dieser Beitragsbemessungsgrenze, erhöht sich der Krankenkassenbeitrag nicht weiter; er bleibt auf der Höhe des Betrags der Bemessungsgrenze. Die über diesen Betrag hinausgehenden Anteile des Einkommens werden bei der Berechnung nicht berücksichtigt.

Die Beitragsbemessungsgrenze darf nicht verwechselt werden mit der **Versicherungspflichtgrenze**, die über der Beitragsbemessungsgrenze liegt. Überschreiten Arbeitnehmer mit ihrem Einkommen die Versicherungspflichtgrenze, besteht die folgende Wahl:

- freiwillig in der gesetzlichen Krankenversicherung zu bleiben oder
- in eine private Krankenversicherung zu wechseln.

So errechnet sich der Gesamtsozialversicherungsbeitrag 2024

Arbeitnehmer		**Arbeitgeber**
7,3 % + halber kassen-individueller Zusatzbeitrag	**Beitrag zur Krankenversicherung (Allgemeiner Beitragssatz)** 14,6 % + kassenindividueller Zusatzbeitrag	7,3 % + halber kassen-individueller Zusatzbeitrag
	+	
1,7 %	**Beitrag zur Pflegeversicherung** 3,4 %	1,7 %
+0,6 %	+ Beitragszuschlag für Kinderlose 0,6 %	0
	+	
9,3 %	**Beitrag zur Rentenversicherung** 18,6 %	9,3 %
	+	
1,3 %	**Beitrag zur Arbeitsförderung** 2,6 %	1,3 %
	↓	
	zu zahlen an die Einzugsstelle (Krankenkasse)	

Hinweis: Im Bundesland Sachsen werden abweichende Beiträge zur Pflegeversicherung erhoben.
(Quelle: Unsere Sozialversicherung – Wissenswertes speziell für junge Leute, Herausgeber: Deutsche Rentenversicherung Bund, Stand: 6/2023, S. 154)

Wahltarife

Mit dem Krankenkassenbeitrag haben Versicherte Anspruch auf Leistungen entsprechend dem Standardtarif. Daneben haben die gesetzlichen Krankenkassen die Pflicht, auch Wahltarife anzubieten. Die angebotenen Wahltarife zeigt die folgende Übersicht:

Wahltarife der gesetzlichen Krankenkassen

Obligatorische Angebote	Zusätzliche Angebote
Tarife für besondere Versorgungsformen ▪ hausarztzentrierte Versorgung ▪ ambulante ärztliche Versorgung bei vertraglich gebundenen Leistungserbringern ▪ strukturierte Behandlungsprogramme bei chronischen Krankheiten ▪ integrierte Versorgung (zum Beispiel ambulante Leistungen durch Krankenhäuser)	**Tarife mit Selbstbehalt**
	Tarife für Kostenerstattung
Tarife mit Anspruch auf Krankengeld ▪ für Mitglieder, die nur den ermäßigten Beitragssatz zahlen und bei Arbeitsunfähigkeit keinen Anspruch auf Arbeitsentgelt oder Arbeitseinkommen haben (zum Beispiel für freiwillig versicherte Selbstständige, kurzzeitig Beschäftigte)	**Tarife für Arzneimittel der besonderen Therapierichtungen** (Homöopathie, Phytotherapie, Anthroposophie usw.)
	Tarife mit eingeschränktem Leistungsumfang Teilkostenerstattung für bestimmte Personenkreise (zum Beispiel Beamte)

(Quelle: Vgl. Unsere Sozialversicherung – Wissenswertes speziell für junge Leute, Herausgeber: Deutsche Rentenversicherung Bund, Stand: 6/2023, S. 158)

Leistungen

Die Versicherten können vielfältige Leistungen in Anspruch nehmen. Sie reichen von der Gesundheitsförderung über Leistungen bei Krankheit bis hin zur Familienplanung.

Leistungen zur Verhütung von Krankheiten

Die Krankenkassen bieten Leistungen, die den allgemeinen Gesundheitszustand der Versicherten erhalten und verbessern (primäre Prävention; siehe hierzu auch S. 80f). Dies geschieht z. B. durch

- Beratung und Aufklärung,
- Impfungen,
- Selbsthilfegruppen zur Prävention bzw. Rehabilitation bei bestimmten Krankheiten,
- ambulante oder stationäre Reha-Maßnahmen, Kuren,
- Reihenuntersuchungen zur Verhütung von Zahnerkrankungen in Kindertagesstätten und Schulen,
- Früherkennungsuntersuchungen zur Verhütung von Zahnerkrankungen von Versicherten vom 6. bis zum 18. Lebensjahr einmal pro Halbjahr
- Anspruch auf ärztliche Beratung über Fragen der Empfängnisregelung

Leistungen bei Krankheit/Hilfen zur Familienplanung

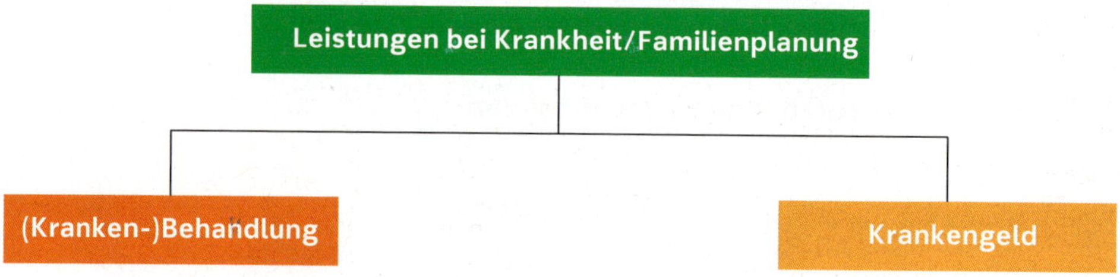

- ärztliche Behandlung einschließlich Psychotherapie
- Versorgung mit Arznei-, Verband-, Heil- und Hilfsmitteln
- häusliche Krankenpflege und Haushaltshilfe
- Krankenhausbehandlung
- Leistungen zur medizinischen Rehabilitation
- Fahrtkosten
- Empfängnisverhütung und künstliche Befruchtung
- zahnärztliche Behandlung
- Versorgung mit Zahnersatz

Ambulante Behandlung
Benötigen gesetzlich Versicherte ärztliche Hilfe, kann grundsätzlich jede Ärztin bzw. jeder Arzt des Vertrauens mit Kassenzulassung aufgesucht werden. Da die Hausarztpraxis aber bei den meisten Patientinnen und Patienten eine zentrale Stellung in der gesundheitlichen Versorgung einnimmt, müssen die Kassen die Möglichkeit einer hausarztzentrierten Versorgung anbieten. Die Versicherten verpflichten sich hierbei, zunächst ausschließlich ihre Hausärztin oder ihren Hausarzt aufzusuchen. Diese binden erst bei Bedarf Fachärztinnen und Fachärzte in eine Mit- bzw. Weiterbehandlung ein.

Hausarztzentrierte Versorgung

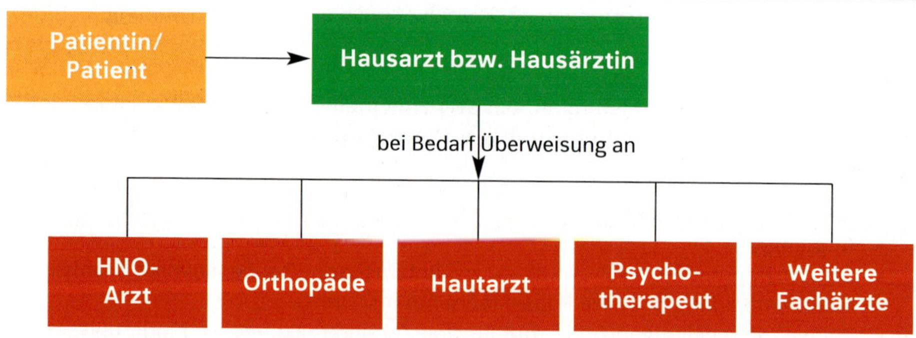

Ambulante Behandlung im Krankenhaus

Krankenhäuser sind insbesondere in die ambulante Behandlung eingebunden, wenn bestimmte hoch spezialisierte fachärztliche Leistungen benötigt werden. Dies trifft bei besonders seltenen Erkrankungen sowie Erkrankungen mit besonderen Behandlungsverläufen zu, z. B. Krebs, HIV/Aids oder Mukoviszidose.

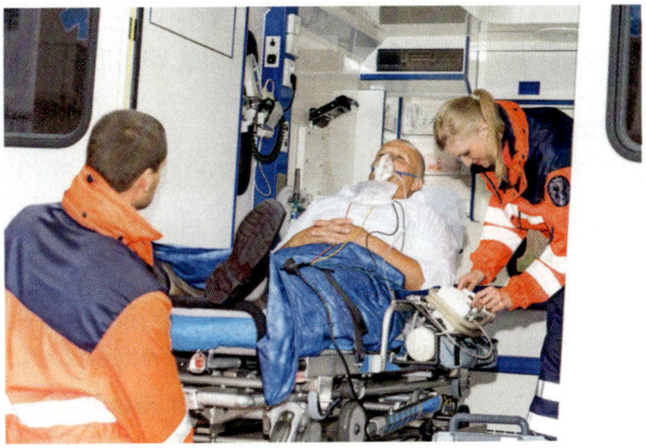

Arznei-, Verband-, Heil- und Hilfsmittel

Die gesetzlichen Krankenkassen übernehmen die Kosten für verschreibungspflichtige Arzneien und Verbandmittel. Allerdings müssen die Versicherten hier teilweise Zuzahlungen leisten.

Die gesetzliche Krankenversicherung zahlt die Kosten für **Heilmittel**. Hierzu gehören u. a. medizinische Bäder, Massagen, Krankengymnastik, Bestrahlung, Ergo- und Sprachtherapie.

Auch für **Hilfsmittel** kommen die gesetzlichen Krankenkassen auf. Sie müssen erforderlich sein, um den Erfolg einer Krankenbehandlung zu sichern, einer drohenden Behinderung vorzubeugen oder eine bereits vorhandene Behinderung auszugleichen. Die GKV übernehmen die Kosten bis zur Höhe bestimmter Festbeträge oder vertraglich vereinbarter Preise. Bestimmte Hilfsmittel sind von der Kostenübernahme ausgeschlossen, beispielsweise Brillen und Kontaktlinsen. Kosten für Sehhilfen tragen die gesetzlichen Krankenversicherungen nur in bestimmten Ausnahmefällen. Für Hilfsmittel müssen Zuzahlungen geleistet werden.

Häusliche Krankenpflege

Häusliche Krankenpflege erhalten Versicherte, wenn eine Krankenhausbehandlung nicht möglich ist oder durch häusliche Pflege zu vermeiden ist. Neben der ärztlichen Behandlung (Behandlungspflege) umfasst dies die Pflege durch geeignete Pflegekräfte (Grundpflege) und Übernahme der hauswirtschaftlichen Versorgung. Voraussetzung ist, dass im Haushalt keine Personen leben, die im erforderlichen Umfang die Pflege übernehmen können.

Haushaltshilfe

Eine Haushaltshilfe wird von der gesetzlichen Krankenversicherung gestellt, wenn die oder der Versicherte den Haushalt aufgrund einer Krankenhausbehandlung, einer häuslichen Krankenpflege oder im Rahmen einer Rehabilitationsmaßnahme nicht führen kann.

Krankenhausbehandlung

Die Kosten einer medizinisch notwendigen Behandlung in einem Krankenhaus übernimmt die Krankenversicherung. Bei der Krankenhausbehandlung unterschreiben Patientinnen und Patienten einen Behandlungsvertrag. Er umfasst die medizinische Versorgung sowie die Pflege, Unterkunft und Verpflegung im Mehrbettzimmer. Gesetzlich Versicherte ab 18 Jahren müssen sich mit 10,00 EUR pro Tag an den Kosten eines stationären Aufenthalts beteiligen – für maximal 28 Tage pro Kalenderjahr.

Leistungen zur medizinischen Rehabilitation

Eine Rehabilitation soll dazu beitragen, dass chronisch Kranke, Behinderte und von Behinderung Bedrohte weiterhin möglichst selbstständig leben können.
Eine Rehabilitation kann helfen, den dauerhaften Eintritt einer Behinderung oder Pflegebedürftigkeit zu vermeiden oder mit den Folgen einer Erkrankung besser zurechtzukommen. Die gesetzlichen Krankenkassen übernehmen die vollen Kosten; Versicherte, die das 18. Lebens-

jahr vollendet haben, müssen eine Zuzahlung leisten. Diese beträgt in der ambulanten Reha 10,00 EUR pro Behandlungstag. In der stationären Reha sind pro Kalendertag jeweils 10,00 EUR zu zahlen. Die Zuzahlung wird für längstens 42 Kalendertage im Jahr berechnet.

Fahrtkosten
Die gesetzliche Krankenversicherung zahlt Fahrtkosten:

- bei stationär erbrachten Leistungen für die Fahrten zur entsprechenden Einrichtung,
- für Rettungsfahrten zum Krankenhaus,
- für andere Fahrten, wenn während der Fahrt eine fachliche Betreuung oder die Gerätschaften eines Krankenwagens erforderlich sind,
- bei vor- und nachstationärer Krankenhausbehandlung,
- bei ambulanten Operationen, wenn dadurch eine voll- oder teilstationäre Krankenhausbehandlung vermieden oder verkürzt werden kann.

Fahrtkosten zu ambulanten Behandlungen dürfen nur noch in besonderen medizinischen Ausnahmefällen und mit **vorheriger Genehmigung** der Krankenkasse übernommen werden.

Zahnärztliche Behandlung/Versorgung mit Zahnersatz
Die gesetzliche Krankenversicherung übernimmt die Kosten für zahnärztliche Untersuchungen und Behandlung von Zahn-, Mund- und Kiefererkrankungen, Vorsorge, Zahnersatz sowie kieferorthopädische Leistungen.

Sie übernimmt in den meisten Fällen die Kosten für Zahnfüllungen und beteiligt sich an den Kosten für Zahnersatz.

Krankengeld
Zunächst zahlt der Arbeitgeber bei Arbeitsunfähigkeit des Arbeitnehmers für sechs Wochen dessen Gehalt. Anschließend erhalten gesetzlich Krankenversicherte von ihrer Krankenkasse ca. 70 % des Bruttolohnes, höchstens jedoch 90 % des Nettoentgeltes. Krankengeld können Versicherte für höchstens 78 Wochen innerhalb von drei Jahren erhalten.

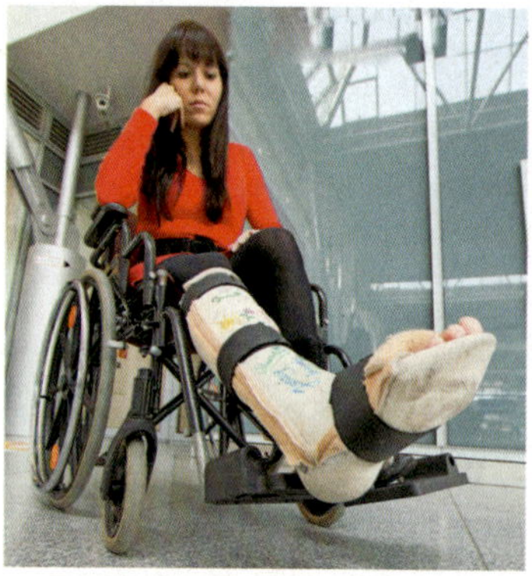

Betreuungstage/Krankengeld bei Erkrankung eines Kindes
Die gesetzliche Regelung für die Jahre 2024/2025 legt fest, dass jeder Elternteil für die Betreuung eines kranken Kindes **15 Arbeitstage im Jahr** freinehmen darf. Alleinerziehende haben Anspruch auf 30 Tage. Bei mehreren Kindern liegt die Obergrenze bei 65 Tagen pro Elternteil und 130 Tagen für Alleinerziehende. Voraussetzung dafür ist, dass

- das Kind jünger als zwölf Jahre ist,
- ein ärztliches Attest vorliegt, dass die Betreuung des Kindes erforderlich ist,
- sowohl Elternteil als auch Kind gesetzlich versichert sind
- keine anderen im Haushalt lebenden Personen das Kind betreuen können.

Für die Tage der Kinderbetreuung wegen Krankheit erhalten Eltern von ihrer Krankenkasse **Kinderkrankengeld**. Dieses beträgt ca. 90 % des Nettogehalts.

Leistungen zur Früherkennung von Krankheiten

Die **Untersuchungen zur Früherkennung** von Krankheiten helfen, Krankheiten möglichst früh zu erkennen und zu behandeln. Folgende **Früherkennungsuntersuchungen** werden von der GKV für Erwachsene empfohlen, ihre Kosten werden übernommen:

- **ab 18 Jahren** bis zum Alter von 35 Jahren (Frauen und Männer): ein einmaliger, allgemeiner Gesundheits-Check-up in der Hausarztpraxis
- **ab 20 Jahren** (Frauen): einmal pro Jahr eine Genitaluntersuchung (Pap-Abstrich) bei Gynäkologin oder Gynäkologe zur Früherkennung von Krebserkrankungen
- **bis 25 Jahre** (Frauen): jährlicher Test auf eine Infektion mit Chlamydien bei Gynäkologin oder Gynäkologe.
- **ab 30 Jahren** (Frauen): Zur Krebsvorsorge kommt eine jährliche Brust- und Hautuntersuchung in der gynäkologischen Praxis hinzu. Achten Sie darauf, dass Sie dabei zur regelmäßigen Früherkennung in die Selbstuntersuchung der Brust eingewiesen werden.
- **ab 35 Jahren** (Frauen): alle drei Jahre ein kombiniertes Screening aus zytologischer Untersuchung und HPV-Test bei Gynäkologin oder Gynäkologe.
- **ab 35 Jahren** (Frauen und Männer): Alle drei Jahre ein allgemeiner Gesundheits-Check-up zur Früherkennung zum Beispiel von Nieren-, Herz-Kreislauferkrankungen und Diabetes in der Hausarztpraxis. – Innerhalb des Check-ups: Seit 2021 einmalig ein Screening auf eine Hepatitis B- und Hepatitis C-Virusinfektion. Damit sollen unentdeckte Infektionen erkannt und frühzeitig behandelt werden, um Spätfolgen zu verhindern.
- **ab 35 Jahren** (Frauen und Männer): Alle zwei Jahre ein Hautkrebs-Screening (Früherkennung). Dabei wird die Haut des gesamten Körpers in Augenschein genommen. Es darf nur von Ärzten/Ärztinnen mit Kassenzulassung vorgenommen werden, die eine Genehmigung dafür durch die KV haben.
- **ab 45 Jahren** (Männer): jährliche Krebsfrüherkennungsuntersuchung der Genitalien und Prostata beim Urologen oder der Urologin.
- **ab 50 Jahren** (Frauen): Früherkennung von Darmkrebs – als jährlicher Test auf verborgenes Blut im Stuhl, z. B. bei Hausarzt, Gynäkologin oder Internist.
- **ab 55 Jahren** (Frauen): Früherkennung von Darmkrebs – und zwar wahlweise alle zwei Jahre als Test auf verborgenes Blut im Stuhl oder durch zwei Darmspiegelungen im Mindestabstand von zehn Jahren.
- **ab 50 Jahren** (Männer): Früherkennung von Darmkrebs –im Alter von 50 bis 54 Jahren wahlweise als jährlicher Test auf verborgenes Blut im Stuhl (Hausärztin, Urologen, Internisten) oder durch zwei Darmspiegelungen im Mindestabstand von zehn Jahren (Gastroenterologe).
- **ab 50 bis 75 Jahren** (Frauen): Zur Früherkennung von Brustkrebs alle zwei Jahre eine Einladung zum Mammografie-Screening. Der Anspruch endet mit dem 76. Geburtstag. Voraussichtlich ab 1. Juli 2024 können sich Frauen im Alter von 70 bis 75 Jahren bei den Zentralen Stellen für einen Untersuchungstermin in einer wohnortnahen Screening-Einheit anmelden. Dort wird geprüft, ob die Frau anspruchsberechtigt ist. Die letzte Früherkennungs-Mammografie muss bei dieser Terminanfrage mindestens 22 Monate her sein. Voraussichtlich ab 2026 werden alle Frauen ab 70 Jahren eine schriftliche Einladung erhalten.
- **ab 65 Jahren** (Männer): einmaliger Anspruch auf eine Ultraschalluntersuchung zur Früherkennung von Aneurysmen der Bauchschlagader bei bestimmten Hausarztpraxen, Urologen, Internisten und Chirurgen mit entsprechender Genehmigung der KV.

(Quelle: Vgl. Verbraucherzentrale: Früherkennung – Diese Vorsorgeuntersuchungen stehen Ihnen zu. Abgerufen unter www.verbraucherzentrale.de [24.01.2024])

Leistungen bei Schwangerschaft und Mutterschaft

Folgende zuzahlungsfreie Leistungen erhalten die gesetzlich Krankenversicherten:

- ärztliche Betreuung einschließlich Schwangerschaftsvorsorge,
- Versorgung mit Arznei-, Verband-, Heil- und Hilfsmitteln, die im Rahmen der Schwangerschaft erforderlich sind, bei Erkrankungen gelten die üblichen Zuzahlungen,
- Leistungen im Zusammenhang mit der Entbindung, beispielsweise Übernahme aller Kosten für die stationäre Entbindung in einem Krankenhaus,
- Hebammenhilfe,
- häusliche Pflege und Haushaltshilfe, die wegen der Schwangerschaft oder Entbindung erforderlich sind, vorausgesetzt, dass im Haushalt keine Person lebt, die diese Aufgaben übernehmen kann,
- Mutterschaftsgeld wird sechs Wochen vor und acht Wochen nach der Geburt gezahlt, bei Mehrlings- und Frühgeburten erhöht sich der Zeitraum auf zwölf Wochen nach der Entbindung.

Zuzahlungen

Als Mittel zur Kostendämpfung hat der Gesetzgeber festgelegt, dass grundsätzlich alle Patienten über 18 Jahre Zuzahlungen für medizinische Leistungen zu tragen haben. Diese Zuzahlung beträgt 10 % der Kosten, **mindestens 5,00 EUR und höchstens 10,00 EUR.**

Bei Kosten unter 5,00 EUR muss der Patient nur den tatsächlichen Preis bezahlen. Um finanzielle Überforderungen der Versicherten auszuschließen, sind Belastungsobergrenzen festgelegt worden. Die jährliche Eigenbeteiligung darf 2 % der Bruttoeinnahmen zum Lebensunterhalt nicht überschreiten. Für chronisch Kranke gilt eine Grenze von 1 % der Bruttoeinnahmen.

Aus diesem Grund sollten alle Zuzahlungsbelege eines Jahres gesammelt werden. Wird die Belastungsgrenze innerhalb eines Kalenderjahres erreicht, stellt die Krankenkasse eine Bescheinigung darüber aus, dass für den Rest des Kalenderjahres keine Zuzahlungen mehr zu leisten sind. Hierzu müssen alle Belege über geleistete Zuzahlungen bei der Krankenkasse eingereicht und ein Befreiungsantrag gestellt werden.

Leistung	Zuzahlung des Patienten
Rezeptpflichtige Arznei- und Verbandmittel	10 % des Abgabepreises pro Arzneimittel, mindestens 5,00 EUR, Höchstbetrag 10,00 EUR. Haben die Krankenkassen Verträge mit Pharmaunternehmen abgeschlossen, entfällt die Zuzahlung ganz.
Nicht verschreibungspflichtige Medikamente	Müssen vom Patienten selbst bezahlt werden. Ausnahmen: Kinder bis 12 Jahren, Jugendliche bis zum 18. Lebensjahr mit Entwicklungsstörungen. Außerdem zur Behandlung schwerwiegender Erkrankungen, wenn das Medikament zum Therapiestandard der jeweiligen Therapierichtung gehört.

Leistung	Zuzahlung des Patienten
Krankenhaus	Pro Tag 10,00 EUR direkt an das Krankenhaus, maximal jedoch für 28 Tage pro Kalenderjahr. Kinder unter 18 Jahren sind befreit.
Häusliche Krankenpflege	10,00 EUR pro Verordnung und 10 % der täglichen Kosten. Gilt maximal für die ersten 28 Tage der häuslichen Krankenpflege pro Kalenderjahr. Bei Minderjährigen entfällt die Zuzahlung.
Heilmittel (z. B. physikalische Therapie, Ergotherapie, Sprachtherapie)	Je Verordnung 10,00 EUR und 10 % der Kosten.
Hilfsmittel (z. B. Gehhilfe, Hörgerät)	Versicherte ab 18 Jahren zahlen 10 % des Abgabepreises (mindestens 5,00 EUR und höchstens 10,00 EUR für jedes Hilfsmittel). Hilfsmittel, die verbraucht werden: 10 % je Packung, maximal 10,00 EUR monatlich.
Zahnersatz	Festzuschuss (ca. 50 % der durchschnittlichen zahnärztlichen und zahntechnischen Kosten). Bei regelmäßiger Vorsorge (Nachweis durch das Bonusheft) liegt der Zuschuss zusätzlich bei 20 bis 30 %.
Kieferorthopädie	Die Kasse übernimmt zunächst 80 % der vertragszahnärztlichen Kosten, bei erfolgreichem Abschluss der Behandlung werden auch die restlichen 20 % erstattet. Sind mehrere Geschwister in der Behandlung, übernimmt die Kasse 90 %.
Haushaltshilfe	10 % der täglichen Kosten der Haushaltshilfe (mindestens 5,00 EUR, höchstens 10,00 EUR).
Mutter-/Vater-Kind-Kur	Der Eigenanteil beträgt 10,00 EUR pro Tag. Kinder und Jugendliche unter 18 Jahren müssen nichts dazuzahlen.
Brillen/Sehhilfen	Kosten für Brillengläser werden für fehlsichtige Kinder und Jugendliche übernommen. Die Kasse übernimmt die Kosten für Brillengläser auch bei Erwachsenen, wenn eine schwere Sehbeeinträchtigung vorliegt (weniger als 30 % Sehleistung des besseren Auges). Brillengestelle und Pflegemittel müssen selbst bezahlt werden.
Fahrtkosten	Wenn die medizinischen Voraussetzungen für die Übernahme der Kosten vorliegen, zahlt der Patient 10 % (mindestens 5,00 EUR, höchstens 10,00 EUR). Auch Minderjährige müssen diesen Eigenanteil leisten.

15.4 Gesetzliche Pflegeversicherung

Sarahs Opa ist seit einem Schlaganfall auf häusliche Pflege angewiesen. „Welch ein Glück, dass es die Pflegeversicherung gibt", meint Sarahs Mutter. „So können wir wenigstens einen großen Teil der Pflege vom Pflegedienst durchführen lassen, und Opa muss nicht in ein Pflegeheim."

Aufgaben

1. Welche Personenkreise sind über die gesetzliche Krankenversicherung pflegeversichert?
2. Wie müssen sich die Personen versichern, die nicht über die gesetzliche Krankenversicherung pflegeversichert sind?
3. Wie hoch sind die Beiträge zur Pflegeversicherung?
4. Sarahs Großvater ist im Pflegegrad 3 eingestuft.
   a) Wer übernimmt die Feststellung des Pflegegrades?
   b) Was beeinflusst die Einstufung in einen Pflegegrad?
   c) Wie kann sich Sarahs Großvater informieren, welche Leistungen der Pflegeversicherung in seinem Fall am besten sind?
   d) Welche Leistungen kann ein Pflegebedürftiger mit Pflegegrad 3 in Anspruch nehmen?

Aufgabe der Pflegeversicherung

Die Pflegeversicherung unterstützt finanziell die häusliche wie auch die stationäre Pflege von pflegebedürftigen Personen. Ohne die Leistungen der Pflegeversicherung könnten viele Pflegebedürftige die Kosten für Pflege nicht tragen. In vielen Fällen ist so eine Pflege im eigenen Haushalt möglich. Somit können die Pflegebedürftigen länger ein selbstständiges und selbstbestimmtes Leben führen.

Versicherte

Da prinzipiell jeder einmal auf die Hilfe durch die Pflegeversicherung angewiesen sein könnte, legte der Gesetzgeber eine Versicherungspflicht für alle gesetzlich und privat Versicherten fest. Das bedeutet: Wer gesetzlich krankenversichert ist, ist automatisch in der sozialen Pflegeversicherung versichert; privat Krankenversicherte müssen eine private Pflegeversicherung abschließen. Wie bei der gesetzlichen Krankenversicherung unterscheidet man die folgenden Gruppen von Versicherten:

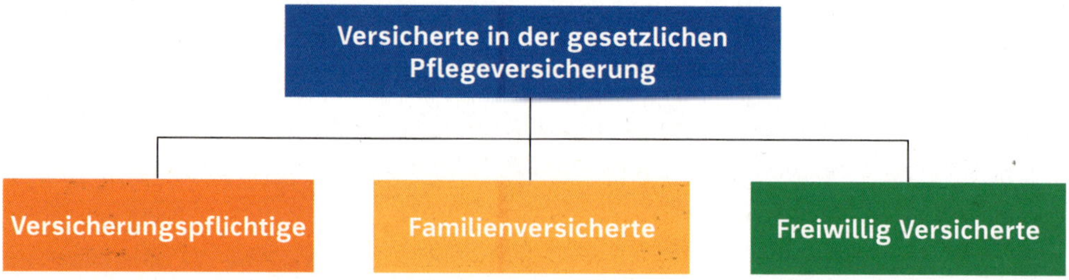

Versicherte der privaten Krankenversicherung

Mitglieder einer privaten Krankenversicherung müssen eine private Pflege-Pflichtversicherung abschließen. Die Leistungen sind denen der sozialen Pflegeversicherung gleichwertig. An die

Stelle der Sachleistungen tritt jedoch, wie bei der privaten Krankenversicherung, die Kostenerstattung.

Eigenvorsorge/Zusatzversicherung

Oft reichen die Rente und die Leistungen der gesetzlichen Pflegeversicherung nicht aus, um die Kosten für eine Versorgung im Pflegefall zu decken. Daher bieten Versicherungen eine zusätzliche private Vorsorge (private Pflegezusatzversicherung) an.

Unter bestimmten Voraussetzungen erhalten Versicherte, die ergänzend zur gesetzlichen Pflegeversicherung privat für den Pflegefall vorsorgen, eine staatliche Zulage. Das soll den Anreiz zur Eigenvorsorge erhöhen.

Finanzierung

Die Beiträge zur Pflegeversicherung werden je zur Hälfte von Arbeitnehmer und Arbeitgeber aufgebracht. Der Beitragssatz zur Pflegeversicherung beträgt jeweils 1,7 % vom Einkommen. Es gilt die Beitragsbemessungsgrenze der gesetzlichen Krankenversicherung, d. h., Einkommen über dieser Grenze bleibt bei der Berechnung der Beiträge beitragsfrei.

Für kinderlose Arbeitnehmer, die das 23. Lebensjahr vollendet haben, liegt der Eigenanteil des Beitragssatzes zur Pflegeversicherung um 0,6 % höher. Für das Bundesland Sachsen gibt es eine Sonderregelung.

Zudem sinken die Beiträge für Arbeitnehmerinnen und Arbeitnehmer, gestaffelt in Abhängigkeit von der Anzahl der Kinder. Die Werte der Staffelung können im Internet nachgeschlagen werden.

Beiträge zur Pflegeversicherung

Arbeitnehmer	Kinderlose Arbeitnehmer ab dem 23. Lebensjahr	Arbeitgeber
1,7 %	2,3 %	1,7 %

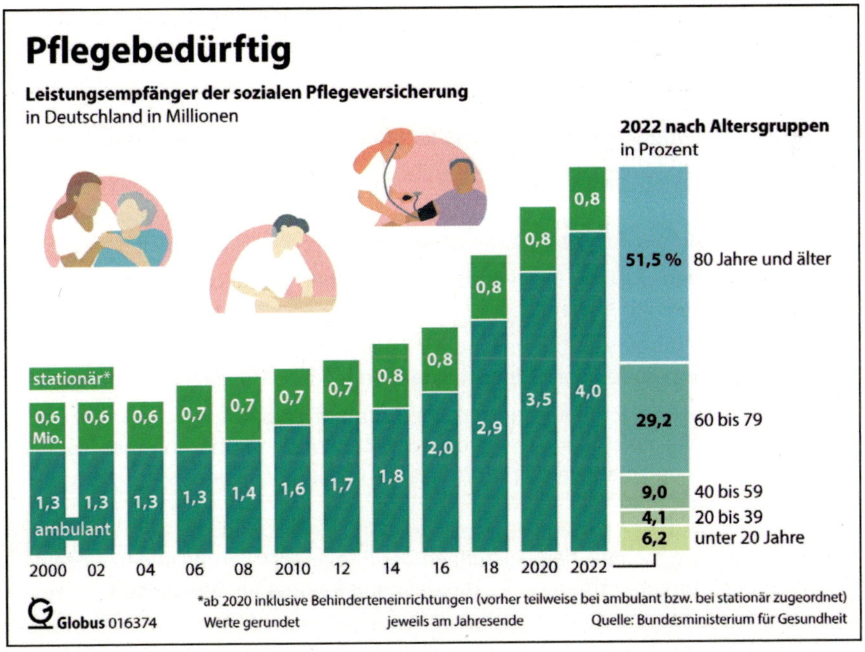

Leistungen

Pflegeleistungen werden in Abhängigkeit von der Pflegebedürftigkeit gewährt. Die Feststellung der Pflegebedürftigkeit erstreckt sich auf folgende Bereiche:

1. **Mobilität**
2. **Kognitive und kommunikative Fähigkeiten**
3. **Verhaltensweisen und psychische Problemlagen**
4. **Selbstversorgung**
5. **Umgang mit krankheits-/therapiebedingten Anforderungen**
6. **Gestaltung des Alltagslebens und soziale Kontakte**

Der Umfang der Pflegeleistungen wird nach den Pflegegraden bestimmt. Es gibt 5 Einstufungskategorien (Pflegegrad 1–5). Für jeden der oben genannten Lebensbereiche ermitteln Gutachter des medizinischen Dienstes der Krankenversicherung (MdK) den Grad der Selbstständigkeit der pflegebedürftigen Person. Daraus folgt die Zuordnung zu einem der fünf Pflegegrade:

1. Pflegegrad 1: geringe Beeinträchtigung der Selbstständigkeit
2. Pflegegrad 2: erhebliche Beeinträchtigung der Selbstständigkeit
3. Pflegegrad 3: schwere Beeinträchtigung der Selbstständigkeit
4. Pflegegrad 4: schwerste Beeinträchtigung der Selbstständigkeit
5. Pflegegrad 5: schwerste Beeinträchtigung der Selbstständigkeit mit besonderen Anforderungen an die pflegerische Versorgung

Die Leistungen der Pflegeversicherung richten sich nach dem Pflegegrad und danach, ob jemand häusliche, teilstationäre, Kurzzeitpflege oder stationäre Pflege in Anspruch nimmt.

Pflegeberatung

Bevor eine pflegebedürftige Person sich aufgrund seiner Situation für eine dieser Arten von Betreuung entscheidet, hat sie Anspruch auf eine umfassende **Pflegeberatung** durch Pflegeberater der Pflegekasse. Die Beratung kann auch in unabhängigen neutralen Beratungsstellen oder in Pflegestützpunkten erfolgen.

Auf diese Art soll sichergestellt werden, dass jemand, der neu pflegebedürftig wird, in dieser Situation keine falschen Entscheidungen trifft.

Leistungen bei häuslicher Pflege

- **Pflegesachleistungen** – Bereitstellung von Mitteln für hauptamtliche Pflegekräfte, z. B. ambulanter Pflegedienst.
- **Pflegegeld** – für eine selbst beschaffte Pflegekraft, z. B. Pflege durch Angehörige; auch eine Kombination von Pflegesachleistungen und Pflegegeld ist möglich.
- **Pflegevertretung** – die Kosten für eine Ersatzpflegekraft werden unter bestimmten Voraussetzungen für bis zu sechs Wochen übernommen, wenn eine Pflegeperson beispielsweise durch Urlaub, Krankheit oder aus anderen Gründen verhindert ist.

Einen Überblick über die monatlichen Leistungen der Pflegeversicherung in den einzelnen Pflegestufen bietet der „Ratgeber Pflege“ des Bundesministeriums für Gesundheit.

Leistungen bei teilstationärer und Kurzzeitpflege

Teilstationäre Pflege
Ist die häusliche Pflege nicht in ausreichendem Umfang sichergestellt, können Pflegebedürftige teilstationär in Einrichtungen der Tages- und Nachtpflege betreut werden. Pflegesachleistungen können neben der teilstationären Pflege in Anspruch genommen werden.

Kurzzeitpflege
Pflege in einer vollstationären Einrichtung für eine Übergangszeit nach einer stationären Behandlung oder in einer sonstigen Situation, in der vorübergehend häusliche oder teilstationäre Pflege nicht möglich ist.

Leistungen bei vollstationärer Pflege

Pflegebedürftige haben Anspruch auf Pflege in vollstationären Einrichtungen, wenn häusliche oder teilstationäre Pflege nicht möglich ist oder wegen der Besonderheiten des Pflegefalls nicht in Betracht kommen.

15.5 Gesetzliche Unfallversicherung

Sarah arbeitet das erste Mal im Röntgenraum. An der Wand hängt eine Tafel mit den Unfallverhütungsvorschriften. Daneben befindet sich ein großes Plakat mit Hinweisen und Abbildungen zu Vorsichtsmaßnahmen bei Röntgenaufnahmen. Melanie, die sieht, wie Sarah die Abbildungen betrachtet, bemerkt: „Man kann beim Röntgen nicht vorsichtig genug sein. Ein Unfall ist schnell passiert. Bisher hatten wir in unserer Praxis glücklicherweise noch keine Zwischenfälle. Wie wichtig aber die gesetzliche Unfallversicherung ist, habe ich im letzten Herbst erfahren. Ich bin auf dem Weg zur Arbeit ausgerutscht. Dabei habe ich mir einen Bluterguss im linken Knie zugezogen und den rechten Arm gebrochen. Da habe ich die Vorteile der gesetzlichen Unfallversicherung schätzen gelernt. Unsere Berufsgenossenschaft hat alle Behandlungskosten, die Kosten für die Medikamente und die Physiotherapie übernommen."

Aufgaben

1. Die Ausgangssituation zeigt, dass Arbeitnehmerinnen und Arbeitnehmer bei der Arbeit und auf dem Wege zur Arbeit unfallversichert sind. Welche Personen sind außerdem in der Unfallversicherung pflichtversichert?
2. Wer zahlt die Beiträge zur Berufsgenossenschaft?
3. Welche Anstrengungen unternehmen die Berufsgenossenschaften, damit es erst gar nicht zu Arbeitsunfällen kommt? Geben Sie hierzu Beispiele.
4. Erläutern Sie die Leistungen der Unfallversicherung im Fall eines Arbeitsunfalls.

Aufgaben der Unfallversicherung

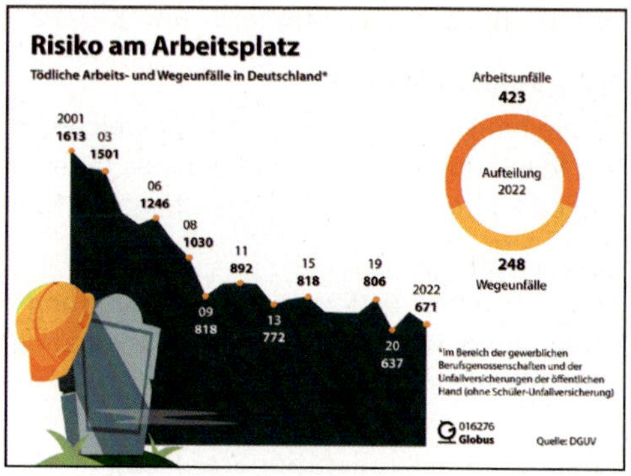

Zu den Aufgaben der Unfallversicherung gehört,

- Arbeitsunfälle, Berufskrankheiten sowie arbeitsbedingte Gesundheitsgefahren zu verhüten (**Prävention**).
- bei Arbeitsunfällen oder Berufskrankheiten die Gesundheit und Leistungsfähigkeit der Versicherten wiederherzustellen (**Rehabilitation**) sowie diese oder ihre Hinterbliebenen durch finanzielle Unterstützung zu entschädigen (**Entschädigung durch Geldleistungen**).

Versicherte Personen

Die gesetzliche Unfallversicherung ist Sache des Arbeitgebers oder der Arbeitgeberin. Sie haben ihren Betrieb bei der zuständigen Berufsgenossenschaft angemeldet und zahlen für die versicherungspflichtigen Beschäftigten den kompletten Beitrag. Somit ist jede Person, die in einem Arbeits-, Ausbildungs- oder Dienstverhältnis steht, versichert. Außerdem sind Fahrgemeinschaften auf dem Hin- und Rückweg zur Arbeit versichert. Die gesetzliche Unfallversicherung schützt zudem u. a.:

- Landwirtinnen/Landwirte,
- Kinder, die Kindergärten und Kindertagesstätten besuchen,
- Schülerinnen und Schüler,
- Studierende,
- Helfer/Helferinnen bei Unglücksfällen,
- Zivil- und Katastrophenschutzhelfer/-helferinnen,
- Blut- und Organspender/-spenderinnen.

Unternehmerinnen, Unternehmer, Selbstständige und freiberuflich Tätige können, wenn sie nicht bereits gesetzlich versichert sind, sich und ihren mitarbeitenden Ehepartner freiwillig versichern. Beamtinnen und Beamte unterliegen der Unfallfürsorge durch ihre Behörde.

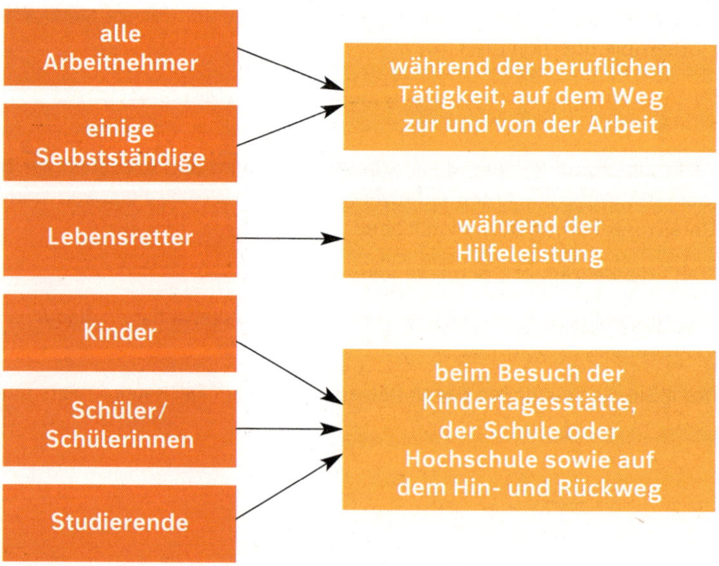

(Quelle: Unsere Sozialversicherung, Deutsche Rentenversicherung Bund, Stand: 6/2023, S. 180)

Finanzierung

Die Beiträge zur gesetzlichen Unfallversicherung zahlen **allein** die Unternehmen. Die Höhe der Beiträge richtet sich u. a. nach der Höhe der jährlichen Bruttolohnsumme und nach der Gefahrenklasse des Betriebes. Die Gefahrenklasse wird jeweils für eine ganze Branche festgelegt, u. a. auch für alle niedergelassenen Zahnärzte.

Träger

Für die Gesundheitsberufe ist die Berufsgenossenschaft für Gesundheitsdienst und Wohlfahrtspflege (BGW) zuständig.

Leistungen

Mit den Leistungen der Unfallversicherung werden folgende Ziele verfolgt:

- Wiederherstellung der Erwerbsfähigkeit,
- Arbeits- und Berufsförderung,
- Linderung von Verletzungsfolgen.

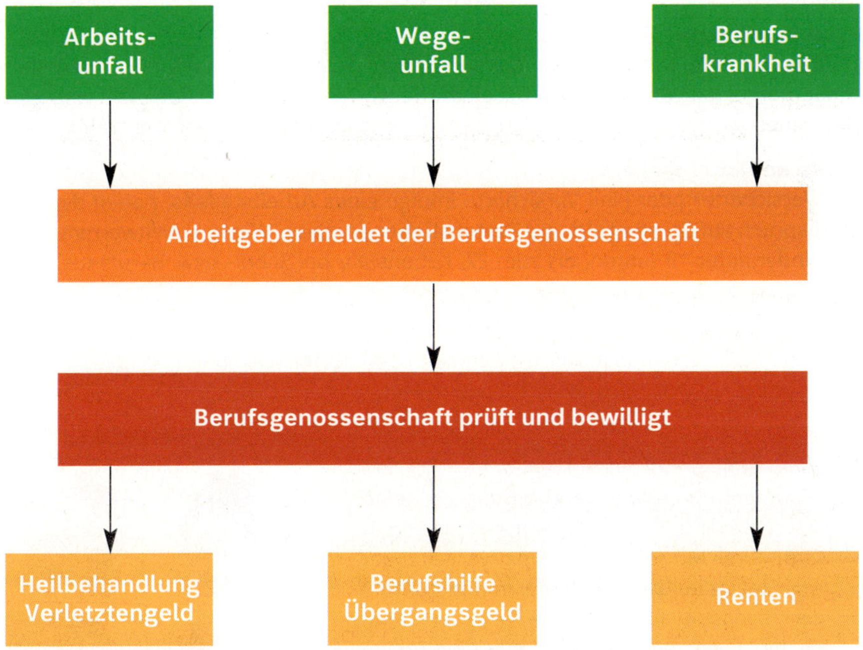

(Quelle: Vgl.: Deutsche Rentenversicherung Bund. Unsere Sozialversicherung, Stand: 6/2023, S. 188)

Heilbehandlung
Diese umfasst

- ärztliche Behandlung,
- stationäre Behandlung,
- Übernahme der Kosten für Arznei-, Verband-, Heil- und Hilfsmittel.

Verletztengeld
Wer aufgrund eines Arbeitsunfalls länger arbeitsunfähig ist, erhält nach Ende der sechswöchigen Lohnfortzahlung Verletztengeld. Das Verletztengeld ist etwas höher als das Krankengeld.

Leistungen zur Teilhabe am Arbeitsleben (Berufshilfe)
Können Versicherte aufgrund einer Verletzung nur unter erschwerten Bedingungen ihren bisherigen Beruf ausüben (z. B. nach Umbau seines Arbeitsplatzes) oder ist ein Berufswechsel notwendig, zahlt die Unfallversicherung berufsfördernde Maßnahmen wie eine Umschulung oder eine Ausbildung in einem anderen Beruf.

Übergangsgeld
Übergangsgeld wird während der Leistungen zur Teilhabe am Arbeitsleben gezahlt, z. B. während der Zeit einer Umschulung.

Leistungen zur Teilhabe am Leben in der Gemeinschaft und ergänzende Leistungen
Hierbei übernimmt die Berufsgenossenschaft solche Leistungen, die Einschränkungen einer Teilhabe am Leben in der Gemeinschaft ausgleichen. Beispiele hierfür sind Übernahme der Kosten für eine Haushaltshilfe und Kinderbetreuung, Übernahme der Kosten für eine behindertengerechte Zusatzausstattung eines Pkw usw.

Leistungen bei Pflegebedürftigkeit
Solange Versicherte infolge eines Arbeitsunfalls pflegebedürftig sind, wird Pflegegeld bezahlt, eine Pflegekraft gestellt oder Heimpflege gewährt.

Renten an Versicherte
Renten an Versicherte werden gezahlt, wenn infolge des Arbeitsunfalls die Erwerbsfähigkeit nicht wiederhergestellt werden kann. Bei einem Teilverlust der Erwerbsfähigkeit wird eine Teilrente, bei vollem Verlust der Erwerbsfähigkeit die entsprechende Vollrente gezahlt.

Leistungen an Hinterbliebene
Stirbt ein Versicherter oder eine Versicherte infolge eines Arbeitsunfalls, haben die Hinterbliebenen Anspruch auf **Sterbegeld** und **Hinterbliebenenrente** (Witwen-/Witwerrente, Waisenrente für Kinder unter 18 Jahren, bis zum 27. Lebensjahr bei Schul- bzw. Berufsausbildung).

15.6 Gesetzliche Rentenversicherung

„Kann Opa denn mit seiner Rente und den Leistungen der Pflegeversicherung all seine Kosten bezahlen?“ Diese besorgte Frage stellt Sarah ihrer Mutter. „Doch, Opa war leitender Angestellter im Bergbau. Er hat immer gut verdient, sodass er auch eine gute Rente bekommt. Ich hingegen werde einmal nur eine kleine eigene Rente beziehen, weil ich nur bis zu deiner Geburt gearbeitet habe.“ „Schon die Abzüge für die Rentenversicherung sind mittlerweile enorm hoch, und dann weiß man nicht genau, ob wir überhaupt einmal eine Rente beziehen“, bemerkt Sarah. „Sicher wirst du einmal Rente erhalten, aber nun finanzierst du erst einmal mit deinen Abzügen die Rente der jetzigen Rentner. Ob in Zukunft jedoch noch Steigerungen bei der Rente möglich sind, weiß ich auch nicht. Wir haben uns jedenfalls noch zusätzlich abgesichert“, antwortet Sarahs Mutter.

Aufgaben

1. Wer ist in der gesetzlichen Rentenversicherung pflichtversichert?
2. Wie hoch ist der Beitrag zur Rentenversicherung? Welchen Anteil haben Arbeitnehmer und Arbeitgeber zu übernehmen?
3. Erläutern Sie die Bedeutung der Beitragsbemessungsgrenze bei der Berechnung der Beiträge zur Rentenversicherung.
4. „Die Rentenversicherung finanziert sich im Umlageverfahren". Erläutern Sie kurz, was darunter zu verstehen ist.
5. Welche grundsätzlichen Rentenarten lassen sich unterscheiden?
6. Welche Möglichkeiten der Alterssicherung gibt es neben der gesetzlichen Rentenversicherung?
7. Warum ist diese Art der Alterssicherung trotz der erheblichen Beiträge attraktiv?

Versicherte Personen

Es gibt zwei Möglichkeiten, Mitglied in der gesetzlichen Rentenversicherung zu werden, durch Pflichtversicherung oder durch freiwillige Versicherung.

Pflichtversichert sind Arbeiter, Angestellte und Auszubildende. Beamten, Richter, Berufssoldaten und sonstiger Beschäftigter im öffentlichen Dienst sind nicht in der gesetzlichen Rentenversicherung, da sie Anspruch auf eine Versorgung im Alter durch den Staat haben (z. B. Pension).

Zu den Pflichtversicherten in der gesetzlichen Rentenversicherung gehören insbesondere:

- Arbeiter und Angestellte,
- Auszubildende
- Menschen mit Behinderung, die in anerkannten Werkstätten für Menschen mit Behinderung tätig sind.
- Rentenversicherungspflichtige Selbstständige.
- Kindererziehende für die Dauer der Kindererziehungszeit.
- Geringfügig beschäftigte Personen können sich aber von der Versicherungspflicht auf Antrag befreien lassen.
- Personen, die einen Pflegebedürftigen nicht erwerbsmäßig wenigstens 10 Stunden wöchentlich in seiner häuslichen Umgebung pflegen.
- Personen, die Krankengeld, Verletztengeld, Arbeitslosengeld (nicht aber Grundsicherung für Arbeitssuchende/Bürgergeld) beziehen.

Personen, die nicht der Versicherungspflicht unterliegen, können der Rentenversicherung freiwillig beitreten (**Freiwillig Versicherte**). Sinn ist es, jedem Bürger die Möglichkeit zu geben, eine ausreichende Grundsicherung zur Altersversorgung aufzubauen.

Träger

Träger der gesetzlichen Rentenversicherung ist die Deutsche Rentenversicherung.

Finanzierung

Finanziert werden die Renten überwiegend durch die Beiträge, die von den Versicherungspflichtigen erhoben werden. Arbeitgeber/Arbeitgeberinnen und Arbeitnehmerinnen/Arbeitnehmer tragen den Beitrag je zur Hälfte. Der Beitragsanteil des Arbeitnehmers wird vom Gehalt abgezogen, der Arbeitgeber gibt seinen Anteil dazu. Beide Anteile zusammen ergeben den Pflichtbeitrag. Der Arbeitgeber überweist den Pflichtbeitrag zusammen mit allen anderen Sozialversicherungsbeiträgen an die Krankenkasse des Arbeitnehmers. Diese leitet die Rentenversicherungsbeiträge an die Deutsche Rentenversicherung weiter. Da die Beitragseinnahmen der gesetzlichen Rentenversicherung zur Finanzierung der Ausgaben der Rentenversicherung nicht ausreichen, zahlt der Staat **Bundeszuschüsse** aus Steuermitteln.

Die Höhe des Beitrages richtet sich nach dem Arbeitsverdienst. Der jeweils aktuelle Beitragssatz kann im Internet abgerufen werden. Er wird allerdings nur bis zur Beitragsbemessungsgrenze erhoben. Darüber hinaus wird kein Rentenversicherungsbeitrag erhoben, da über die Rentenversicherung die Altersversorgung von Normalverdienern geregelt wird.

Generationenvertrag

Die Rentenversicherung finanziert sich im **Umlageverfahren**. Die von Arbeitnehmerinnen/Arbeitnehmern und Arbeitgeberinnen/Arbeitgebern gezahlten Beiträge werden nicht zur Deckung der späteren Renten angespart, sondern an die heutigen Rentnerinnen und Rentner ausgezahlt. Diese sind in ihrem Berufsleben für die Altersversorgung ihrer Eltern aufgekommen. Nun werden ihre Renten von den heute Erwerbstätigen finanziert. Jung und Alt, Erwerbstätige und Rentner sind somit in einem **Generationenvertrag** verbunden. Dies funktioniert nur, wenn genügend Beitragszahler nachwachsen. Ansonsten bekommt die Rentenversicherung Probleme.

Generationenvertrag: Die demografische Krise der Rentenversicherung

Die gesetzliche Rente steckt in einer demografischen Krise. Das Hauptproblem: Immer weniger Beitragszahler müssen zu viele Rentner und Pensionäre finanzieren. Die Bundesbürger werden immer älter und beziehen immer länger Rente. Der so genannte Generationenvertrag funktioniert nicht mehr.

Viele Probleme und keine Lösung in Sicht

Die Probleme der gesetzlichen Rentenversicherung sind vielfältig: Geburtenrückgänge, höhere Lebenserwartung, längere Rentenbezugsdauer, gesunkenes Renteneintrittsalter und zunehmend atypische Beschäftigungsformen mit unregelmäßigen Rentenbeitragszahlungen. Die Einnahmen der Rentenversicherung reichen bereits jetzt nicht mehr aus, um die monatlichen Rentenzahlungen zu begleichen. Der Staat finanziert das Defizit aus dem Bundeshaushalt und eine Lösung der Probleme ist nicht in Sicht.

So funktioniert der Generationenvertrag

Die Beschäftigten zahlen Monat für Monat Beiträge an die Rentenkasse, das Geld wird nicht angespart, sondern gleich wieder an die Rentner ausbezahlt. Reichen die Einnahmen nicht aus, springt der Staat ein. Allein im Jahr 2012 hat der Bund einen Zuschuss von 82 Milliarden in die Rentenkasse überwiesen. Doch wie lange geht das noch, bei einer klammen Staatskasse, hohen Belastungen durch die Eurokrise und einer ausufernden Staatsverschuldung?

Ein weiteres Problem: Immer weniger Kinder und der damit verbundene Bevölkerungsrückgang erhöhen die Rentenlast der künftigen Erwerbstätigen. Die Bevölkerungsvorausberechnung des statistischen Bundesamtes geht davon aus, dass die Anzahl der geborenen Kinder in Deutschland von Jahr zu Jahr sinken wird. In 2060 wird es nur noch 465.000 geborene Kindern geben. Parallel zum Rückgang der Neugeborenen verändert sich das Verhältnis Beschäftigte zu Rentenempfängern. Haben in 1955 noch 5 Beschäftigte die monatliche Rente für einen Rentner finanziert, so werden in 2030 nur noch 2 Beschäftigte die Rentenlast von einem Rentner schultern müssen. [...]

(Quelle: Robert Aschauer: Generationenvertrag einfach erklärt, 08.04.2013, In: https://www.einfach-rente.de/finanzmagazin/generationenvertrag [26.01.2024])

Leistungen

Neben der Zahlung von Renten hat die Rentenversicherung noch weitere, gesetzlich vorgeschriebene Leistungen zu erbringen. Diese sind:

Gesetzlich vorgeschriebene Aufgaben

Leistungen zur Rehabilitation	Zahlung von Renten	Kranken- und Pflegeversicherung	Aufklärung und Beratung der Versicherten und Rentner
Ziel der Rehabilitationsleistungen der Rentenversicherung ist es, Beeinträchtigungen durch Krankheit oder Behinderungen bei den Erwerbstätigen entgegenzuwirken. So soll ein vorzeitiges Ausscheiden aus dem Erwerbsleben möglichst verhindert werden.	Die Rentenversicherung zahlt Renten ▪ wegen Alters, ▪ wegen verminderter Erwerbsfähigkeit, ▪ im Todesfall.	Rentnerinnen und Rentner, die mindestens neun Zehntel in der zweiten Hälfte ihres Arbeitslebens Mitglied in einer gesetzlichen Krankenkasse waren, sind in der gesetzlichen Krankenversicherung und damit auch in der Pflegeversicherung pflichtversichert.	Die Rentenversicherungsträger gewährleisten eine flächendeckende Auskunft und Beratung der Versicherten, Rentnerinnen/Rentner und Arbeitgeber zu allen Fragen der gesetzlichen Rentenversicherung.

Renten werden gezahlt, wenn

- der Rentenfall eingetreten und
- die Wartezeit erfüllt ist.

Die Rentenversicherung unterscheidet folgende **Rentenarten:**

Altersrente

Regelaltersrente erhält, wer die Regelaltersgrenze (ab dem Geburtsjahrgang 1964 67 Jahre) und die allgemeine Wartezeit von fünf Jahren erfüllt hat.

Altersrente für langjährig Versicherte
Für alle ab 1964 Geborenen liegt das Renteneintrittsalter nach 35 Beitragsjahren bei 67 Jahren. Sie können aber schon ab 63 Jahren mit einem Abzug von bis zu 14,4 Prozent in Rente gehen. Der monatliche Abschlag beträgt also 0,3 %. Er gilt für die gesamte Bezugsdauer der Rente.

Altersrente für besonders langjährig Versicherte
Für die junge Generation der Auszubildenden und beruflich Tätigen gilt, dass sie als Versicherte in der gesetzlichen Rentenversicherung mit 65 ohne Abschläge Altersrente beziehen, wenn sie 45 Jahre mit Pflichtbeiträgen für eine versicherte Beschäftigung oder Berücksichtigungszeiten vorweisen können.

Altersrente für Schwerbehinderte

erhalten Versicherte, wenn sie
- das 65. Lebensjahr vollendet haben,
- bei Rentenbeginn als schwerbehindert anerkannt sind und
- die Wartezeit von 35 Jahren erfüllt haben.

Erwerbsminderungsrente

Rente wegen teilweiser Erwerbsminderung
Vor dem Erreichen der Regelaltersgrenze erhalten Versicherte Rente wegen teilweiser Erwerbsminderung, wenn sie nicht mehr voll arbeiten können (mindestens drei Stunden, aber weniger als sechs Stunden täglich).
Rente wegen voller Erwerbsminderung
Die Rente wegen voller Erwerbsminderung ersetzt vor dem Erreichen der Regelaltersgrenze den Verdienst, wenn die Erwerbsfähigkeit auf dem allgemeinen Arbeitsmarkt auf weniger als drei Stunden täglich gesunken ist.
Die Renten wegen teilweiser oder voller Erwerbsminderung werden auf Zeit geleistet; der Grad der Erwerbsminderung wird geprüft.

Hinterbliebenenrente

Witwen bzw. Witwer haben nach dem Tod des oder der Versicherten Anspruch auf **Witwenrente** bzw. **Witwerrente,** wenn der Ehegatte die allgemeine Wartezeit erfüllt hat und die Ehe mindestens seit einem Jahr besteht.
Eingetragene Lebenspartner haben ebenfalls Anspruch auf eine Rente, wenn die Wartezeit und die Dauer der Lebenspartnerschaft den oben genannten Voraussetzungen entsprechen.
Kinder haben nach dem Tod von Vater oder Mutter einen Anspruch auf **Waisenrente,** wenn der oder die Verstorbene die allgemeine Wartezeit von fünf Jahren erfüllt hat. Der Anspruch besteht bis zur Vollendung des 18. Lebensjahres. Bei Schul- und Berufsausbildung verlängert er sich bis zum 27. Lebensjahr.

Private Altersvorsorge

Die gesetzliche Rentenversicherung wird zukünftig nur für eine Grundabsicherung sorgen. Um einen angemessenen Lebensstandard zu halten, ist eine zusätzliche private Altersvorsorge notwendig (siehe Kapitel 16, Seite 105).

Für die eigene Altersvorsorge sollte man die folgenden Säulen der Alterssicherung im Blick halten:

Die drei Säulen der Altersvorsorge

Gesetzliche Altersvorsorge	Betriebliche Altersvorsorge	Private Altersvorsorge
Pflichtversicherung, die Beitrage teilen sich Arbeitgeber und Arbeitnehmer je zur Hälfte ▪ Gesetzliche Rentenversicherung der Arbeitnehmer/Arbeitnehmerinnen ▪ Berufsständische Alterssicherungssysteme ▪ Künstlersozialkasse	Betriebsrente, Teile des Arbeitnehmergehalts werden angespart. Die steuerliche Förderung können nutzen: ▪ Arbeitnehmer/Arbeitnehmerinnen in der Privatwirtschaft ▪ Angestellte im öffentlichen Dienst ▪ Geringfügig Beschäftigte	Individuelles Schutzpaket, die Beiträge zahlt der Arbeitnehmer. Es gibt verschiedene, zum Teil staatlich geförderte Geldanlageformen: ▪ Private Rentenversicherung ▪ Fondssparpläne ▪ Banksparpläne

15.7 Arbeitsförderung – Arbeitslosenversicherung

Sarah und Michaela, die alten Schulfreundinnen, treffen sich. Michaela besucht eine Vollzeitklasse an der Berufsschule im Bereich Wirtschaft. Sie berichtet: „Heute war ein Berufsberater da. Er hat uns einen Überblick über die Ausbildungsberufe gegeben, die für uns infrage kommen. Dann hat er mit einigen schon einen Termin für ein Beratungsgespräch gemacht." „Ich glaube, die Agentur für Arbeit wäre froh, wenn sie nur so dankbare Aufgaben wie die Berufsberatung hätte. Bei meinem Vater in der Firma wird mittlerweile kurzgearbeitet. Gut, dass es das Kurzarbeitergeld gibt", merkt Sarah an. „Ja, manchmal ist die Situation ausgesprochen blöd", sagt Michaela. „Mein Freund ist im Augenblick arbeitslos, obwohl er eine gute Prüfung als Elektroniker abgelegt hat. Leider hat seine Firma nicht alle Auszubildenden übernommen. Aber wir hoffen, dass er über die Arbeitsagentur sehr schnell eine neue Stelle vermittelt bekommt."

Aufgaben

1. In der Ausgangssituation wird dargestellt, dass die Aufgaben der Bundesagentur nicht auf die Arbeitslosenversicherung begrenzt sind. Welche Beratungen bietet sie auf ihrer Internetseite für Privatpersonen an?
2. Erläutern Sie, warum die Arbeitsförderung eine wichtige Aufgabe der Bundesagentur für Arbeit ist.
3. Wer ist in der Arbeitslosenversicherung pflichtversichert?
4. Wie werden die Ausgaben der Bundesagentur für Arbeit überwiegend finanziert?
5. Die Arbeitslosenversicherung sorgt für die finanzielle Absicherung im Falle von Arbeitslosigkeit. Unter welchen Voraussetzungen erhält man Arbeitslosengeld?
6. Wann erhält man Grundsicherung für Arbeitssuchende (Bürgergeld)? Welche Voraussetzungen müssen dazu erfüllt sein?

Aufgaben der Bundesagentur für Arbeit

Ein Schwerpunkt der Bundesagentur für Arbeit ist die **Arbeitsförderung**. Sie soll dazu beitragen, dass ein hoher Beschäftigungsstand erreicht wird. Mit den hier eingesetzten Instrumenten soll das Entstehen von Arbeitslosigkeit vermieden werden. Kommt es trotzdem zur Arbeitslosigkeit, sollen diese Instrumente helfen, die Dauer der Arbeitslosigkeit zu verkürzen. Welche Instrumente der Bundesagentur für Arbeit im Rahmen der Arbeitsförderung zur Verfügung stehen, ist auf ihrer Internetseite www.arbeitsagentur.de sehr übersichtlich zu sehen.

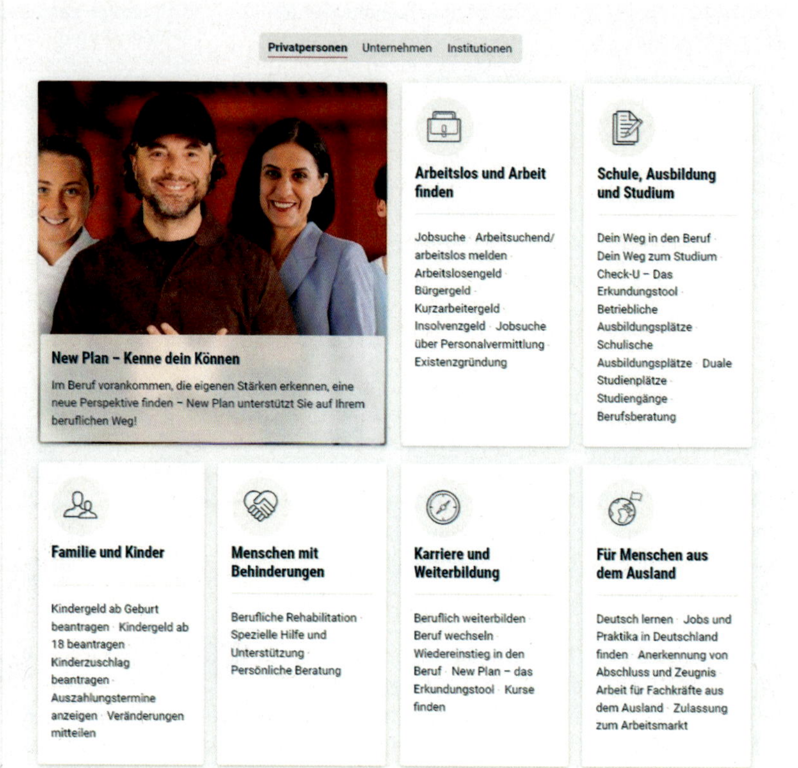

Website der Bundesagentur für Arbeit
(Quelle: https://www.arbeitsagentur.de [26.01.2024])

Versicherte

In der Arbeitslosenversicherung sind alle Arbeiterinnen und Arbeiter, Angestellten und Auszubildenden pflichtversichert.

Finanzierung

Die Bundesagentur für Arbeit finanziert sich überwiegend aus Beiträgen der Arbeitnehmer und Arbeitgeber. Beide Parteien tragen den Beitrag je zur Hälfte. Der aktuelle Beitragssatz kann aus dem Internet entnommen werden.

Leistungen

Die angebotenen Leistungen der Bundesagentur für Arbeit und der örtlichen Arbeitsagenturen sind umfangreich. Für Arbeitnehmerinnen und Arbeitnehmer ist es daher bei Bedarf wichtig, bezogen auf ihre Situation die entsprechende Beratung in den örtlichen Arbeitsagenturen zu bekommen.

Arbeitslosengeld – Kurzarbeitergeld – Insolvenzgeld

Arbeitslosigkeit, Kurzarbeit oder Insolvenz des Arbeitgebers bedeutet für den betroffenen Arbeitnehmer den Verlust des Einkommens. In diesen Fällen sorgt unter bestimmten Voraussetzungen die Agentur durch folgende Leistungen für einen finanziellen Ausgleich:

- Arbeitslosengeld
- Kurzarbeitergeld
- Insolvenzgeld

Durch das Arbeitslosengeld wird der Arbeitssuchenden über einen begrenzten Zeitraum finanziell unterstützt. So kann er sich eine neue Arbeit suchen und hat in dieser Zeit zumindest ein, wenn auch geringeres Einkommen.

Voraussetzung für die Zahlung von Arbeitslosengeld ist:

- Der oder die Versicherte muss die Anwartschaftszeit erfüllt haben. Er oder sie muss in den vergangenen 30 Monaten vor der Arbeitslosmeldung insgesamt mindestens 12 Monate versicherungspflichtig beschäftigt gewesen sein.
- Er oder sie hat sich bei der Agentur für Arbeit arbeitslos gemeldet.
- Arbeitslose Versicherte suchen eine versicherungspflichtige Beschäftigung und arbeiten dabei mit der Agentur für Arbeit zusammen.

Die **Arbeitslosmeldung** ist Voraussetzung für die Zahlung des Arbeitslosengeldes. Wie lange das Arbeitslosengeld bezahlt wird, hängt von folgenden Faktoren ab:

- Alter des Versicherten;
- Wie lange der Arbeitslose vor der Arbeitslosigkeit versicherungspflichtig beschäftigt war.

Die versicherungspflichtigen Zeiten müssen in der Regel innerhalb der vergangenen fünf Jahre liegen. Die Zeitspanne für die Zahlung von Arbeitslosengeld reicht von sechs bis vierundzwanzig Monaten.

Hat eine arbeitslose Person nach dem Ende der Zahlungen des Arbeitslosengeldes noch keine Arbeit gefunden, besteht Anspruch auf **Grundsicherung für Arbeitssuchende (Bürgergeld)**. Diese Grundsicherungsleistung wird an alle erwerbsfähigen Bedürftigen gezahlt, die die Voraussetzungen erfüllen. Anspruch auf Bürgergeld besteht

- bei Bedürftigkeit,
- bei grundsätzlicher Erwerbsfähigkeit,
- oft im Anschluss an das Arbeitslosengeld
- bei Erreichbarkeit für das örtliche Jobcenter

Wichtig: Das Bürgergeld wird nur auf Antrag gezahlt.

Anders als bei der Beantragung des Arbeitslosengeldes ist eine Voraussetzung bei der Bewilligung des Bürgergeldes die Bedürftigkeit. Diese wird im Rahmen einer Bedürftigkeitsprüfung ermittelt. Dabei werden Teile des Vermögens der/des Antragsstellenden (Sparbuch, Immobilien usw.) angerechnet und einbezogen. Davon ausgenommen sind Freibeträge bei der Vermögensanrechnung („Schonvermögen"), d. h., vorhandenes Vermögen wird nicht in vollem Umfang berücksichtigt.

Das Bürgergeld soll zur gesellschaftlichen Teilhabe befähigen und die Würde des Einzelnen achten. Es soll der nachhaltigen Integration in den Arbeitsmarkt dienen.

Bürgergeld wird so lange gewährt, wie die Voraussetzungen für den Bezug erfüllt sind. Es ist jedoch keine „Hilfe auf Dauer". Leistungsberechtigte erarbeiten gemeinsam mit einer Integrationsfachkraft einen Kooperationsplan mit einer Strategie zur Eingliederung in den Arbeitsmarkt. In dem Kooperationsplan werden aber auch Mitwirkungspflichten vereinbart. Hierzu gehören u. a. Eigenbemühungen, die Teilnahme an Maßnahmen sowie Bewerbungen auf Vermittlungsvorschläge des Jobcenters.

Unterstützung in der Arbeitslosigkeit

Angaben für Alleinstehende mit eigenem Haushalt pro Monat

Arbeitslosengeld

- Leistung für Personen, die in den vergangenen 30 Monaten vor der Arbeitslosigkeit mindestens **12 Monate pflicht- oder freiwillig in der Arbeitslosenversicherung versichert waren** (Regelanwartschaftszeit) und sich arbeitslos gemeldet haben

Dauer des Bezugs*

- bis 49-Jährige: 6 bis 12 Monate
- 50- bis 54-Jährige: 6 bis 15 Monate
- 55- bis 57-Jährige: 6 bis 18 Monate
- ab 58-Jährige: 6 bis 24 Monate

Höhe des Arbeitslosengeldes €

- 60 % des errechneten letzten Nettogehalts**
- eigenes Nebeneinkommen wird berücksichtigt***, eigenes Vermögen nicht

Zusätzliche Leistungen +

- keine; bei Bedarf kann zusätzlich ein Antrag auf Wohngeld oder Bürgergeld gestellt werden

*je nach Dauer der Einzahlung in die Arbeitslosenversicherung in den vergangenen 5 Jahren
**berücksichtigt werden Gehälter der letzten 12 Monate
***jeweils abzgl. eines bzw. mehrerer Freibeträge; beim ALG ist eine Tätigkeit unter 15 Stunden wöchentlich erlaubt

Bürgergeld

- **Grundsicherung** für erwerbsfähige Personen im Alter von mindestens 15 Jahren bis zum Renteneintritt, die ihren **Lebensunterhalt nicht aus eigener Kraft und eigenen Mitteln** decken können

Höhe des Regelsatzes €

- 563 Euro
- eigenes Einkommen und Vermögen werden bei der Höhe der Leistung berücksichtigt***
- selbst genutztes Wohneigentum bleibt unberücksichtigt

Zusätzliche Leistungen +

- Übernahme der Kosten für Unterkunft und Heizung (Miete), soweit angemessen
- eventuell Einmalleistungen (Geld-/Sachleistungen) für Wohnungs-, Bekleidungserstausstattung und/oder Kosten für medizinische/therapeutische Geräte
- eventuell Mehrbedarf für besondere Lebenslagen (z. B. Alleinerziehende)

Quelle: Bundesagentur für Arbeit Stand März 2024

016713 Globus

15.8 Versorgungs- und Fürsorgeleistungen des Staates

Sarah und ihre Freundin Michaela tauschen den neuesten Klatsch aus. „Hast du schon gehört, Manuelas Bruder, der in Kiel lebt, ist aufgrund einer Erkrankung völlig erwerbsunfähig. Er erhält nun Sozialhilfe.“ „Aber müssen dann die Eltern nicht die Kosten für den Unterhalt übernehmen?“, fragt Sarah. „Das Sozialamt hat bei den Eltern Manuelas Einkommens- und Vermögensnachweise gefordert. Dabei stellte sich heraus, dass sie nicht verpflichtet oder in der Lage sind, ihren Sohn finanziell zu unterstützen.“ „Gut, dass es in solchen Fällen eine Unterstützung in Form der Grundsicherung gibt.“

Aufgaben

1. Was ist der Unterschied zwischen den hier dargestellten Versorgungsleistungen und den Fürsorgeleistungen des Staates?
2. Welche Aufgabe hat die Sozialhilfe?
3. In welcher Form wird Sozialhilfe gewährt?
4. Zu welchem Zweck und unter welchen Bedingungen wird Wohngeld gewährt?

Die Leistungen, die der deutsche Sozialstaat seinen Bürgerinnen und Bürgern gewährt, lassen sich in drei Bereiche einteilen:

- Versicherungsleistungen (Sozialversicherung),
- Versorgungsleistungen und
- Fürsorgeleistungen.

Der deutsche Sozialstaat

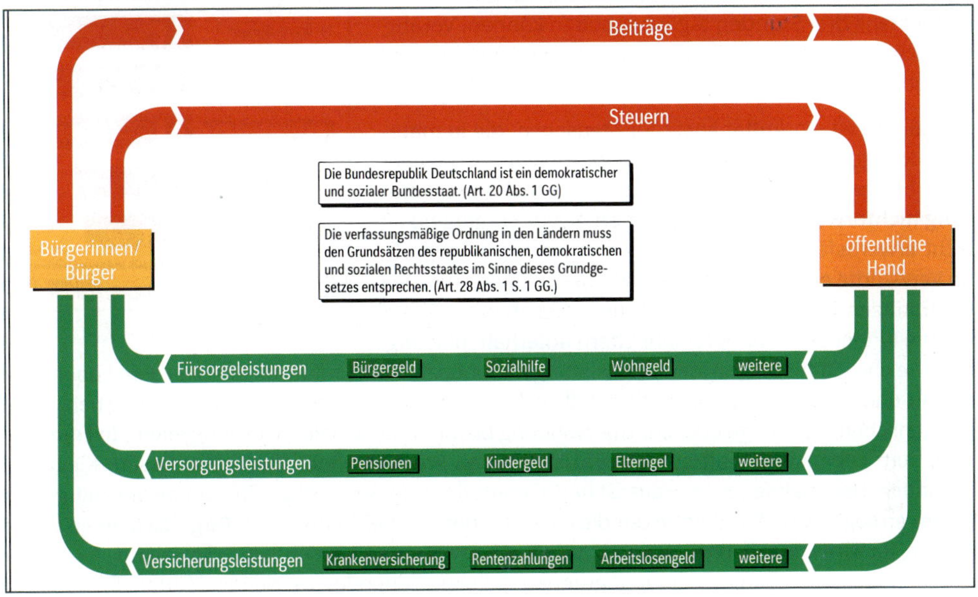

Versorgungsleistungen

Zu den Versorgungsleistungen gehören die staatlichen Leistungen für Bürgerinnen und Bürger, die entweder Opfer wurden oder besondere Leistungen für die Gemeinschaft erbracht haben. Die Solidarität der staatlichen Gemeinschaft ist Grundlage des Versorgungsprinzips. Die Versorgungsleistungen, die der Staat erbringt, werden aus Steuermitteln finanziert. Hierzu gehören u. a.:

- Kindergeld
- Elterngeld
- Versorgung der Kriegs- und Wehrdienstopfer
- Entschädigung der Opfer von Gewalttaten
- Versorgung von Behinderten

Fürsorgeleistungen

Die Fürsorgeleistungen umfassen staatliche Hilfen für bedürftige Bürgerinnen und Bürger, z. B. Bürgergeld für Arbeitssuchende, Bürgergeld für nicht erwerbsfähige Leistungsberechtigte (Sozialhilfe) und Wohngeld.

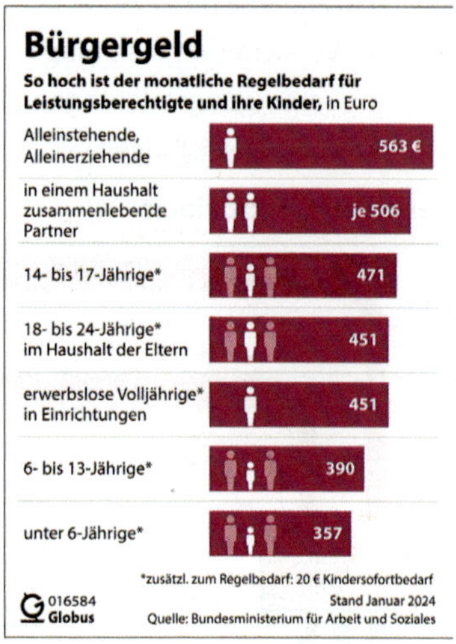

Voraussetzung für den Bezug von Bürgergeld für Arbeitssuchende ist, dass Empfänger erwerbsfähig sind und mindestens drei Stunden täglich arbeiten können. Verantwortlich für die Gewährung und Zahlung der Leistung sind die Jobcenter.

Sozialhilfe ist ein Auffangnetz für Menschen, die in materielle Not geraten sind und ihren Bedarf nicht aus eigener Kraft bestreiten können. Sie sorgt für die **Existenzsicherung nichterwerbsfähiger Personen**. Bevor Bürgergeld an nicht erwerbsfähige Personen gewährt wird, wird geprüft, ob Verwandte ersten Grades den Hilfebedürftigen finanziell unterstützen können. Denn nach dem Gesetz sind Eltern für ihre Kinder und Kinder für ihre Eltern unterhaltspflichtig. Das Gleiche gilt für Ehepartner. Die Leistungen der Sozialhilfe umfassen die Hilfe zum Lebensunterhalt und darüber hinaus im Bedarfsfall auch Hilfen zur Gesundheit, zur Eingliederung behinderter Menschen, zur Pflege oder zur Überwindung besonderer sozialer Schwierigkeiten. In Form der Hilfe zum Lebensunterhalt soll die Sozialhilfe den grundlegenden Bedarf an Essen, Kleidung, Wohnung, Haushaltsenergie, Hausrat und Körperpflege decken und die Teilnahme am kulturellen Leben ermöglichen. Zum Bestreiten dieser Ausgaben werden Hilfen nach **Regelsätzen** gewährt. Kosten für **Unterkunft und Heizung** werden, soweit angemessen, vom Sozialamt zusätzlich übernommen. Bestimmte Personengruppen (Alleinerziehende, werdende Mütter, Behinderte) haben darüber hinaus Anspruch auf **Mehrbedarfszuschläge**.

Die **Grundsicherung im Alter** erhalten bedürftige Personen, die das Renteneintrittsalter überschritten haben. Reicht ihr Einkommen, z. B. ihre gesetzliche Rente, für ihren Lebensunterhalt nicht aus, ergänzt die Grundsicherung im Alter die gesetzliche Rente. Die Leistungen entsprechen größtenteils dem Bürgergeld, ohne dass eine Verpflichtung zur Arbeitsaufnahme besteht.

Die **Grundsicherung wegen Erwerbsminderung** erhalten bedürftige Personen ab dem 18. Lebensjahr, die dauerhaft voll erwerbsgemindert sind. Erwerbsminderung liegt vor, wenn aufgrund von Krankheit oder Behinderung eine Person nicht in der Lage ist, dauerhaft mindestens drei Stunden pro Tag zu arbeiten. Weiterhin gilt, dass eine Änderung dieser Situation nicht zu erwarten ist.

Bei der Grundsicherung im Alter und bei Erwerbsminderung sind nahe Verwandte erst ab einem Jahreseinkommen von 100.000,00 EUR unterhaltspflichtig.

Das **Wohngeld** ist ein Mietzuschuss. Bei den Empfängern hilft das Wohngeld, dass sie sich eine angemessene Wohnung leisten können. Ohne diesen Zuschuss wäre für sie die Miete eine kaum zu tragende Belastung. Wohngeld wird aufgrund eines Antrages bei der örtlich zuständigen Verwaltungsbehörde (Wohnungsamt) gewährt. Dabei wird die familiäre und wirtschaftliche Situation berücksichtigt.

15.9 Möglichkeiten der privaten Absicherung

Sarah berichtet: „Gestern habe ich mich mit meinen Eltern beraten. Ich habe nun eine Unfallversicherung abgeschlossen. Meine ehemalige Klassenkameradin Alexandra ist letzten Sommer so schwer in den Bergen verunglückt, dass sie ihr ganzes Leben lang mit einer Behinderung leben wird. Jetzt hat sie Schwierigkeiten, überhaupt eine Arbeit zu finden. Für die Unfallfolgen zahlt niemand, denn sie hatte leider keine Unfallversicherung abgeschlossen." „Ja, in solchen Fällen ist es gut, wenn man versichert ist. Man schimpft zwar oft über die Höhe der Beiträge, aber wenn etwas passiert, ist man froh, wenn jemand für den Schaden aufkommt", antwortet Melanie. „Allerdings darf ich gar nicht daran denken, was wir alles an Versicherungsbeiträgen zahlen. Beiträge für die Hausratversicherung, Rechtsschutzversicherung, Haftpflichtversicherung, Unfallversicherung und für eine Risiko-Lebensversicherung müssen aufgebracht werden. Außerdem habe ich für den Fall einer stationären Behandlung im Krankenhaus noch eine private Krankenzusatzversicherung abgeschlossen."

Aufgaben

1. Welchen Sinn haben Versicherungen?
2. Wie kommt ein Versicherungsvertrag zustande?
3. Welche Arten von Privatversicherungen lassen sich unterscheiden?
4. Erläutern Sie anhand von Beispielen, in welchen Fällen der Abschluss einer privaten Krankenversicherung sinnvoll ist.
5. Geben Sie Beispiele für Angebote der privaten Krankenzusatzversicherungen, die gesetzlich Versicherte wählen können.
6. Wer sollte eine Krankenhaus-Tagegeld- und eine Verdienstausfall-Versicherung abschließen?
7. Welchen Sinn hat eine private Unfallversicherung?
8. Nennen Sie Leistungen der privaten Unfallversicherung.
9. Welche Arten von Lebensversicherungen lassen sich unterscheiden?
10. Warum ist der Abschluss einer Berufsunfähigkeitsversicherung wichtig?
11. Welche Sachversicherung sollte eine Zahnmedizinische Fachangestellte abschließen, die nicht mehr bei ihren Eltern, sondern in der eigenen Wohnung lebt?
12. Die Zahnmedizinische Fachangestellte Angelika hat einige Jahre nach der Geburt ihrer Kinder eine Haftpflichtversicherung abgeschlossen. Begründen Sie, warum Angelika gerade im Hinblick auf die Kinder eine solche Vorsorge getroffen hat.
13. Welche Versicherung ist zwingend vorgeschrieben, sobald man ein eigenes Auto fährt?
14. Welche weiteren Absicherungen sind in diesem Fall möglich und sinnvoll?

Jeder Mensch sollte Vorsorge treffen gegen bestimmte Risiken. Beispielsweise ist eine Versicherung gegen die Folgen von Privatunfällen, von Berufsunfähigkeit sowie für den Fall, dass man für einen Schaden haften muss, sinnvoll. Ferner kann über private Versicherungen der staatliche Schutz ergänzt werden, z.B. eine Krankenhauszusatzversicherung (Behandlung als Privatpatient).

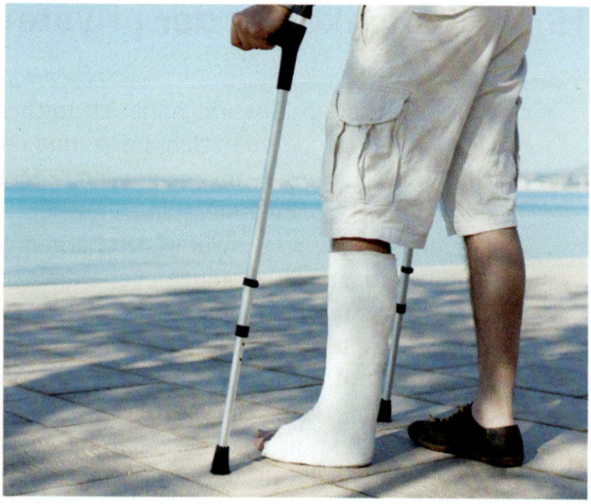

Die Möglichkeiten der privaten Vorsorge sind vielfältig. Aber Vorsicht, oft werden aufgrund von Werbung und über geschickte Vertreter schnell unnötige und teure Versicherungen abgeschlossen.

Bei den Versicherungen (Vertragsversicherungen) entsteht das Versicherungsverhältnis durch einen Vertrag zwischen einem Versicherungsunternehmen und dem Versicherungsnehmer. Der Versicherungsnehmer verpflichtet sich, die vereinbarte Prämie zu zahlen. Der Versicherer zahlt im Versicherungsfall die vereinbarte Leistung. Die vertraglichen Vereinbarungen werden in einer Urkunde, dem Versicherungsschein (Police), festgehalten.

In welchen Bereichen Versicherungen sinnvoll sind
1. Für fast alle Schadenfälle gibt es Versicherungen. Doch die meisten braucht man nicht. Besonders wichtig sind eine private Haftpflicht-, Berufsunfähigkeits- und Unfallversicherung sowie für junge Familien eine Risiko-Lebensversicherung und für Hausbesitzer eine Wohngebäudeversicherung.
2. Für alle weiteren Policen gilt: Sinnvoll sind Versicherungen, wenn sie große finanzielle Risiken abdecken, die im Schadenfall die materielle Existenz bedrohen können; wenn sie vor Risiken schützen, die man trotz vorsichtigen Verhaltens selbst kaum reduzieren kann (Unfälle, Feuer im Haus); wenn sie nicht schon in anderen Versicherungen enthalten sind und wenn sie zum eigenen Verhalten passen. Wer kaum verreist, braucht keinen umfassenden Reiseschutz.
3. Vorsicht bei Versicherungspaketen: Sie enthalten neben passenden Policen auch viele unnötige Versicherungen.
4. Wer überflüssige Versicherungen hat, kann sie normalerweise mit einer Frist von drei Monaten zum Ende der Versicherungsperiode kündigen. Eine Kündigung ist auch bei Beitragserhöhungen und nach einem Schadenfall meist innerhalb von einem Monat möglich.

Die folgende Übersicht zeigt, wie ein Versicherungsvertrag zustande kommt und welche Bereiche bei den Versicherungen unterschieden werden.

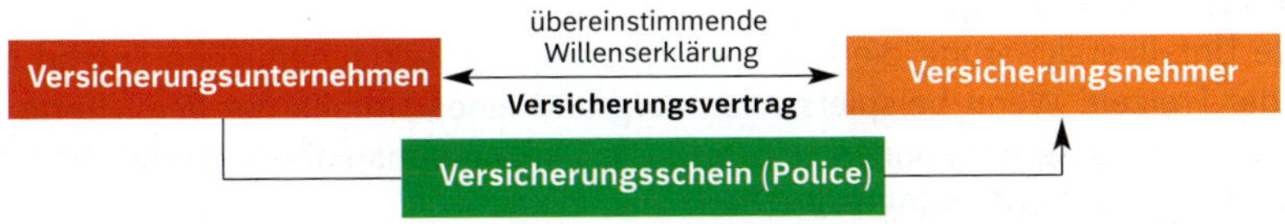

Bei der privaten Vorsorge werden folgende Versicherungsarten unterschieden:

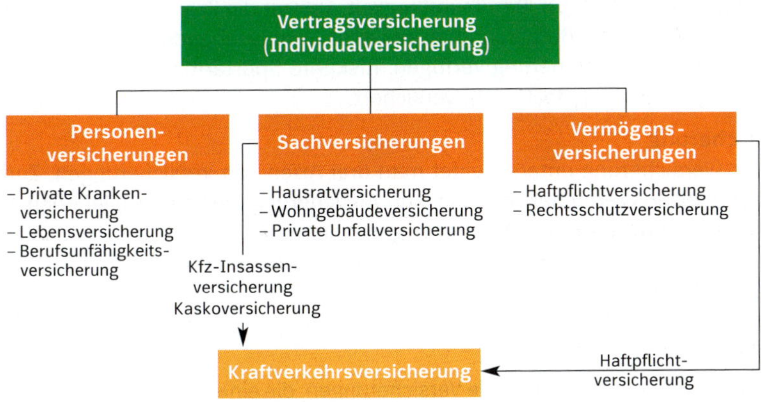

Personenversicherungen sichern Risiken ab, die die Person des Versicherten betreffen. Sachversicherungen dienen dem Ersatz von Sachschäden, die durch einen Versicherungsfall entstanden sind. Vermögensversicherungen übernehmen die Regulierung von berechtigten Haftpflichtforderungen und bei Prozessen für den Versicherungsnehmer die Prozesskosten.

Personenversicherungen

Private Krankenversicherung

Alle Personen, die nicht in der gesetzlichen Krankenversicherung versichert sind, z. B. Selbstständige und Beamte, müssen sich privat versichern. Gesetzlich Versicherte können bei einer privaten Krankenversicherung ihren Versicherungsschutz ergänzen, z. B. im Falle eines Krankenhausaufenthaltes.

Die **Höhe der Beiträge** richtet sich u. a. nach dem Risiko. So spielen das Eintrittalter und der Gesundheitszustand eine Rolle. Versicherte mit Vorerkrankungen müssen Risikozuschläge zahlen. Versicherungsnehmer, die über einen bestimmten Zeitraum keine Versicherungsleistungen in Anspruch genommen haben, erhalten häufig einen Teil der Beiträge zurück (**Beitragsrückerstattung**).

Im Einzelnen unterscheidet man folgende Tarife:

Die **Krankheitskosten-Vollversicherung** erstattet dem Versicherten je nach Tarif die Kosten bei Krankheit, Vorsorgeuntersuchungen, Mutterschaft, Zahnersatz, Heil- und Hilfsmitteln. **Krankheitskosten-Teilversicherungen** dienen u. a. zur Deckung von Zusatzleistungen, die ein Versicherter in einer gesetzlichen Krankenkasse in Anspruch nehmen will. Ein Beispiel hierfür ist die privatärztliche stationäre Behandlung im Fall eines Krankenhausaufenthalts.

Selbstständige und beruflich Tätige ohne Gehaltsfortzahlung im Krankheitsfall können eine **Verdienstausfall-Versicherung** abschließen. Für jeden Tag der Arbeitsunfähigkeit wird dann ein vertraglich vereinbarter Betrag an den Versicherten gezahlt.

Bei einem Urlaub im Ausland bietet sich der Abschluss einer **Auslandsreisekrankenversicherung** an. Diese übernimmt alle Kosten infolge einer Erkrankung im Ausland, gegebenenfalls auch die Kosten für einen Rücktransport. Auch für Versicherte in der gesetzlichen Krankenversicherung ist dieses Angebot sinnvoll, da die Krankenkassen nur die Sätze erstatten, die bei einer Behandlung im Inland entstanden wären. Kosten für einen Rücktransport werden von der gesetzlichen Krankenversicherung grundsätzlich nicht übernommen.

Private Unfallversicherung
Die private Unfallversicherung dient zur Absicherung der wirtschaftlichen Folgen bei einem Unfall in der Freizeit. Wenn beispielsweise aufgrund eines Unfalls der Versicherte nur noch beschränkt arbeitsfähig ist, können teilweise die Einkommenseinbußen über die Leistungen der Unfallversicherung aufgefangen werden.

Welche Versicherung brauche ich bei einem Sportunfall?
Die Behandlungskosten übernehmen grundsätzlich die gesetzlichen Krankenkassen. Für längerfristige Folgen hingegen, z. B. Berufsunfähigkeit, kommt die Krankenkasse nicht auf. Dieses Risiko kann nur durch eine Berufsunfähigkeitsversicherung abgedeckt werden. Alle Sportler sollten über eine Unfallversicherung verfügen. Riskante Sportarten, wie z. B. Drachenfliegen, Bungee-Jumping, sind hier jedoch nicht versichert.

Lebensversicherung
Bei der Lebensversicherung unterscheidet man drei Arten von Versicherungen. Zum einen ist dies die **Risikolebensversicherung**, die zur Absicherung der Hinterbliebenen dient. Zum anderen werden **Kapitallebensversicherungen** angeboten, die oft als Geldanlage genutzt werden. Die Bedingungen und Erträge sind aber jeweils zu überprüfen. Eventuell sind andere Möglichkeiten der Geldanlage attraktiver.

Sachversicherungen

Zu den Sachversicherungen gehören alle Versicherungen, die einen durch einen Schaden entstandenen Verlust an der Einrichtung bzw. der Wohnung oder des Hauses absichern. Wichtige Zweige sind Feuer-, Einbruchdiebstahl-, Leitungswasser-, Sturm- und Glasversicherungen sowie Versicherungen, über die Schäden an technischen Geräten abgesichert werden. Während in der ärztlichen Praxis die oben genannten Versicherungen entweder einzeln oder als Gewerbesachversicherung abgeschlossen werden, bieten die Versicherungsunternehmen für Privathaushalte die **Hausratversicherung** an. Sie sichert gleichzeitig den gesamten Hausrat gegen verschiedene Gefahren, wie Brand, Blitzschlag, Explosion, Einbruchdiebstahl, Beraubung, Leitungswasser, Sturm und Glasbruch ab. Wichtig ist der Abschluss einer Neuwertversicherung, d.h., bei einem Schaden erhält man den Neuwert der beschädigten Sachen ersetzt.

Versicherungsvergleich auf PREISVERGLEICH.de

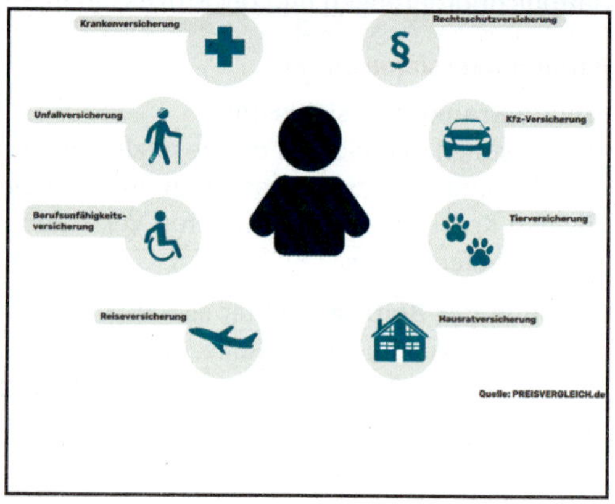

Vermögensversicherungen

Wichtige Vermögensversicherungen sind die Haftpflicht- und die Rechtsschutzversicherung. Die **private Haftpflichtversicherung** ersetzt der versicherten Person die Aufwendungen, die sie für andere Personen leisten muss, weil sie durch ihr Verschulden oder durch ein Verschulden der Mitversicherten (z. B. Partner oder Kinder) zu Schaden gekommen sind. Der Versicherungsschutz erstreckt sich auf Personenschäden wie Tod, Verletzungen oder Gesundheitsschädigungen und Sachschäden. Die **Rechtsschutzversicherung** übernimmt für die Versicherten die erheblichen Kosten, die eine Rechtsberatung und eine Prozessführung nach sich ziehen können. Insbesondere sollten Teilnehmer am Kraftverkehr über eine Rechtsschutzversicherung verfügen.

Kraftverkehrsversicherung

Wer ein Kraftfahrzeug anmeldet, ist gesetzlich verpflichtet, eine **Kfz-Haftpflichtversicherung** abzuschließen. Die Kfz-Haftpflicht kommt für Unfallschäden an beteiligten Fahrzeugen auf, wenn Halter oder Halterin den Unfall selbst verursachen. Weiterhin sind in der Kfz-Haftpflichtversicherung Personen-, Sach- und Vermögensschäden abgedeckt.

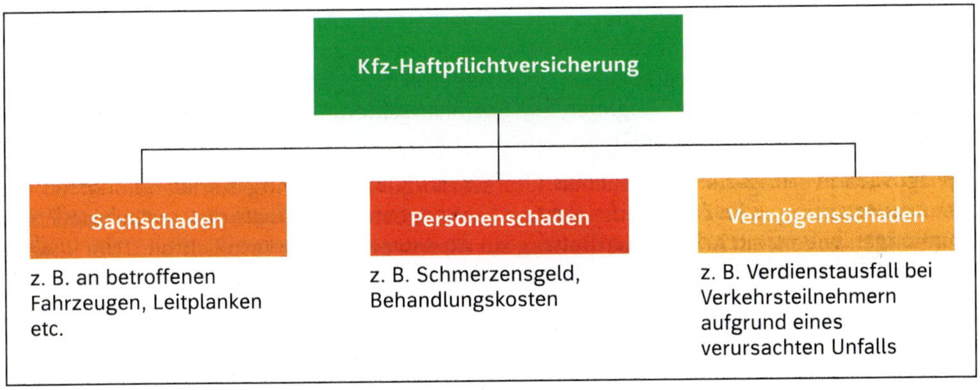

Für Schäden am eigenen Fahrzeug kommt die Kaskoversicherung auf. Hier wird unterschieden zwischen Teilkasko- und Vollkaskoversicherung. Die Teilkaskoversicherung deckt Fahrzeugschäden ab, die durch Brand, Explosion, Diebstahl, Unwetter oder Zusammenstoß mit Wildtieren entstehen. Die Vollkaskoversicherung umfasst zusätzlich die Erstattung von Schäden am eigenen Fahrzeug durch Vandalismus oder Eigenverschulden.

16 Private Alterssicherung

„Die Rente, die wir einmal erhalten, reicht nicht. Sie wird nur ein Existenzminimum abdecken. Dabei werden uns erhebliche Beiträge zur Rentenversicherung abgezogen", stöhnt Sarah. „Ja, wir müssen zusätzlich für eine Alterssicherung sorgen. Es ist daher gut, dass Dr. Heine die im Tarifvertrag zur betrieblichen Altersversorgung und Entgeltumwandlung vorgesehenen 45,00 EUR zur betrieblichen Altersvorsorge zahlt. Zusätzlich zahle ich im Rahmen der Entgeltumwandlung 50,00 EUR von meinem Gehalt für die Alterssicherung. Mit dem hierauf entfallenden Zuschuss von 10,00 EUR von Dr. Heine werden so 105,00 EUR für die betriebliche Altersversorgung zurückgelegt", erwidert Melanie. „Die Beiträge werden in unserem Fall in der Vorsorgeeinrichtung für Gesundheitsberufe (GesundheitsRente) angelegt. Diese Vorsorgeeinrichtung bietet eine auf den Tarifvertrag abgestimmte Anlage zur Altersversorgung an." „Genau so werde ich das auch machen", antwortet Sarah.

Aufgaben

1. Welche Verpflichtungen ergeben sich für einen Zahnarzt als Arbeitgeber aus dem Tarifvertrag zur betrieblichen Altersversorgung und Entgeltumwandlung?
2. Was ist unter Entgeltumwandlung zu verstehen?
3. Zur Entgeltumwandlung muss eine Arbeitgeberin einen Zuschuss zahlen. Wie wird die Zahlung für diesen Zuschuss begründet?
4. Welche Möglichkeit hat eine ZFA, die einen nicht tarifgebundenen Arbeitsvertrag hat, trotzdem für ihre private Altersversorgung zu sparen?

Die Beiträge zur betrieblichen Altersvorsorge werden vom Arbeitgeber bzw. der Arbeitgeberin einbehalten und an die entsprechende Einrichtung zur Altersvorsorge überwiesen. Die Beiträge sind steuer- und sozialversicherungsfrei, d. h., sie werden bei der Berechnung der Lohnsteuer und bei den Abgaben zur Sozialversicherung nicht berücksichtigt. (siehe Kapitel 17: „Gehaltsabrechnung")

Mit dem „Tarifvertrag zur betrieblichen Altersversorgung und Entgeltumwandlung" ist für alle Arbeitsverträge von Zahnmedizinischen Fachangestellten, für die die tarifvertraglichen Regelungen gelten, ein **Arbeitgeberbeitrag zur Altersversorgung** verpflichtend. Der jeweils aktuelle Beitrag kann im Internet abgerufen werden.

Die Beiträge zur betrieblichen Altersversorgung werden so angelegt, dass die Zahnmedizinischen Fachangestellten im Alter eine monatliche Zusatzrente erhalten.

Zusätzlich zum Arbeitgeberbeitrag kann die Zahnmedizinische Fachangestellte durch Entgeltumwandlung einen eigenen Beitrag zur Alterssicherung leisten. Der Arbeitnehmer verzichtet bei einer Entgeltumwandlung auf einen Teil seines Bruttogehaltes. Da Beiträge zur privaten Altersvorsorge steuer- und sozialversicherungsfrei sind, mindert sich das sozialversicherungspflichtige Einkommen um den Beitrag des Arbeitnehmers. Im Beispiel leistet Sarah einen Beitrag von 50,00 EUR.

Der **Arbeitgeberzuschuss**, den der Zahnarzt bei Geltung des Tarifvertrages zu diesem Betrag übernehmen muss, beträgt 20 %. Im Beispiel hat Dr. Heine somit 10,00 EUR zusätzlich für die Alterssicherung zu zahlen. Dieser Zuschuss ist ein Ausgleich für die eingesparten Sozialversicherungsbeiträge des Arbeitgebers. Auch für ihn mindern sich diese Beiträge, da sich das sozialversicherungspflichtige Einkommen um den Betrag der Entgeltumwandlung vermindert (siehe die folgende Gehaltsabrechnung).

Hat eine ZFA einen Arbeitsvertrag abgeschlossen, für den die tariflichen Bestimmungen nicht gelten (**Arbeitsvertrag ohne Tarifbindung**), kann sie nur durch Entgeltumwandlung für ihre private Altersversorgung sparen. Der Anspruch auf Altersvorsorge durch Entgeltumwandlung ist gesetzlich festgelegt. Der Arbeitgeber muss in diesem Fall einen Zuschuss von 15 % zahlen.

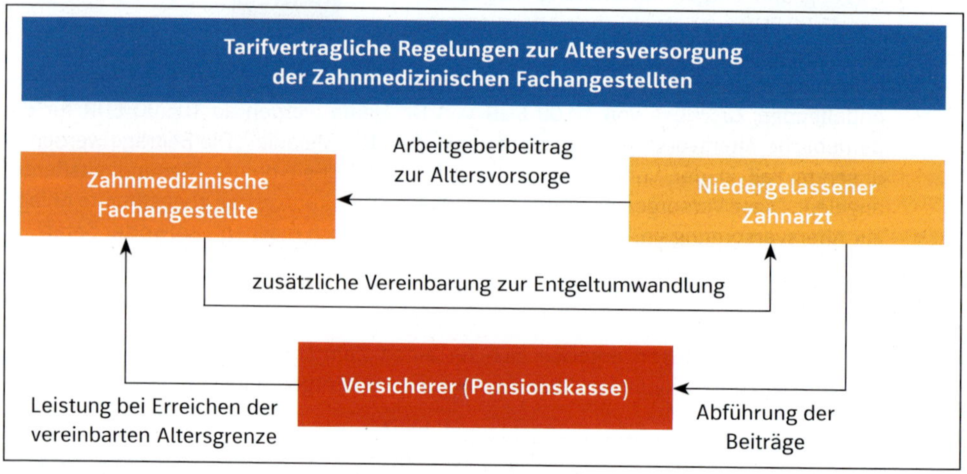

Für die Anlage der Gelder zur betrieblichen Altersvorsorge gibt es unterschiedliche Möglichkeiten. Im Tarifvertrag ist Folgendes geregelt:

Der Arbeitgeber bietet der Zahnmedizinischen Fachangestellten die Durchführung der betrieblichen Altersvorsorge (Arbeitgeberbeitrag zur betrieblichen Altersversorgung sowie Entgeltumwandlung und Arbeitgeberzuschuss) durch eine Pensionskasse oder Direktversicherung an.

In der Protokollnotiz zum Tarifvertrag zur betrieblichen Altersvorsorge heißt es:

Die Umsetzbarkeit des Tarifvertrages zur betrieblichen Altersversorgung und Entgeltumwandlung ist in Bezug auf die Höhe des monatlichen Arbeitgeberbeitrages mit der „Vorsorgeeinrichtung für Gesundheitsberufe" (GesundheitRente) abgestimmt.

Das bedeutet, die Zahnärztin oder der Zahnarzt kann eine von ihr/ihm gewählte Pensionskasse bzw. Direktversicherung vorschlagen oder die Vorsorgeeinrichtung für Gesundheitsberufe für die betriebliche Altersversorgung nutzen. Die Beiträge werden in jedem Fall in einer sogenannten Pensionskasse angelegt. Arbeitnehmer haben aufgrund ihrer Beiträge einen Rechtsanspruch auf die vereinbarte betriebliche Altersversorgung. Entsprechend der Höhe der Beiträge, die über viele Jahre gezahlt werden, übernimmt die Pensionskasse ab einem vereinbarten Alter die Zahlung der Betriebsrente.

Wechseln Zahnmedizinische Fachangestellte den Arbeitgeber, sollten sie bei Abschluss des Arbeitsvertrages darauf achten, dass die betriebliche Altersvorsorge fortgeführt wird. Geben sie ihre Berufstätigkeit auf, bleiben alle durch die bisherigen Beiträge erworbenen Ansprüche bestehen (**sofortige Unverfallbarkeit**).

Neben den tarifvertraglichen Regelungen gibt es weitere staatlich geförderte Formen der privaten Alterssicherung, z. B. die Riester-Rente. Vor dem Abschluss von Verträgen zur privaten Alterssicherung sollte eine umfassende, neutrale Beratung stattfinden.

17 Gehaltsabrechnung

Sarah: „Warum muss ich bei meinem Ausbildungsgehalt von 965,00 EUR noch so viel an Abzügen zahlen?" „Die Absicherung, die wir alle über die Sozialversicherung erhalten, ist nun mal nicht umsonst zu haben. Immerhin zahlst du nur Sozialversicherungsbeiträge. Ich muss zusätzlich noch Lohnsteuer und Kirchensteuer zahlen. Die Abzüge machen ungefähr ein Drittel des Gehaltes aus", entgegnet Melanie. „Trotzdem steht in meiner Abrechnung, dass ich die Steuerklasse I habe, obwohl ich keine Steuern zahle", sagt Sarah. „Ja, die Steuerklasse wird immer vermerkt. Du hast die Steuerklasse I, weil du nicht verheiratet bist. Ich habe dagegen die Steuerklasse IV."

Aufgaben

1. Welche Abzüge vom Gehalt fallen bei der Gehaltsabrechnung an?
2. Welche Abzüge dienen der Finanzierung staatlicher Aufgaben wie Straßenbau, Schulen usw.?
3. Wovon hängt die Höhe der einbehaltenen Lohnsteuer ab?
4. Geben Sie Beispiele für kirchliche Gemeinschaften, die berechtigt sind, von ihren Mitgliedern Kirchensteuern einzuziehen.
5. Überprüfen Sie bei den beiden folgenden Gehaltsabrechnungen die Beiträge zur Sozialversicherung.
   (Sarah und Melanie erhalten die tariflich festgelegten Beiträge von 45,00 EUR zur betrieblichen Altersvorsorge. Sie tragen beide durch Entgeltumwandlung einen zusätzlichen eigenen Betrag von 50,00 EUR zur Altersversorgung. Hierauf zahlt der Arbeitgeber einen Zuschuss von 20 %. – (siehe hierzu Kapitel 16, Seite 106)

Beispiel: Gehaltsabrechnung Sarah (19 Jahre alt, kinderlos)

Bruttogehalt	*965,00 EUR*
+ Arbeitgeberbeitrag betriebliche Altersvorsorge	*45,00 EUR*
+ Arbeitgeberzuschuss zur Entgeltumwandlung	*10,00 EUR*
Bruttogehalt mit AG-Anteil betriebl. Altersvorsorge	*1.020,00 EUR*
– AG-Anteil betriebliche Altersvorsorge	*55,00 EUR*
– Entgeltumwandlung (Altersvorsorge Arbeitnehmer)	*50,00 EUR*
Sozial- und steuerpflichtiges Bruttogehalt	*915,00 EUR*
– Rentenversicherung (18,6 %)	*85,10 EUR*
– Arbeitslosenversicherung (2,6 %)	*11,90 EUR*
– Krankenversicherung (14,6 % + 1,3 %)	*72,74 EUR*
– Pflegeversicherung (3,4 %)	*15,56 EUR*
– Lohnsteuer (Steuerklasse 1)	*0,00 EUR*
– Kirchensteuer	*0,00 EUR*
Nettogehalt	***729,70** EUR*

Beispiel: Gehaltsabrechnung Melanie (25 Jahre alt, kinderlos)

Bruttogehalt	*2.437,78 EUR*
+ Arbeitgeberbeitrag betriebliche Altersvorsorge	*45,00 EUR*
+ Arbeitgeberzuschuss zur Entgeltumwandlung	*10,00 EUR*
Bruttogehalt mit AG-Anteil betriebl. Altersvorsorge	*2.492,78 EUR*
– AG-Anteil betriebliche Altersvorsorge	*55,00 EUR*
– Entgeltumwandlung (Altersvorsorge Arbeitnehmer)	*50,00 EUR*
Sozial- und steuerpflichtiges Bruttogehalt	*2.387,78 EUR*
– Rentenversicherung (18,6 %)	*222,06 EUR*
– Arbeitslosenversicherung (2,6 %)	*31,04 EUR*
– Krankenversicherung (14,6 % + 1,3 %)	*189,83 EUR*
– Pflegeversicherung (3,4 % + 0,6 % Zuschlag)	*54,92 EUR*
– Lohnsteuer (Steuerklasse 4)	*186,16 EUR*
– Kirchensteuer	*16,75 EUR*
Nettogehalt	***1.687,02** EUR*

Vom monatlichen Bruttogehalt behält der Arbeitgeber die Lohnsteuer und die Kirchensteuer ein und führt diese an das Finanzamt ab. Die **Höhe der Lohnsteuer** ist abhängig von der **Höhe des Bruttoverdienstes** und von der **Lohnsteuerklasse**. Diese berücksichtigt die vorgesehenen Vergünstigungen, die insbesondere Familien mit Kindern gewährt werden. So kann es sein, dass ein verheirateter Arbeitnehmer bei gleichem Verdienst weniger Steuern als ein lediger zahlt.

Folgende Steuerklassen werden unterschieden:

Steuerklasse	Arbeitnehmergruppe
I	▪ ledig ▪ verheiratet mit im Ausland lebendem Ehegatten oder dauernd getrennt lebend ▪ in eingetragener Lebenspartnerschaft lebend ▪ verwitwet oder geschieden ▪ die Voraussetzungen für Lohnsteuerklasse III oder Lohnsteuerklasse IV werden nicht erfüllt

Steuerklasse	Arbeitnehmergruppe
II	▪ alleinerziehend und es liegen die Voraussetzungen für Lohnsteuerklasse I vor ▪ mindestens ein Kind muss in der Wohnung gemeldet sein
III	▪ verheiratet, nicht dauerhaft getrennt lebend ▪ der Ehegatte ist nicht berufstätig ▪ beide Ehegatten sind berufstätig und Steuerklassenkombination III-V wurde gewählt
IV	▪ verheiratet, nicht dauerhaft getrennt lebend ▪ beide Ehegatten sind berufstätig
V	▪ verheiratet, nicht dauerhaft getrennt lebend ▪ beide Ehegatten sind berufstätig und Steuerklassenkombination III-V wurde gewählt.
VI	▪ es bestehen mehrere Arbeitsverhältnisse ▪ die Lohnsteuerkarte wurde beim aktuellen Arbeitgeber nicht abgegeben

Um die Lohnsteuer und die Kirchensteuer korrekt zu berechnen, benötigt der Arbeitgeber die steuerrelevanten Informationen. Er muss die sogenannten Lohnsteuerabzugsmerkmale von seinen Beschäftigten kennen, wie zum Beispiel die Steuerklasse oder die Höhe bestimmter Freibeträge. Diese Informationen werden von der Finanzverwaltung digital dem Arbeitgeber übermittelt.

Nach Ablauf eines Jahres erhält der Arbeitnehmer einen Ausdruck der elektronischen Lohnsteuerbescheinigung mit allen Daten, die der Arbeitgeber dem Finanzamt übermittelt hat.

Auf dieser sind u. a. der Jahresbruttolohn, die einbehaltenen Steuern und die Sozialversicherungsbeiträge eingetragen. Er benötigt diese Daten für die Abgabe einer Einkommensteuererklärung. Diese Einkommensteuererklärung ist beispielsweise verpflichtend für Arbeitnehmer, die noch weitere Einkünfte, z. B. aus einer vermieteten Eigentumswohnung haben. Ein Arbeitnehmer sollte sie freiwillig durchführen, wenn zu erwarten ist, dass er einen Teil der einbehaltenen Steuern erstattet bekommt, z. B. wenn er aufgrund der Entfernung der Wohnung zur Arbeitsstätte hohe Werbungskosten für die Fahrten geltend machen kann.

Kirchensteuer zahlen Arbeitnehmer, wenn sie Mitglied in einer Religionsgemeinschaft sind, die aufgrund gesetzlicher Bestimmungen befugt ist, entsprechende Beiträge zu erheben.

Weiterhin werden vom Lohn die **Beiträge** des Arbeitnehmers **zur Sozialversicherung** einbehalten. Die jeweils aktuell gültigen Beitragssätze können im Internet nachgesehen werden.

18 Kommunikationstechniken

„Heute ist in der Praxis wieder mal die Hölle los“, stöhnt Melanie. „Das Telefon steht überhaupt nicht still und jede Menge E-Mails kommen an.“ Sarah nickt. „Ja, ganz schön hektisch heute! Ich habe zwischenzeitlich sogar am Empfang ausgeholfen, da ihr ja kaum Zeit hattet, die Patienten anzunehmen. Jetzt sollen noch Gutachten per E-Mail versandt werden und für Dr. Heine soll ich noch die Tagungsunterlagen für den Kongress in Heidelberg aus dem Internet abrufen und ausdrucken.“

Aufgaben

1. Erläutern Sie, wie mithilfe von technischen Hilfsmitteln die praxisinterne Kommunikation über größere Entfernungen erleichtert wird.
2. Was versteht man unter Telekommunikation?
3. Erläutern Sie die wichtigen Endgeräte, die eine Zahnarztpraxis für die Wahrnehmung der Telekommunikationsdienste benötigt.
4. Wie lassen sich Kosten der Telekommunikation senken?

18.1 Kommunikationstechniken für den praxisinternen Informationsaustausch

In einer Zahnarztpraxis sind vielfältige Informationen auszutauschen. Weiterhin muss die Praxis über das Telefon für Patientinnen und Patienten erreichbar sein. In beiden Fällen werden entsprechende Geräte eingesetzt, die den Austausch von Informationen über größere Entfernungen ermöglichen.

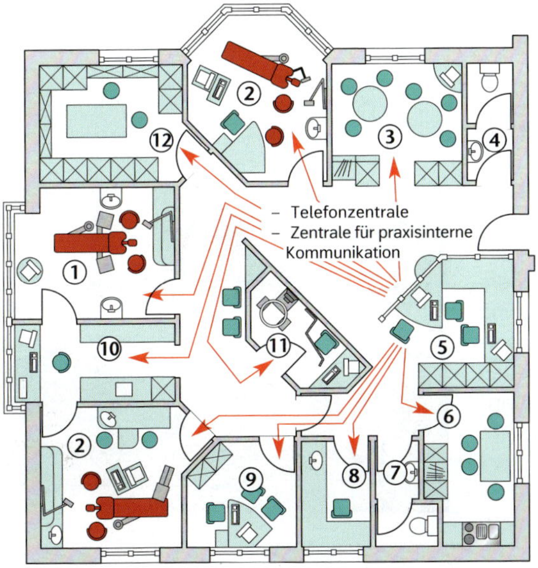

(1) Prophylaxeraum
(2) Behandlungsraum
(3) Wartezimmer
(4) Patienten-WC
(5) Anmeldung
(6) Personalraum
(7) Personal-WC
(8) Praxislabor
(9) Büro
(10) Hygienebereich
(11) Röntgenraum
(12) Lagerraum

Die Patienten und Patientinnen müssen vom Wartezimmer in die entsprechenden Behandlungsbereiche der Praxis gerufen werden. Ferner muss ein schneller Informationsaustausch des Personals untereinander und mit dem Zahnarzt/der Zahnärztin möglich sein. Für die **praxisinterne Kommunikation** können eingesetzt werden:

Lautsprechanlagen

Lautsprechanlagen ermöglichen beispielsweise Durchsagen vom Praxisempfang oder aus dem Behandlungsbereich in das Wartezimmer. Man spricht hier von einer einseitigen Kommunikation. Nachrichten werden nur in eine Richtung übermittelt.

Sprechanlagen

Eine Sprechanlage ermöglicht den Austausch von Informationen innerhalb der Praxis. Man unterscheidet zwei Formen:

Bei einer **Wechselsprechanlage** kann, während ein Teilnehmer spricht, der andere nur die Nachricht empfangen. Will er antworten, muss er erst auf „Senden" umschalten. Bei einer **Gegensprechanlage** können die Teilnehmer nach Belieben sprechen und direkt antworten.

Nebenstellenanlagen des Telefons
Für die praxisinterne Kommunikation können auch die Nebenstellen des Telefons genutzt werden. In diesem Fall ist die praxisinterne Nebenstellennummer des jeweiligen Apparates der Praxis zu wählen.

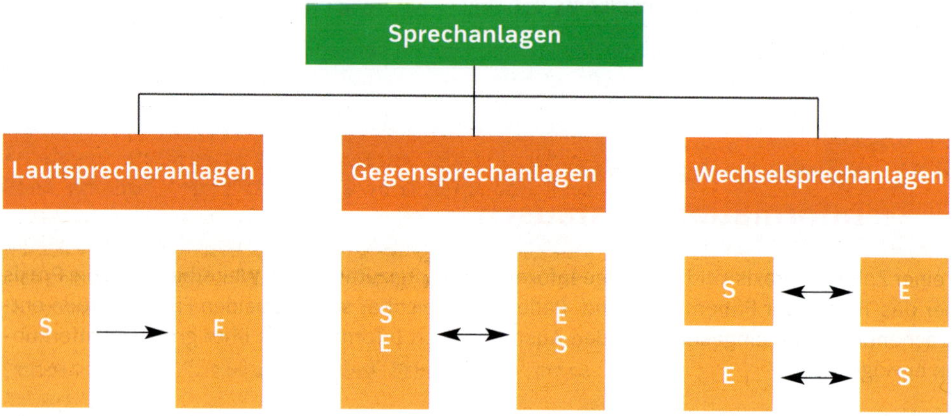

S = Sender, E = Empfänger

18.2 Telekommunikation

Die Zahnarztpraxis muss für den Patienten und die Patientin während der Sprechstunden jederzeit telefonisch erreichbar sein. Um Patienten das sichere Gefühl guter Betreuung zu geben, sind die Erreichbarkeit sowie die rasche Erledigung telefonisch vorgebrachter Anliegen besonders wichtig. Hierzu bedarf es moderner Telekommunikationsanlagen.

Telefonanlage

Der Austausch von Informationen über das Telefon ist in der Zahnarztpraxis immer noch sehr umfangreich. Es werden daneben zunehmend Geräte genutzt, mit deren Hilfe man Texte, Daten und Bilder übermitteln und empfangen kann. Über folgende Geräte verfügen typischerweise die Zahnarztpraxen:

Telefonsystem	Mobiltelefon	Internetanschluss

Wichtig ist, dass die **Erreichbarkeit der Praxis** gewährleistet ist. Hat eine Mitarbeiterin in einer Ausnahmesituation einen Anruf in der Praxis einmal nicht angenommen, speichern moderne Telekommunikationsanlagen die Telefonnummer und weitere Daten des Anrufers. So kann man gegebenenfalls zurückrufen. In vielen Praxen schaltet sich nach mehrmaligem Klingeln oder wenn im Patientenempfang die Telefone der Zentrale besetzt sind, eine Banddurchsage zu. Der Patient wird um Geduld gebeten. Weiterhin folgt ein Hinweis, dass eine Vermittlung erfolgt, sobald eine Leitung frei ist. Manche Praxen bieten dem Patienten direkt ein sogenanntes Wahlmenü, bei der der Patient z. B. mit seiner Telefontastatur wählen kann zwischen

- #1 Informationsansage zu Sprechzeiten und Erreichbarkeit
- #2 Anforderung eines Rezepts oder einer Überweisung

Für eine schnellere Abwicklung der Verwaltungsabläufe sorgt die **Einbindung des Computers in das Telekommunikationssystem.** Das Wählen einer Telefonnummer erfolgt durch Mausklick am Bildschirm. Bei einem Anruf erkennt das System gespeicherte Anrufer. Ruft ein Stammpatient an, werden zu Beginn des Gesprächs die Stamm- und Bewegungsdaten auf dem Bildschirm angezeigt. Um eine sichere Erreichbarkeit des Zahnarztes/der Zahnärztin, z. B. während seiner Abwesenheit bei Hausbesuchen zu gewährleisten, lassen sich Anrufe automatisch auf sein Mobiltelefon weiterschalten.

Eine weitere Beschleunigung und Vereinfachung der Arbeitsabläufe bietet der **Internetanschluss**. Schriftliche Informationen und Dokumente können schnell über für Zahnarztpraxen besonders gesicherte E-Mail-Verbindungen übermittelt werden. Mittlerweile ist das Internet in den meisten Praxen umfassend in die Praxisverwaltung eingebunden. Internetbanking, Austausch von Daten mit dem Labor und Onlineeinkauf von Praxisbedarf sind Beispiele für eine rationale Praxisverwaltung.

Das Telefon in der Praxis ist häufig eine Quelle des Vertrauensbruches. Alle Mitarbeiterinnen und Mitarbeiter müssen sich immer bewusst sein: **Das Patientengeheimnis gilt auch bei der Nutzung des Telekommunikationssystems**. Bei vertraulichen Telefonaten muss sichergestellt sein, dass niemand mithören kann. Gerade am Patientenempfang sind Telefongespräche so zu führen, dass selbst bei einem zufälligen Mithören keine Rückschlüsse auf den anrufenden Patienten möglich sind. Diskretionszonen und eventuell bauliche Maßnahmen können dazu beitragen, ein Mithören zu erschweren bzw. zu verhindern.

Die Sicherung aller Daten gegenüber Unberechtigten gelten auch bei der Nutzung des Internets. Ein Zugriff auf Patientendaten durch Unbefugte ist unbedingt zu verhindern. Der Zugang zum Computersystem in der Praxis wird üblicherweise erst nach Eingabe eines Passwortes möglich. Bildschirme sind so aufzustellen, dass Patienten keine Einsicht haben. Wird das Computersystem über einen bestimmten Zeitraum nicht genutzt, schaltet sich automatisch ein Bildschirmschoner ein. Bei der Nutzung des Internets muss über ein stets aktualisiertes Sicherungsprogramm (Firewall) sichergestellt sein, dass ein Zugriff von Internetnutzern außerhalb der Praxis auf die gespeicherten Daten nicht möglich ist. E-Mails mit Patientendaten dürfen nur verschlüsselt versendet werden.

Maßnahmen am Patientenempfang	Maßnahmen im Computersystem	Maßnahmen im Internet
– Diskretionszone – bauliche Maßnahmen (z. B. eigener Raum für vertrauliche Telefongespräche)	– keine Einsichtsmöglichkeit auf Bildschirme für Patienten – Zuschaltung von Bildschirmschonern nach einer vorgegebenen Zeit – Zugangssicherung durch Passwort	– Sicherungsprogramme (Firewall) lassen einen Zugriff auf Daten über andere Computersysteme nicht zu – Das Computersystem ist über ein stets aktuelles Antivirenprogramm vor Computerviren geschützt – Verschlüsselung der Daten bei Versand von Patientendaten

Die **Kommunikation mit Patientinnen und Patienten** über das Telefon hat entscheidenden Einfluss auf den Patientenzuspruch. Sie ist ein **Teil des Praxismarketings**. Oberstes Gebot ist die Erreichbarkeit der Praxis. Weiterhin sind bestimmte Grundregeln zu beachten, wie

- die einheitliche Begrüßung des Anrufers mit Nennung des Praxisnamens und dem Namen des Mitarbeiters;
- die Verwendung möglichst positiver Formulierungen;
- die Namensansprache des Patienten (ideales Mittel um eine Brücke zum Gesprächspartner zu bauen, aber Vorsicht, der Datenschutz muss gewährleistet sein);
- Höflichkeit und Freundlichkeit.

Angesichts stets steigender Praxiskosten muss man die **Kosten für die Telekommunikation** stets im Blick halten. Ein möglichst kostengünstiger Anbieter sollte gewählt werden. Gewährleistet sein muss aber die Zuverlässigkeit der angebotenen Dienstleistungen. Die meisten Telekommunikationsunternehmen bieten Flatrates an. Pro Monat wird ein Pauschaltarif in Rechnung gestellt. Dieser Tarif beschränkt sich auf bestimmte Dienstleistungen, wie Gespräche über das Festnetz im Inland, Nutzung des Internets und Anrufe zu Mobiltelefonen, die das Netz dieses Anbieters nutzen. Darüber hinaus gehende Leistungen sind kostenpflichtig.

Kommunikation im Medizinwesen (KIM)

Der Austausch von Dokumenten zwischen Einrichtungen und Personen, die im Gesundheitswesen tätig sind, z. B. zwischen Zahnärzten, Ärzten, Krankenhäusern, Zahnärztekammern usw., bedarf besonderer Sicherheitsstandards. Es muss absolut sichergestellt sein, dass die Daten nicht von Dritten mitgelesen, manipuliert oder missbraucht werden können. Aus diesem Grunde sind Ärzte und Zahnärzte verpflichtet, KIM zu nutzen. Dieser Dienst basiert auf einem sicheren E-Mail-Verfahren. Mit diesem Dienst wird garantiert, dass der Austausch der sehr sensiblen Daten über eine spezielle Telematikinfrastruktur absolut sicher ist.

Die mithilfe dieser Hardware vorgenommene Verschlüsselung macht ein unberechtigtes Mitlesen unmöglich:

- KIM-Nachrichten können nicht unbemerkt manipuliert werden.
- Der Empfänger einer Nachricht kann sicher sein, dass der Absender einer Nachricht immer übereinstimmt mit dem Absender, der in der Nachricht angegeben ist.
- Die Identitäten der KIM-Teilnehmer sind geprüft und bestätigt.

KIM funktioniert wie ein E-Mail-Programm. Im Vergleich zu herkömmlichen E-Mail-Programmen wird durch KIM jedes Dokument verschlüsselt und erst beim Empfänger wieder entschlüsselt. Diese Ende-zu-Ende-Verschlüsselung sorgt für den notwendigen Schutz der Dokumente. Die Identität aller Teilnehmer ist bestätigt und in einem Verzeichnisdienst der Telematikinfrastruktur hinterlegt. Somit liegt eine Art von zentralem Adressbuch für das Gesundheitswesen vor.

Seit 2022 sind Vertragsärzte und Vertragszahnärzte dazu verpflichtet, die Arbeitsunfähigkeitsbescheinigung mit dem medizinischen Kommunikationsdienst KIM elektronisch an Krankenkassen zu übermitteln. Befunde, Arztbriefe, Heil- und Kostenpläne sowie Abrechnungen sollen folgen. Für die Anbindung der Zahnarztpraxen an KIM können entsprechend spezialisierte Anbieter beauftragt werden.

Lernfeld 2: Patienten empfangen und begleiten

1 Praxismarketing

„Toll, dass die Informationsbroschüre über unsere Zahnarztpraxis so angenommen wird", meint Sarah. „Ja, ich bin auch positiv überrascht. Hinzu kommt, dass viele Fragen, z. B. zu Sprechzeiten und Terminen oder besonderen Untersuchungen nun entfallen, weil die Patienten diese Informationen der Broschüre entnehmen können. Nur mein Foto ist nicht so gelungen", antwortet Melanie. „Das finde ich nicht. Mir gefällt es, wie die gesamte Broschüre. Sie passt zu unserer Internetseite. Durchgehend hat sie die gleichen Farben und das gleiche Logo. Dies haben wir jetzt auch auf jeder Visitenkarte, auf jedem Briefbogen und auf jeder Patienteninformation. Es fehlt nur noch die Praxiskleidung in diesen Farben." „Warum eigentlich nicht? Zumindest hast du schon ein gleichfarbiges Namensschild mit dem Logo", meint Melanie.

Aufgaben

1. Welche Maßnahmen des Praxismarketings setzt eine Zahnarztpraxis ein, um in der Öffentlichkeit und von Patientinnen und Patienten positiv wahrgenommen zu werden?
2. Wodurch unterscheiden sich internes, externes und mediales Praxismarketing?
3. Erläutern Sie kurz, welche Anforderungen an die Internetseite einer Praxis zu stellen sind. Prüfen Sie anhand der Internetseite einer Praxis, ob diese den gestellten Anforderungen gerecht wird.
4. Die Musterberufsordnung für Ärzte und Zahnärzte erlaubt eine sachgerechte und angemessene Information der Patienten im Rahmen des Marketings. Listen Sie in einer Übersicht auf, worüber ein Zahnarzt oder eine Zahnärztin beim Praxismarketing informieren darf und was als berufswidrige Werbung verboten ist.

Durch Praxismarketing soll die Zahnarztpraxis im Wettbewerb mit anderen Praxen positiv wahrgenommen werden. So sollen Patienten immer wieder die Zahnarztpraxis aufsuchen (Patientenbindung). Noch besser ist, wenn durch Praxismarketing neue Patienten hinzugewonnen werden. Die Bindung von Patienten an die Zahnarztpraxis und das Hinzugewinnen neuer Patienten beginnt mit den Maßnahmen des **internen Praxismarketings**. Sie richten sich nicht direkt an die Patienten. Hierzu gehören folgende Maßnahmen:

- Qualitätsmanagement
- Art der Praxisausstattung
- Fortbildungen von Zahnärztin und Zahnarzt sowie der Mitarbeitenden
- Mitarbeiterführung

- Mitarbeitermotivation
- Teamentwicklung
- Servicedenken der Praxismitarbeitenden

Im einem weiteren Bereich, dem **externen Praxismarketing,** richten sich die Marketingmaßnahmen an die Patienten und an die Öffentlichkeit. Sie haben zusätzlich das Ziel, das Bild der Zahnarztpraxis in der Öffentlichkeit zu pflegen. Hierzu gehören u. a.:

- Pressearbeit
- Öffentlichkeitsarbeit
- Praxisinformationen mit der Darstellung von speziellen Angeboten und Behandkungskonzepten
- einheitliches Erscheinungsbild durch ein Corporate Design

Ein Schwerpunkt des externen Praxismarketings ist die einheitliche Außendarstellung. Die Zahnarztpraxis, alle Praxisbroschüren und praxisinternen Vordrucke, wie Terminzettel und Visitenkarten, die Briefbögen usw. haben ein einheitliches Erscheinungsbild. Im Praxismarketing bezeichnet man dies als ein praxisspezifisches Design (Corporate Design). Es steigert den Wiedererkennungswert der Zahnarztpraxis.

Ein weiterer Bereich, das **mediale Praxismarketing**, beinhaltet die Nutzung verschiedener Medien, um über den Zahnarzt und seine Praxis zu informieren. Hierzu gehören u. a. gedruckte Medien, aber auch digitale Medien wie die Internetseite der Zahnarztpraxis. Beispiele für mediales Praxismarketing:

- Veröffentlichung von Praxisinformationen in Printmedien wie Zeitungen und Broschüren,
- Darstellung der Zahnarztpraxis durch eine Praxis-Homepage, Einträge in Zahnärzteverzeichnissen im Internet und in anderen Medien,
- Informationen an Patienten mithilfe moderner Medien, wie z. B. SMS, E-Mail und soziale Netzwerk.

Erfolgreiches Praxismarketing ist nur zu erreichen, wenn eine Zahnarztpraxis einen unverwechselbaren Gesamteindruck, eine Corporate Identity entwickelt. Die Corporate Identity beinhaltet drei große Bereiche: Corporate Behaviour, Corporate Communication und Corporate Design.

- Als **Corporate Behaviour** bezeichnet man die einheitlichen Verhaltensregeln nach außen, an die sich alle Mitglieder des Praxisteams halten. Bei jedem Außenkontakt wird so ein positives und unverwechselbares Bild der Zahnarztpraxis vermittelt.
- Die **Corporate Communication** umfasst die Kommunikation des Praxisteams nach außen und nach innen. Nach außen sollten alle Teammitglieder unbedingt mit einer Stimme sprechen und sich an feste Sprachregelungen, zum Beispiel bei der Terminvergabe, halten. Intern ist es wichtig, dass alle Teammitglieder regelmäßig auf den aktuellen Wissensstand gebracht werden. Nur so ist eine einheitliche Kommunikation möglich.
- Das **Corporate Design** wurde als Schwerpunkt des externen Praxismarketings bereits angesprochen. Es bezieht sich auf das einheitliche optische Erscheinungsbild der Praxis. Durch das Corporate Design wird eine Praxis unverwechselbar.

Einen besonderen Stellenwert hat die Nutzung des Internets. Die Suche nach beispielsweise Informationen zu Behandlungsmethoden, zum Zahnersatz, regelmäßiger Prophylaxe erfolgt zunehmend über das Internet. Auch über Zahnärzte und Zahnärztinnen, das Angebot der Praxen und Bewertung der Praxen werden Auskünfte im Internet gesucht. Es ist daher für niedergelassene Zahnärzte unverzichtbar, über eine eigene Praxishomepage zu verfügen.

Eine gute Internetpräsentation muss folgende Anforderungen berücksichtigen:

- Die Präsentation im Internet muss Teil eines Gesamtkonzepts zum Praxismarketing sein. Erscheinungsbild, Aussagen und Informationen müssen abgestimmt sein mit den gedruckten Patienteninformationen und übrigen Praxisdrucksachen.
- Die Internetseiten müssen professionell gestaltet und benutzerfreundlich sein. Sie werden bewertet aufgrund des Gesamtbildes und welchen Nutzen sie für den Patienten und die Patientinnen haben.
- Die Internetseite ist auf die Patientengruppe abzustimmen, die erreicht werden soll. Informationen zu den allgemein üblichen Behandlungen reichen nicht. Vorsorge, das Behandlungsspektrum und neue Möglichkeiten ästhetischer Füllungen und des Zahnersatzes sind u. a. Punkte, die eine Internetseite enthalten sollte.

Zu den Inhalten der Internetseite und der Informationsschriften sind umfassende rechtliche Vorschriften zu beachten. Grundlegend für das ärztliche Werberecht ist die Musterberufsordnung für Zahnärzte (MBO) der Bundeszahnärztekammer. Es wird ausdrücklich die „sachgerechte und angemessene Information“ der Patienten gestattet. Diese grenzt sich ab von jeglicher berufswidriger Werbung.

§ 21 Information

(1) Dem Zahnarzt sind sachliche Informationen über seine Berufstätigkeit gestattet. Berufswidrige Werbung ist dem Zahnarzt untersagt. Berufswidrig ist insbesondere eine anpreisende, irreführende, herabsetzende oder vergleichende Werbung. Der Zahnarzt darf eine berufswidrige Werbung durch Dritte weder veranlassen noch dulden und hat dem entgegenzuwirken.

(2) Der Zahnarzt darf auf besondere, personenbezogene Kenntnisse und Fertigkeiten in der Zahn-, Mund- und Kieferheilkunde hinweisen. Hinweise nach Satz 1 sind unzulässig, soweit sie die Gefahr einer Verwechslung mit Fachgebietsbezeichnungen begründen oder sonst irreführend sind.

(3) Der Zahnarzt, der eine nicht nur vorübergehende belegzahnärztliche oder konsiliarische Tätigkeit ausübt, darf auf diese Tätigkeit hinweisen.

(4) Es ist dem Zahnarzt untersagt, seine zahnärztliche Berufsbezeichnung für gewerbliche Zwecke zu verwenden oder ihre Verwendung für gewerbliche Zwecke zu gestatten.

(5) Eine Einzelpraxis sowie eine Berufsausübungsgemeinschaft darf nicht als Akademie, Institut, Poliklinik, Ärztehaus oder als ein Unternehmen mit Bezug zu einem gewerblichen Betrieb bezeichnet werden.

(Quelle: Musterberufsordnung für Zahnärzte (MBO) der Bundeszahnärztekammer, Berlin [Stand: 2023])

Demnach gilt:

Was darf ein Zahnarzt beim Praxismarketing?

- sachgerechte Informationen über die Praxis und das Leistungsangebot verbreiten
- Schwerpunkte und Spezialisierungen nennen
- besondere Versorgungsleistungen angeben, wie z. B. Wochenendsprechstunden, Notfallsprechstunden, Hausbesuche, kassengünstige Leistungsangebote usw.
- Hinweise auf Zertifizierungen der Praxis geben

- Praxisbroschüren mit zahnmedizinischen und organisatorischen Informationen bereitstellen
- sachliches Praxislogo verwenden
- Gebäude, Praxisräume und technische Geräte (auch im Einsatz) zeigen

Was darf ein Zahnarzt beim Praxismarketing nicht?

- anpreisende und irreführende Aussagen oder Alleinstellungsbehauptungen machen
- nicht durch die Berufsordnung geregelte Berufsbezeichnung verwenden
- Erfolgsgarantien geben, Heilungsversprechen und unsichere Prognosen machen
- vergleichende Darstellungen zeigen (Vorher -/Nachher-Bilder)
- Dankes- oder Empfehlungsschreiben von Patienten veröffentlichen
- mit Sonderangeboten, vergünstigten Leistungen oder Privatkundenpreisen werben
- allgemeingültig verfügbare Leistungen bewerben, wie z. B. Vorsorgeuntersuchungen, Zahnersatz usw.
- Direct-Mailing, d. h. der Versand von Informationen per Post oder E-Mail
- Bewerbung der eigenen Tätigkeiten bei anderen Unternehmen des Gesundheitswesens, z. B. Apotheken, Wellnesseinrichtungen etc.
- jegliche Art von Werbebannern und Pop-up-Fenster

(Quelle: G16 Media GmbH: Die Praxis im Recht. In: www.g16.net/themen-loesungen/medizinmarketing/rechtliche-grundlagen.html [30.04.2019]).

2 Gestaltung des Empfangs- und Wartebereichs

„Unser Patientenempfang gefällt mir wirklich gut. Er passt toll zu unserer Zahnarztpraxis“, stellt Sarah fest. „Ich glaube, dass sich die Patienten hier wohl fühlen.“ „Ja, das sieht man“, erwidert Melanie. „Sie werden aber auch von uns sehr freundlich empfangen. „Auch das Wartezimmer ist sehr schön eingerichtet. So fällt das Warten leichter.“ „Ja, der erste Eindruck ist schon sehr gut. Am Empfang müssen wir nur daran denken, dass wir den Datenschutz sehr ernst nehmen. Es dürfen keine Namen laut genannt werden. Weiterhin müssen wir darauf achten, dass die Patienten nicht die Bildschirme einsehen können. Vertraulichkeit geht in einer Zahnarztpraxis schließlich über alles.“

Aufgaben

1. Versetzen Sie sich in die Rolle einer Person, die erstmals die Zahnarztpraxis betritt. Was glauben Sie, bewirkt die Gestaltung des Praxisempfangs beim Patienten oder der Patientin?

2. Welche Bedeutung hat die Art des Empfangs für die Patienten?
3. Welche Aufgaben sind am Praxisempfang von den Mitarbeitenden zu leisten?
4. Schreiben Sie die Aufgaben auf, die der Wartebereich einer Zahnarztpraxis erfüllen muss.
5. Einerseits Offenheit, andererseits Vertraulichkeit, beides soll der Praxisempfang erfüllen. Erläutern Sie kurz die Maßnahmen, die notwendig sind, damit der Datenschutz der Patienten gewährleistet ist.
6. Was ist beim Umgang mit Patientinnen und Patienten zu beachten?

Das Erscheinungsbild einer Zahnarztpraxis ist mitentscheidend, ob Patienten sich wohlfühlen und gerne wiederkommen. Viele, oft auch kleine Dinge bewirken einen positiven Gesamteindruck. Die Einrichtung, das Licht und die Farben, aber auch Blumenschmuck, Bilder u. a. sollten ein harmonisches Gesamtbild ergeben.

Die Zahnmedizinischen Fachangestellten können durch ihr Auftreten mit beeinflussen, dass Patientinnen und Patienten sich willkommen und aufgehoben fühlen. Hier sind Aufmerksamkeit, Zuwendung und das gemeinsame Ziel, einen guten Service zu bieten, die Voraussetzung für zufriedene Patienten. Eine entscheidende Rolle spielt hierbei der Praxisempfang.

Vom **Empfangsbereich** aus wird der gesamte **Praxisablauf gesteuert**. Die Zahnmedizinischen Fachangestellten müssen jedes Kommen und Gehen von Patienten sehen können. Sie sind dafür verantwortlich, dass die Patienten in die entsprechenden Praxisräume geleitet werden. Hier sind folgende Arbeiten zu leisten:

- Telefondienst,
- Terminplanung,
- Patientenannahme,
- Weiterleiten der Patienten in die einzelnen Praxisbereiche,
- Abwicklung aller Verwaltungsarbeiten,
- Steuerung der gesamten Abrechnung.

Der Empfangsbereich ist üblicherweise offen zugänglich gestaltet. Damit trotzdem der **Datenschutz der Patienten** gewahrt bleibt, sollten in diesem Bereich folgende Punkte beachtet werden:

- Der Empfangsbereich ist mit einer **Diskretionszone** ausgestattet. Dieser Bereich ist so zu gestalten, dass jeder Patient bei der Patientenannahme seine Daten und seine Anliegen vorbringen kann, ohne dass jemand zuhört. Ist dies nicht gewährleistet, kann man den Patienten ein Formular mit seinen Daten ausfüllen lassen.

- **Der Bildschirm am Empfang ist so zu stellen, dass er nicht eingesehen werden kann.** Auch Kalender oder Akten mit Patientendaten dürfen nicht einsehbar sein. Bei kurzfristiger Abwesenheit der Angestellten sollte auf dem Bildschirm ein **Bildschirmschoner** angehen.
- Das Telefon darf keine Quelle des Vertrauensbruchs sein. Namensnennungen dürfen andere Patienten nicht mitbekommen. Befunde sollten nur aus einem geschlossenen Raum durchgegeben werden.
- Der Wartebereich ist akustisch vom übrigen Praxisgeschehen abzuschirmen.
- Wartet ein Patient im Behandlungsraum auf den Beginn der Behandlung, dürfen keinerlei Daten einsehbar sein.
- Nach Dienstschluss gilt das Prinzip einer aufgeräumten Praxis. Nirgendwo dürfen dann noch Patientendaten offen zugänglich sein.

Selbst in einer gut organisierten Zahnarztpraxis lassen sich Wartezeiten nicht vermeiden. Ein Praxisziel ist es, die tatsächliche Wartezeit so kurz wie möglich zu halten. Damit der Patient die Wartezeit nicht als zu lästig empfindet, hilft Ablenkung. Eine Möglichkeit ist ein Angebot an Zeitschriften oder digitalen Unterhaltungsangeboten. Darüber hinaus kann man die Zeit für Informationen zu Angeboten der Zahnarztpraxis nutzen, z. B. durch Praxisbroschüren. Auch Poster zu Informationen über Zahngesundheit, Zahnpflege usw. bieten den Patientinnen und Patienten nützliche Hinweise. Sollte es durch unvorhergesehene Notfälle zu Verzögerungen kommen, sind die Patienten über die voraussichtliche Wartezeit zu informieren. Insgesamt gilt:

- Eine angenehme Umgebung macht das Warten erträglicher.
- Unvorhergesehene Wartezeiten, die erklärt werden, vergehen schneller.

Schöner warten

Das Wartezimmer gewinnt als Visitenkarte der Zahnarztpraxis immer mehr Bedeutung. Mit angenehmer Gestaltung kann es auf die Patienten, die dort mitunter viel Zeit verbringen, positiv einwirken...

Eine sinnvolle Raumaufteilung ist der erste Schritt zu einem Wartezimmer, in dem sich die Patienten wohlfühlen. [...]

Farbgestaltung im Wartezimmer

Die Erkenntnisse der Farbpsychologie und -therapie lassen sich bei der Gestaltung des Wartezimmers einsetzen, um den Patienten Ängste zu nehmen, [...]

Das perfekte Lichtkonzept

Bei der Ausgestaltung des Wartezimmers sollte man auf keinen Fall die Planung des Lichtkonzeptes vernachlässigen. Bestimmte Lichtfarben und -intensitäten können den Menschen positiv oder negativ beeinflussen. [...]

(Quelle: Auszüge aus dem Beitrag „Wartezimmer – Schöner warten", Allgemeinarzt-online, https://www.allgemeinarzt-online.de/home/a/schoener-warten-1675107, abgerufen am 11.05.2020)

Digitale Unterhaltungsangebote im Wartezimmer

[...] Unbegrenztes Surfen durch WLAN

Eine Möglichkeit der digitalen Unterhaltung in der Praxis ist die Einrichtung eines Gäste-WLANs.

In vielen öffentlichen Räumen wird bereits ein öffentlicher Hotspot angeboten. Auch Zahnarztpraxen sollten die Einrichtung eines Gäste-WLANs in Betracht ziehen, um Patientinnen und Patienten die Möglichkeit zu bieten, mit ihren Smartphones oder Tablets entspannt durch das Internet zu surfen. [...]

Digitales Leseangebot

Für Patientinnen und Patienten, die sich während der Wartezeit über aktuelle Nachrichten informieren wollen, sind digitale Leseangebote besonders praktisch: Tageszeitungen und Magazine können bequem auf dem Smartphone oder Tablet gelesen werden. Da diese entweder auf den privaten Geräten der Patientinnen und Patienten oder auf ausliegenden Tablets abgerufen werden, sind die stets aktuellen Ausgaben nie vergriffen und jeder kann seine Lieblingszeitschrift zu jeder Zeit lesen. [...]

Individuelles Fernsehprogramm

Eine weitere Möglichkeit des Entertainments ist ein praxiseigenes Fernsehprogramm. Damit ist kein Standardfernsehprogramm gemeint, sondern ein individuell auf die Praxis zugeschnittenes Programm. Neben aktuellen Nachrichten oder dem regionalen Wetter können die Zahnarztpraxen außerdem über gesundheitspolitische Entwicklungen, praxisinterne Neuigkeiten oder Prävention informieren. [...]

Musik für eine lockere Atmosphäre

Um eine unangenehme Stille zu vermeiden und etwas gute Laune zu verbreiten, kann zudem das Einschalten von Musik sinnvoll sein. In der richtigen Lautstärke kann eine Hintergrundmusik die Atmosphäre lockern und Nervosität verringern.

(Quelle: Jan van Ahrens: „Digitale Unterhaltungsangebote im Wartezimmer", 23.04.2019, https://www.serapion.de/digitale-unterhaltungsangebote-im-wartezimmer/, abgerufen am 11.05.2020)

3 Kommunikation mit Patientinnen und Patienten

Frau Klemmer kommt mit erheblichen Zahnschmerzen in die Praxis. Ihre ganze Körperhaltung zeigt, wie sehr sie leidet. Sarah begrüßt Frau Klemmer am Patientenempfang. „Guten Tag, Frau Klemmer. Sie haben angerufen wegen Ihrer Zahnschmerzen. Nehmen Sie noch einen Augenblick im Wartezimmer Platz. Dr. Heine wird Sie dann als Nächste behandeln." „Ja, vielen Dank! Ich habe wirklich schlimme Schmerzen. Also lassen Sie mich nicht allzu lange warten." „Frau Klemmer, selbstverständlich tun wir immer, was wir können."

Aufgaben

1. Sehen Sie sich das Modell der Kommunikation auf dieser Seite an. Nennen Sie die verschiedenen Ebenen, die in jeder Nachricht enthalten sind. Beschreiben Sie Aussagen von Patienten und ordnen Sie diese den einzelnen Ebenen zu.
2. Schauen Sie sich die Abbildung zum Aufmerksamkeitsverhalten an. Beschreiben Sie an einem Beispiel, wie Sie die einzelnen Punkte des Aufmerksamkeitsverhaltens umsetzen würden.
3. Welche allgemeinen Regeln sind für einen konfliktfreien und verständnisvollen Umgang mit Patientinnen und Patienten zu beachten? Prüfen Sie, ob diese Regeln sinnvoll und zweckmäßig sind.

Das Eingangsbeispiel zeigt, dass neben der Sachinformation eine Vielzahl anderer Informationen übermittelt wird. Mit Worten und Gesten, Gesichtsausdruck und Körperhaltung offenbart sich der Patient dem Personal. Um dies besser zu verstehen, zeigt das folgende Modell die unterschiedlichen Ebenen der Kommunikation.

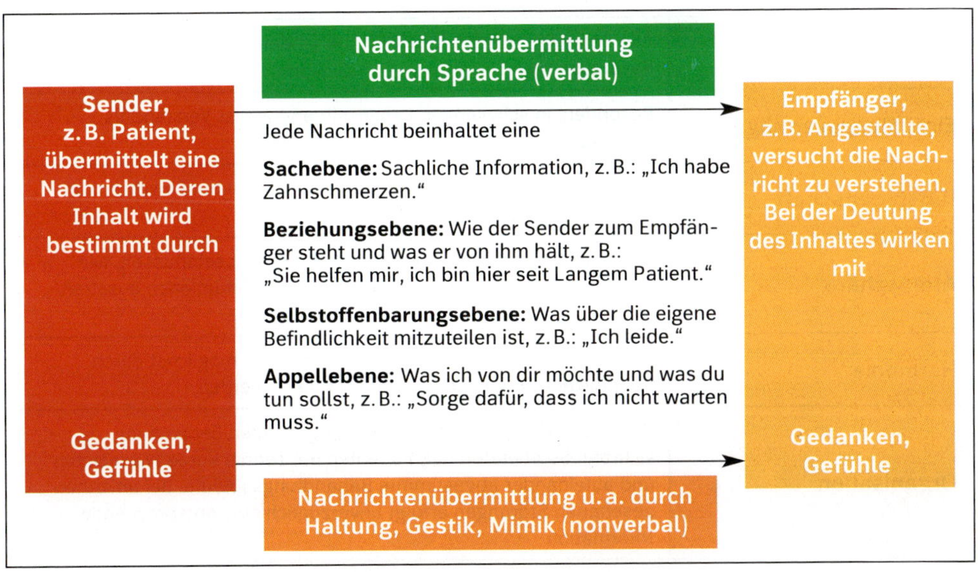

Mit der Kenntnis der unterschiedlichen Ebenen einer Nachricht kann man die **Kommunikation mit dem Patienten bewusster gestalten**. Hierbei helfen die folgenden Punkte des **Aufmerksamkeitsverhaltens**:

Komponenten des Aufmerksamkeitsverhaltens

- Blickkontakt
- aufmerksame Körpersprache
- Aufforderung zum Sprechen
- gezielte Fragestellungen

Eine positive Beziehung der Patientin oder des Patienten zur Zahnarztpraxis entsteht insbesondere durch die Art der Kommunikation. Daher entwickeln viele Praxen Verhaltensregeln und Merksätze. Hier ein Beispiel:

Merksätze

- *Geben Sie Patienten nie zu verstehen, dass Sie eigentlich keine Zeit haben.*
- *Geben Sie den Patienten das Gefühl persönlicher Zuwendung.*
- *Verwenden Sie keine zahnmedizinischen Fachausdrücke.*
- *Benutzen Sie keine Formulierungen, die Angst auslösen*
- *Behandeln Sie alle Patientinnen und Patienten gleich.*
- *Bemühen Sie sich, alle Mitteilungen an Patienten in einfachen, verständlichen Sätzen zu übermitteln.*
- *Bemühen Sie sich um eine möglichst deutliche Aussprache.*

Folgende allgemeine Prinzipien der Kommunikation sollten für einen konfliktfreien und verständnisvollen Umgang mit Patienten stets beachtet werden:

Verbindlichkeit	Sichere und verlässliche Aussagen machen.
Feedback	Rückmeldung geben über die jeweilige Situation, z. B. was wird gemacht, was passiert als Nächstes.
Taktgefühl	Insbesondere Rücksicht auf die Intimsphäre und die Gefühle des Patienten nehmen.
Gleichberechtigung	Alle Patienten werden freundlich behandelt, es gibt möglichst keine Bevorzugungen.
Einfühlungsvermögen	Besonders in schwierigen Lebenssituationen ist Verständnis angebracht.
Hilfsbereitschaft	Insbesondere bei alters- und krankheitsbedingten Einschränkungen Hilfe anbieten.
Atmosphäre	Auf alle Faktoren achten, die das Wohlfühlen beeinflussen, wie Ruhe und Gelassenheit auch in schwierigen Situationen ausstrahlen, Freundlichkeit und respektvoller Umgang.
Harmonie	Bei Konflikten und Beschwerden sollen diese möglichst durch freundliches Entgegenkommen entschärft werden.
Organisation	Gut strukturierte Abläufe sind in der gesamten Behandlung sichtbar. So erwarten den Patienten mit Termin kurze Wartezeiten und aufeinander abgestimmte Behandlungsabläufe. Bei unvorhergesehenen Störungen erfolgt unverzüglich eine entsprechende Information.

4 Behandlungsvertrag

Herr Ritter hat vor einem halben Jahr eine Parodontose-Behandlung von Herrn Dr. Heine vornehmen lassen. Dabei hat Dr. Heine auf die Notwendigkeit und Technik einer besonderen Zahnpflege hingewiesen. Bei dem heutigen routinemäßigen Termin zur Zahnhygiene stellt Dr. Heine fest, dass Herr Ritter offensichtlich die notwendige Zahnpflege sehr vernachlässigt hat. Dr. Heine führt deshalb das folgende Gespräch mit Herrn Ritter: „Sie haben mich aufgesucht und erwarten von mir, dass ich Ihnen helfe. Der Erfolg der Behandlung hängt aber wesentlich davon ab, dass Sie aktiv Ihre Zähne pflegen“, äußert Herr Dr. Heine unmissverständlich. „Es tut mir leid, ich bin aber beruflich so eingespannt, dass ich nicht immer die notwendige Zeit für eine so umfangreiche und gründliche Zahnpflege habe“, antwortet Herr Ritter. „Ich habe Sie ausführlich über die Gefahren der Parodontose aufgeklärt. Weiterhin sind Sie umfassend informiert worden, welche Folgen eine mangelnde Zahnhygiene nach sich ziehen kann. Ich muss Sie bitten, in Zukunft trotz aller Belastungen mit mehr Sorgfalt auf die Pflege Ihrer Zähne zu achten“, fährt Herr Dr. Heine fort. „Ich werde mich bessern“, verspricht Herr Ritter ausdrücklich.

Aufgaben

1. Was ist der Sinn des Patientenrechtegesetzes?
2. Wie kommt ein Behandlungsvertrag zustande?
3. Das obige Beispiel zeigt, dass auch ein Patient Pflichten aus dem Behandlungsvertrag zu beachten hat. Welche Pflichten muss der Patient beachten?
4. Herr Dr. Heine beendet die Behandlung eines Patienten, der wiederholt seinen Termin versäumt hat.

   a) Kann Dr. Heine den Behandlungsvertrag beenden? Begründen Sie Ihre Antwort.

   b) Unter welchen Voraussetzungen kann ein Zahnarzt einen Behandlungsvertrag kündigen?

   c) Wie kann ein Patient den Behandlungsvertrag beenden?
5. Welche Hauptpflicht übernimmt der Zahnarzt mit dem Abschluss des Behandlungsvertrages?
6. a) Welche Hauptpflicht hat der Patient?

   b) Welche Nebenpflicht hat er zu beachten?
7. Mit dem Abschluss des Behandlungsvertrages übernimmt der Zahnarzt eine Vielzahl von Pflichten. Beschreiben Sie, was unter der Sorgfaltspflicht zu verstehen ist.

8. Unter welchen Voraussetzungen dürfen Leistungen an die Zahnmedizinische Fachangestellte übertragen werden?
9. Nennen Sie die Rechtsgrundlagen der Schweigepflicht.
10. In welchen Fällen dürfen Informationen, die der zahnärztlichen Schweigepflicht unterliegen, weitergegeben werden?
11. Welche Folgen hat eine Verletzung der Schweigepflicht für eine Zahnmedizinische Fachangestellte?
12. Dr. Heine hatte im Aufklärungsgespräch u. a. Herrn Ritter darauf hingewiesen, wie wichtig die Zahnpflege für den Erfolg der Behandlung ist.

    a) Ist ein Zahnarzt zur Aufklärung verpflichtet?

    b) Beschreiben Sie, welche Vorschriften das Patientenrechtegesetz hinsichtlich der Aufklärung enthält.

    c) Welche Bereiche umfasst die Aufklärung?
13. Warum bedarf jedes zahnärztliche Handeln der Einwilligung durch den Patienten?
14. Der Zahnarzt ist zu einer sorgfältigen Dokumentation verpflichtet.

    a) Nennen Sie die Rechtsgrundlagen der Dokumentationspflicht.

    b) Darf ein Patient in die Dokumentation des Zahnarztes Einsicht nehmen?
15. Wann liegt ein Behandlungsfehler vor?
16. Einer Zahnmedizinischen Fachangestellten unterläuft bei einer Prophylaxebehandlung ein Fehler. Wer übernimmt in diesem Fall die Haftung?
17. Welche Hilfen bieten

    a) die Zahnärztekammern,

    b) die Krankenkassen,

    wenn der Patient vermutet, dass bei ihm ein Behandlungsfehler vorliegt?
18. Wann verjähren Schadensersatzansprüche des Patienten aus dem Behandlungsvertrag?
19. Wer muss in einem Arzthaftungsprozess beweisen, dass ein Behandlungsfehler vorliegt?
20. In welchen Fällen kommt es zu einer Umkehr der Beweislast?

Gestärkte Patientenrechte – Das Patientenrechtegesetz

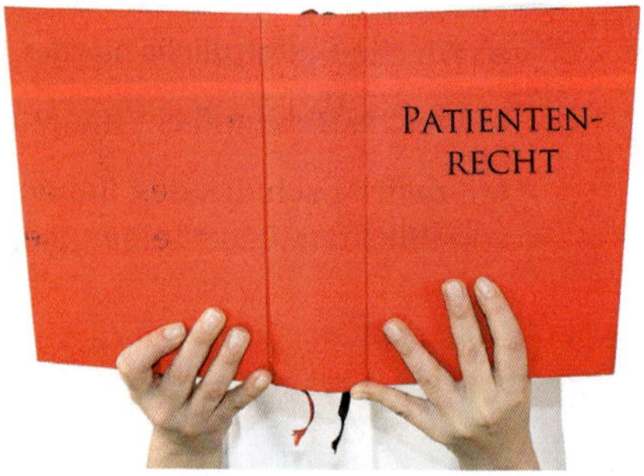

Patientinnen und Patienten, die einen Zahnarzt mit akuten Zahnschmerzen aufsuchen, sind zumeist in einer behandlungsbedürftigen Situation. Dies führt oft dazu, dass sie dem Zahnarzt und seinen Behandlungsvorschlägen vorbehaltlos vertrauen. Allerdings nimmt die Zahl der Patienten zu, die sich über Symptome und mögliche Erkrankungen zuvor informieren. Das Internet bietet hier eine Vielzahl von Möglichkeiten. Sie hinterfragen kritisch und selbstbewusst die vorgeschlagene Behandlung. Die stärkere Position des Patienten gegenüber Zahnärzten und Zahnärztinnen, Ärzten und Ärztinnen, Krankenhäusern und anderen Leistungserbringern sowie gegenüber den Krankenkassen wird gestützt und gefördert durch das Patientenrechtegesetz. Die im deutschen Recht geregelten Patientenrechte waren verteilt auf die unterschiedlichsten Gesetzesbücher. Durch die Bündelung der Patientenrechte im Bürgerlichen Gesetzbuch wird die Rechtslage für den Patienten eindeutiger und überschaubarer. Seine Stellung im Gesundheitssystem wird erheblich gestärkt.

Durch das Patientenrechtegesetz gelten folgende Neuregelungen:

Grundlagen des Behandlungsvertrages im BGB

Das Arzt-Patienten-Verhältnis ist im Behandlungsvertrag zusammengefasst. Das bedeutet, dass alle Rechte und Pflichten, die mit einer ärztlichen Behandlung im Zusammenhang stehen, zusammengestellt und im Bürgerlichen Gesetzbuch (BGB) verankert sind. [...]

Behandlungsfehler

Niedergelassene Ärzte und Krankenhäuser sind verpflichtet, Fehler, die bei der Behandlung unterlaufen oder beinahe unterlaufen sind, zu dokumentieren und auszuwerten. Auf diese Weise soll man Risiken erkennen und minimieren können. [...]

Arzthaftung

Das Haftungssystem ist gesetzlich niedergelegt worden. [...] Durch die Einfügung der gerichtlich entwickelten Beweislastregeln ins BGB wird mehr Rechtssicherheit erreicht.

Aufklärung

Patienten müssen künftig verständlich und umfassend über Behandlungen und Diagnosen aufgeklärt werden. Es muss rechtzeitig vorher ein persönliches Gespräch geführt werden.

Patientenakten

Jeder Patient hat ein Recht auf Einsicht in seine Patientenakte.

Beweislastumkehr

Grundsätzlich muss der Patient beweisen, dass ein Behandlungsfehler vorliegt und dieser für den Gesundheitsschaden ursächlich ist. Bei groben Behandlungsfehlern hingegen muss der Arzt bzw. Behandelnde beweisen, dass der nachgewiesene Fehler nicht den Schaden verursacht hat.

Mehr Rechte gegenüber den Krankenkassen

In Genehmigungsverfahren (z. B. für Rehabilitationsmaßnahmen) erhalten die Krankenkassen eine gesetzliche Frist. Wenn sie innerhalb dieser Frist nicht handeln, wird der Antrag als genehmigt gelten.

Patientenbeteiligung

Die Patienten werden verstärkt an wichtigen Entscheidungen der Gesundheitsversorgung beteiligt.

Patienteninformation

Der Patientenbeauftragte der Bundesregierung hat genau spezifizierte Aufgaben. Er sorgt für mehr Informationsangebote und damit für mehr Transparenz hinsichtlich der Rechte der Patienten.

(Quelle: Patientenrechte: Patientenrechtegesetz: In: www.patienten-rechte-gesetz.de, © 2018, [22.11.2021])

Zustandekommen des Behandlungsvertrages

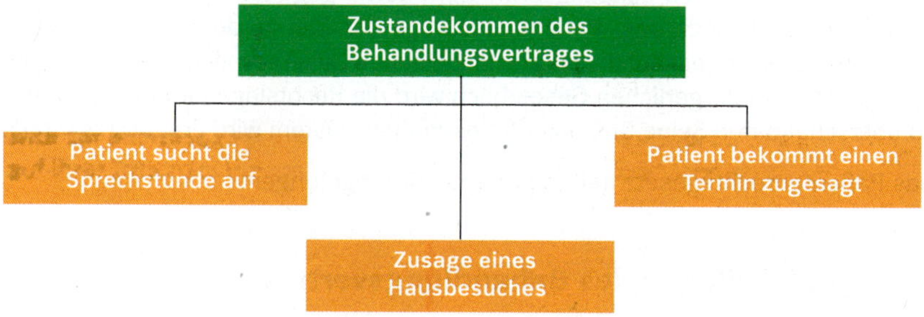

Für Minderjährige vor Vollendung des 7. Lebensjahres schließen die Eltern den Behandlungsvertrag ab. Zwischen dem 7. und 18. Lebensjahr bedarf der Vertrag der vorherigen oder nachträglichen Zustimmung der Sorgeberechtigten. Nur die Kassenpatienten können ab dem 15. Lebensjahr ärztliche Leistungen in Anspruch nehmen. Dies gilt nicht für Privatpatienten. Dem Kind eine notwendige zahnärztliche und ärztliche Behandlung zu ermöglichen, gehört zu den elterlichen Sorgepflichten. Unterlassungen können zum Entziehen des elterlichen Sorgerechtes führen.

Hauptleistungspflichten des Zahnarztes – Hauptleistungs- und Nebenleistungspflichten des Patienten

Mit der Übernahme der Behandlung entsteht zwischen dem Zahnarzt und dem Patienten ein Dienstvertrag mit Vertragspflichten auf beiden Seiten. **Der Zahnarzt schuldet eine ordnungsgemäße zahnmedizinische Behandlung. Er schuldet nicht den Heilerfolg**. Diesen kann ein Zahnarzt trotz sorgfältigster Behandlung nicht garantieren. Anders ist die Situation beim Zahnersatz. Hier wird der Erfolg geschuldet, d. h., der Zahnersatz muss mangelfrei sein. Liegt ein Mangel vor, kann der Patient Gewährleistungsrechte geltend machen. Mängelrechte sind Nacherfüllung, d.h. der Zahnersatz ist nachzubessern oder neu herzustellen, Rücktritt des Patienten vom Vertrag und Schadenersatz. Für gesetzlich Krankenversicherte gilt hier eine gesetzlich geregelte besondere Garantie. Sie lautet:

„Der Zahnarzt übernimmt für Füllungen und die Versorgung mit Zahnersatz eine zweijährige Gewähr. Identische und Teilwiederholungen von Füllung sowie die Erneuerung und Wiederherstellung von Zahnersatz einschließlich Zahnkronen sind in diesem Zeitraum vom Zahnarzt kostenfrei vorzunehmen".

Bei der Behandlung muss der Zahnarzt berücksichtigen, wie schwer die Erkrankung ist. Weiterhin ist der Patientenwille zu beachten. So ist es nicht mögliche, eine Behandlung ohne Einwilligung des Patienten durchzuführen. **Diagnose, Beratung und Therapie müssen dem Stand der zahnmedizinischen Wissenschaft entsprechen (Facharztstandard)**.

Hauptpflicht des Patienten ist, das Honorar für die Behandlung zu begleichen.

- Privatpatienten zahlen die Liquidation direkt an den Zahnarzt. Sie wird nach der Gebührenordnung für Zahnärzte (GOZ) erstellt. Alle Belege zu den Behandlungskosten reicht der Privatpatient bei der privaten Versicherung ein. Diese erstattet dann nach der Prüfung der Belege die Kosten.
- Bei Kassenpatienten erfolgt die Bezahlung der zahnärztlichen Leistungen der gesetzlichen Krankenversicherung über die Kassenzahnärztlichen Vereinigungen (KZV).
- Da beim Zahnersatz die Krankenkassen nur einen Teil der Kosten übernehmen, müssen die Patienten ihren Eigenanteil selbst zahlen.

Darüber hinaus hat der Patient die Vertragspflicht, die zahnärztlichen Maßnahmen zu unterstützen. Insbesondere muss er die zahnärztlichen Hinweise befolgen, z. B. nach einer Parodontosebehandlung die Hinweise zur Pflege der Zähne befolgen. Weiterhin besteht für den Patienten eine sogenannte **Offenbarungspflicht**. In der Anamnese befragt der Zahnarzt den Patienten u. a. nach den aktuellen Beschwerden, nach Vorerkrankungen, eventuellen Allergien, Lebensumständen, genetischen Auffälligkeiten in der Familie und Ähnlichem. Diese Fragen muss der Patient wahrheitsgemäß und vollständig beantworten. Verschweigt oder vergisst der Patient z. B. Vorerkrankungen oder Allergien, verletzt er die Offenbarungspflicht.

Beispiel: *Bei einer Röntgenaufnahme mit Kontrastmittel zeigt der Patient allergische Reaktionen. Er hatte vergessen, seine Unverträglichkeit gegen Jod anzugeben.*

Kommt es zu gesundheitlichen Schäden beim Patienten, weil er gegen die Offenbarungspflicht verstoßen hat, haftet der Zahnarzt nicht.

Hauptpflichten aus dem Behandlungsvertrag	
für den Zahnarzt/die Zahnärztin	für die Patientin/den Patienten
Behandlung nach dem neuesten Stand der zahnmedizinischen Wissenschaft	Zahlung des Honorars ▪ Privatpatienten – direkt an den Zahnarzt ▪ Kassenpatienten – über die gesetzliche Krankenversicherung – Zahlung des Eigenanteils direkt an den Zahnarzt beim Zahnersatz

Behandlungspflicht

Der Zahnarzt ist grundsätzlich nicht verpflichtet, einen Patienten zu behandeln. Es gilt der Grundsatz der Abschlussfreiheit bei Behandlungsverträgen. Für Zahnärzte und Zahnärztinnen mit einer kassenärztlichen Zulassung besteht bei Kassenpatienten eine Behandlungspflicht. Eine Behandlung darf nur in begründeten Fällen abgelehnt werden. Dies gilt beispielsweise

- bei einem gestörten Vertrauensverhältnis (der Patient befolgt die zahnärztlichen Anordnungen nicht),
- wenn die Zahnarztpraxis aufgrund des Patientenzuspruchs völlig ausgelastet ist. Eine ausreichende Versorgung aller Patienten kann dann nicht mehr gewährleistet werden.

Wird bei einem Patienten die Behandlung mit dem Hinweis, „wir nehmen keine neuen Patienten mehr an“, abgelehnt, darf dies den Patienten nicht in eine Notlage bringen. Es muss gewährleistet sein, dass der Patient bei einem anderen Zahnarzt oder einer Zahnärztin eine entsprechende Behandlung erhält. Dies ist in Städten sicherlich einfacher als in ländlichen Gegenden, wo die nächste Zahnarztpraxis oft weit entfernt und schwer erreichbar ist.

Für den Patienten gilt grundsätzlich die **freie Zahnarztwahl**. Ein Patient sollte allerdings einen Zahnarzt niemals ohne triftigen Grund wechseln. Gerade ein lange bestehendes Vertrauensverhältnis zu einem Zahnarzt ermöglicht zumeist eine gute Behandlung.

Der Behandlungsvertrag endet normalerweise mit dem Ende der Behandlung. Der Patient kann den Behandlungsvertrag jederzeit kündigen. Hierzu bedarf es keiner formellen Kündigung. Er sucht den Zahnarzt nicht mehr auf und sucht sich einen neuen Zahnarzt. Ein Kassenpatient kann allerdings den Zahnarzt im laufenden Quartal nicht einfach wechseln. Ein Wechsel ist nur möglich, wenn ein wichtiger Grund vorliegt, z.B. wenn das Vertrauensverhältnis zum Zahnarzt nachhaltig gestört ist.

Sonstige Pflichten der Zahnärztin, des Zahnarztes und des Praxispersonals

Mit dem Abschluss des Behandlungsvertrages übernimmt der Zahnarzt die Pflicht,

- eine sorgfältige und ordnungsgemäße, den anerkannten Regeln der zahnärztlichen Wissenschaft entsprechende Behandlung durchzuführen;
- den Patienten oder die Patientin über den Verlauf und die Risiken der Behandlung sachgemäß aufzuklären und die Einwilligung für die Behandlung einzuholen;
- eine ordnungsgemäße Dokumentation der gesamten Behandlung zu erstellen und über die Behandlung und den Inhalt der Dokumentation gegenüber allen unberechtigten Personen Stillschweigen zu bewahren.

Hieraus ergeben sich für den Zahnarzt oder die Zahnärztin im Einzelnen die folgenden Pflichten:

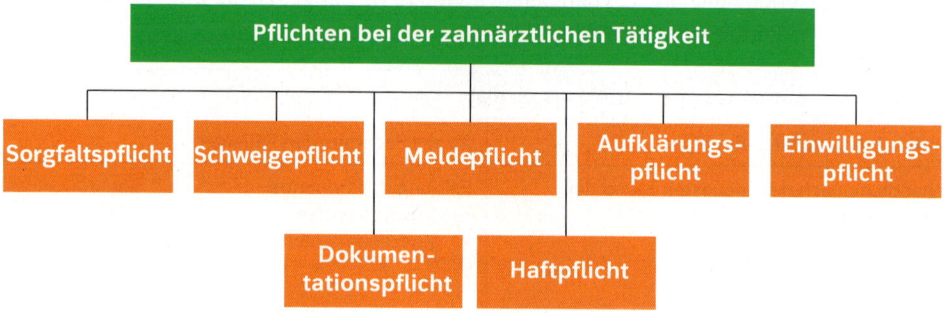

Da Zahnmedizinische Angestellte eine Vielzahl delegierbarer Aufgaben übernehmen, gelten diese Pflichten im Rahmen ihrer Aufgaben auch für sie.

Sorgfaltspflicht

Der **Patient muss** darauf **vertrauen können**, dass der **Zahnarzt** ihn **mit** der **Sorgfalt behandelt**, die von einem ordnungsgemäß arbeitenden Zahnarzt erwartet wird. Ein Verstoß gegen die Sorgfaltspflicht liegt vor, wenn der Zahnarzt aufgrund mangelnder Kenntnisse neue und wirksame Behandlungsmethoden nicht anwendet. Zahnärzte und Zahnärztinnen sind zur ständigen beruflichen Fortbildung verpflichtet.

Bei der zahnärztlichen Tätigkeit überträgt der Zahnarzt Aufgaben an die Zahnmedizinischen Fachangestellten (**delegierbare Leistungen**). Voraussetzungen für die Übertragung von Leistungen sind:

- Aufgrund der geringen zahnmedizinischen Schwierigkeit der Leistung kann der Zahnarzt diese delegieren. Weiterhin gilt, die Übernahme der Leistung durch die ZFA gefährdet den Patienten nicht.
- Zahnmedizinische Fachangestellte sind aufgrund ihrer Ausbildung und ihrer beruflichen Erfahrung in der Lage, diese Leistung zu übernehmen.
- Die Leistung wird vom Zahnarzt oder der Zahnärztin angeordnet, überwacht und kontrolliert.

Merksatz: *Der Zahnarzt oder die Zahnärztin trägt für alle geleisteten Dienste, auch für die auf Mitarbeiterinnen und Mitarbeiter übertragenen Dienstleistungen, die Gesamtverantwortung.*

Schweigepflicht

Die Patienten müssen sich auf die Verschwiegenheit des Zahnarztes und dessen Mitarbeiterinnen verlassen können. Die Schweigepflicht bezieht sich dabei auf alle Angelegenheiten des Patienten, auch auf familiäre, berufliche und wirtschaftliche Dinge.

Rechtsgrundlagen der Schweigepflicht:

- der Behandlungsvertrag,
- die ärztliche Berufsordnung,
- das Strafgesetzbuch.

Im Strafgesetzbuch wird in § 203 ausdrücklich festgehalten, dass **Verstöße gegen die Schweigepflicht ein Straftatbestand** sind.

Eine berechtigte Weitergabe von Informationen über Patienten, die sogenannte **berechtigte Offenbarung,** ist kein Verstoß gegen die Schweigepflicht. Die folgende Übersicht zeigt die Fälle, bei denen eine berechtigte Weitergabe erlaubt ist.

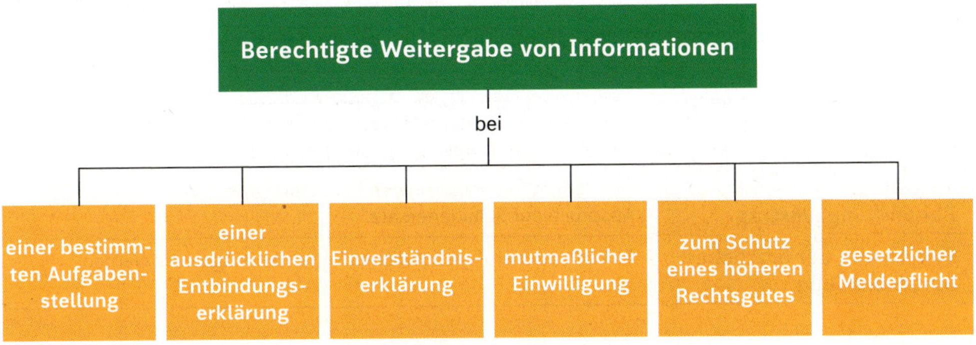

Beispiel: *Bei einem Patienten hat der Zahnarzt ein Gutachten zu erstellen, ob die geplante Prothetik in der Form notwendig ist.*

Das Beispiel zeigt: mit einer **bestimmten Aufgabenstellung** ist von vornherein eine Einschränkung der Schweigepflicht verbunden. Der Zahnarzt ist im Rahmen des erteilten Auftrages von der Schweigepflicht entbunden.

Der Zahnarzt ist von der Schweigepflicht befreit, wenn der Patient durch eine ausdrückliche **Entbindungserklärung** die Weitergabe von Informationen erlaubt.

Beispiel: *Eine Patientin ist damit einverstanden, dass die von ihrer Zahnärztin gewonnenen Erkenntnisse für eine wissenschaftliche Untersuchung zur Verfügung gestellt werden.*

Ist der Patient nicht in der Lage zu entscheiden, ob Information über ihn weitergegeben werden dürfen, muss der Zahnarzt prüfen, ob eine **mutmaßliche Einwilligung** vorliegt. Diese liegt vor, wenn eine Weitergabe von Informationen dem Interesse des Patienten entspricht und der Patient bei vollem Bewusstsein nicht anders entschieden hätte.

Beispiel: *Der Zahnarzt einer Zahnklinik gibt einem Angehörigen eines Patienten, der bei einer Narkose in ein Koma gefallen ist, Auskunft über dessen Gesundheitszustand.*

Ohne Einwilligung des Patienten darf der Zahnarzt nach den Vorschriften der Berufsordnung Informationen über einen Patienten weitergeben, wenn dies zum **Schutz eines höheren Rechtsgutes** geschieht.

Beispiel: *Bei der Untersuchung eines Kindes stellt der Zahnarzt fest, dass dem Kind mehrere Zähne ausgeschlagen wurden. Aufgrund seiner Kenntnisse des familiären Umfeldes sieht er die Gefahr, dass eine Misshandlung vorliegt. Er informiert die entsprechenden Behörden.*

Meldepflicht

In Deutschland sind bestimmte übertragbare Krankheiten den Gesundheitsbehörden zu melden. Welche das sind, ist im Infektionsschutzgesetz festgelegt. Weiterhin sind aufgrund sonstiger Rechtsvorschriften noch bestimmte Erkrankungen und Vorkommnisse anzuzeigen. Insgesamt gehören hierzu u. a.:

- ansteckende Krankheiten nach dem Infektionsschutzgesetz,
- Berufskrankheiten,
- erkennbare Fehlbildungen bei der Geburt,
- Schwangerschaftsabbruch,
- geplante Straftaten.

Je nach Rechtsgrundlage ergeben sich unterschiedliche **Folgen bei der Verletzung der Schweigepflicht**:

Strafrechtliche Folgen	Die unbefugte Weitergabe von Patienteninformationen wird mit Freiheits- oder Geldstrafe geahndet.
Folgen aus dem Behandlungsvertrag	Der Patient hat aufgrund des Behandlungsvertrages einen Anspruch auf Schadenersatz.
Folgen aus der ärztlichen Berufsordnung	Es kann ein berufsgerichtliches Verfahren eingeleitet werden.

Verletzt eine **Zahnmedizinische Fachangestellte** die **Schweigepflicht**, hat das für sie **arbeitsrechtliche Folgen**. In den meisten Fällen wird ihr fristlos gekündigt. Erhält ein Patient in diesem Zusammenhang einen Schadenersatz, kann der Zahnarzt von der Zahnmedizinischen Fachangestellten die Übernahme des Schadenersatzes verlangen.

Aufklärungspflicht

Die Aufklärungspflicht ist eine weitere Hauptpflicht des Zahnarztes und der Zahnärztin. Eine ordnungsgemäße Aufklärung ist Voraussetzung, dass die Patientin oder der Patient aufgrund der Informationen selbstbestimmt in die vorgeschlagene Behandlung einwilligt. Demnach gilt:

- Die Patienteninformation und -aufklärung ist grundsätzlich vom Zahnarzt durchzuführen.
- Die Aufklärung hat gegenüber dem Patienten zu erfolgen, der in die zahnärztlichen Maßnahmen einwilligen muss.
- Der Patient muss in der Lage sein, die geplanten zahnärztlichen Maßnahmen zu verstehen. Daher sind bei minderjährigen, einwilligungsunfähigen und fremdsprachlichen Patienten die Erziehungsberechtigten, Betreuer und sonstige Helfer einzubeziehen.
- Die Aufklärung ist zeitnah zu den geplanten zahnärztlichen Maßnahmen durchzuführen.
- Die Aufklärung beinhaltet alle wesentlichen Punkte der geplanten Behandlung. Die Diagnose, die voraussichtliche gesundheitliche Entwicklung und die Therapie sind zu erläutern.
- Ergänzend kann der Zahnarzt dem Patienten Informationsschriften zur geplanten Behandlung geben und darauf Bezug nehmen, z. B. eine Broschüre zu Implantaten. Diese Informationsschriften ersetzen jedoch nicht die umfassende mündliche Aufklärung.
- Übernimmt die Krankenkasse nicht alle Kosten der Behandlung, muss der Patient einen schriftlichen Kostenvoranschlag erhalten. Er muss zur Kostenübernahme sein schriftliches Einverständnis geben.
- In Notfällen kann die Aufklärung entfallen.

- Unterlagen bzw. Einwilligungserklärungen, die der Patient unterschrieben hat, sind ihm als Kopie auszuhändigen.
- Der Zahnarzt hat alle Unterlagen zur Durchführung der Aufklärung in der Patientenakte zu dokumentieren.

Zusammenfassend gilt, dass jede ärztliche Untersuchung und Behandlung nur rechtmäßig ist, wenn der Patient über Verlauf und Risiken der Behandlung sachgemäß aufgeklärt wurde.

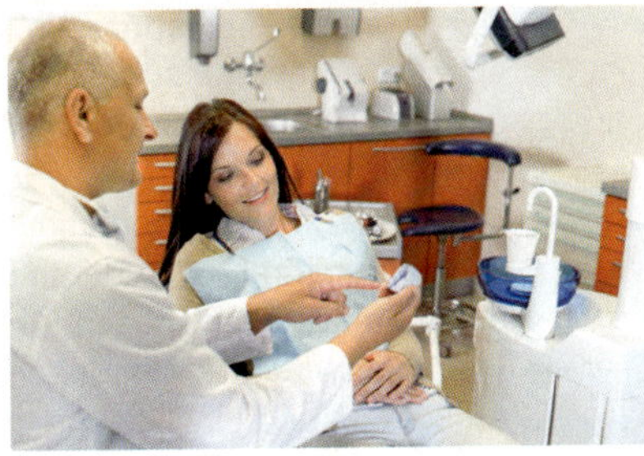

Die Aufklärung umfasst die

- Verlaufsaufklärung,
- Risikoaufklärung,
- therapeutische Aufklärung,
- Aufklärung über wirtschaftliche und/oder versicherungsrechtliche Umstände der Behandlung,
- Krankheits- und Befindlichkeitsaufklärung.

Merksatz: *Jeder zahnärztliche Eingriff, der ohne sachgemäße Aufklärung und ohne die ausdrückliche Zustimmung des Patienten erfolgt, ist eine Körperverletzung.*

Voraussetzungen für die Rechtmäßigkeit einer zahnärztlichen Behandlung

- **sachgemäße Aufklärung des Patienten durch den Zahnarzt**
- **ausdrückliche Einwilligung des Patienten**

Gegen seinen erklärten Willen darf der Patient nicht behandelt werden, selbst wenn er sich dadurch erheblich gefährdet. Auch wenn Art und Schwere der Erkrankung für den Patienten schlimme Konsequenzen haben, ist der Patient aufzuklären. Der Zahnarzt darf nicht zur Schonung des Patienten Mitteilungen über den Gesundheitszustand verschweigen (**therapeutisches Privileg**). Eine Unterlassung der Aufklärung ist nur erlaubt, wenn ein ernster gesundheitlicher Schaden oder eine nicht tragbare psychische Belastung beim Patienten entsteht. Eine Aufklärung kann ebenfalls unterbleiben, wenn der Patient ausdrücklich darauf verzichtet. Ein solcher Verzicht muss schriftlich dokumentiert werden.

Einwilligung des Patienten in die Behandlung (Einwilligungspflicht)
Aufgrund des Patientenrechtegesetzes gilt:

- Vor Durchführung der ärztlichen Behandlung, insbesondere vor einer Operation, ist der Zahnarzt bzw. die Zahnärztin verpflichtet, die Einwilligung des Patienten einzuholen.
- Bei einwilligungsunfähigen und fremdsprachlichen Patienten geschieht dies durch die Einbeziehung der Betreuer und sonstigen Helfer. Bei beschränkt geschäftsfähigen Patienten ist die Einwilligung von ihrer Einsichtsfähigkeit abhängig. Auch Patienten unter 18 Jahren können rechtswirksam in eine zahnärztliche Behandlung einwilligen. Voraussetzung ist, dass sie die Einsichtsfähigkeit in die Tragweite ihrer Entscheidung haben. Im Zweifelsfall ist die Zustimmung des gesetzlichen Vertreters einzuholen. Ist in einem Notfall der Patient nicht ansprechbar, ist die Behandlung ohne Einwilligung durchzuführen.
- Die Einwilligung in die Behandlung gilt nur, wenn der Patient zuvor umfassend aufgeklärt wurde (siehe Aufklärungspflicht).

Erst mit der Einwilligung hat der Zahnarzt bzw. die Zahnärztin das Recht, eine Behandlung durchzuführen. Die Einwilligung zu einer zahnärztlichen Behandlung kann der Patient jederzeit widerrufen. Der Zahnarzt muss dem Wunsch des Patienten entsprechen.

Dokumentationspflicht

Für die Dokumentationspflicht gilt:

- Der Zahnarzt/die Zahnärztin ist verpflichtet, im Zusammenhang mit der Behandlung eine Patientenakte zu führen. Berichtigungen und Änderungen von Eintragungen in der Patientenakte sind nur zulässig, wenn die ursprünglichen Eintragungen erkennbar bleiben.
- Der Zahnarzt/die Zahnärztin ist verpflichtet, sämtliche für die Behandlung wesentlichen Maßnahmen und deren Ergebnisse aufzuzeichnen. Hierzu gehören insbesondere die Anamnese, Diagnosen, Untersuchungen, Untersuchungsergebnisse, Befunde, Therapien und ihre Wirkungen, Eingriffe und ihre Wirkungen und alle Unterlagen zur Aufklärung und Einwilligung des Patienten. Zahnarztbriefe sind in die Patientenakte aufzunehmen.
- Der Zahnarzt/die Zahnärztin hat die Patientenakte für die Dauer von zehn Jahren nach Abschluss der Behandlung aufzubewahren.

Weiterhin ist eine umfassende und korrekte Dokumentation Pflicht:

Vertragspflicht	Die Dokumentation gehört zur gesetzlich vorgeschriebenen ordnungsgemäßen Erfüllung eines Behandlungsvertrages.
Berufspflicht	Die zahnärztliche Berufsordnung schreibt eine Dokumentation zwingend vor.
Pflicht im Zusammenhang mit der Abrechnung	Die Aufzeichnungen dienen u. a. auch zum Nachweis einer ordnungsgemäßen Abrechnung der erbrachten ärztlichen Leistungen.
Voraussetzung für die Rechtssicherheit	Die Dokumentation dient als Beweismittel bei Rechtsstreitigkeiten.

Zur Dokumentation gehören auch die Durchschriften aller im Rahmen der zahnärztlichen Behandlung ausgefüllten Formulare. Sie sind sorgfältig und unter Beachtung der Aufbewahrungsfristen aufzubewahren. Tabellen mit den **Aufbewahrungsfristen** können bei jeder Kassenzahnärztlichen Vereinigung (KZV) über das Internet abgerufen werden.

Für das **Einsichtsrecht** des Patienten in die Patientenakte gilt:

- Dem Patienten ist auf Verlangen unverzüglich Einsicht in seine Patientenakte zu gewähren. Die Einsicht darf der Zahnarzt bzw. die Zahnärztin nur verweigern, wenn erhebliche therapeutische oder anderweitig schwerwiegende Gründe vorliegen. Dies ist z. B. der Fall, wenn der Zahnarzt/die Zahnärztin durch die uneingeschränkte Einsichtnahme die Gefahr einer erheblichen gesundheitlichen (Selbst-)Schädigung des Patienten sieht.
- Der Patient kann Kopien von der Patientenakte verlangen. Er hat dem Zahnarzt/der Zahnärztin die entstandenen Kosten zu erstatten.

Haftpflicht

Selbst wenn der Zahnarzt oder die Zahnärztin einen Fehler gemacht hat, kommt es nicht zwangsläufig zur Haftung. Der Patient muss beweisen, dass ihm hierdurch ein Schaden entstanden ist. Außerdem muss der Zahnarzt den Behandlungsfehler schuldhaft begangen haben, er muss Ursache für den entstandenen Schaden sein.

Die Beweislast bei der Haftung für Behandlungs- und Aufklärungsfehlern ist folgendermaßen geregelt: Ein **Behandlungsfehler** liegt vor, wenn ein Zahnarzt oder eine Zahnärztin gegen die anerkannten Regeln der zahnärztlichen Wissenschaft verstößt. Weiterhin liegt ein Behandlungsfehler vor, wenn der Zahnarzt/die Zahnärztin eine Behandlung nicht mit der notwendigen Sorgfalt durchführt und die Patientin oder der Patient gesundheitliche Schäden erleidet oder sogar stirbt.

Arten von Behandlungsfehlern:

- Diagnosefehler,
- Therapiefehler,
- Verletzung der anerkannten Regeln der zahnärztlichen Wissenschaft,
- Verletzung der Sorgfaltspflicht,
- Überschreiten der Grenzen der zahnärztlichen Behandlungsfreiheit (z. B. unerprobte Methoden beim Zahnersatz).

Bei einem Behandlungsfehler ist der Zahnarzt oder die Zahnärztin zum Ersatz des Schadens verpflichtet. Die Patientin oder der Patient hat einen Anspruch auf Ersatz der Heilungskosten. Hierunter fallen Kosten für u. a. notwendige weitere Behandlungen. Darüber hinaus kann es sein, dass der Patient Schmerzensgeld einklagt. Insbesondere, wenn ein eindeutiges Fehlverhalten des Zahnarztes vorliegt, also ein grober Behandlungsfehler, folgt meist eine Klage auf Schmerzensgeld. Ein grober Behandlungsfehler liegt vor, wenn aufgrund der Behandlung ein gesundheitlicher Schaden entstanden ist, der bei einer ordnungsgemäßen und sorgfältigen Behandlung niemals hätte entstehen können.

Unterläuft **Zahnmedizinischen Fachangestellten** bei einer zulässigen delegierbaren Leistung ein **Behandlungsfehler**, haftet der Zahnarzt bzw. die Zahnärztin. Der Versicherungsschutz der Berufshaftpflicht-Versicherung des Zahnarztes schließt die ZFA mit ein. Ein **Übernahmeverschulden** der Zahnmedizinischen Fachangestellten liegt vor, wenn trotz einer klaren und eindeutigen Anweisung ein Fehler gemacht wurde, weil jemand der Aufgabe fachlich nicht gewachsen war. Dies ist zu vermeiden: Bei Unsicherheiten haben ZFA die Pflicht nachzufragen.

Grundsätzlich verjähren Ansprüche aus einem Behandlungsfehler nach drei Jahren. Im Zahnarzthaftungsrecht gilt es eine Besonderheit zu beachten: Die Verjährung beginnt erst dann zu laufen, wenn der Patient Kenntnis davon hat.

Die Verjährungsfrist beginnt am Ende des Jahres, in dem der Patient von dem Behandlungsfehler erfahren hat oder ihn hätte erkennen können.

Haben Patientinnen oder Patienten jedoch Schadensersatzansprüche, weil durch den Behandlungsfehler eine Verletzung des Lebens, des Körpers oder der Gesundheit vorliegt, verjähren diese Schadensersatzansprüche erst nach 30 Jahren.

Klärung von Haftungsfragen des Zahnarztes bzw. der Zahnärztin
Ein Behandlungsfehler wird normalerweise durch ein zahnärztliches Gutachten festgestellt. Für den Patienten ist es oft sehr schwer, einen entsprechenden Gutachter zu finden. Außerdem sind Gutachten mit erheblichen Kosten verbunden. Daher gibt es **Gutachter- und Schlichtungs-stellen bei allen Landeszahnärztekammern.** Deren Aufgabe ist zu prüfen, ob ein Behandlungsfehler vorliegt. Die Inanspruchnahme der Schlichtungsstelle ist für Patienten kostenfrei. Die Schlichtungsstellen schlagen bei einem Behandlungsfehler eine außergerichtliche Regulierung des Schadens vor. Für die Beteiligten entstehen keinerlei Kosten. Die außergerichtliche Einigung hat den Vorteil, dass die Schadenregulierung relativ schnell und ohne langwierige und teure Prozesse erfolgt. Der Vorteil an diesem Vorgehen ist, dass während des Verfahrens die Verjährungsfrist für mögliche Schadenersatzansprüche unterbrochen wird.

Eine außergerichtliche Klärung bei Behandlungsfehlern bietet auch der Medizinische Dienst der Krankenkassen an. Scheitert die außergerichtliche Einigung, muss der Patient zur Durchsetzung seiner Ansprüche klagen.

Wie geht der Medizinische Dienst vor, wenn der Verdacht auf einen Behandlungsfehler besteht?

Wenn Sie vermuten, dass bei Ihrer Behandlung ein Fehler passiert ist, informieren Sie Ihre Krankenkasse. Die Kasse kann den Medizinischen Dienst Nordrhein damit beauftragen, den Verdacht auf einen Behandlungsfehler zu prüfen. Dafür werten die Fachleute des Medizinischen Dienstes Ihre Krankenunterlagen und das Gedächtnisprotokoll aus, das Sie über den Behandlungsverlauf verfasst haben. Zur Beurteilung des Sachverhalts ziehen sie außerdem medizinische Leitlinien und andere wissenschaftliche Quellen heran, die den aktuellen Stand der Medizin zum Zeitpunkt der Behandlung wiedergeben.

Die Ärztinnen und Ärzte des Medizinischen Dienstes Nordrhein prüfen, ob der Verdacht auf einen Behandlungsfehler begründet ist. Liegt ein Behandlungsfehler vor, untersuchen die Gutachterinnen und Gutachter, ob Sie einen gesundheitlichen Schaden erlitten haben und ob dieser Schaden durch den Behandlungsfehler verursacht wurde. Nur in diesem Fall haben Schadensersatzforderungen Aussicht auf Erfolg. Dieses Gutachten ist für Sie kostenlos. [...]

(Quelle: Medizinischer Dienst Nordrhein: Hilfe bei Behandlungsfehlern; https://www.mdk-nordrhein.de/versicherte/hilfe-bei-behandlungsfehlern [31.01.2024])

In dem folgenden Gerichtsverfahren muss der Patient nachweisen, dass

- ein Behandlungsfehler vorliegt,
- dieser Behandlungsfehler zu einem Schaden geführt hat,
- der Zahnarzt bzw. die Zahnärztin den Behandlungsfehler mindestens fahrlässig verschuldet hat.

Die Beweislast im Arzthaftungsprozess liegt beim Patienten. Die Beweislast kehrt sich gemäß § 630h Abs. 5 BGB allerdings um, wenn dem Zahnarzt oder der Zahnärztin

- grobe Behandlungsfehler,
- ein grober Verstoß gegen die Sorgfaltspflicht bzw.
- eine mangelhafte oder pflichtwidrige Dokumentation

nachgewiesen werden können. Bei der **Beweislastumkehr** muss nun der Zahnarzt oder die Zahnärztin beweisen, dass kein Behandlungsfehler begangen wurde.

5 Führung der Patientendatei

Sarah: „Jetzt haben wir in jedem Behandlungszimmer einen Bildschirmarbeitsplatz. Toll, dass jetzt alle Daten des Patienten vor der Behandlung auf dem Bildschirm zur Verfügung stehen.“ Melanie nickt. „Dr. Heine kann sich so schnell ein Bild machen über den Zahnstatus und die bisherige Behandlung.“ „Nach der Behandlung durfte ich neulich die Abrechnungsdaten eintragen“, erzählt Sarah stolz. „Aber als plötzlich der Server ausfiel, waren wir doch froh, dass die Firma Medicomputer den Schaden in einer halben Stunde beheben konnte.“ Melanie nickt. „Wir haben auch eine Garantie abgeschlossen, damit Störungen unverzüglich behoben werden.“

Aufgaben

1. Sehen Sie sich die Erfassungsmasken für die Patientendaten an.

   a) Welche der Patientendaten gehören zu den Stamm-, welche zu den Bewegungsdaten?
   b) Was versteht man unter Stamm-, bzw. Bewegungsdaten?

2. Wie werden in der Zahnarztpraxis Unterlagen zu Patienten, die auf Papier vorliegen, in die Patientenakte eingefügt?

3. Welche Anforderungen sind an eine Praxissoftware zu stellen?

Eine umfassende Dokumentation aller Patientendaten ist Pflicht bei der Behandlung von Patienten. Die Dokumentation erfolgt mithilfe des Computers. Fallen dennoch Daten auf Papier an, z. B. Berichte aus anderen Praxen, wie Mund-Kiefer-Gesichts-Chirurgie,, werden diese gescannt. Ein Scanner erfasst die aufgelegten Seiten und erstellt eine elektronisch speicherbare Abbildung. Diese wird der im Computer gespeicherten Patientenakte hinzugefügt. Bei der Aufnahme eines neuen Patienten werden in der Erfassungsmaske auf dem Bildschirm folgende Stammdaten eingegeben:

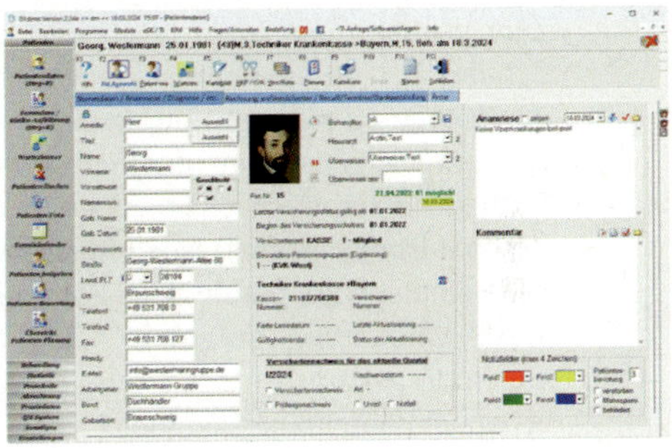

- Name und Vorname,
- Anschrift,
- Telefonnummer,
- Geburtsdatum,
- Kassenzugehörigkeit,
- Arbeitgeber,
- Dauerdiagnosen,
- Allergien und Risikofaktoren,
- Zahnstatus.

Während und nach der Behandlung werden alle Behandlungsdaten erfasst, z. B.

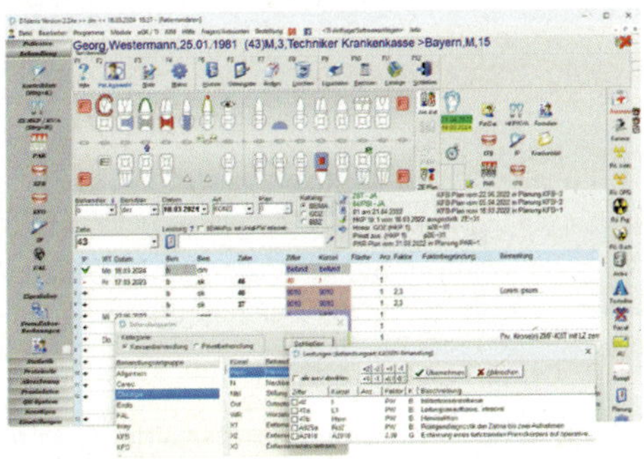

- Behandlungsdatum,
- Diagnose,
- Behandlungen,
- Abrechnungsdaten.

Da bei jeder Behandlung unterschiedliche Daten vorliegen, spricht man in diesem Zusammenhang von sogenannten **Bewegungsdaten.**
Insgesamt unterstützt die Software die folgenden Anforderungen einer ordnungsgemäßen Dokumentation.

- **Vollständigkeit:** Alle Stamm- und Bewegungsdaten eines Patienten müssen erfasst werden können. Fehlen Eintragungen oder können Eintragungen offensichtlich nicht zutreffen, werden auf dem Bildschirm entsprechende Meldungen angezeigt.
- **Übersichtlichkeit:** Die Bildschirmausgabe der Daten muss so aufgebaut sein, dass alle wichtigen Informationen schnell erkennbar sind.
- **Schnelligkeit:** Die Daten der Patienten müssen schnell in den entsprechenden Bereichen der Praxis zur Verfügung stehen.
- **Aktualität:** Die Behandlungsdaten müssen jederzeit aktuell sein. Sucht der Patient die Praxis auf, werden alle Behandlungs- und Abrechungsdaten eingegeben und gespeichert.

Die über einen Patienten gespeicherten Daten bezeichnet man als Patientenakte. Alle Patientenakten zusammen sind die Patientendatei. Sucht ein Patient im Laufe eines Quartals die Zahnarztpraxis auf, wird seine Patientenakte Teil der **laufenden Patientendatei**. In dieser Datei befinden sich somit die Patientenakten der Patienten, die in diesem Quartal behandelt wurden. Die Praxissoftware sortiert dabei selbstständig die unterschiedlichen Patientengruppen, z. B. Kassen- und Privatpatienten. Dies ist notwendig wegen der unterschiedlichen Abrechnungssysteme (BEMA und GOZ). Nach der Abrechnung erstellt der Praxiscomputer eine aktualisierte Patientendatei. In dieser befinden sich die Patientenakten aller Patienten. Im neuen Quartal läuft dann wieder der gleiche Vorgang ab. Patientenakten müssen zehn Jahre gespeichert werden. Üblicherweise werden die Patientendaten nach zehn Jahren, obwohl keine weitere Pflicht zur Speicherung besteht, oft noch archiviert. Man speichert sie auf einem externen Datenträger (z. B. externe Festplatte).

6 Terminvergabe – die Kunst eines effizienten Terminmanagements

Zum wiederholten Male beschwert sich Herr Schäfer bei Sarah über seine Wartezeit von inzwischen 45 Minuten – trotz eines zugesagten Termins. „Wie lange muss ich noch warten? Schließlich habe ich noch einen dringenden geschäftlichen Termin!" Nach Rücksprache mit Dr. Heine erklärt Sarah dem Patienten, dass diese Verspätung aufgrund eines Notfalles zustande gekommen sei. Herr Schäfer könne schon im Behandlungszimmer 2 Platz nehmen. Herr Dr. Heine werde in den nächsten fünf Minuten mit der Behandlung beginnen.

Aufgaben

1. Welche grundlegenden Bedingungen sind bei der Einrichtung eines Bestellsystems unbedingt zu beachten?
2. Erläutern Sie kurz die Schritte, die zur Einführung eines funktionierenden Bestellsystems sinnvollerweise eingehalten werden sollten.
3. Wann ist ein Behandlungsplan zu erstellen?
4. Was versteht man unter einem Recall-System? Welche Voraussetzungen sind hierbei zu beachten?
5. Wie ist das Terminbuch in Ihrer Praxis aufgebaut?
6. Welche Vorteile bietet das Terminmanagement mithilfe des Computers?
7. Erläutern Sie Vor- und Nachteile einer Bestellpraxis.
8. Was versteht man im Zusammenhang mit dem Terminmanagement unter einer offenen und halb offenen Sprechstunde?

Die Auslastung einer Praxis und die Patientenzufriedenheit hängen u. a. davon ab, ob eine Zahnarztpraxis mit einem funktionierenden Bestellsystem arbeitet. Trotz der Vorteile, die eine Bestellpraxis bietet, arbeiten einige wenige Praxen noch mit einer offenen oder halb offenen Sprechstunde. Bei der offenen Sprechstunde gibt es keine Termine. Die Patienten kommen einfach in die Sprechstunde. Bei der halb offenen Sprechstunde werden Termine vergeben, Patienten ohne Termin werden eingeschoben. Bei der offenen und halb offenen Sprechstunde zeigt sich jedoch oft, dass

- die Zufriedenheit der Patienten,
- die Mitarbeiterzufriedenheit,
- die Effizienz der Behandlungsabläufe

mangelhaft ist.

Ein erfolgreiches Bestellsystem muss die **grundlegenden Bedingungen** der jeweiligen Zahnarztpraxis berücksichtigen. Hierzu gehören die **räumlichen und personellen Gegebenheiten**:

– Behandlungsräume – Prophylaxeräume – Praxislabor – Röntgenräume u. a.	Zahnmedizinische Fachangestellte	Zahnärzte/ Zahnärztinnen

Die Ausstattung der Praxis mit ihren Räumen und Personal ist die Grundlage für das sogenannte **Mengengerüst**: Wie viele Behandlungen können unter Berücksichtigung der räumlichen und personellen Vorgaben in der Sprechstunde untergebracht werden? Damit ein Terminsystem funktioniert, sind folgende Schritte einzuhalten:

1. **Entwicklung eines Terminrasters**
   Je nach Art der Praxis und dem zeitlichen Umfang der Behandlung der Patienten sind unterschiedliche Terminlängen vorzusehen. Dies ist allerdings in Zahnarztpraxen teilweise sehr schwierig, da die Zeitdauer der Behandlung je nach Situation bei einzelnen Patienten stark voneinander abweicht. Oft legt der Zahnarzt die Dauer der Behandlung für die Folgetermine fest und gibt diese an die Terminplaner weiter. Üblicherweise unterscheidet man u.a. folgende Terminlängen:

   - Besprechung 10 Minuten
   - Chirurgie 30/60 Minuten
   - Implantat 90 Minuten
   - Konservierung 30/45 Minuten
   - Parodontologie 30/45 Minuten
   - Prophylaxe 30/45 Minuten
   - Präparieren 30/60 Minuten

Umfangreiche Behandlungen, wie das Einsetzen von Implantaten, können Stunden in Anspruch nehmen. In diesen Fällen sollte zu der einzuplanenden Behandlungsdauer die Zahnärztin oder der Zahnarzt gefragt werden.

2. **Terminierung von gleichartigen Behandlungen in einem Block**
   Vorsorgeuntersuchungen, Beratung und Prophylaxe usw. werden nur zu bestimmten Terminen eingeplant.

3. **Einplanen von ausreichenden Pufferzeiten**
   Wie viele Pufferzeiten nötig sind, lässt sich aus den Erfahrungen und der ständigen Überprüfung der Terminplanung ableiten. Die Pufferzeiten können vermindert werden, wenn eine **Akutsprechstunde** für Notfallpatienten (z.B. eine Stunde vor der regulären Sprechstunde) angeboten wird.

4. **Klare Kompetenzen bei der Terminvergabe**
   Die Verantwortung für die Terminvergabe muss klar geregelt sein. Oft ist es vorteilhaft, wenn eine Zahnmedizinische Fachangestellte mit entsprechender Erfahrung zuständig ist.

In einer Terminpraxis müssen Patienten nachhaltig dazu angehalten werden, sich einen Termin geben zu lassen. Erscheinen sie in der Praxis ohne Termin, dürfen sie nicht zulasten der Patientinnen und Patienten mit Termin dazwischen geschoben werden. Dies gilt allerdings nicht für akute Notfälle. Führen Notfälle trotz aller Planung zu einer zeitlichen Verzögerung, sind die Patienten im Wartezimmer umfassend zu informieren.

Bei längerfristigen Behandlungen eines Patienten ist es sinnvoll, einen **Behandlungsplan** mit entsprechenden Terminen aufzustellen. Zahnmedizinische Fachangestellte müssen hier der Patientin oder dem Patienten die Wichtigkeit des Termins, die Notwendigkeit eines pünktlichen Erscheinens und die Folgen der Nichtwahrnehmung deutlich machen. Der Patient selbst erhält eine schriftliche Terminübersicht mit Datum und Uhrzeit der nächsten Behandlungstermine. Manche Praxen erinnern ihre Patienten am Vortag noch einmal an den Termin. Denn für eine Praxis ist das Nichterscheinen von Patienten oft eine nicht zu schließende Lücke, die einen mit erheblichen Kosten verbundenen Leerlauf verursacht.

Patienten, die ihre Vorsorgeuntersuchungen regelmäßig wahrnehmen, sollten in ein sogenanntes **Recall-System** eingebunden werden. Sie erhalten direkt nach einer Vorsorgeuntersuchung ihren nächsten Termin. Kurz vor diesem Termin erhält der Patient dann telefonisch eine Erinnerung. Mithilfe des Praxiscomputers kann diese Erinnerung automatisiert werden. Routinemäßig wird eine SMS oder eine Benachrichtigung per E-Mail an den Patienten übermittelt. Die Aufnahme des Patienten in das Recall-System setzt allerdings dessen ausdrückliches schriftliches **Einverständnis** voraus.

Das Führen eines **Terminbuchs** ist Voraussetzung für eine erfolgreiche Bestellpraxis. Das Terminbuch ist so zu gestalten, dass die freien Termine auf einen Blick sichtbar sind. Aufwendige Behandlungen, die eine längere Behandlungszeit beanspruchen, sind zu kennzeichnen, damit der Patient an den Termin erinnert wird. Praxisprogramme für Zahnärzte enthalten üblicherweise ein Modul für die Terminplanung. Die Bildschirmausgabe orientiert sich dabei am Aufbau herkömmlicher Terminplaner. Ein Nachteil ist, auf dem Bildschirm ist immer nur ein begrenzter Ausschnitt des Terminplanes sichtbar. Vorteilhaft ist, dass vor Beginn der Sprechstunde schon ein Einsatzplan mit Namen und Uhrzeit je Patient für jeden Behandlungsraum vorliegt.

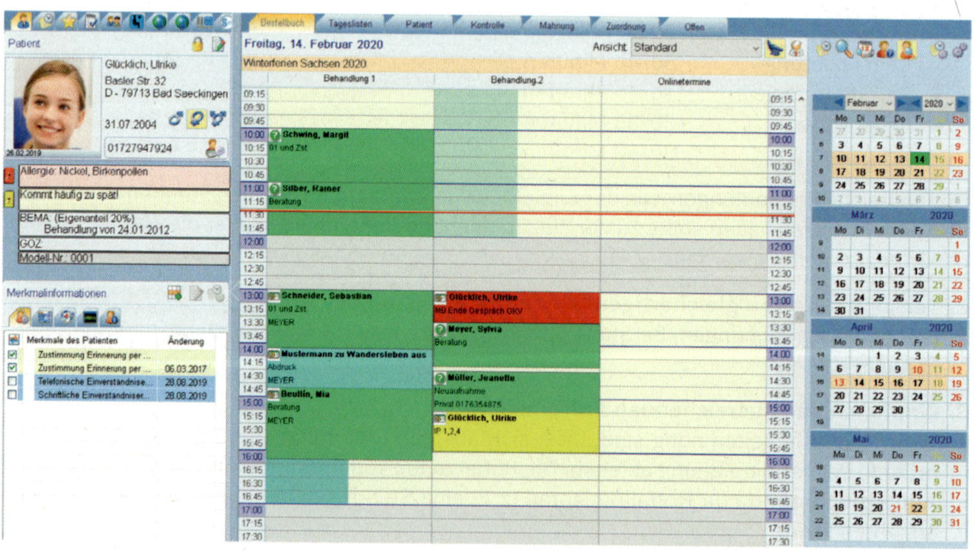

Beispiel für einen Praxisterminkalender

Ein gutes Terminmanagement ist ein sehr wichtiger Faktor für eine effektive Praxisführung. Es sichert die Bindung der Patienten an die Zahnarztpraxis.

Vor- und Nachteile des Bestellsystems	
Vorteile für die Praxis – Die Auslastung der Praxis ist gleichmäßiger. – Es steigert die Zufriedenheit der Angestellten. – Es entlastet den Zahnarzt/die Zahnärztin. – Es sichert einen möglichst reibungslosen Praxisablauf.	**Nachteile für die Praxis** – Es können Ausfallzeiten entstehen, wenn Patienten nicht oder unpünktlich erscheinen. – Müssen mehr Schmerz- oder Notfallpatienten versorgt werden, als durch Pufferzeiten vorgesehen sind, entsteht ein erheblicher Zeitdruck.
Vorteile für die Patienten – Die Wartezeiten sind erheblich verkürzt. – Es steigert die Zufriedenheit der Patienten.	**Nachteile für die Patienten** – Probleme bei kurzfristiger Terminvergabe sind möglich. – Eventuell müssen Patienten auf einen Ersttermin lange warten.

7 EDV in der Zahnarztpraxis

Melanie: „Zwei Tage die Praxis schließen, sich Tag und Nacht durch Behandlungsscheine wühlen, Befunde und erbrachte Leistungen übertragen, die Scheine nummerieren und mit Banderolen versehen: Diese aufregenden Abrechnungszeiten hast du nicht mehr kennengelernt. Heute bei der Abrechnung mit dem Computer werden die entsprechenden Dateien an die KZV übermittelt. Das war's." „Ja, durch den Computer hat sich vieles verändert. Ich denke an unser digitales Röntgengerät. Die Bilder sind direkt auf dem Bildschirm zu sehen. Die Beratung der Patienten ist so erheblich vereinfacht", schwärmt Sarah. „Ja, der Computer ist aus unserer Zahnarztpraxis nicht mehr wegzudenken. Es ist unglaublich, wie rasant die Entwicklung in den letzten Jahren verlaufen ist."

Aufgaben

1. Erstellen Sie eine Übersicht, welche Verwaltungs- und Beratungsaufgaben in einer Zahnarztpraxis mithilfe der EDV gelöst werden.
2. Laden Sie aus dem Internet einen Grundriss einer Zahnarztpraxis und drucken Sie diesen aus. Zeichnen Sie im Grundriss die Stellen ein, an denen sich ein Computerarbeitsplatz befindet.
3. Welche Art von Computersystem ermöglicht die Arbeit an Computerarbeitsplätzen in den verschiedenen Räumen? Beschreiben Sie diese Art von Computeranlage.
4. a) Welche Art von Computer wird im privaten Bereich genutzt?

   b) Welchen Nachteil hat dieses System, wenn in einem Haushalt mehrere Personen den Computer nutzen und im Internet surfen?

   c) Welche Lösung bietet sich in diesem Fall an, wenn diese Personen alle über einen eigenen Computer verfügen?

5. Welche Daten unterscheidet man nach
   - der Art der verwendeten Zeichen,
   - der Verwendung bei der Verarbeitung,
   - der Häufigkeit ihrer Verwendung sowie
   - der Stellung im Datenverarbeitungsprozess?
6. Erläutern Sie am Beispiel einer Patientendatei die Begriffe „Zeichen“, „Datenfeld“, „Datensatz“ und „Datei“.
7. Ordnen Sie den Bereichen Eingabe, Verarbeitung und Ausgabe (EVA) die entsprechenden Geräte eines Praxiscomputers zu.
8. Welche Aufgaben hat ein Betriebssystem?
9. Was versteht man unter einer „Standardsoftware“? Geben Sie einige Beispiele für typische Anwendungen.
10. Welche Erleichterungen bietet der Praxiscomputer Zahnärztinnen und Zahnärzten bei der Beratung und Behandlung von Patienten?
11. Welche Vorteile soll die elektronische Gesundheitskarte für Patienten haben?
12. Welche Daten sind darauf gespeichert?
13. Ein Patient hat auf der Gesundheitskarte Arzneimittelunverträglichkeiten und Allergien speichern lassen. Der Zahnarzt möchte diese Eintragungen sehen. Wie gelangt er an diese Daten? Erstellen Sie einen Ablaufplan.
14. Was versteht man ganz allgemein unter Datenschutz?
15. Um den Schutz der Patientendaten sicherzustellen, sind eine Reihe von Gesichtspunkten zu beachten und umzusetzen. Erläutern Sie fünf Gesichtspunkte, die in einer Zahnarztpraxis im Rahmen des Datenschutzes beachtet werden müssen.
16. Welche Datenschutzmaßnahmen müssen im Rahmen des Datenschutzmanagements in jeder Zahnarztpraxis umgesetzt werden?
17. Was ist im Verhältnis zum Patienten im Rahmen des Datenschutzes zu beachten?
18. Warum ist, insbesondere in den Praxen, eine Datensicherung unbedingt erforderlich?
19. Erläutern Sie, welche Punkte im Rahmen der Datensicherung zu klären sind.
20. Für welche Aufgaben wird das Internet in der Zahnarztpraxis genutzt? Ordnen Sie Ihre Antworten den folgenden Überschriften zu:
    - Verwaltungsaufgaben und kaufmännische Verwaltung
    - berufsbezogene Inhalte
    - sonstige Inhalte
21. Welche Gefahren drohen Computern, die einen Internetzugang haben?
22. a) Wie kann man Computer vor diesen Gefahren schützen?

    b) Wie wird insbesondere das Computersystem in der Zahnarztpraxis vor diesen Gefahren geschützt?

Einsatzbereiche

Jede zahnmedizinische Behandlung ist verbunden mit einer Vielzahl von Verwaltungsarbeiten. Durch den Praxiscomputer sind diese Arbeiten leichter und in kürzerer Zeit zu bewältigen.

Zu den **Einsatzbereichen der Praxis-EDV** gehören heute

- elektronische Patientenakten,
- Abrechnung,
- Erstellung und Abwicklung der Privatliquidationen,
- Abwicklung der gesamten Praxiskorrespondenz,
- Terminplanung,
- Einbindung von medizinischen Geräten, deren Untersuchungsergebnisse direkt im Computer abrufbar sind,
- praxisbezogene Nutzung des Internets,
- Abrechnung.

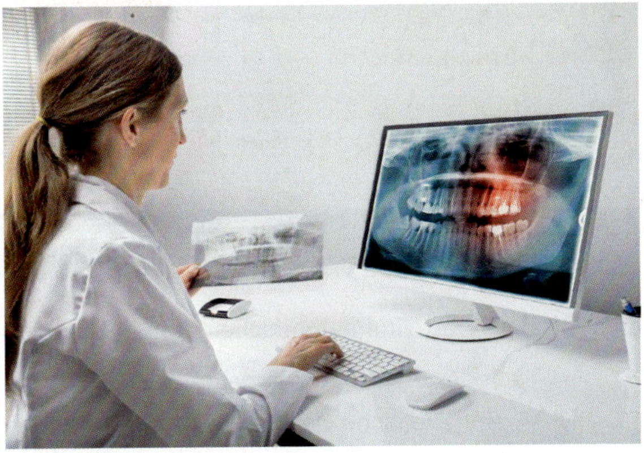

Einsatzbereiche der Praxis-EDV

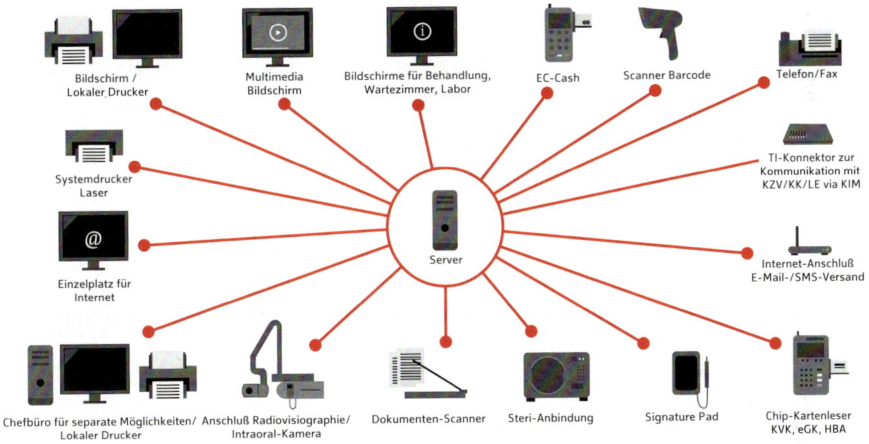

Computerarten

Zahnarztpraxen sind unterschiedlich groß. Sie unterscheiden sich teilweise in ihrem Angebot an zahnmedizinischen Leistungen. Dementsprechend gibt es jeweils andere Anforderungen an die Praxiscomputer. Meist werden Komplettlösungen gewählt, die den Computereinsatz an jedem Platz ermöglichen (**Mehrplatzsystem**). Ein Zentralcomputer steuert das gesamte Computersystem. Die Arbeit mit dem Praxiscomputer erfolgt an den jeweiligen Terminals.

Davon zu unterscheiden sind **Netzwerke**. Hier werden Computer mit Rechner- und Speicherkapazität in einem Netzwerk miteinander verbunden. Netzwerke bieten einige Vorteile. Haben z. B. mehrere Mitglieder eines Haushalts einen Computer, können sie über das Netzwerk auf denselben Internetzugang zugreifen oder sie nutzen gemeinsam nur einen Drucker. Im privaten Bereich arbeiten Nutzer überwiegend mit einem Computer. In der Zeit, in der eine Person diesen Computer nutzt, kann kein weiterer Nutzer über diesen Computer verfügen (**Einplatzsystem**).

Datenarten/Datenbank

Der Prozess der Informationsverarbeitung (Datenverarbeitung) mithilfe des Computers vollzieht sich immer nach dem gleichen Prinzip:

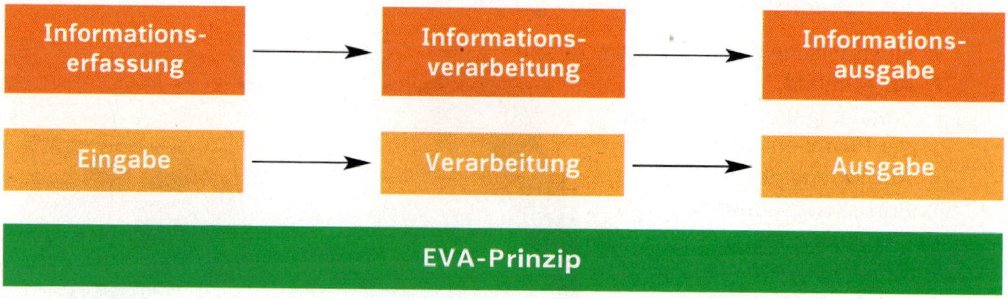

In der Datenverarbeitung unterscheidet man Daten nach folgenden Gesichtspunkten:

- nach der Art der verwendeten Zeichen
  - alphabetische Daten (Groß- und Kleinbuchstaben des Alphabets)
  - numerische Daten (Ziffern des dezimalen Zahlensystems)
  - Sonder- und Grafikzeichen (z. B., &, @, €, ☺)
  - alphanumerische Daten (z. B. 120/80 mmHg)
- nach der Verwendung bei der Verarbeitung
  - Rechendaten (mit den Eingabedaten wird ein Ergebnis errechnet)
  - Ordnungsdaten (die Eingabedaten dienen zur Sortierung von Daten, z. B. Patientennamen, Krankenkasse usw.)
- nach der Häufigkeit ihrer Verwendung
  - Stammdaten (Daten, die sich über einen längeren Zeitraum nie oder selten ändern, z. B. Vor- und Nachname, Geburtsdatum, Krankenkasse)
  - Bewegungsdaten (Daten, die im Rahmen eines Vorgangs erfasst, bearbeitet und ausgewertet werden, z. B. alle Behandlungsdaten, wie Parodontose-Behandlung)
- nach der Stellung im Datenverarbeitungsprozess
  - Eingabedaten
  - Ausgabedaten

In den Zahnarztpraxen erfolgt die Datenverarbeitung mit der Praxissoftware. Alle Patienten- und alle Behandlungsdaten werden erfasst in der Patientendatei. Im Zusammenhang mit der Verarbeitung von Dateien im Computer unterscheidet man folgende Begriffe:

- **Zeichen:** Die kleinste Dateneinheit, die der Computer erfassen, speichern und verarbeiten kann. Für sich allein gesehen haben Zeichen in der Patientendatei, bis auf Ausnahmen, keinen Sinn. Eine bekannte Ausnahme ist beispielsweise die Kennzeichnung des Versichertenstatus des Patienten, die früher auf der Karteikarte durch Markierung der Buchstaben M (Mitglied – selbst versichert), F (Familienversichert) und R (Rentner) erfolgte. In der EDV entsprechen diesem Status die numerischen Daten 1, 3 und 5.
- **Datenfeld:** In den meisten Fällen sind Zeichen Teil eines logischen Ganzen, wie Name, Vorname, Wohnort, Straße usw. Logisch zusammengehörige Zeichen, die eine sinnvolle Information wie in den genannten Beispielen ergeben, bezeichnet man als Datenfeld.

- **Datensatz:** Mehrere Datenfelder, die Informationen zu einem Datenobjekt enthalten, werden zu einem Datensatz zusammengefasst. So ergeben alle Informationen zu einem Patienten, wie Vorname, Nachname, Wohnort, Straße, Krankenkasse, Versichertenstatus usw. den Datensatz Patient.
- **Datei:** Alle Datensätze, die in gleicher Weise aufgebaut und geordnet sind, werden zu einer Datei zusammengefasst, z. B. die Patientendatei.

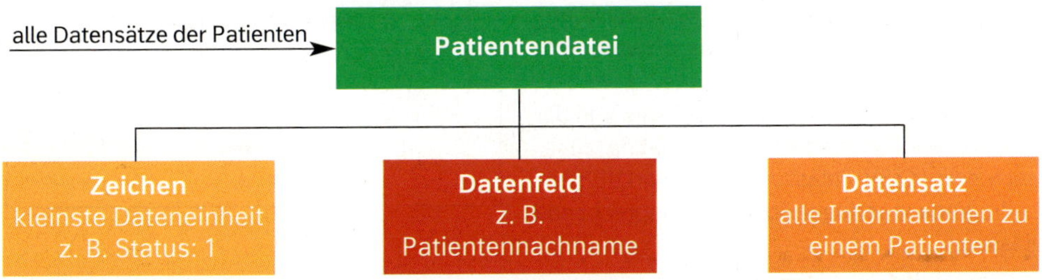

Computer können darüber hinaus verschiedene Formen **multimedialer Daten** verarbeiten, wie

- Tondokumente/Sprache,
- Bilder,
- Videos.

Dies wird in Praxen, in denen Untersuchungsgeräte direkt in das Computersystem eingebunden sind, genutzt. So können beispielsweise Röntgenaufnahmen und Untersuchungen mit der interoralen Kamera oder einem Scanner direkt am Bildschirm ausgewertet werden.

In einer modernen Zahnarztpraxis fallen eine Fülle von Verwaltungsaufgaben an, die mit der entsprechenden Hardware und Software gut gelöst werden können.

Hardware

Um Daten mit einem Computersystem zu verarbeiten, muss eine Zahnarztpraxis über die entsprechende **Hardware** verfügen.

Nach dem EVA-Prinzip unterscheidet man folgende für Zahnarztpraxen typische Hardware:

Eingabe	Verarbeitung	Ausgabe
▪ Tastatur ▪ Maus/Touchpad ▪ Kartenlesegerät ▪ Scanner ▪ Intraoral-Kamera ▪ digitales Röntgengerät	Zentraleinheiten des Computers mit ▪ Prozessor ▪ Festplatte (interner Speicher) ▪ Festplatte (externer Speicher) ▪ Laufwerk für DVD Über Schnittstellen können angeschlossen werden: – USB-Stick – externe Festplatte	▪ Monitor ▪ Drucker

Software

Damit alle Geräte des Computers im Zusammenspiel mit dem Prozessor problemlos betrieben werden können, ist eine entsprechende Software, das **Betriebssystem** notwendig. Das bekannteste und führende Betriebssystem ist **Windows**.

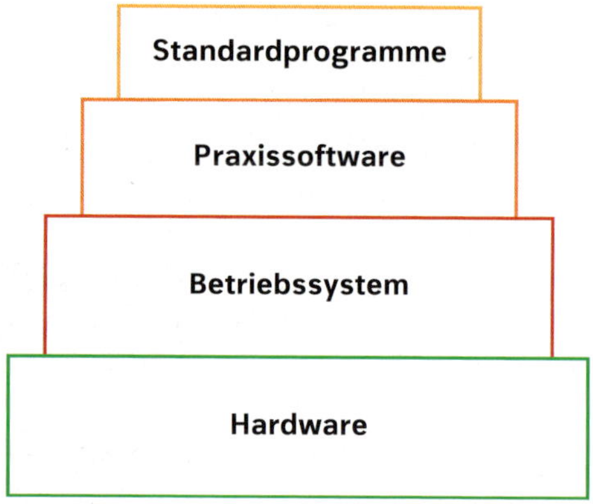

Für die Patientenverwaltung und zur Abrechnung muss der Zahnarzt eine **Branchensoftware**, d. h. in diesem Fall eine **Praxissoftware**, erwerben. Für die Abrechnung muss das Programm von der Kassenzahnärztlichen Bundesvereinigung zugelassen sein (KZBV-Zulassung). Die marktführenden Programme verfügen über eine entsprechende Zulassung.

Neben der Zahnarztsoftware setzen die Praxen noch **Standardsoftware** ein. Die meistgenutzte Standardsoftware ist ein Textverarbeitungsprogramm. Daneben gibt es noch Standardsoftware für die Bearbeitung von Tabellen, Bildern und Grafiken, Verwaltung von Dateien, Kommunikation usw.

Konsequente Digitalisierung

Bei einer konsequenten Digitalisierung werden alle Patientendaten, z. B. Behandlungsdaten, Rezepte, Befunde, Röntgenaufnahmen usw. digital gespeichert und verwaltet. Untersuchungsgeräte sind direkt mit dem Computer verbunden, z. B. das Digitalröntgen. Die Bilder werden vom Röntgengerät direkt auf den Computer übertragen und dort gespeichert. Unterstützt wird diese Entwicklung durch die Einführung der elektronischen Gesundheitskarte.

Elektronische Gesundheitskarte

Gesetzlich Krankenversicherte erhalten die **elektronische Gesundheitskarte (eGK)** als Ausweis von ihrer Krankenkasse. Mit dieser Karte können sie sich bei Ärztinnen und Ärzten, Zahnärztinnen und Zahnärzten sowie in Krankenhäusern und bei anderen Anbietern von Kassenleistungen behandeln lassen.

Versicherte ab 15 Jahren erhalten eine Karte mit einem Foto. Damit soll verhindert werden, dass die Karte missbräuchlich genutzt wird.

Die elektronische Gesundheitskarte (links) und ihre Rückseite, die Europäische Krankenversicherungskarte

Neben dem Foto befinden sich auf der Vorderseite folgende Informationen:

- die Bezeichnung „Gesundheitskarte“
- Name und Logo der Krankenversicherung
- die Kennnummer der Krankenversicherung
- die Versichertennummer

Auf dem Chip sind folgende Stammdaten gespeichert:

- Name
- Adresse
- Geburtsdatum
- Geschlecht
- Krankenversichertennummer
- Versichertenstatus (z. B. familienversichert)
- Beginn und Ablauf des Versicherungsschutzes

Die Rückseite der Gesundheitskarte dient als Europäische Krankenversicherungskarte. Mit ihr weisen Krankenversicherte ihre Berechtigung nach, sich in den Staaten der EU und einigen weiteren europäischen Ländern im medizinischen Notfall behandeln zu lassen.

Die elektronische Gesundheitskarte ist maximal fünf Jahre gültig. Nach Ablauf dieser Frist stellt die Krankenkasse eine neue Gesundheitskarte aus.

Wird die Karte beim ersten Termin im Quartal in einer Arztpraxis, Zahnarztpraxis oder bei anderen Anbietern von Kassenleistungen eingelesen, werden die gespeicherten Daten online mit den bei der Krankenkasse hinterlegten Daten abgeglichen. Das System prüft, ob die Karte gültig ist. Ungültige Karten werden somit sofort erkannt.

Die elektronische Gesundheitskarte ist nicht nur Versicherungsausweis für die gesetzlich krankenversicherte Person, sondern sie bietet weitere Funktionen. Allerdings werden diese nur genutzt, wenn die oder der Versicherte freiwillig zusätzliche Angaben auf der Karte speichern lässt. Auf Wunsch können folgende Daten gespeichert werden:

- **Notfallversorgungsdaten,** die im Falle einer Notfallversorgung erforderlich sind, wie Angaben zu Vorerkrankungen, Arzneimittelunverträglichkeiten, Allergien usw.
- **Medikationsplan,** d. h., es werden alle verschreibungspflichtigen und sonstigen Medikamente, die der Patient regelmäßig nimmt, gespeichert. Ergänzend werden hierzu die Dosierung, die Gründe für die Einnahme u. a. aufgeführt.
- **Fach für persönliche Erklärungen,** in dem Versicherte Daten z. B. zum Aufbewahrungsort von Vorsorgedokumenten, wie Patientenverfügung und Vorsorgevollmacht, Organspendeausweis usw. speichern können.

Entscheiden sich Versicherte, diese zusätzlichen Funktionen der eGK zu nutzen, gilt zur Sicherheit der gespeicherten Daten ein „Zwei-Schlüssel-Prinzip“: Die versicherte Person erhält von der Krankenkasse eine persönliche Identifikationsnummer (PIN), die zur Freigabe der Daten eingegeben wird.

Erst nachdem die Daten dieses Ausweises eingelesen wurden, kann der Arzt oder die Ärztin auf die gespeicherten Daten zugreifen. Zur Sicherheit wird zudem jeder Zugriff auf die Daten der eGK gespeichert. Nur in einem Notfall dürfen die Notfallversorgungsdaten ohne Zustimmung des Versicherten ausgelesen werden.

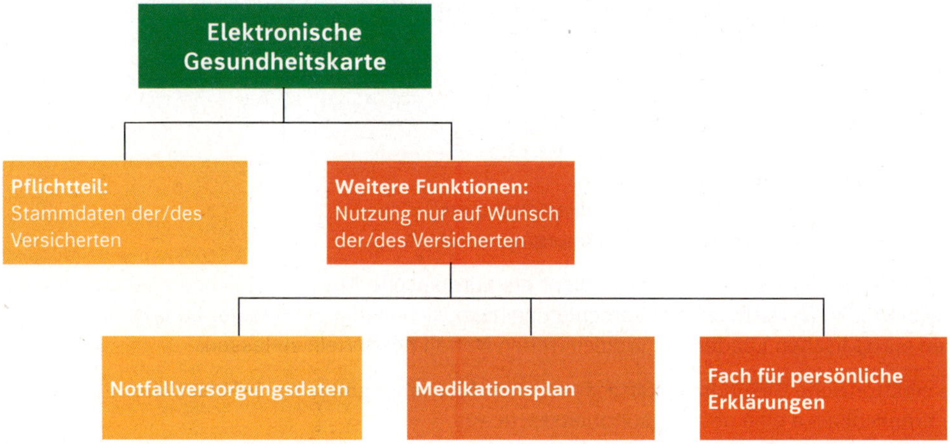

Die kontaktlose Nutzung der eGK (NFC)

Die neuen elektronischen Gesundheitskarten sind aufgrund gesetzlicher Vorschriften mit einer kontaktlosen Schnittstelle (NFC) ausgestattet. NFC bedeutet „Near Field Communication“ (Nahfeldkommunikation). Durch einen zusätzlichen NFC-Chip ist damit ein kontaktloser Austausch von Daten über kurze Distanzen möglich. Diese Übertragungsart von Daten kennt man vom kontaktlosen Zahlen mit der EC-Karte. NFC ist die Basis für zukünftige Funktionen und Anwendungen der eGK. Eine dieser Anwendungen ist die elektronische Patientenakte.

Die elektronische Patientenakte

Die Gesundheitsdaten einer Patientin oder eines Patienten liegen zumeist verteilt vor: in der Hausarztpraxis, zusätzlich bei Fachärztinnen/-ärzten und eventuell in den Patientenakten von Krankenhäusern. Eine Medikation und Behandlung auf der Grundlage aller vorliegenden Daten ist also schwierig, denn der behandelnde Arzt oder die Ärztin muss sich meist mühsam einen Einblick in die Patientendaten bei allen anderen Beteiligten verschaffen. Hierzu müssen diese Daten angefordert und ausgetauscht werden, was Zeit erfordert. Die elektronische Patientenakte soll dieses Problem lösen, indem alle Gesundheitsdaten der Versicherten zentral gespeichert und bei Bedarf direkt abgerufen werden können. In Notsituationen kann diese elektronische Akte lebensentscheidend von Vorteil sein. Weiterhin werden so oft kostspielige Doppeluntersuchungen vermieden.

Wie erhält aber die Patientin oder der Patient selbst die Möglichkeit, einen Einblick über die gespeicherten Daten in der eigenen elektronischen Patientenakte zu gewinnen? Dies ermöglicht der NFC-Chip der Gesundheitskarte. Mit einem NFC-tauglichen Smartphone können Versicherte die gespeicherten Daten auslesen. Die Krankenkassen stellen hierzu die passende App zur Verfügung. Mit der eGK und der App auf dem Smartphone haben Versicherte bequem Zugang zu den eigenen Gesundheitsdaten. Die App stellt dabei sicher, dass nur die versicherte Person auf die Daten zugreifen kann. Allerdings sollte man, wie bei der EC-Karte, durch eine NFC-Schutzhülle die elektronische Gesundheitskarte vor ungewolltem Zugriff schützen.

Die elektronische Patientenakte befindet sich noch in der Testphase. Insbesondere der Schutz der Daten der Versicherten ist ein wichtiges Thema, da dieser in jedem Fall gewährleistet sein muss.

Telematikinfrastruktur

Greifen berechtigte Leistungserbringer, wie Arzt- und Zahnarztpraxen, Krankenhäuser, Apotheken usw. auf die elektronische Patientenakte zu, um Informationen abzurufen, die für eine Behandlung benötigt werden, müssen diese sensiblen medizinischen Daten besonders geschützt werden. Für die Übertragung wurde ein spezielles System aufgebaut, die Telematikinfrastruktur. In diesem System dürfen nur die oben genannten Leistungserbringer auf die medizinischen Daten der Versicherten zugreifen. Die Daten sind verschlüsselt und durch eine Signatur vor Veränderungen geschützt.

Voraussetzung für den Zugriff auf diese Daten ist eine besondere Infrastruktur, d. h. eine spezielle Hard- und Software, die den besonderen Schutz dieser Daten unterstützt. Durch gesetzliche Vorgaben für eine sichere digitale Kommunikation und Anwendungen im Gesundheitswesen sind die Leistungserbringer verpflichtet, die für die Telematik notwendige Infrastruktur anzuschaffen und einzurichten.

Zahnärztinnen und Zahnärzte können einen elektronischen Zahnarztausweis bei der zuständigen Zahnärztekammer beantragen.

Datenschutz

„Meine Daten gehören mir!" Diese Aussage trifft bei der Angabe der eigenen Daten insbesondere im Internet nicht zu. Eigentlich sollte jeder Mensch selbst bestimmen, welche persönlichen Daten von ihm gespeichert werden. Dies soll sichergestellt werden durch den Datenschutz. Der Datenschutz umfasst ganz allgemein alle Maßnahmen zum Schutz personenbezogener Daten. Der Begriff des Datenschutzes wird, wie die Aussage oben zeigt, weiter gefasst. Jeder soll davor geschützt werden, dass durch den personenbezogenen Umgang mit seinen Daten das Recht auf informationelle Selbstbestimmung beeinträchtigt wird. Das heißt, jeder soll grundsätzlich selbst entscheiden, wem wann welche seiner persönlichen Daten zur Verfügung gestellt werden.

Beispiel: *Ein Nutzer startet eine Suchanfrage im Netz. Das Programm hat, vom Nutzer unbemerkt, Daten aus den bisherigen Anfragen gesammelt und über den Nutzer ein Profil erstellt. Zu den Ergebnissen seiner Anfrage wird auf ihn abgestimmte Werbung am Bildschirm angezeigt. Das informelle Selbstbestimmungsrecht des Nutzers wird damit verletzt.*

Daher sollte jeder bei der Nutzung des Internets mit der Preisgabe eigener Daten äußerst vorsichtig sein.

Welche Daten von einem Patienten gespeichert werden, ergibt sich aus dem Behandlungsvertrag. Dabei vertrauen Patientinnen und Patienten darauf, dass der Zahnarzt oder die Zahnärztin mit persönlichen und sensiblen Daten verantwortungsvoll umgeht; dass die Daten sicher sind. Hierzu sind Ärztinnen und Ärzte durch entsprechende gesetzliche Vorschriften verpflichtet. Daher sind folgende Gesichtspunkte zu beachten:

- **Datenschutzmanagement**
  In den Praxen ist sicherzustellen, dass durch Praxisverwaltung und -organisation der Datenschutz entsprechend den gesetzlichen Vorschriften eingehalten wird (Datenschutzmanagement). Dies ist zu dokumentieren.
- **Überprüfung aller internen Verarbeitungsvorgänge bei Datenspeicherung**
  Alle Verarbeitungsvorgänge beim Umgang mit Patientendaten sind daraufhin zu überprüfen, ob sie den gesetzlichen Vorschriften zum Datenschutz entsprechen. Insbesondere müssen geeignete technisch-organisatorische Maßnahmen umgesetzt werden, die den Datenschutz sicherstellen (siehe folgende Seite).
- **Verzeichnis von Verarbeitungstätigkeiten**
  Es ist ein Bestandsverzeichnis erforderlich, welche Daten in der Zahnarztpraxis verarbeitet werden. Alle Praxen haben ein Verzeichnis der Verarbeitungstätigkeiten zu führen. Entsprechende Muster stellen die Zahnärztekammern und Datenschutzbehörden zur Verfügung.

Laufendes Verfahrensverzeichnis: 1

1. Verarbeitungstätigkeit: **Stammdaten der Patienten**

2. Datum der Einführung / Datum der letzten Änderung:

/

3. Verantwortlicher Ansprechpartner:

Name	
Abteilung	
Telefon	
Telefax	
E-Mail	

4. Zweck der Verarbeitung (Art. 30 Abs. 1 lit. b DSGVO)

Verarbeitung von Daten der Patienten bei Erstkontakt für den Zweck der Erfüllung praxiseigener Behandlungsverträge bzw. zur Durchführung vorvertraglicher Maßnahmen für diese Behandlungsverträge

5. Kategorien betroffener Personen und personenbezogener Daten (Art. 30 Abs. 1 lit. c DSGVO)

Personengruppe	**Daten/Datenkategorie**
Patient	Name, Vorname, Geschlecht, Geburtsdatum und -ort, Adresse, Telefonnummer, Telefax, E-Mail, Versicherungsstatus und Krankenversicherung Gesundheitsdaten* zum aktuellen Gesundheitszustand, Erkrankungen und vorangegangene oder zu laufenden Behandlungen Gesundheitsdaten* von vor,- mit- oder weiterbehandelnden Zahnärzten, Ärzten oder Angehörigen anderer Heilberufe, medizinischen Einrichtungen, Dentallaboren, Gutachtern
Angehörige des Patienten, Betreuer	Name, Vorname, Adresse, Telefonnummer, E-Mail
(optional)	*(optional)*

* es handelt sich um besondere Kategorien personenbezogener Daten im Sinne des Art. 9 DSGVO

(Vgl. http://phb.lzk-sachsen.org/PDF/DSGVO/Praxis_06_Verarbeitungsverzeichnis.pdf, Seite 2 von 11; abgerufen am 31.01.2024)

- **Benennung einer/eines Datenschutzbeauftragten**
  In Zahnarztpraxen ist ein Datenschutzbeauftragter zu benennen, wenn mindestens 20 Personen ständig mit der Verarbeitung personenbezogener Daten mithilfe des Computers beschäftigt sind. Dies dürfte nur auf sehr große Praxen und Zahnmedizinische Versorgungszentren zutreffen. Die Person, die als Datenschutzbeauftragte ausgewählt wird, muss für diese Aufgabe qualifiziert sein. Es kann aber auch eine externe fachkundige Person von einem entsprechenden Dienstleistungsunternehmen beauftragt werden. Der/die Datenschutzbeauftragte kontrolliert die Einhaltung des Datenschutzes und der Datensicherheit in der Zahnarztpraxis. Datenschutzbeauftragte sind weiterhin Ansprechpartner für alle Fragen im Zusammenhang mit dem Datenschutz.

- **Interne Datenschutzrichtlinie**
  Um ein Bewusstsein für den Datenschutz und Datenschutzrisiken zu schaffen, kann die Erstellung einer Datenschutzrichtlinie sinnvoll sein. Darin werden beispielsweise klare Verhaltensweisen bei der Erfassung von Patientendaten, klare Verantwortlichkeiten, eventuell Zugriffsbeschränkungen auf die Patientendaten (siehe folgende Seite) festgelegt.

Im Rahmen des Datenschutzmanagements sind **in der Zahnarztpraxis folgende Maßnahmen umzusetzen:**

- **Schutz vor Einsichtnahme**
  Dritte dürfen keinen Einblick in die Patientendaten erhalten.

- **Schutz vor unberechtigtem Zugriff**
  Es ist sicherzustellen, dass kein Unbefugter auf die Patientendaten zugreifen kann. Dies geschieht üblicherweise durch eine Sicherung des Zugangs über Passwörter.

- **Sicherung des Computers durch Begrenzung der Datenzugriffsmöglichkeiten**
  Jeder Nutzer des Computersystems hat ausschließlich Zugriff bzw. Bearbeitungsrechte in seinem Tätigkeitsfeld.

Beispiel: *Eine Zahnmedizinische Fachangestellte arbeitet am Praxisempfang. Sie ist nicht berechtigt, mit dem Buchführungsprogramm zu arbeiten. Sie hat nur die Berechtigung, patientenbezogene Daten zu verarbeiten.*

- **Schutz vor einer Veränderung bzw. Zerstörung der Daten durch Viren**
  Auf den Praxiscomputern muss ein stets aktuelles Virenschutzprogramm und eine Firewall installiert sein (Sicherung über die Software).

- **Schutz vor einem Zugriff auf die Daten des Praxiscomputers über das Internet**
  Es muss sichergestellt sein, dass keine unberechtigten Personen über das Internet auf die im Praxiscomputer gespeicherten Daten zugreifen können. Eventuell wird der mit dem Internet verbundene Rechner nicht in das Computernetz der Zahnarztpraxis eingebunden (Sicherung über die Hardware).

- **Sicherung der externen elektronischen Kommunikation**
  Im Praxisalltag wird eine Vielzahl von Daten über das Internet übermittelt, z. B. an das Dentallabor oder die KZV. Es muss sichergestellt sein, dass ein Zugriff auf die Daten durch Unberechtigte ausgeschlossen ist. Die zu übermittelnden Daten müssen mit einem möglichst sicheren Verfahren verschlüsselt werden.

Im Bezug auf Patientendaten ist zu beachten:

- **Einholung von Einwilligungen für besondere Datenverarbeitungsvorgänge**
  Bestimmte Datenverarbeitungsvorgänge sind nicht durch den Behandlungsvertrags gedeckt, z. B. Recall-Maßnahmen, Weitergabe von Daten an eine privatärztliche Verrechnungsstelle. Für diese Vorgänge ist eine Einwilligungserklärung der Patientin oder des Patienten erforderlich.

- **Informations- und Auskunftspflichten**
  Patientinnen und Patienten haben einen rechtlichen Anspruch auf Informationen, über die Verarbeitung von Patientendaten. Hierzu können entsprechende Vordrucke oder Informationen auf der Homepage genutzt werden, um den Patienten überschaubar,

verständlich und leicht zugänglich über die Abläufe zu informieren. Weiterhin kann der Patient Auskunft über die zu seiner Person gespeicherten Daten verlangen (datenschutzrechtliches Auskunftsrecht). Hier muss die Zahnarztpraxis Verfahren festlegen, um entsprechende Anfragen schnell beantworten zu können.

- **Recht auf Löschung**
  Patienten haben ein Anrecht darauf, dass ihre Daten nach Ende der gesetzlich vorgeschriebenen Aufbewahrungsfristen gelöscht werden. Daher sollte im Rahmen der internen Datenschutzrichtlinien festgelegt werden, wann und durch wen die Daten nach Ablauf der Aufbewahrungsfristen gelöscht werden.

Datensicherung

Die Datensicherung hat folgende Ziele:

- Nach einem **Datenverlust** müssen die Daten schnell und vollständig wieder hergestellt werden können.
- Die **gesetzliche Aufbewahrungsfrist** muss erfüllt werden, d. h., innerhalb der Aufbewahrungsfrist müssen die gespeicherten Patientendaten im Bedarfsfall zur Verfügung stehen.

Im Rahmen des Datenschutzmanagements sind für die Datensicherung folgende Punkte zu klären:

- **Verantwortlichkeit**
  Hier ist festzulegen, wer die Datensicherung durchführt. Bei Urlaub oder Krankheit ist festzuhalten, wer die Datensicherung stellvertretend übernimmt.
- **Daten, die zu sichern sind**
  Die Daten sind so zu sichern, dass diese nach einem Datenverlust wiederhergestellt werden können. Weiterhin dürfen für die Abrechnung der Leistungen keinerlei Daten verloren gehen. Die Praxisprogramme steuern die Datensicherung automatisch. Sie entsprechen diesen Anforderungen.
- **Häufigkeit der Datensicherung**
  Mindestens einmal täglich ist eine Datensicherung durchzuführen.
- **Medien, auf denen die Daten gesichert werden**
  Die Daten können im Netzwerk der Zahnarztpraxis auf einem speziellen Computer gesichert werden. Dieser dient nur diesem Zweck. Vorsicht ist dabei geboten. Es können im Netz Störungen auftreten, bei denen auch dieser Computer mit betroffen ist. Die Datensicherung erfolgt daher meist auf einem externen Datenträger (externe Festplatte, USB-Stick usw.). Diese haben den Vorteil, dass sie auch außerhalb der Zahnarztpraxis einbruch- und feuersicher aufbewahrt werden können. Bei einer Aufbewahrung in der Praxis muss der Aufbewahrungsort auch diesen Vorgaben entsprechen.

  Eine weitere Möglichkeit ist die Speicherung der Daten in einer Cloud. Dies ist gerade für Zahnarztpraxen nur erlaubt, wenn die Daten verschlüsselt werden. Es darf niemand außerhalb der Zahnarztpraxis auf diese Daten zugreifen können. Weiterhin müssen die Daten für jeden außerhalb der Zahnarztpraxis unlesbar sein.
- **Aufbewahrungsfristen**
  Hier sind die gesetzlichen Aufbewahrungsfristen zu beachten. Dabei ist zu beachten, dass die Daten auf Datenträgern unleserlich werden können, bzw. dass Techniken veralten. Im Rahmen des Datenschutzmanagements ist somit sicherzustellen, dass die Sicherungskopien stets lesbar sind. Sie sind bei Bedarf auf moderne Datenträger zu kopieren, die der aktuelle Praxiscomputer lesen kann. Hat in der Zwischenzeit die Praxissoftware gewechselt, muss diese auch die alten Daten verarbeiten können.

Zahnarztpraxis und Internet

Immer mehr Patienten fragen ihre Zahnärztin oder ihren Zahnarzt bei vorliegenden Beschwerden gezielt nach Krankheitsbildern, die auf sie zutreffen könnten. Sie haben sich zuvor auf entsprechenden Internetseiten informiert. Zahnarzt und Praxispersonal müssen sich auf diese Situation einstellen.

Das Internet spielt bei der Suche nach einem Zahnarzt oder einer Zahnärztin zunehmend eine Rolle. Der Patient erwartet Informationen über die Behandlungsmöglichkeiten. Weiterhin wünscht er Informationen über Spezialgebiete des Zahnarztes und Angaben über Terminvereinbarungen per Internet. Auch Zahnarztbewertungen spielen bei der Auswahl der Zahnarztpraxis eine Rolle.

Niedergelassene Zahnärzte verfügen meist über eine eigene Praxis-Homepage. (Seite 117f). Sie bietet erste Informationen über die Zahnarztpraxis. Weiterhin kann mit den Patienten über das Internet Kontakt aufgenommen werden. Termine können beispielsweise so bestätigt werden.

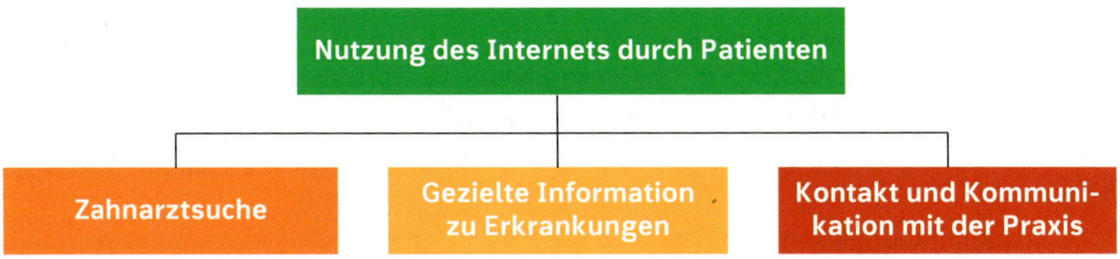

Für niedergelassene Zahnärztinnen und Zahnärzte bietet das Internet eine Vielzahl berufsbezogener Inhalte, die den Praxisalltag erleichtern. Hierzu gehören u. a. Informationen zu:

- Krankheiten/Indikationen
- neuen Behandlungsmethoden
- Medikamenten
- Fachliteratur/medizinische Lexika
- Fort- und Weiterbildungen
- Gesundheitspolitik
- Expertenforen

Daneben erleichtern viele Internetdienste die kaufmännische Leitung und Verwaltung einer Praxis, z. B. durch

- Versenden/Empfangen von E-Mails,
- Angebotssuche und Onlineeinkäufe von Praxisbedarf und Praxisausstattung,
- Homebanking.
- Terminplanung.

Da im Praxisnetzwerk Patientendaten vorliegen, erfordert die Nutzung des Internets ein hohes Maß an besonderer Sicherheit. Für die berufliche Nutzung, wie Befundübermittlung an andere Zahnärzte und Ärzte, Übermittlung von Labordaten, usw. sollen die Praxen KIM (Kommunikation im Medizinwesen) oder das von der Kassenzahnärztlichen Bundesvereinigung (KZBV) angebotene Cryptshare nutzen. Cryptshare ermöglicht das sichere Versenden vertraulicher Dateien und Nachrichten über die von der KZBV bereitgestellte Website, die als Datenaustauschplattform dient. Die Internetnutzung sollte über einen gesonderten Internetrechner erfolgen. Dieser hat keine Verbindung zum Praxisnetzwerk und den Rechnern mit Patientendaten.

Bei der privaten Nutzung des Internets stehen in vielen Fällen die Unterhaltungs- und Freizeitangebote im Vordergrund. So werden in diesem Bereich u. a. angeboten:

- Soziale Netzwerke
- Online-Einkäufe
- Videos/Internetfernsehen
- Musik/Internetradio
- Online-Nachrichten/-Zeitungen/-Zeitschriften
- Computerspiele/Online-Spiele
- Angebote zur Informationssuche

Wichtig für die Nutzung des Internets ist, die damit verbundenen Gefahren zu kennen und im Auge zu behalten. Wer sich als Nutzer in Onlinecommunitys oder Foren bewegt, muss wissen, dass alles, was man dort von sich preisgibt, auf lange Zeit abrufbar ist („Das Internet vergisst nichts!“). Und wer Dateien oder Computerspiele aus dem Internet herunterlädt, muss auf die Urheberrechte achten. Downloads sind nur dann erlaubt, wenn eine entsprechende Berechtigung gegeben ist. Peinliche Internetauftritte und Abmahnungen wegen Urheberrechtsverletzungen können ungeahnte Folgen haben.

Alle Internetrechner müssen mit Programmen zum Schutz vor unbefugtem Zugriff und vor Zerstörung von Daten ausgestattet sein. Der PC muss mit einer Firewall abgesichert sein. Dies ist sozusagen ein digitaler Türsteher, der aufpasst, dass kein unerlaubter Zugriff aus dem Internet auf den eigenen Computer erfolgt. Ergänzt wird dieser Schutz durch einen stets aktuellen Virenscanner.

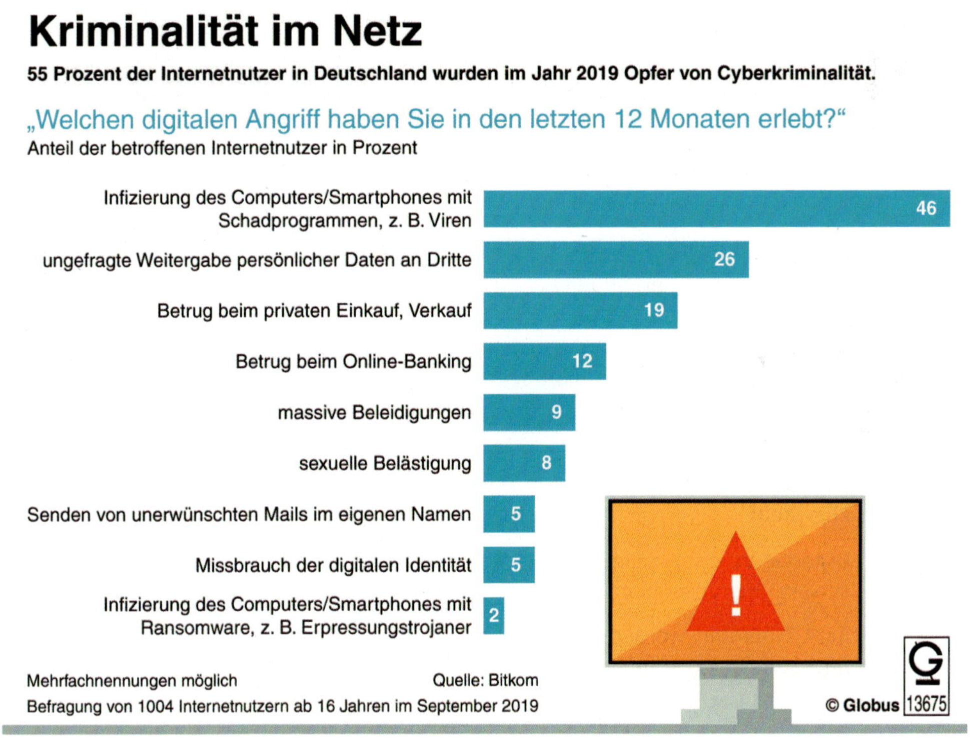

8 Organisation von Posteingang- und -ausgang einschließlich der elektronischen Nachrichtenübermittlung

Melanie hat sich einen Merkzettel in den Terminplaner gelegt. Herr Moll, der heute einen Termin hat, hat eine längst überfällige Rechnung noch nicht bezahlt. Als Melanie ihn darauf anspricht, bemerkt er: „Es tut mir wirklich leid. Aber ich habe bisher keine Rechnung erhalten." „Das kann ich mir überhaupt nicht vorstellen! Wir haben den ausstehenden Betrag mehrmals angemahnt. Die letzte Mahnung ist Ihnen per Einschreiben zugestellt worden." Melanie präsentiert Herrn Moll den Einlieferungsschein des Einschreibens und eine Kopie dieser Mahnung.

„Das tut mir leid. In diesem Fall scheint bei mir etwas schief gelaufen zu sein. Sie können sich darauf verlassen, dass ich unverzüglich den Betrag überweisen werde."

Aufgaben

1. Welche Arbeitsschritte sind bei der Bearbeitung der eingehenden Post zu beachten?
2. Erstellen Sie eine Checkliste für die Bearbeitung der Ausgangspost.
3. Erkundigen Sie sich mithilfe des Internets über die Möglichkeiten, die Frankierung der ausgehenden Post zu automatisieren.
4. Welche Versendungsform ist in den folgenden Fällen zu wählen?
   a) An 89 Patienten sind Privatliquidationen zu senden.
   b) 15 Patienten bekommen eine erste Mahnung zugesandt.
   c) Drei Patienten erhalten eine letzte Mahnung, bevor deren ausbleibende Zahlung gerichtlich eingeklagt wird.
   d) Eine Auszubildende erhält nach drei Abmahnungen wegen unentschuldigten Fehlens in der Berufsschule und in der Praxis die Kündigung schriftlich über die Post zugestellt.
   e) Unterlagen, die das Finanzamt anforderte, wurden aus Versehen noch nicht abgeschickt. Sie müssen am nächsten Tag beim Finanzamt eintreffen.
   f) Acht Patienten werden im Rahmen des Recall-Systems an ihren Termin in den nächsten Tagen erinnert.
   g) Fünf Patienten erhalten eine Privatliquidation. Da sie in den letzten Tagen Geburtstag hatten, werden eine Glückwunschkarte, eine Probetube Zahnpasta und eine Zahnbürste hinzugefügt. Das Gewicht der Sendungen beträgt jeweils zwischen 30 g und 50 g.
   h) Ein Gutachten mit Anlagen ist an das Sozialamt zu senden. Das Gesamtgewicht der Sendung beträgt 80 g.
   i) Der Sohn des Zahnarztes sendet an einen Studienkollegen Unterlagen mit einem Gesamtgewicht von 600 g. Da dieser die Unterlagen dringend für eine Seminararbeit benötigt, sollen sie möglichst am nächsten Tag zugestellt werden.

5. Melanie hat von Dr. Heine eine Postvollmacht erhalten. Aus welchem Grund ist die Erteilung einer Postvollmacht an eine Zahnmedizinische Fachangestellte sinnvoll?
6. In welchem Umfang haftet die Post, wenn ein Übergabe-Einschreiben verloren geht?
7. In der Praxis von Dr. Heine ist eine E-Mail von einem unbekannten Absender mit einer umfassenden Anlage eingegangen. Wie sollte Melanie, die den E-Mail-Eingang bearbeitet, darauf reagieren?

8.1 Postbearbeitung

Eine Vielzahl von Briefen ist an die Patienten zu verschicken. E-Mail und andere Möglichkeiten elektronischer Kommunikation werden überwiegend bei Nachrichten an andere Zahnärztinnen und Zahnärzte, Labore oder Lieferanten genutzt. Beim Recall, der Erinnerung von Patienten an Vorsorgeuntersuchungen, kommen sie zum Einsatz, wenn die Patienten ihr Einverständnis hierzu gegeben haben. Bei der Versendung von Briefen wird überwiegend der Briefdienst der Deutschen Post genutzt. Es gibt aber weitere kostengünstige Anbieter.

Neben der Bearbeitung der Ausgangspost muss täglich die Vielzahl der eingehenden Sendungen bearbeitet werden. Folgende Regeln sind dabei zu beachten:

Postbearbeitung

Eingehende Post

sortieren nach

Praxispost

- Diese ist zu öffnen und vollständig aus dem Umschlag zu entnehmen.
- Die Anlagen sind auf Vollständigkeit zu prüfen.
- Das Schreiben ist mit einem Eingangsstempel zu versehen.
- Die Post wird nach Wichtigkeit sortiert.
- Die Post wird an den Zahnarzt oder zur Ablage weitergeleitet.

Privatpost

- Diese Post wird ungeöffnet an den Zahnarzt oder die Zahnärztin weitergeleitet.

Ausgangspost

- Es ist zu prüfen, ob
  - alle Unterschriften vorhanden sind;
  - die Blätter in der richtigen Reihenfolge liegen;
  - die Anlagen vollständig sind.
- Die Briefe werden gefaltet und kuvertiert.
- Die Briefe sind nach
  - Sendungsarten und
  - Versendungsformen zu sortieren.
- Anschließend werden die Sendungen frankiert.

8.2 Briefdienste

Bei den Briefdiensten bietet die Post folgende Möglichkeiten an:

Formate	Preise	Maße	Gewicht	Inhaltsbeispiele
Standard	0,85 €	L: 14 – 23,5 cm B: 9 – 12,5 cm H: bis 0,5 cm nur Rechteckform	bis 20 g	▪ 3 DIN A4 Seiten (80 g/m^2) ▪ 2 Theaterkarten + Anschreiben
Kompakt	1,00 €	L: 10 – 23,5 cm B: 7 – 12,5 cm H: bis 1 cm nur Rechteckform	bis 50 g	▪ 8 DIN A4 Seiten (g/m^2) ▪ 5-seitiger Brief (doppelt geknickt) mit Rückumschlag ▪ Versicherungsunfallbogen (doppelt geknickt)
Groß	1,60 €	L: 10 – 35,3 cm B: 7 – 25 cm H: bis 2 cm Rechteck- und Quadratform möglich	bis 500 g	▪ 95 DIN A4 Seiten (g/m^2) ▪ Einkommensteuererklärung ▪ Broschüre
Maxi	2,75 €	L: 10 – 35,3 cm B: 7 – 25 cm H: bis 5 cm Rechteck- und Quadratform möglich	bis 1.000 g	▪ 190 DIN A4 Seiten (g/m^2) ▪ Geschäftsbericht ▪ Magazin ▪ Buch

Bei Briefsendungen bietet die Post die Zusatzleistung **Einschreiben** an. Diese bietet

- mehr Sicherheit für wichtige Briefe,
- dokumentierte Zustellung und
- Sendungsverfolgung bis zum Empfänger.

Details zu allen Einschreiben anzeigen —

EINSCHREIBEN STANDARD

- Zustellung gegen Unterschrift des Empfängers oder eines Empfangsberechtigten (z. B. Ehepartner, Poststelle)
- Online Empfangsbestätigung **mit Unterschrift**
- Online Sendungsverfolgung
- Haftung bis 25 € bei Verlust oder Beschädigung

EINSCHREIBEN EINWURF

- Zusteller dokumentiert **Einwurf in Briefkasten** bzw. Postfach
- Online Sendungsverfolgung
- Haftung bis 20 € bei Verlust oder Beschädigung

EINSCHREIBEN Eigenhändig

- Zustellung nur an den Empfänger persönlich oder an schriftlich Bevollmächtigten
- Online Empfangsbestätigung **mit Unterschrift**
- Online Sendungsverfolgung
- Haftung bis 25 € bei Verlust oder Beschädigung

EINSCHREIBEN Rückschein

- Zustellung gegen Unterschrift des Empfängers oder eines Empfangsberechtigten
- Online Empfangsbestätigung plus **Rückschein per Post mit Unterschrift** des Empfängers und Zustelldatum
- Online Sendungsverfolgung
- Haftung bis 25 € bei Verlust oder Beschädigung

EINSCHREIBEN Wert

- **Einlieferung in der Filiale** (Erhalt eines Einlieferungsbelegs)
- Zustellung gegen Unterschrift des Empfängers oder eines Empfangsberechtigten
- Online Empfangsbestätigung **mit Unterschrift**
- Online Sendungsverfolgung
- **Erhöhte Haftung** für den nachgewiesenen Wert von Gegenständen maximal bis 500 €, bei Bargeld maximal bis 100 €

Bei der **Nachnahme** gilt ein einfaches Prinzip: Aushändigung der Sendung nur gegen Bezahlung. Online-Händler liefern teilweise so Waren an Kunden. Diese erhalten die Sendung nur, wenn sie den Nachnahmebetrag direkt beim Zusteller bezahlen. Das eingezogene Geld wird anschließend auf das Konto des Absenders überwiesen. Zahnarztpraxen nutzen diese Sendungsart, um noch offene Rechnungsbeträge bei Patienten einzuziehen. Sie machen dem Patienten deutlich, dass die Zahlung der Nachnahme die letzte Chance ist, die Rechnung ohne gerichtliches Mahnverfahren zu zahlen. Die Nachnahme kann für alle Briefsendungen mit den Formaten Standard-, Kompakt-, Groß- und Maxibrief sowie für Postkarten genutzt werden.

Einfaches Prinzip: Ware gegen Bezahlung

Sicher

Mit der NACHNAHME können Sie sicher sein, dass Sie schnell und unkompliziert an Ihr Geld kommen, denn der Zusteller händigt Ihre Sendung nur aus, wenn der Empfänger den geforderten Betrag auch zahlt. Anschließend überweisen wir umgehend den Betrag auf Ihr Konto.

Schnell

Während auf dem üblichen Weg mit Rechnung, Erinnerungen und Mahnungen wertvolle Zeit verstreicht, verkürzen Sie diesen Prozess mit der NACHNAHME auf ein Minimum. Sie erhalten schnellstmöglich den offenen Betrag per Überweisung auf Ihr Konto.

© Deutsche Post AG

8.3 Postvollmacht

Briefe und Postkarten stellt die Post unter der auf der Sendung angegebenen Anschrift zu. In besonderen Fällen erfolgt die Zustellung durch Aushändigung an

- die Empfängerin oder den Empfänger,
- seinen Ehegatten,
- **einen Empfangsbevollmächtigten**/Postempfangsbeauftragten, der eine schriftliche Vollmacht zum Empfang der für den Empfänger bestimmten Sendungen vorweisen kann,
- **einen Ersatzempfänger**, das sind Angehörige des Empfängers oder andere in den Räumen des Empfängers anwesende Personen sowie Hausbewohner und Nachbarn des Empfängers. Bei ihnen unterstellt man, dass sie aus Gefälligkeit für den Empfänger die Sendung annehmen und zu der Annahme der Sendung berechtigt sind.

Einschreiben, Nachnahmesendungen und Sendungen mit dem Zusatz *Eigenhändig* übergibt der Zusteller nur gegen Empfangsbestätigung und Nachweis der Empfangsberechtigung. Sendungen mit dem Zusatz *Eigenhändig* erhält nur die Empfängerin, der Empfänger oder ein Bevollmächtigter. Sendungen, die nicht ausgeliefert werden können, hält die Deutsche Post sieben Werktage zur Abholung bereit. Um die Zahnärztin oder den Zahnarzt bei Sendungen, die nur er selbst annehmen darf, im laufenden Praxisbetrieb nicht zu stören, ist es sinnvoll, einzelnen Mitarbeitern oder Mitarbeiterinnen eine Postvollmacht zu geben.

Postvollmacht mit eigenhändig entgegenzunehmender Post

Hiermit bevollmächtige ich

als Vollmachtgeber	**den Vollmachtnehmer**	
Dr. med. dent. Heine, Hubert	Schneider, Melanie	geb. Thiemer
Steeler Straße 128	Bochumer Straße 14	
45138 Essen	45276 Essen	

für den Zeitraum von 1. März 20.. **bis** 31. Dez. 20.. **an mich gerichtete gewöhnliche Postsendungen entgegenzunehmen oder bei den zuständigen Poststellen abzuholen.**

Essen, 28. Febr. 20..

Dr. Heine

Der Bevollmächtigte ist auch befugt, Sondersendungen und eigenhändig auszuliefernde Sendungen entgegenzunehmen und den Empfang dieser zu quittieren.

Essen, 28. Febr. 20..

Dr. Heine

8.4 E-Mail

E-Mail (Electronic-Mail) ist ein viel genutzter Dienst. Dateien, die im Computer gespeichert sind (digitale Dokumente), lassen sich blitzschnell weltweit an Empfänger übermitteln. Die E-Mail ersetzt immer mehr andere Formen der schriftlichen Nachrichtenübermittlung, wie Briefe. Um eine E-Mail zu erstellen, benötigt man einen Computer mit Internetanschluss und ein E-Mail-Programm. Weiterhin ist eine Anmeldung bei einem E-Mail-Anbieter (E-Mail-Provider) erforderlich. Mit der bei der Anmeldung gewählten E-Mail-Adresse erhält der Nutzer ein Postfach im E-Mail-Server des Anbieters reserviert. Hier werden die an den E-Mail-Teilnehmer gesendeten E-Mails abgelegt. Der E-Mail-Teilnehmer wird über jeden Posteingang umgehend informiert.

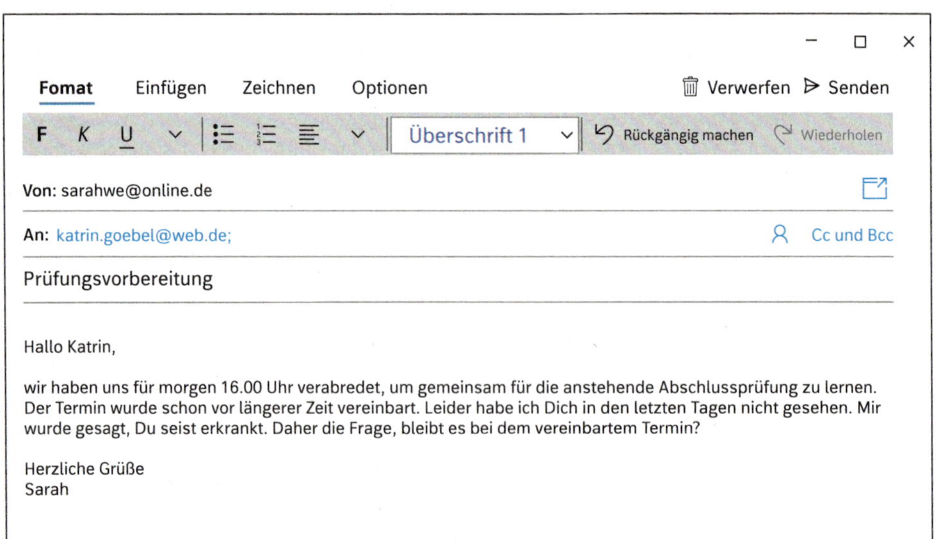

Eine E-Mail besteht aus zwei Teilen. Die **Kopfzeile** (Header) gibt Auskunft über den Absender, den Empfänger, den Betreff und eventuell beigefügte Anlagen. Der Inhaltsteil (Body) enthält den Nachrichtentext. **Dateianhänge** können als Anlage mit einer E-Mail verschickt werden. Beim Empfänger ist vor dem Öffnen eines Dateianhangs größte Vorsicht geboten. Dateianhänge können Computerviren enthalten. Daher sollte man nur Anhänge von absolut vertrauenswürdigen Absendern öffnen.

Der Absender kann eine **Zustellbestätigung** anfordern. Sobald die E-Mail im Postfach des Empfängers angekommen ist, erhält der Absender eine Nachricht. Weiterhin ist die Anforderung einer **Lesebestätigung** möglich. In diesem Fall erhält der Absender eine Nachricht, wenn der Empfänger die E-Mail öffnet und der Lesebestätigung zustimmt.

Die E-Mail hat folgende **Vorteile**:

- sie ist schnell,
- erfordert einen geringen Aufwand,
- geringe Kosten,
- es besteht die Möglichkeit, Dateien anzufügen,
- ein direktes Beantworten und das Weiterleiten der E-Mail an andere Empfänger ist möglich,
- E-Mails können ortsunabhängig von jedem Platz der Welt mit einer Internetverbindung abgeschickt und überall empfangen werden.

Nachteile sind:

- **Authentizität:** Bei E-Mails ist auf den ersten Blick nicht zu ersehen, ob die E-Mail wirklich vom Absender stammt, also ein Original ist und keine betrügerische Fälschung. Hierzu sollte man die E-Mail-Adresse des Absenders genau prüfen.
- **Datenschutz:** Es kann nicht gewährleistet werden, dass Dritte die Möglichkeit haben, die E-Mail zu lesen. Unverschlüsselte E-Mails sind vergleichbar mit einer Postkarte. Verschlüsselte E-Mails entsprechen einem Brief. Bei Nachrichten zwischen Zahnärzten und anderen Partnern im Gesundheitswesen sind spezielle Verschlüsselungen Standard.
- **Integrität:** Eine Garantie, dass eine E-Mail bei der Übertragung vollständig und unverändert bleibt, kann nicht gegeben werden.
- **Spam:** Alle E-Mail-Inhaber bekommen massenhaft unverlangte Werbung zugestellt. Abhilfe schaffen Spam-Filter. Sie sortieren unerwünschte Werbung aus.

8.5 Paketdienste

Sind ganze Akten oder im Bedarfsfall auch einmal Waren zu versenden, wird das höchstmögliche Gewicht von 1 000 g für einen Briefversand schnell überschritten. Paketdienstleister wie DHL, DPD, UPS, Hermes oder GLS können den Versand übernehmen. Es lohnt sich, die Kosten der einzelnen Anbieter zu vergleichen. Folgende Produkte bietet beispielsweise das Unternehmen DHL an:

Päckchen und Pakete – Versand national			
Art der Sendung	**max. Gewicht**	**max. Maße (L x B x H)**	**Online-Frankierung/ Filiale**
Päckchen S	2 kg	35 x 25 x 10 cm	3,99 EUR
Päckchen M	2 kg	60 x 35 x 15 cm	4,79 EUR
Paket S	bis 2 kg	60 x 30 x 15 cm	5,49 EUR
Paket M	bis 5 kg	120 x 60 x 60 cm	6,99 EUR
Paket L	bis 10 kg	120 x 60 x 60 cm	10,49 EUR
Paket XL	bis 31,5 kg	120 x 60 x 60 cm	19,99 EUR

(Quelle Vgl. DHL Paket GmbH: Preise für Päckchen und Pakete Versand national (Stand: 2/2024). In: https://www.dhl.de/de/privatkunden/preise/preise-national.html [02.02.2024]).

Grundsätzlich haftet DHL für Pakete bei Verlust oder Beschädigung bis 500,00 EUR. Die DHL bietet darüber hinaus eine Reihe von zusätzlichen Leistungen, wie Expresspaket, Transportversicherungen, Rückschein usw. an. Vergleichbare Leistungen sind bei allen Paketdienstleistern möglich.

9 Ordnungsgemäße Schriftgutablage

Herr Moll hatte bezweifelt, eine Mahnung der Praxis Dr. Heine erhalten zu haben. Jetzt ist er beeindruckt, wie schnell Melanie eine Kopie der letzten Mahnung heraussucht. „Hätte ich eine solche Ordnung in meinen Unterlagen!", sagt Herr Moll zerknirscht. „Dann würde es sicher nicht passieren, dass eine Rechnung trotz Mahnung unbezahlt bleibt."

Aufgaben

1. Wie sind in der Zahnarztpraxis

   a) Gutachten und Berichte,

   b) Privatliquidationen

   geordnet?
2. Entwickeln Sie für alle in der Berufsschule erarbeiteten Unterlagen einen Ablageplan. Stellen Sie diesen Plan vor und begründen Sie seinen Aufbau.
3. Geben Sie Beispiele aus der Zahnarztpraxis für den Einsatz sogenannter „sprechender Zahlen".

4. Welche Belege in Ihrem privaten Bereich ordnen Sie chronologisch?
5. In welchen Fällen kommt in der Praxis eine Ordnung nach Farben vor?
6. Was versteht man unter „Mnemotechnik“? Welchen Nutzen bietet diese Technik bei der Ordnung von Schriftgut?
7. Erläutern Sie den Begriff „dekadische Ordnung“ und geben Sie Beispiele für eine Ablage nach dieser Ordnung.
8. Welche grundlegenden Ablagesysteme lassen sich unterscheiden?
9. Welche von diesen Ablagesystemen setzen Sie in Ihrer Ausbildungspraxis ein?
10. Beurteilen Sie Vor- und Nachteile der in Ihrer Ausbildungspraxis zum Einsatz kommenden Ablagesysteme.

9.1 Ordnungssysteme

Bei dem umfassenden Schriftgut in einer Zahnarztpraxis ist es notwendig, Schriftstücke bei Bedarf schnell zu finden. Dies ist nur möglich, wenn sie geordnet abgelegt wurden. Bei der Vielzahl von Schriftstücken empfiehlt sich für die Zahnarztpraxis die Erstellung eines Aktenplans. Dies ist eine für alle einsehbare Aufstellung über das Ordnungssystem der Aktenablage.

Beispiel:
Ein Ausschnitt aus dem Aktenplan kann folgendermaßen aussehen:

- *Berichte*
- *Schriftverkehr mit Krankenkassen*
- *Schriftverkehr mit den Berufsgenossenschaften*
- *Privatliquidationen*
- *Durchschriften von Arbeitsunfähigkeitsbescheinigungen*

Um innerhalb eines Ablagebereichs Ordnung zu halten, setzt man verschiedene Ordnungssysteme ein. Das am häufigsten verwendete Ordnungssystem ist die Ordnung nach Alphabet. Aber auch andere Ordnungssysteme werden zur Sortierung eingesetzt.

Alphabetische Ordnung

Die wichtigste Datei der Praxis – die Patientendatei – wird von der Software automatisch nach dem Alphabet geordnet. Sind andere Unterlagen von Hand alphabetisch zu ordnen, ist es unerlässlich, die alphabetische Ordnung nach den gültigen Sortierregeln einzuhalten. So gelten beispielsweise ä, ö, ü als ae, oe und ue. Bei gleichen Nachnamen wird als zweiter Ordnungswert der Vorname herangezogen.

Numerische Ordnung

Die Ordnung von Schriftstücken erfolgt nach Zahlen. Ein Beispiel ist die Sortierung der Rechnungen eines Lieferanten nach Rechnungsnummern.

Beispiel:

111271/07 112282/07 114413/07 ... 11997/07	11226/08 11559/08 11665/08 ... 11889/08

Sprechende Zahlen

Dieser etwas befremdlich klingende Begriff weist darauf hin, dass die Zahlen eines bestimmten Ordnungsmerkmals nicht willkürlich gewählt wurden, sondern dass ihnen eine Bedeutung zukommt. So hat z. B. in der Krankenversichertenkarte die erste Ziffer im Versichertenstatus folgende Bedeutung:

Beispiel:
1 = Versicherter
3 = Mitversicherter (Kinder/Ehegatte)
5 = Rentner

Ein weiteres Beispiel hierfür sind die Versicherungsnummern in der Sozialversicherung.

Beispiel:
Helmut Müller 53 040548 M 83 9

Die ersten beiden Ziffern geben das Gebiet an, in dem der Versicherte bei der Erstanmeldung zur Sozialversicherung wohnte. Dann folgen die Zahlen des Geburtsdatums sowie der Anfangsbuchstabe des Nachnamens. Die nächsten beiden Ziffern weisen auf das Geschlecht hin (0–49 = weiblich, 50–99 = männlich). Die letzte Ziffer ist eine Prüfziffer.

Chronologische Ordnung

Hier erfolgt eine Ordnung nach der zeitlichen Reihenfolge. Beispiele hierfür sind

- Kontoauszüge,
- Laboraufträge.

Alphanumerische Ordnung

Hierbei handelt es sich um eine Kombination von alphabetischer und numerischer Ordnung. Beispiele hierfür sind

- Röntgenaufnahmen,
- Liquidationen.

Beispiel:

Röntgenaufnahmen RÖ ... RÖ 134 RÖ 135	Liquidationen Li ... Li 1582 Li 1583

Ordnung nach Farben

Früher waren die Patienten-Karteikarten häufig nach Kassengruppen geordnet:

Beispiel:

gesetzliche Krankenkassen Privatkassen	weiße Karteikarten hellblaue Karteikarten

Mnemotechnische Ordnung

Hierbei handelt es sich um ein Ordnungssystem mit Merkhilfen. Zwischen den Ordnungsbuchstaben und den betreffenden Sachgebieten wird bewusst eine Verbindung hergestellt, die die Orientierung erleichtert.

Beispiel:

Li – für Liquidationen
Bube – für Buchführungsbelege
PerP – für Personalpapiere

Dekadische Ordnung

Das Ablagesystem ist nach einem Dezimalklassensystem aufgebaut. Im Alltag begegnet uns dieses System bei den Postleitzahlen. In Zahnarztpraxen wird es beispielsweise eingesetzt bei der Kontenbezeichnung in der Buchführung.

Beispiel:

0010 Grund und Boden	1000 Kasse	3000 Einkauf Praxisbedarf
0100 Praxis- und Laborräume	1100 Postbank	3200 Einkauf Labormaterial
0200 Medizinische Geräte	1200 Bank	3250 Einkauf Röntgenmaterial
0400 Praxiseinrichtung	1400 Forderungen	3300 Einkauf Behandlungsmaterial
	1600 Verbindlichkeiten	

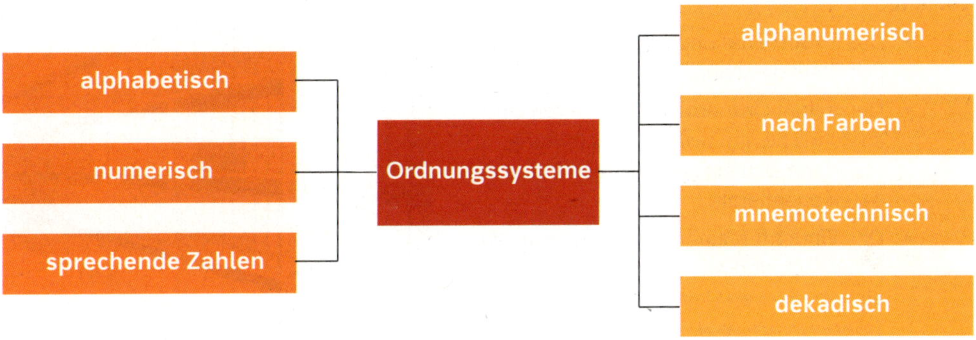

9.2 Ablagesysteme

Schriftgut ist so aufzubewahren, dass auf einzelne Unterlagen schnell zugegriffen werden kann. Wichtige Voraussetzungen für Ablagesystem sind: Sie sollen kostengünstig sein, wenig Raum einnehmen und ein Optimum an Übersicht bieten. In der Praxis haben sich drei Systeme bewährt:

Liegende Ablage

Die Unterlagen werden in Schnellheftern, Aktendeckeln, bzw. Ordnungsmappen abgelegt. Diese werden in offenen Regalen oder Schränken mit Facheinteilung liegend aufbewahrt.

Vorteile:

- Die Behälter für die Schriftgutablage sind preiswert.
- Zur Aufbewahrung benötigt man wenig Platz.

Nachteile:

- Fehlt für neue Akten, die zwischen abgelegten Akten eingefügt werden sollen, der Platz, sind Akten von Fach zu Fach zu verschieben. Dies ist zeitaufwendig.
- Man hat keine Übersicht über den Inhalt der Akten. Heraushängende Aktenfahnen sind nur eine geringe Hilfe.
- Will man eine unten liegende Mappe herausnehmen, muss der ganze Aktenstapel angehoben werden.

Aktenregale für die liegende Ablage. Ein Fädelstabregal mit variablen Höhen und Fachbreiten.

Stehende Ablage

Bei der stehenden Ablage verwendet man Ordner.

Vorteile:

- Das Einsortieren und Entnehmen von Schriftgut ist schnell möglich.
- Die breiten Ordnerrücken gestatten eine ausführliche, gut lesbare Beschriftung. Man kann sich schnell über den Inhalt der Akten orientieren.
- Das Einrichten einer Ablage in Ordnern ist einfach und schnell möglich. Mit alphabetischen Registerblättern, Trennblättern usw. ist leicht eine übersichtliche Ablage einzurichten.
- Die Ordner sind preiswert.

Ordnerregale für die stehende Ablage

Nachteile:

- Teilweise sind Ordner bei bestimmten Sachgebieten nur halb gefüllt.
- Müssen jedoch Schriftstücke in einen bereits vollen Ordners eingefügt werden, sind die Akten zeitaufwendig neu zu sortieren.

Hängende Ablage

In vielen Zahnarztpraxen werden Hänge- bzw. Pendelregis-tratur eingesetzt. Bei der **Hängeregistratur** werden spezielle Mappen in die Rahmen von Karteischränken eingehakt. Auf die Mappen kann man beschriftete Reiter aufzusetzen.

Vorteile:

- Die Reiter ermöglichen eine gute Übersicht über den Inhalt der einzelnen Mappen.
- Das Einlegen neuen Schriftgutes in die Mappen ist von oben schnell möglich.
- Es ist jederzeit möglich, in den Hängerahmen an jeder beliebigen Stelle neue Mappen einzuhängen.

Nachteile:

- Weil der Zugriff von oben erfolgt, können nur Schränke mit einer geringen Höhe verwendet werden.
- Die Anschaffungskosten für dieses System sind sehr hoch.

Die Schriftgutmappen der **Pendelregistratur** haben an der Oberkante eine Metallvorrichtung, mit der man sie auf speziellen Schienen einhängt.

Vorteile:

- Die Anschaffungskosten sind gering.
- Die Pendelregistraturen ist nicht an ein bestimmtes Format gebunden. Es können problemlos auch Sonderformate gefertigt werden (z. B. für die Aufbewahrung von älteren Röntgenbildern).
- Deckenhohe Schränke ermöglichen selbst ein Aufbewahren in kleinen Räumen.
- An jeder beliebigen Stelle können problemlos neue Mappen eingehängt werden.

Nachteile:

- Der Zugriff auf das gesuchte Schriftstück ist oft mit längerem Suchen verbunden.
- Das Einlegen und Herausnehmen der Schriftstücke ist zeitraubend.

Lernfeld 3: Hygienemaßnahmen organisieren und Medizinprodukte aufbereiten

1 Der Wartungsvertrag

Dr. Heine konnte plötzlich nicht weiterarbeiten, weil im Behandlungszimmer 2 die komplette Druckluftzufuhr ausgefallen war. „Haben Sie etwas unternommen?“, fragt er Sarah ungeduldig. „Ja, natürlich, Herr Doktor! Ich habe vorhin bei der Firma angerufen, mit der wir einen Wartungsvertrag abgeschlossen haben“, beruhigt Sarah ihren Chef. „Man hat sofort einen Techniker losgeschickt. Er müsste jeden Moment hier sein.“

Aufgaben

1. Aus welchen Gründen ist in der Zahnarztpraxis ein störungsfreier Betrieb der technischen Geräte unbedingt erforderlich?
2. Wie kann sich der Praxisinhaber gegen Stillstandzeiten bei technischen Geräten absichern?
3. Welche Ziele verfolgt man mit einem Wartungsvertrag?
4. Wie kommt ein Wartungsvertrag zustande?
5. Erläutern Sie möglichst an einem praktischen Beispiel den Inhalt eines Wartungsvertrages.
6. Welche Pflichten übernehmen die Vertragspartner mit einem Wartungsvertrag?

Eine Zahnarztpraxis ist mit einer Vielzahl technischer Geräten ausgestattet. Diese können auch die Quelle einer Gefährdung für Patienten und Personal sein. Daher gibt es eine Reihe **gesetzlicher Prüfvorschriften** mit dem Ziel, einen möglichst einwand- und störungsfreien Einsatz zu gewährleisten, um so Patienten und Personal vor Gefährdungen zu schützen. Aber auch der Praxisinhaber hat ein besonderes Interesse an einem reibungslosen Praxisablauf, denn Stillstandszeiten aufgrund technischer Defekte sind kostspielig. Die Anbieter technischer Medizinprodukte werben daher oft mit ihren Service-Angeboten:

Der Wartungsvertrag

Wir sind ein autorisierter Service-Partner, der Ihre Kompressoren oder Ihre komplette Druckluftanlage aufstellt, abnimmt und instand hält. Sie sparen Zeit und Kosten und es verlängert sich die Garantie.

Sollte die Druckluftanlage einmal nicht ordnungsgemäß funktionieren, so ist schnell umfassende und kompetente Hilfe zur Stelle. Wir garantieren mit dem Sofort-Service eine umgehende Reparatur und stellen Ihnen, falls nötig, ein Ersatzgerät zur Verfügung.

Beim Kauf technischer Einrichtungen wird oft ein Wartungsvertrag mit dem Anbieter des Produktes abgeschlossen. Einige Anbieter von Praxiseinrichtungen übernehmen die Wartung nicht selbst, sondern verweisen auf spezielle Servicefirmen. Durch eine **vorsorgliche (präventive) Wartung** wird gewährleistet, dass die gewarteten Einrichtungen störungsfrei funktionieren. Stillstandzeiten führen zu Einnahmeausfällen bei weiterlaufenden Kosten. Daher ist vorsorglich alles zu unternehmen, um solche Ausfälle zu vermeiden. Kommt es zum Ausfall eines für den Praxisbetrieb unbedingt erforderlichen Gerätes, beispielsweise der oben genannten Drucklufteinrichtung oder des Praxiscomputers, wird meist ein Sofort-Reparaturdienstes vereinbart.

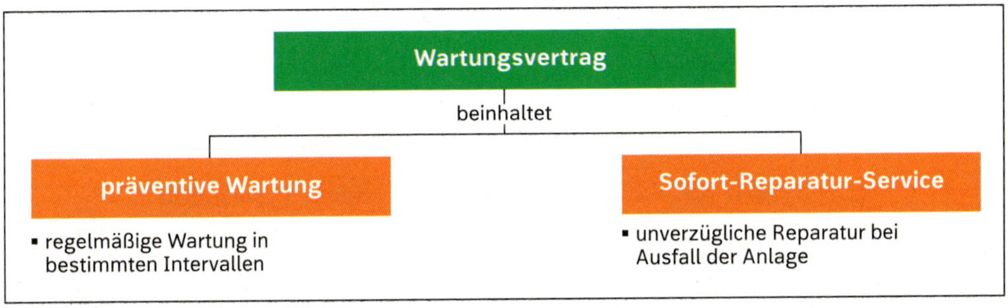

Der Wartungsvertrag kommt durch zwei übereinstimmende Willenserklärungen zustande. Der Zahnarzt oder die Zahnärztin erhält von einer Firma ein verbindliches Wartungsangebot (1. Willenserklärung = Antrag) und erteilt einen Wartungsauftrag (2. Willenserklärung = Annahme).

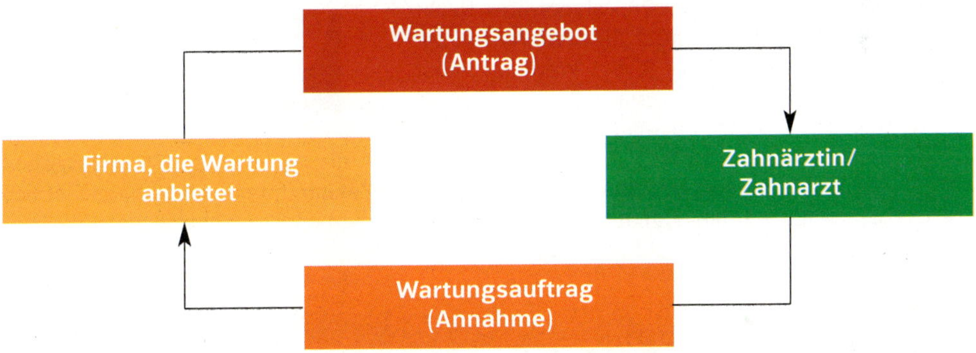

Der Wartungsvertrag regelt den Wartungsservice für die zu wartende Anlage. Zur Sicherheit beider Vertragspartner wird die zu wartende technische Einrichtung genau beschrieben und der dabei notwendige Wartungsservice festgelegt. Der Vertrag beinhaltet im Einzelnen:

- Vertragsgegenstand,
- Umfang der Wartung,
- Pflichten des Auftraggebers,
- Wartungsentgelt,
- Vertragsdauer und Kündigung,
- Mithaftung des Auftraggebers, Gewährleistung und Haftungsbegrenzungen.

Die Auflistung zeigt, dass mit dem Abschluss des Wartungsvertrages nicht jede Verantwortung für Wartung und Pflege auf die Wartungsfirma übertragen wird. Der Zahnarzt bzw. die Zahnärztin hat selbstverständlich zusammen mit dem Praxispersonal die Pflicht dafür zu sorgen, dass die übliche Pflege und Sauberhaltung der entsprechenden Praxiseinrichtung laufend stattfindet (Pflichten des Auftraggebers). Bei Vernachlässigung dieser Pflichten kann im schlimmsten Fall ein sicheres Betreiben des Gerätes nicht mehr erfolgen. Dann muss der Praxisinhaber für die Kosten dieser Vernachlässigung aufkommen.

Im Einzelnen ergeben sich für die Vertragspartner folgende Verpflichtungen:

Pflichten der Vertragspartner

Wartungsfirma

- erscheint termingerecht
- führt die vereinbarte Wartung fehlerfrei aus
- dokumentiert die Wartungsarbeit

Zahnärztin/Zahnarzt

- bestätigt schriftlich die durchgeführte Wartung
- zahlt ordnungsgemäß das Wartungsentgelt

2 Praxiseinnahmen und Praxisausgaben

„So missgestimmt habe ich Herrn Dr. Heine noch nie erlebt“, sagt Sarah. „Erst fällt gestern im Behandlungszimmer 2 die komplette Druckluftzufuhr aus, sodass wir hier nicht behandeln konnten. Dann stellte er heute Morgen fest, dass im Praxislabor über Nacht das Licht gebrannt hat.“ „Bei dem Ausfall der Druckluftanlage war ja der Wartungsdienst schnell zur Stelle, sodass wir kaum Ausfälle bei den Praxiseinnahmen hatten. Das Licht nachts brennen zu lassen ist eine Nachlässigkeit, die nur unnötige Praxisausgaben verursacht“, antwortet Melanie. „Auch in einer Zahnarztpraxis muss wirtschaftlich gearbeitet werden. Zumal durch die Sparmaßnahmen im Gesundheitswesen die Praxisgewinne in den letzten Jahren gesunken sind.“

Aufgaben

1. Warum haben niedergelassene Zahnärzte und Zahnärztinnen eine gesetzlich vorgeschriebene Aufzeichnungspflicht für alle betrieblichen Einnahmen und Ausgaben?
2. Was versteht man unter Betriebseinnahmen und ausgaben?
3. Welche Praxiseinnahmen lassen sich bei einem Vertragszahnarzt unterscheiden?
4. Geben Sie zu den auf ab S. 171 aufgeführten Praxisausgaben jeweils konkrete Beispiele.
5. Welche Sonderrolle spielen dabei die Abschreibungen?
6. Ein Zahnarzt kauft ein Kartenlesegerät zum Preis von 170,00 EUR einschließlich Mehrwertsteuer und einen Laserdrucker zum Preis von 1.100,00 EUR einschließlich Mehrwertsteuer.
   a) Welche dieser Ausgaben kann er in seiner Buchführung als Betriebsausgaben direkt erfassen?
   b) Was wird als Abschreibungen des Anlagevermögens jährlich erfasst?
7. Wie wird der Praxisgewinn ermittelt?
8. Wodurch unterscheiden sich variable und fixe Ausgaben?

Niedergelassen Zahnärzte und Zahnärztinnen gehören den freien Berufen an. Als Selbstständige erzielen sie aus ihrer Tätigkeit in der Praxis ein Einkommen, das zu versteuern ist. Sie beziehen somit nicht wie ihre Angestellten ein festes monatliches Gehalt. Bei ihnen muss das Einkommen durch Erfassung der betrieblichen Einnahmen und Ausgaben erst ermittelt werden. Aufgrund steuerrechtlicher Bestimmungen haben Zahnärzte und Zahnärztinnen hierzu die Einnahmen und Ausgaben in einer Buchführung zu erfassen. Die einfachste Form der Buchführung ist die **Einnahmen-/Überschussrechnung**. Hier werden alle betrieblichen Einnahmen und Ausgaben erfasst und der Einnahmenüberschuss (Gewinn) bzw. der Ausgabenüberschuss (Verlust) ermittelt.

Der vorgeschriebenen Aufzeichnungspflicht (Buchführung) kommen niedergelassene Zahnärztinnen und Zahnärzte nach, indem sie eine lückenlose, ordnungsgemäße Aufzeichnung aller Betriebseinnahmen und -ausgaben vornehmen.

Vielfach ermitteln Zahnärztinnen und Zahnärzte ihre Gewinne mithilfe der sogenannten **doppelten Buchführung**, die aber keine gesetzliche Pflicht ist. Einnahmen und Ausgaben werden dann auf Konten sachbezogen erfasst.

Man unterscheidet folgende **Praxiseinnahmen**:

Einnahmen aus der Kassenpraxis
Hierzu gehören überwiegend die Einnahmen aus Behandlungen von Patienten, die in der gesetzlichen Krankenversicherung versichert sind. Weiterhin werden die Behandlungskosten einiger Patienten über sogenannte sonstige Kostenträger nach BEMA abgerechnet. Das Honorar für diese Leistungen erhält der Zahnarzt oder die Zahnärztin über die Quartalsabrechnung von der Kassenzahnärztlichen Vereinigung (KZV).

Einnahmen aus der Privatpraxis
Alle zahnärztlichen Leistungen, die nach der GOZ und GOÄ direkt mit den Patientinnen und Patienten abgerechnet werden, zählen zu den privatzahnärztlichen Einnahmen.

Einnahmen aus zahnärztlicher Nebentätigkeit
Hierzu gehören beispielsweise Einnahmen, die ein Zahnarzt für die Erstellung eines Gutachtens erhält.

Einnahmen aus dem praxiseigenen Labor
Unterhält der niedergelassene Zahnarzt ein eigenes Dentallabor, so erhöhen die hier erzielten Einnahmen die Praxiseinnahmen.

Praxisausgaben sind:

Ausgaben für Praxispersonal
Hierzu gehören die **direkten Ausgaben für Löhne** wie Bruttoentgelte, betriebliche Altersvorsorge, Urlaubsgeld, Weihnachtsgeld und einmalige Zuwendungen.

Weiterhin zählen dazu **die Lohnnebenkosten** z. B. der Arbeitgeberanteil zur Sozialversicherung, Beiträge zur gesetzlichen Unfallversicherung, freiwillige soziale Leistungen, wie Urlaubs- und Weihnachtsgeld, sowie Prüfungsgebühren für Auszubildende.

Ausgaben für Praxisräume
Hierzu gehören die Miete und die Mietnebenkosten, z. B. die Ausgaben für Energie und Wasser.

Ausgaben für Bürobedarf und Verwaltung
Zu diesem Ausgabenbereich gehören u. a. das Porto, Gebühren der Telekommunikation, alle Materialausgaben für die Praxisverwaltung (Bürobedarf), Ausgaben für Wartezimmerlektüre, Verwaltungsausgaben, die von der KZV und bei Abrechnung der Privatpatienten über eine privatärztliche Verrechnungsstelle berechnet werden, Ausgaben für Fachliteratur, Programmpflege der Praxisprogramme, Wartung und Reparaturen der Büro- und Kommunikationseinrichtungen.

Ausgaben im Zusammenhang mit der Behandlung
Hierzu gehören alle eingesetzten Materialien wie Desinfektionsmittel, Abformmassen, Füllungsmaterialien, Spritzen, Kanülen, Mundspülbecher. Weiterhin zählen dazu Medikamente, Röntgenmaterialien, Praxiswäsche, Berufskleidung und die Wartung und Reparatur aller zahnmedizinischen Geräte und Instrumente.

Ausgaben für Praxisversicherungen, Beiträge und Gebühren
Niedergelassene Zahnärztinnen und Zahnärzte benötigen eine Vielzahl von Sach- und Vermögensversicherungen, beispielsweise Praxisinventar-, Feuer-, Einbruch-, Diebstahl- und Betriebsunterbrechungsversicherungen (Sachversicherungen) sowie Berufsrechtschutz- und Berufshaftpflichtversicherungen (Vermögensversicherungen). Beiträge sind die Ausgaben, die an die berufsständischen Organisationen zu zahlen sind. Gebühren fallen z. B. an bei einem gerichtlichen Mahnverfahren, bei Zahlungsklagen, aber auch für Steuer- oder Rechtsberatung.

Sonstige Ausgaben
Hier werden u. a. Ausgaben für einen Praxis-Pkw, Ausgaben für Fort- und Weiterbildungsmaßnahmen sowie Ausgaben für betriebsbedingte Fahrten erfasst.

Ausgaben für Praxiseinrichtung und Ausstattung
Gegenstände der Praxiseinrichtung und -ausstattung, für die nicht mehr als ein Betrag bis zu 250,00 EUR ohne Mehrwertsteuer aufzuwenden war, dürfen im Jahr der Anschaffung mit ihrem vollen Betrag als Ausgaben gebucht werden. Wirtschaftsgüter mit einem Anschaffungspreis von mehr als 250,00 EUR bis 800,00 EUR ohne Mehrwertsteuer können im Jahr der Anschaffung sofort abgeschrieben werden. Alternativ zur Sofort- und Regelabschreibung können Wirtschaftsgüter über 250,00 EUR (ohne Umsatzsteuer) bis einschließlich 1.000,00 EUR (ohne Umsatzsteuer) über fünf Jahre abgeschrieben werden (sog. Poollösung). Alle im Anschaffungspreis darüber liegenden Wirtschaftsgüter sind in einem gesetzlich festgelegten Zeitraum (Nutzungsdauer) jährlich abzuschreiben.

Abschreibungen
Mit den **Abschreibungen** werden die jährlichen Wertminderungen während der gesetzlich festgelegten Nutzungsdauer von **Anlagegegenständen,** wie die Praxiseinrichtung, Computer, medizinische Geräte usw., erfasst. Sie vermindern den steuerlichen Gewinn der Praxis. Kauft ein Zahnarzt beispielsweise einen neuen Aktenschrank für 1.300,00 EUR, so ist dies bei der Anschaffung eine Ausgabe. Das Steuerrecht erlaubt es aber nicht, den Anschaffungsbetrag als Betriebsausgabe im Jahr der Anschaffung geltend zu machen. Die 1.300,00 EUR sind mit 100,00 EUR jährlich auf die in diesem Fall für Aktenschränke geltende gesetzliche Nutzungsdauer von 13 Jahren zu verteilen.

Alle Einnahmen und alle Ausgaben aus der Praxistätigkeit einschließlich der Abschreibungen auf das Anlagevermögen sind aufzuzeichnen. Der Praxisgewinn, der die Grundlage für die Einkommensbesteuerung bildet, lässt sich dann folgendermaßen ermitteln:

Praxiseinnahmen
– Praxisausgaben (einschließlich Abschreibungen)
= Praxisgewinn

Sollten die Praxisausgaben größer sein als die Praxiseinnahmen, würde ein Verlust entstehen. Aus der Aufstellung über die Praxiseinnahmen und -ausgaben lassen sich Rückschlüsse ziehen, wie man die Einnahmen eventuell noch verbessern kann und die Praxisausgaben möglichst gering hält. Weiterhin macht die Übersicht deutlich, wie viel **Mitverantwortung das gesamte Praxispersonal** dabei trägt. Alle können beim Einsatz von Materialien auf einen möglichst sparsamen Verbrauch achten. Regelmäßige Personalbesprechungen, in denen alle in der Praxis Beschäftigten Vorschläge zur Senkung der Praxisausgaben vortragen, sind daher ein wichtiges Instrument. Einfluss nehmen kann man kurzfristig auf die Ausgaben, die bei Behandlungen anfallen, wie beispielsweise der Materialverbrauch. Man bezeichnet diese Ausgaben als **vari-**

able Ausgaben. Ausgaben für Personal, Miete, Praxisversicherungen, Gebühren, Beiträge usw. lassen sich nicht kurzfristig ändern. Sie stellen die Betriebsbereitschaft der Praxis sicher und fallen unabhängig von der Anzahl der Behandlungen an. Deshalb bezeichnet man diese auch als **fixe Ausgaben.** Sie entstehen selbst dann, wenn kein Patient behandelt wird. Je mehr Patienten zur Behandlung erscheinen, umso leichter ist es, diese fixen Ausgaben zu bezahlen. Längerfristig lassen sich diese senken, beispielsweise durch Minderung der Personalkosten.

Langfristig muss die Summe der Praxiseinnahmen eines Jahres die gesamten Praxisausgaben einer Zahnarztpraxis übersteigen. Die Praxis kann nur existieren, wenn auf Dauer Praxisgewinn anfällt.

Einnahmen	
Über KVZ vereinnahmt	217.500 EUR
Nicht über KVZ vereinnahmt	229.300 EUR
Einnahmen gesamt	**446.800 EUR**
Ausgaben	
Personalkosten	107.200 EUR
Fremdlaborausgaben (als durchlaufender Posten)	79.400 EUR
Materialausgaben	29.00 EUR
Mietkosten inkl. Nebenkosten	20.800 EUR
Darlehenszinsen	4.900 EUR
Abschreibungen	13.900 EUR
Übrige Betriebsausgaben	41.800 EUR
Betriebsausgaben gesamt	**297.900 EUR**
Einnahme-Überschuss	**148.900 EUR**

Lernfeld 9: Praxisbedarf beschaffen und verwalten

1 Bezugsquellenermittlung – das Angebot – Kaufvertrag

Dr. Hubert Heine schließt die Zahnarztpraxis vom 15. Juli bis zum 26. Juli. In dieser Zeit wird die gesamte Praxis renoviert. Das Wartezimmer wird mit neuen Möbeln ausgestattet. Anfragen nach neuen Wartezimmermöbeln wurden an die verschiedenen Anbieter geschickt. Eine Reihe von Angeboten liegt nun vor. Das gesamte Praxisteam begutachtet diese Angebote. Dr. Heine entscheidet sich für das Angebot der Praxisausstattungs-GmbH aus Stuttgart. Zehn Vietus-Sessel, Modell-Nr. 101, zum Preis von 324,00 EUR je Sessel, zwei Lindus-Tische, Modell-Nr. 124, zum Preis von 285,00 EUR je Tisch und die dazu passende Lindus-Garderobe, Modell Nr. 132, zum Preis von 425,00 EUR sollen gekauft werden. Die Preise gelten frei Haus, die Montage der Garderobe ist kostenlos. Bei einem Auftragswert über 3.000,00 EUR wird ein Rabatt von 5 % gewährt. Die Rechnung ist binnen sechs Wochen nach Lieferung zahlbar, bei Zahlung innerhalb 14 Tagen werden 2% Skonto gewährt. Normalerweise beträgt die Lieferzeit vier Wochen. Da Dr. Heine zur Eröffnung der Zahnarztpraxis das Wartezimmer neu eingerichtet haben möchte, einigt er sich mit der Praxisausstattungs-GmbH auf einen festen Lieferzeitpunkt, den 25. Juli des Jahres.

Aufgaben

1. Die Ausgangssituation zeigt, dass Kaufverträge im Rahmen der Beschaffung von Praxisinventar eine große Rolle spielen. Welche anderen Güter muss eine Praxis zur Sicherung des Praxisbetriebes kaufen?
2. Kaufverträge sind grundsätzlich an keine Form gebunden. Begründen Sie, warum sich bei bestimmten Kaufverträgen dennoch die schriftliche Form empfiehlt.
3. Anfragen an Lieferanten dienen dazu, Informationen über die zu beschaffenden Güter zu erhalten.
   a) Welche Arten von Anfragen lassen sich unterscheiden?
   b) Welche rechtliche Wirkung hat die Anfrage?
4. Mehrere Firmen haben Herrn Dr. Heine zur Einrichtung des Wartezimmers Angebote zugesandt.
   a) Handelt es sich schon um ein Angebot, wenn Firmen nur Prospekte mit Abbildungen ihrer Wartezimmermöbel schicken?
   b) Was ist im rechtlichen Sinne ein Angebot?
   c) Ist der Anbieter an sein Angebot gebunden?
   d) Wie lange besteht eventuell solch eine Bindung?

   Begründen Sie Ihre jeweilige Antwort.

5. Dr. Heine möchte sich ein Bild von den Kosten für die Wartezimmermöbel, der Lieferzeit und der Art der Zahlung machen. Diese Informationen müssen in einem Angebot genannt werden.

a) Nennen Sie alle Punkte, die ein ausführliches Angebot enthalten soll.

b) Mit dem Preis je Möbelstück ist noch nicht angegeben, was die Möbel kosten, wenn sie endgültig im Wartezimmer stehen. Erläutern Sie, welche Bedingungen des Kaufvertrages den endgültigen Preis beeinflussen.

c) Welche Lieferungsbedingungen sind für die Beschaffung von technischen Geräten, z. B. Panoramaröntgengerät, üblich?

6. Beim Kauf der Wartezimmermöbel wurden zwischen der Praxisausstattungs-GmbH und Herrn Dr. Heine bestimmte Zahlungsbedingungen vereinbart.

a) Erläutern Sie die vereinbarten Zahlungsbedingungen.

b) Welche weiteren Zahlungsbedingungen gibt es?

7. Bei jedem Kaufvertrag hofft man, dass die beteiligten Vertragsparteien ihre Pflichten aus dem Vertrag ordnungsgemäß erfüllen. Leider trügt diese Hoffnung manchmal. Besonders wichtig in diesem Zusammenhang sind der Erfüllungsort und der Gerichtsstand.

a) Erläutern Sie Begriff und Bedeutung des Erfüllungsortes.

b) Was versteht man unter einem „Gerichtsstand"?

8. Sarah überlegt, ob sie sich für ihr Zimmer eine Stereoanlage auf Raten kaufen soll. Ihre Eltern haben erhebliche Bedenken.

a) Erläutern Sie die Besonderheiten des Ratenkaufs.

b) Welche Bedenken könnten wohl Sarahs Eltern gegen einen Ratenkauf haben?

c) Zu welcher Handlungsweise würden Sie Sarah raten, wenn sie zurzeit noch nicht über genügend Geld für die Stereoanlage verfügt?

9. Sarah kauft bei einem bekannten Rundfunk- und Fernsehhändler die ersehnte Stereoanlage. Zwecks Abschluss des Kaufvertrages legt ihr der Verkäufer ein vorgedrucktes Vertragsexemplar vor und bittet sie, die allgemeinen Geschäftsbedingungen (AGB) auf der Rückseite zu lesen und deren Kenntnisnahme schriftlich zu bestätigen.

a) Aus welchem Grund ist eine Bestätigung der Kenntnisnahme der AGB notwendig?

b) In den Bedingungen steht u. a., dass die Ware ca. vier Wochen nach Bestellung geliefert wird. Da aber die gewünschte Stereoanlage am Lager vorhanden ist, möchte Sarah diese gleich mitnehmen. Der Verkäufer ändert daher den Vertrag handschriftlich mit dem Vermerk: „Die Ware wurde der Kundin bei Vertragsabschluss ausgehändigt". Ist eine solche persönliche Absprache bei vorgedruckten Kaufverträgen erlaubt? Begründen Sie Ihre Antwort.

10. Stefanie, eine befreundete Zahnmedizinische Fachangestellte, berichtet, dass in ihrer Praxis Monteure erschienen sind, um die vor einem Jahr gekaufte Sprech- und Radioanlage in der Praxis zu warten. Ihr Chef war völlig überrascht und habe die Wartung abgelehnt. Die Monteure hätten darauf hingewiesen, dass er beim Kauf die allgemeinen Geschäftsbedingungen unterschrieben habe und diese eine Wartung vorsähen. Ansonsten verliere er alle Garantieansprüche.

a) Warum kann der Zahnarzt zu Recht die Wartung der Anlage ablehnen?

b) Nennen Sie je zwei Beispiele für absolut verbotene bzw. bedenkliche Klauseln in AGB.

11. Dr. Heine erhält von der Praxisausstattungs-GmbH aufgrund seiner Bestellung eine Auftragsbestätigung.
    a) Entscheiden Sie, ob diese Auftragsbestätigung für den Abschluss des Kaufvertrages zwingend erforderlich ist.
    b) In welchen Fällen wird erst durch eine Auftragsbestätigung ein Kaufvertrag geschlossen?
12. Im Kaufvertrag mit der Praxisausstattungs-GmbH ist festgelegt: „Gerichtsstand sowohl für die Waren als auch für die Zahlungsklage ist Stuttgart". Eine solche Festlegung ist nur zwischen Kaufleuten möglich.
    a) Warum ist Herr Dr. Heine nicht als Kaufmann einzustufen?
    b) Um welche Art von Kaufvertrag handelt es sich, bezogen auf die Rechtsstellung der Vertragspartner?
    c) Nennen Sie drei weitere Vertragsformen nach der Rechtsstellung der Vertragspartner und geben Sie jeweils ein Beispiel.

Bedeutung des Kaufvertrages in der Zahnarztpraxis

Bei der Beschaffung von Praxisinventar und Praxisbedarf schließen Zahnärztinnen und Zahnärzte eine Vielzahl von Kaufverträgen. Beim Kauf von **Praxisinventar** werden, wegen der meist hohen Beträge, die Verträge **schriftlich** geschlossen. Außerdem sind damit die Vertragsinhalte eindeutige geregelt. Beim Kauf von **Praxisbedarf** schließt man viele Verträge auch formlos.

Beispiel: *Eine Vielzahl von Verbrauchsmaterialien kauft Dr. Heine direkt in der nahe gelegenen Stern-Apotheke.*

Aber auch hier ist darauf zu achten, dass bei der Zahlung der Einkäufe ein Beleg erstellt wird, z. B. ein Kassenbeleg oder eine Quittung. Nur so kann der Einkauf ordnungsgemäß gebucht werden.

Anfrage als Bezugsquellenermittlung

Bei Einkäufen mit einer höheren Kaufsumme ist es üblich, Preise, Lieferungs- und Zahlungsbedingungen mehrerer Anbieter zu vergleichen. Dazu fordern die Zahnarztpraxen entsprechende Angebote an.

***Definition:** Die Bitte um Informationen zu Gütern, die die Praxis beschaffen will, bezeichnet man als Anfrage.*

Eine **Anfrage** ist keine Willenserklärung, sie **hat daher keine rechtliche Wirkung.** Enthält eine Anfrage nur allgemeine Hinweise hinsichtlich des zu beschaffenden Gutes, liegt eine allgemeine Anfrage vor.

Beispiel: *„Ich habe die Absicht, mein Wartezimmer neu einzurichten. Bitte senden Sie mir Informationen zu dem von Ihnen angebotenen Möbelprogramm."*

Bittet der Zahnarzt um genaue Angaben bezüglich Art, Güte, Beschaffenheit, Preis, Lieferungs- und Zahlungsbedingungen von Waren, so handelt es sich um eine **bestimmte** Anfrage.

Beispiel: *„Aus Ihrem Katalog gefallen mir für die Neueinrichtung des Wartezimmers besonders die Vietus-Sessel, Modell-Nr. 101, die Lindus-Tische, Modell-Nr. 124 und die dazu passende Lindus-Garderobe, Modell Nr. 132. Bitte senden Sie mir ein Angebot mit Preisen, Lieferungs- und Zahlungsbedingungen."*

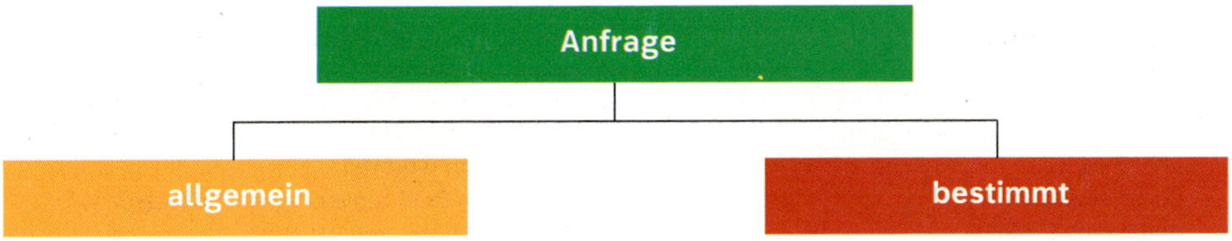

Bitte um:
Katalog, Preisliste, Vertreterbesuch usw.

Bitte um Angaben hinsichtlich:
Art, Güte, Beschaffenheit, Preis, Liefer- und Zahlungsbedingungen

Das Angebot als Grundlage für das Zustandekommen eines Kaufvertrages

Sendet ein Anbieter einem Praxisinhaber **persönlich** ein Angebot, liegt eine **Willenserklärung** vor. Der Anbieter verpflichtet sich, die beschriebene Ware unter den genannten Bedingungen zu liefern. Er ist an diese Willenserklärung gebunden. Das Angebot hat somit eine rechtliche Wirkung.

Um Irrtümer zu vermeiden, wird ein Angebot insbesondere bei größeren Anschaffungen üblicherweise schriftlich erteilt. Das Gesetz schreibt aber keine bestimmte Form vor.

Folgt ein Angebot auf eine bestimmte Anfrage, liegt ein **verlangtes Angebot** vor. Da Verkäufer das Interesse für ihre Güter wecken wollen, bekommen die Zahnarztpraxen viele **unverlangte Angebote,** d. h. Angebote ohne vorherige Anfrage. Der Verkäufer ist auch bei diesen Angeboten verpflichtet, die aufgeführten Leistungen zu erbringen.

Angebote sind grundsätzlich rechtsverbindlich. Sie sind deshalb nicht zu verwechseln mit **Prospekt- und Werbematerialien**. Diese dienen nur der **unverbindlichen Information**.

Bindung an ein Angebot

Mit einem Angebot liegt eine erste Willenserklärung zur Anbahnung eines Vertrages vor. Der Verkäufer ist an sein Angebot gebunden.

Die Bindung an das Angebot kann der Verkäufer teilweise begrenzen oder ganz ausschließen durch sogenannte **Freizeichnungsklauseln**. Dies sind besondere Formulierungen (Klauseln), die eine **Bindung** an ein Angebot **einschränken**, beispielsweise

- „solange der Vorrat reicht“,
- „Preise freibleibend“.

Soll die **Bindung** an ein Angebot **ganz ausgeschlossen** werden, muss eine der folgenden Klauseln im Angebot stehen:

- „unverbindlich“,
- „freibleibend“.

Ein Anbieter ist nicht für alle Zeit an ein Angebot gebunden. Das Angebot erlischt, wenn der Käufer oder die Käuferin es ablehnt oder nicht rechtzeitig annimmt. Verhandeln Verkäufer und Käufer direkt miteinander, muss das Angebot sofort angenommen werden.

Wird einem Käufer ein Angebot übermittelt, das keine Frist zur Annahme enthält (**unbefristetes Angebot**), gilt die Regelung:

Ein Angebot ist unverzüglich auf dem gleichen Wege anzunehmen, wie es abgegeben wurde. Mündliche Angebote, z. B. über das Telefon, müssen sofort, schriftliche Angebote müssen auf dem gleichen Wege schriftlich angenommen werden.

Art der Zustellung des Angebots	Art der Annahme des Angebots (Annahmefrist)
– mündliche unter Anwesenden – telefonisch – durch einen Brief – durch eine E-Mail	– mündlich (sofort) – telefonisch (sofort) – mit einem Brief (unverzüglich, spätestens nach ungefähr einer Woche) – durch E-Mail (sofort)

Hat der Verkäufer im Angebot eine Frist für die Annahme des Angebots eingeräumt (befristetes Angebot, z. B. „Angebot gültig bis 31.10.“), muss der Käufer innerhalb dieser Frist das Angebot annehmen.

Bestellt ein Käufer bei einem befristeten Angebot die Ware zu spät, ist dies ein neuer Antrag (1. Willenserklärung). In diesem Fall kommt ein Kaufvertrag erst zustande, wenn der Verkäufer ausdrücklich bestätigt, dass er trotz der verspäteten Annahme liefern will.

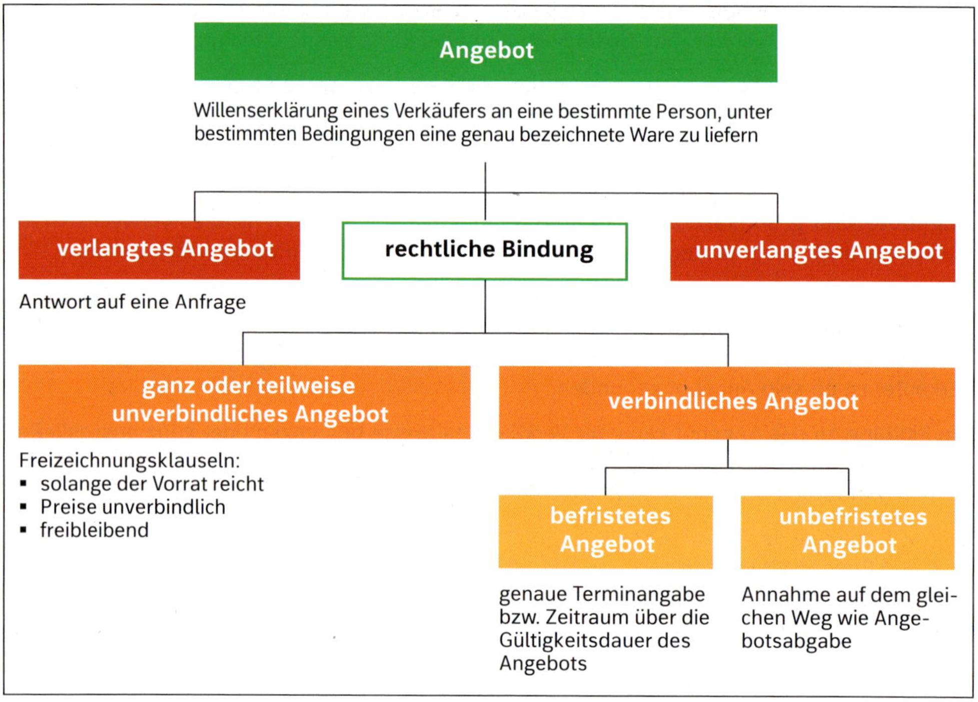

Inhalt des Angebots

Ein ausführliches Angebot muss genaue Angaben über folgende Punkte enthalten:

1. Beschreibung der Ware
2. Menge
3. Preis pro Einheit
4. Lieferungsbedingungen
5. Zahlungsbedingungen
6. Erfüllungsort und Gerichtsstand

Beschreibung der Ware
Art, Güte und Beschaffenheit der Ware sind so genau beschrieben, dass sich der Käufer von der Qualität der angebotenen Ware ein Bild machen kann. Insbesondere beim Praxisbedarf stellen Anbieter häufig zunächst Muster und Proben zur Verfügung. Praxisinventar wird sowohl in Katalogen abgebildet als auch auf Messen gezeigt. Bekannte Hersteller verwenden Warenzeichen, um ihre Produkte ständig in Erinnerung zu halten.

Eucerin®

Das Symbol® hinter dem Produktnamen ist ein Hinweis, dass dieser als eingetragenes Warenzeichen geschützt ist.

Merksatz: *Fehlen im Angebot Angaben über die Art und Güte der Ware, so ist laut BGB eine Ware mittlerer Art und Güte zu liefern.*

Menge
Die Angabe einer Menge im Angebot ist nur erforderlich, wenn

- eine bestimmte Mindestmenge abgenommen werden muss;
- über bestimmte Höchstmengen hinaus eine Bestellung nicht mehr möglich ist (z. B. bei einem Sonderangebot: „nur eine Packung pro Praxis").

Preis pro Einheit
Der Preis, bezogen auf eine Mengeneinheit (z.B. Liter, Kilogramm, Meter) oder auf eine bestimmte Abnahmemenge (z.B. 100 Stück), bildet die Grundlage für die Ermittlung des Einstandspreises. In die Berechnung des Einstandspreises sind die Lieferungs- und Zahlungsbedingungen einzubeziehen. Unter Berücksichtigung der zusätzlichen Kosten, z.B. für die Lieferung, und der Preisnachlässe, z.B. Rabatt, wird der Einstandspreis errechnet. Dies ist der Preis, den die Ware kostet, wenn sie in der Zahnarztpraxis ankommt.

Lieferungsbedingungen
In den Lieferungsbedingungen werden die Kosten für die **Verpackung und den Transport der Ware** festgelegt. Üblicherweise berechnen die Anbieter beim Kauf von **Praxisbedarf** keinerlei Verpackungskosten, hingegen ist es durchaus normal, dass die Praxis die Versandkosten zu tragen hat. Beim Kauf von **Praxisinventar,** insbesondere wenn es sich um technische Geräte handelt, bietet der Lieferant normalerweise die kostenfreie Lieferung, das Aufstellen und die funktionsfähige Übergabe des Gerätes an.

Im Allgemeinen lassen sich, bezogen auf die **Verpackungskosten,** folgende Vereinbarungen unterscheiden:

Klauseln zur Berechnung der Verpackungskosten

Preis einschließlich Verpackung
Für die Verpackung werden keine Kosten berechnet.

Preis ausschließlich Verpackung
Häufig wird die Verpackung zum **Selbstkostenpreis** berechnet oder die Verpackung wird gegen **Miete oder Pfand** dem Käufer teilweise überlassen.

Brutto für Netto
Die Verpackung wird zum gleichen Preis wie die Ware berechnet.

Sind keine besonderen Vereinbarungen hinsichtlich der **Versandkosten** getroffen, hat der Käufer die Kosten der Beförderung zu tragen. **Warenschulden** sind **Holschulden**, d. h., der Gesetzgeber hat festgelegt, dass die Waren beim Verkäufer abgeholt werden und der Käufer den Transport der Waren übernimmt.

Die Lieferung von Praxisinventar erfolgt meistens direkt durch den Verkäufer bzw. durch Spediteure. Dies sind Unternehmen, die gewerbsmäßig den Transport von Waren übernehmen. Die Versendung von Praxisbedarfs geschieht meist über Versanddienstleister, wie DHL, DPD, UPS usw. Es ist dann eine vertragliche Regelung zu treffen, wer die Transportkosten übernimmt. Oft übernimmt der Verkäufer bei Bestellungen ab einem bestimmten Warenwert die Versandkosten („Gratisversand ab einem Einkauf von 100,00 EUR).

Lieferzeit

Fehlt eine Vereinbarung der Lieferzeit, kann der Käufer die sofortige Lieferung verlangen. Üblicherweise wird eine Lieferzeit vereinbart. Ist ein kalendermäßig genau festgelegter Liefertermin vereinbart, spricht man von einem **Fixkauf**.

Beispiel: *Da Dr. Heine zur Wiedereröffnung der renovierten Praxis das neue Wartezimmer zur Verfügung haben möchte, verständigt er sich mit der Praxisausstattungs-GmbH auf einen festen Lieferzeitpunkt, den 25. Juli 20.. .*

Wird hingegen eine bestimmte Lieferfrist vereinbart, spricht man von einem **Terminkauf.**

Beispiel: *Die Lieferzeit beträgt vier Wochen nach Eingang der Bestellung.*

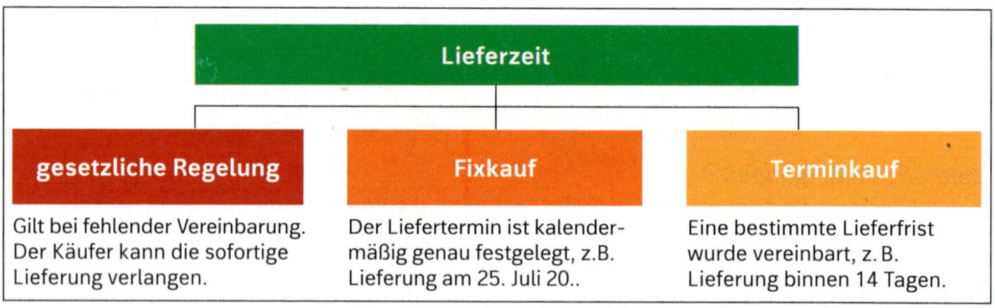

Zahlungsbedingungen

Die Zahlungsbedingungen regeln den Zeitpunkt der Zahlung. Fehlt eine entsprechende Vereinbarung, ist eine sofortige Zahlung ohne Abzüge zu leisten.

Bei den täglichen Geschäften, z. B. dem Einkauf von Lebensmitteln, ist der Barkauf üblich. Wird einem Käufer die Ware per Post zugestellt, so erfolgt die Abwicklung eines Barkaufs manchmal über eine **Nachnahme**. In diesem Fall gibt der Postbote die Ware nur an den Käufer, wenn er von ihm das Geld in Höhe des Nachnahmebetrages erhält.

Bei einem **Zielkauf** hat der Käufer ein Zahlungsziel. Er muss bis zu einem vereinbarten Zahlungstermin (= Zahlungsziel) die Ware bezahlen. Der Verkäufer muss beim Zielkauf darauf vertrauen, dass der Käufer zahlungsfähig ist. Aus Sicherheitsgründen behält er sich oft das Eigentumsrecht an der Ware bis zur vollständigen Bezahlung vor (**Eigentumsvorbehalt**). Er bleibt somit Eigentümer der Ware, bis diese bezahlt ist.

Häufig bietet der Verkäufer dem Käufer bei Kaufverträgen mit einem Zahlungsziel einen Anreiz zur vorzeitigen Zahlung. Zahlt der Käufer den Rechnungsbetrag vorzeitig, darf er **Skonto** vom Kaufpreis abziehen.

Beispiel: *Die Rechnung ist binnen sechs Wochen nach Lieferung netto zahlbar, bei Zahlung innerhalb 14 Tagen dürfen 2 % Skonto vom Rechnungsbetrag abgezogen werden.*

Definition: *Skonto ist ein Nachlass für vorzeitige Zahlung.*

Fehlt dem Käufer das Geld, um innerhalb der Skontofrist eine hohe Rechnungssumme zu zahlen, lohnt sich unter Umständen ein Kredit. Hierbei müssten die Kreditzinsen und -gebühren jedoch niedriger sein als der Skontoertrag.

Im Eingangsbeispiel findet sich noch folgende Vereinbarung: „Bei einem Auftragsvolumen über 3.000,00 EUR wird ein Rabatt von 5 % gewährt."

Definition: *Rabatt ist ein Preisnachlass, der aus besonderen Gründen gewährt wird.*

Folgende Gründe für die Gewährung von Rabatten sind üblich:

Rabattgrund	Erläuterung
Mengenrabatt	Wird beim Bezug einer großen Menge gewährt.
Treuerabatt	Laufender Bezug bei einem Lieferanten, wird oft am Ende des Jahres gewährt.
Sonderrabatt	Wird aus besonderen Anlässen gewährt, wie Firmenjubiläum, Räumungsverkauf usw.
Personalrabatt	Die Angestellten eines Unternehmens erhalten beim Einkauf einen besonderen Rabatt.
Naturalrabatt	Dies ist eine Sonderform des Mengenrabatts. Bei Abnahme einer bestimmten Menge erhält der Käufer kostenlos zusätzlich eine bestimmte Menge der bestellten Ware.

Bei größeren Anschaffungen, wie Praxisinventar oder Anschaffungen für den privaten Haushalt, bieten Verkäufer die Möglichkeit des **Ratenkaufs** an. Der Käufer leistet eine Anzahlung. Den Rest des Kaufpreises tilgt er in gleichen Raten zu festgelegten Zahlungsterminen. Dabei behält sich der Verkäufer das Eigentumsrecht bis zur Begleichung der letzten Rate vor (siehe Besonderheiten des Ratenkaufs, S. 184f).

Zahlungsbedingungen

Barkauf

Direkte Zahlung beim Kauf. Fehlt eine Vereinbarung zur Zahlung, muss der Käufer unmittelbar nach Lieferung zahlen. Bei Lieferung der Ware durch die Post wird oft der Kaufpreis direkt per Nachnahme eingezogen.

Zielkauf

Ein Zahlungsziel wird hierbei vereinbart. Häufig wird dem Käufer durch Gewährung von Skonto ein Anreiz zur vorzeitigen Zahlung geboten.

Ratenkauf

Der Käufer leistet eine Anzahlung und tilgt den Rest des Kaufpreises in gleichen Raten.

Erfüllungsort und Gerichtsstand
Der Erfüllungsort spielt kaum eine Rolle bei den vielen Geschäften des täglichen Lebens, die sofort abgewickelt werden. Der Kunde kauft die Ware und zahlt den Kaufpreis unmittelbar an den Verkäufer. Wichtig ist der Erfüllungsort, wenn der Käufer Ware bei einem Verkäufer bestellt. Die Ware wird nach einer gewissen Zeit geliefert und dann von dem Kunden bezahlt. Kommt es dabei zu einer Störung, z. B. durch mangelhafte Lieferung, sind der Erfüllungsort und damit auch der Gerichtsstand für die Abwicklung der Störung wichtig.

Bei einem Kaufvertrag haben Verkäufer und Käufer ihre Vertragspflichten zu erfüllen.

Definition: *Der Verkäufer schuldet die fristgerechte Lieferung mangelfreier Ware sowie deren Eigentumsübertragung. Der Käufer schuldet die fristgerechte Annahme der Ware sowie deren fristgerechte Bezahlung.*

Somit gibt es zwei Schuldner. Den Ort, an dem der Verkäufer bzw. der Käufer seine Vertragspflicht zu erfüllen hat, bezeichnet man als Erfüllungsort. Bei zwei Vertragsparteien gibt es zwei gesetzliche Erfüllungsorte:

1. Erfüllungsort für die mangelfreie und rechtzeitige Lieferung ist der Wohn- oder Geschäftssitz des Verkäufers: Die Ware muss, wenn nichts anderes vereinbart wurde, am Wohn- oder Geschäftssitz des Verkäufers an den Käufer übergeben werden. Warenschulden sind Holschulden. Der Verkäufer hat mit der Übergabe der Ware den Vertrag erfüllt.
Wird die Ware beim Transport beschädigt, trägt der Käufer das Risiko. Dies gilt nicht für den Verbrauchsgüterkauf (der Verkäufer ist Unternehmer, der Käufer der Endverbraucher). Hier trägt der Unternehmer das Versandrisiko.

Beauftragt der Unternehmer einen Paketdienstleister (DHL, UPS, Hermes u. a.), geht die Haftung für das Paket erst bei der Übergabe an den Empfänger an diesen über. Bei Beschädigung oder Verlust hat der Versender Anspruch auf Ersatz der Kosten an den Paketdienstleister.

2. Erfüllungsort für die fristgemäße Annahme und Zahlung der Ware ist der Wohn- oder Geschäftssitz des Käufers.
Geldschulden sind Schickschulden. Der Käufer muss das Geld auf seine Kosten und Gefahr an den Verkäufer übermitteln. Da die Kreditinstitute (Banken und Sparkassen) die Abwicklung der Zahlungsvorgänge übernehmen, spielt das Risiko der Geldübermittlung für den Käufer keine Rolle. Er überweist beispielsweise problemlos die in Rechnung gestellte Ware.

Gerichtsstand
Erfüllt einer der Vertragspartner seine Vertragspflichten nicht (z. B. der Verkäufer liefert mangelhafte Ware, der Käufer zahlt nicht), kann der andere Partner auf Erfüllung des Vertrages klagen. Den Ort, an dem diese Klage erhoben werden muss, bezeichnet man als Gerichtsstand.

Erfüllt der Verkäufer seine Vertragspflichten nicht, muss der Käufer am Geschäftssitz des Verkäufers die Klage einreichen. Bei einer Verletzung der Vertragspflichten durch den Käufer muss der Verkäufer am Wohn- bzw. Geschäftssitz des Käufers Klage erheben. Eine von diesem gesetzlichen Gerichtsstand abweichende Vereinbarung ist nur in Verträgen zwischen Kaufleuten möglich.

Zustandekommen des Kaufvertrages

Liegt ein verbindliches Angebot vor (1. Willenserklärung) und der Kunde bestellt (2. Willenserklärung) ist ein Kaufvertrag geschlossen. Es liegen zwei übereinstimmende Willenserklärungen vor.

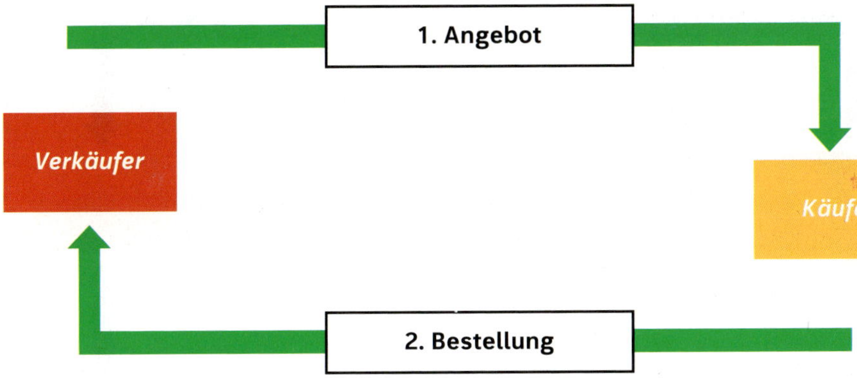

__Definition:__ Die Bestellung ist die Willenserklärung des Käufers, die im Angebot bestimmte Ware zu den dort angegebenen Bedingungen zu kaufen.

Sie ist **rechtlich bindend**, d. h., der Käufer ist verpflichtet, die von ihm bestellte Ware abzunehmen. Die Bestellung bei einem **Ratenkauf** kann innerhalb von zwei Wochen widerrufen werden (**Widerrufsfrist**).

Für die Bestellung besteht keine Formvorschrift. Aus Beweisgründen sollte sie jedoch schriftlich erfolgen. Bestellt ein Käufer eine Ware zu spät oder mit Abänderungen des Angebots, liegen keine übereinstimmenden Willenserklärungen vor. Die Bestellung ist vertragsrechtlich ein Antrag (1. Willenserklärung). Ein Kaufvertrag kommt zustande, wenn der Verkäufer diesen Antrag annimmt. Dies geschieht meist durch Versendung einer Bestellungsannahme (2. Willenserklärung).

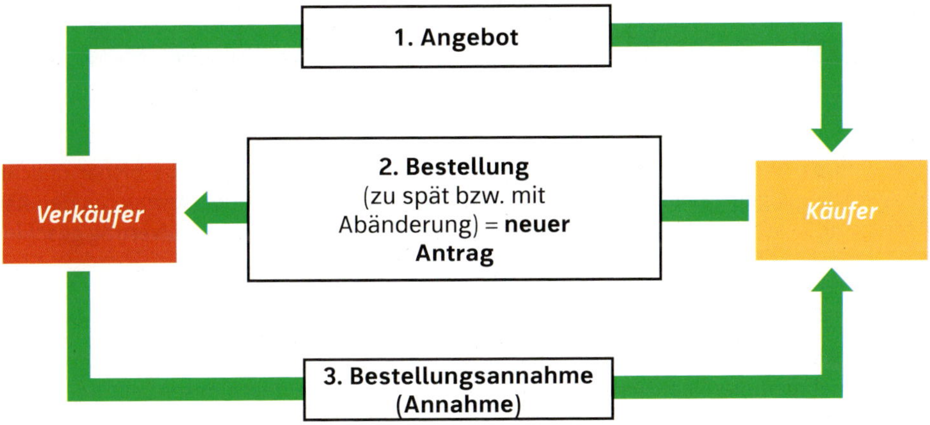

Das Gleiche gilt bei Bestellungen aufgrund eines teilweisen oder ganz unverbindlichen Angebots. Erst durch eine Bestellungsannahme (Auftragsbestätigung) kommt der Kaufvertrag zustande.

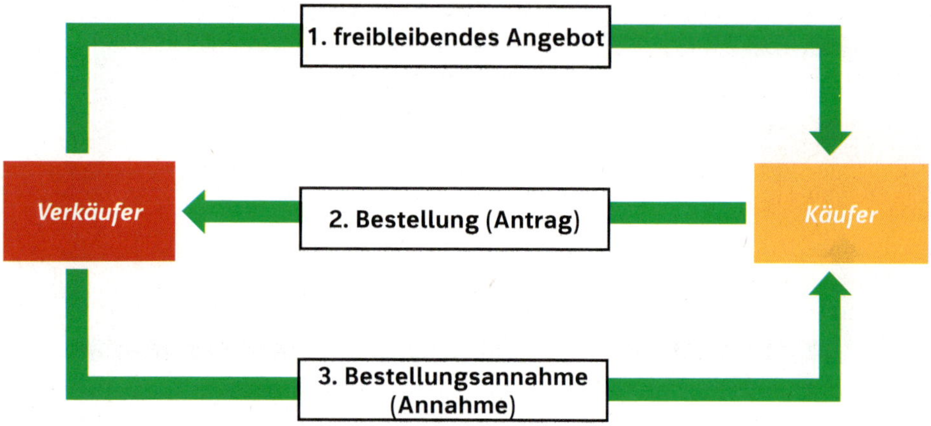

Eine Bestellung ohne vorausgegangenes Angebot (Antrag) ist üblich bei langjährigen Geschäftsbeziehungen. Der Käufer geht davon aus, dass die bisherigen Vertragsbedingungen weiterhin gelten. Ein Kaufvertrag kommt erst durch eine Bestellungsannahme des Verkäufers oder durch Zusendung der bestellten Ware zustande

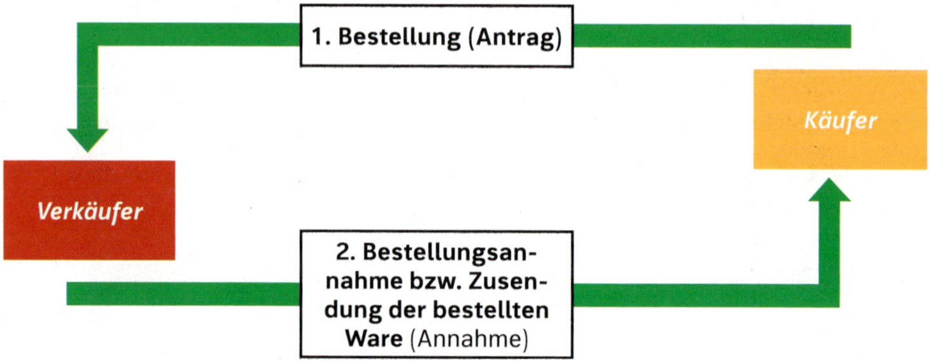

Haben sich die bei einer Bestellung ohne ein vorausgehendes Angebot die bisher üblichen Vertragsbedingungen geändert, sendet der Verkäufer ein neues Angebot (Antrag) an den Käufer. Nimmt er dieses Angebot durch eine Bestellung an (Annahme), ist ein Kaufvertrag geschlossen.

Besonderheiten des Ratenkaufs

Beim Ratenkauf zahlt der Käufer den Kaufpreis in Teilzahlungen (Raten). Der Händler oder eine Bank übernehmen die Finanzierung. So werden zwei Verträge geschlossen, ein Kaufvertrag zwischen Verkäufer und Käufer, und ein Kreditvertrag zwischen dem Kreditgeber und dem Käufer als Kreditnehmer. Beim Verbrauchsgüterkauf hat der Verbraucher ein zweiwöchiges Widerrufsrecht. Er kann innerhalb dieser Frist einen Ratenkaufvertrag widerrufen.

Der Ratenkauf ist eine scheinbar attraktive Möglichkeit, Waren zu kaufen, obwohl der Käufer zum Zeitpunkt des Kaufs nicht über das notwendige Geld verfügt. Der folgende Artikel weist auf die Vorteile und Gefahren des Ratenkaufs hin.

Heute kaufen, nächstes Jahr bezahlen? Die Vor- und Nachteile der Ratenzahlung

Welche Vorteile hat ein Kauf auf Raten?

Der grundlegende Vorteil des Ratenkaufs liegt auf der Hand: Man kann Dinge erwerben und sofort nutzen, die man bar zum Zeitpunkt des Kaufes nicht bezahlen könnte. Das macht zum Beispiel dann Sinn, wenn man über die für den Kauf nötigen finanziellen Mittel zwar bereits verfügt, diese jedoch anderweitig fest angelegt hat und erst zu einem späteren Zeitpunkt abrufen kann. Auch wer über ein festes und auch in Zukunft gesichertes, ausreichend hohes Einkommen verfügt, kann ruhigen Gewissens Ratenkäufe tätigen. Andererseits kann ein Ratenkauf auch dann empfehlenswert sein, wenn ein dringend benötigtes Gerät wie etwa die Waschmaschine oder das Auto unerwartet kaputtgehen. Hier hat man oft nicht ausreichend Zeit, genügend Geld für einen Barkauf anzusparen, sondern benötigt sofort ein neues Gerät, sodass sich ein Kauf auf Raten anbietet.

Welche Nachteile und Gefahren birgt die Ratenzahlung?

Grundsätzlich birgt ein Ratenkauf die selben Gefahren und Risiken wie andere Kreditformen. Beim Ratenkauf kommt hierbei hinzu, dass dieser häufig einfacher abzuschließen ist und mit weniger Formalitäten verbunden ist als etwa ein Kredit bei einer Bank. Man sollte daher besonders darauf achten, Ratenkaufverträge nicht unüberlegt abzuschließen und genau vorauszuplanen, ob und wie man die gekauften Artikel tatsächlich abbezahlen kann. Auch sollte man darauf achten, nie den Überblick über getätigte Ratenkäufe zu verlieren. Unter keinen Umständen sollte man so viele Ratenkäufe tätigen, dass der vom Gehalt übrig bleibende Teil knapp wird, um den monatlichen Lebensunterhalt zu bestreiten. Unerwartete zusätzliche Kosten oder Verdienstausfälle können sonst schnell zu einer finanziellen Katastrophe führen. Nicht selten führen unüberlegte Ratenkäufe letztlich in die Privatinsolvenz. Des Weiteren sollte man insbesondere bei großen Anschaffungen überprüfen, ob ein herkömmlicher Kredit nicht günstiger ist als der Ratenkredit beim Verkäufer. Beispielsweise beim Autokauf kann es vorteilhaft sein, einen Kredit bei einem großen Kreditinstitut aufzunehmen und beim Autohändler selbst als Barzahler aufzutreten.

(Quelle: FinanzNewsOnline (2012): Heute kaufen, nächstes Jahr bezahlen? Die Vor- und Nachteile der Ratenzahlung. In: https://www.finanznewsonline.de/vorteile-und-nachteile-der-ratenzahlung/, [03.02.2024])

Inhalte des Ratenkaufs

- schriftlicher Hinweis auf das Widerrufsrecht des Käufers. Über dieses Rücktrittsrecht muss der Käufer gesondert belehrt werden.
- Barzahlungspreis,
- Teilzahlungspreis (Gesamtpreis aller Raten),
- Höhe der einzelnen Raten,
- effektiver Jahreszins. (Bei der Berechnung dieses Zinssatzes werden alle gegenüber dem Barkauf anfallenden Kosten berücksichtigt.)

Besonderheiten beim Online-Kauf

Viele Einkäufe werden mittlerweile im Internet getätigt. Bei Online-Kaufverträgen gibt es eine Reihe von Dingen zu beachten.

Online-Shops präsentieren ihre Waren auf Internetseiten. Der Käufer klickt sich online durch die Seiten und wählt Produkte aus. Bestellt der Kunde die Ware, ist damit aber noch kein Kaufvertrag zustande gekommen.

Das Anbieten von Produkten im Internet ist kein Angebot (1. Willenserklärung). Dem Online-Käufer wird eine unverbindliche Aufforderung zur Abgabe einer Bestellung (1. Willenserklärung) unterbreitet. Die Bestellung ist somit ein Antrag auf einen Kaufvertragsabschluss.

Da im Online-Handel die Abwicklung meist automatisiert ist, erfolgt die Annahme des Antrags in kurzer Zeit, oft durch eine E-Mail.

Im Online-Handel hat der Händler besondere Pflichten. Bezogen auf die Abwicklung der Bestellung gilt:

- Der Käufer muss jederzeit die Möglichkeit haben, seine Eingaben zu korrigieren. Dem Kunden wird am Ende des Bestellvorgangs eine Übersicht über seine Bestellung gegeben. Er kann dann noch Berichtigungen vornehmen oder den Vorgang durch eine Bestätigung abschließen.
- Der Händler muss alle Schritte, die zum Vertragsabschluss führen, dem Käufer anzeigen.
- Der Händler ist zu einer unverzüglichen Bestätigung der Bestellung verpflichtet. Vorsicht: Meist bestätigt er nur den Eingang der Bestellung, nicht unbedingt den Abschluss eines Online-Kaufvertrages. So hat er keine Probleme, wenn die Ware beispielsweise nicht lieferbar ist.
- Der Käufer muss alle für den Vertragsabschluss wichtigen Dokumente, z. B. die Allgemeinen Geschäftsbedingungen (AGB), bei Abschluss des Vertrages abrufen und speichern können.

Weiterhin muss der Händler im Rahmen der Informationspflicht folgende Angaben machen:

- genaue Anschrift des Verkäufers mit Telefonnummer sowie E-Mail-Adresse,
- Beschreibung der wesentlichen Merkmale der Ware (z. B. durch Abbildung und Beschreibung der Ware auf den entsprechenden Internetseiten),
- Zeitpunkt, wann der Vertrag zustande kommt, z. B. durch eine Auftragsbestätigung per E-Mail oder direkt durch Lieferung der Ware,
- Endpreis der Ware, d. h. Preis der Ware einschließlich aller Steuern, Liefer- und Versandkosten sowie sonstiger zusätzlicher Kosten,
- Umfassende Informationen zum Widerrufs- oder Rückgaberecht.

Das **Widerrufsrecht** steht allen Verbrauchern dem Gesetz nach zu. Der Verbraucher muss den Widerspruch dem Online-Händler übermitteln. Es reicht nicht aus, die Ware einfach zurückzusenden. Die Unternehmen stellen hierzu ein Muster-Widerrufsformular zur Verfügung. Dies erleichtert den Ablauf des Widerrufs. Die Widerrufsfrist beträgt 14 Tage ab Erhalt der Ware. Der Käufer hat die Kosten für die Rücksendung der Ware zu tragen.

Bestimmte Waren sind vom Widerruf ausgeschlossen. Dies gilt u. a. für

- maßgefertigte Produkte (z. B. maßgefertigte Möbel);
- verderbliche Waren;
- Hygieneartikel in versiegelter Verpackung;
- CDs und DVDs mit entsiegelter Verpackung bzw. entfernter Schutzfolie.

Eine für den Käufer vorteilhaftere Regelung ist das **Rückgaberecht**. Dies steht dem Kunden nicht per Gesetz zu. Der Käufer hat ein Rückgaberecht nur, wenn Verkäufer und Käufer das Rückgaberecht anstatt des gesetzlichen Widerrufsrechts vereinbaren. Das Rückgaberecht wird ausschließlich durch die Rücksendung der Ware ausgeübt. Ein vorheriger Widerspruch ist nicht notwendig. Der Online-Händler trägt beim Rückgaberecht die Kosten der Rücksendung, solange es vertraglich nicht anders vereinbart wurde.

Unterschiede zwischen Widerrufsrecht und freiwilligem Rückgaberecht
Widerrufsrecht

- gesetzlich vorgeschrieben
- die Widerrufsbelehrung ist Plicht in den Allgemeinen Geschäftsbedingungen
- der Widerruf ist erst gültig durch eine Widerrufserklärung des Käufers
- Widerrufsfrist: 14-Tage ab Erhalt der Ware
- der Käufer trägt die Kosten für die Rücksendung
- gilt nur für den Online-Handel

Rückgaberecht

- ist eine freiwillige Leistung anstelle des Widerrufsrechts
- ist in den Allgemeinen Geschäftsbedingung darzustellen
- wird ausschließlich durch Rücksendung bzw. Rückgabe der Ware ausgeübt
- der Händler trägt die Kosten der Rücksendung
- dient der Kundenbindung
- ist im Online-Handel, aber auch im stationären Handel möglich

Allgemeine Geschäftsbedingungen (AGB)

Unternehmen, wie die Praxisausstattungs-GmbH, Möbelhäuser, Elektrohändler usw., schließen jeden Tag eine Vielzahl von Verträgen mit Käufern ab. Dabei ist es nicht möglich, jeden Vertrag einzeln auszuhandeln. Um einen reibungslosen Geschäftsablauf zu ermöglichen, sind die Vertragsinhalte einheitlich ausgestaltet (Standardverträge). Die in den Vertragsformularen meist auf der Rückseite gedruckten Vertragsbedingungen bezeichnet man als allgemeine Geschäftsbedingungen (AGB). Darin sind die Vertragspflichten des Käufer und Verkäufers geregelt.

Mit den AGB, dem sogenannten „Kleingedruckten“, wurde oft zum Nachteil des Kunden Missbrauch getrieben. Mit den gesetzlichen Vorschriften zu den AGB verfolgt man das Ziel, Verbraucherinnen und Verbraucher zu schützen. So werden die AGB nicht automatisch Bestandteil des Vertrages. Sie müssen ausdrücklich als Bestandteil des Kaufvertrages vereinbart sein. Das Gesetz schreibt hierzu vor:

Allgemeine Geschäftsbedingungen werden nur dann Bestandteil eines Vertrages, wenn der Verkäufer bei Vertragsabschluss

1. den Käufer ausdrücklich auf die AGB hinweist,

2. dem Käufer die Möglichkeit verschafft, in zumutbarer Weise von ihrem Inhalt Kenntnis zu nehmen,

3. das Einverständnis des Käufers zur Geltung der AGB einholt.

Voraussetzung für die Einbeziehung der AGB

- ausdrücklicher Hinweis auf die AGB
- in zumutbarer Weise vom Inhalt Kenntnis nehmen
- ausdrückliches Einverständnis, dass AGB gelten

Persönliche Absprachen haben Vorrang vor AGB-Regelungen

Beispiele: *Dr. Heine hat mit der Praxisausstattungs-GmbH vereinbart, dass die Wartezimmermöbel am 25. Juli 20.. geliefert werden. In den allgemeinen Lieferungsbedingungen steht gedruckt: „Die Lieferung erfolgt vier Wochen nach Auftragseingang."*

In diesem Fall gilt die Absprache von Dr. Heine mit der Praxisausstattungs-GmbH. Aus Beweisgründen sollte der Käufer immer darauf bestehen, dass die Absprache schriftlich im Vertrag festgehalten wird.

Unwirksame AGB-Klauseln

Die AGB-Klauseln müssen für den Käufer verständlich formuliert sein. **Sind Klauseln unverständlich, so sind sie unwirksam**, d. h., sie gelten nicht.
Nicht immer sind AGB-Regelungen völlig klar und eindeutig abgefasst. Gibt es bei der Auslegung der AGB **Unklarheiten**, so muss der Verkäufer für diese Unklarheiten gerade stehen. Für den Käufer ist immer die günstige Auslegung zu wählen.

Der Käufer wird weiterhin dadurch geschützt, dass **überraschende Klauseln** nicht Bestandteil des Vertrages werden.

Beispiel: *Ein Zahnarzt hat eine kombinierte Radio- und Sprechanlage in der Praxis installieren lassen. Nach einem Jahr erscheint ein Mitarbeiter der Lieferfirma, um die Anlage zu warten. Der Zahnarzt ist völlig überrascht. Vom Mitarbeiter der Firma erhält er den Hinweis, dass in den AGB eine jährliche kostenpflichtige Wartung für die nächsten zehn Jahre festgeschrieben ist. Der Zahnarzt lehnt die Wartung zu Recht ab. Nach dem Gesetz hat eine solche überraschende Klausel keinerlei Gültigkeit.*

Darüber hinaus gilt, dass Bestimmungen, die den Käufer in hohem Maße benachteiligen, **unwirksam sind**. Hierzu gehören:

1. Absolut verbotene Klauseln:
Diese sind ohne Einschränkungen unwirksam. Allerdings bleibt der abgeschlossene Vertrag wirksam. Anstelle der unwirksamen AGB-Klauseln gelten dann die gesetzlichen Regelungen.

Beispiele:

- *Klauseln über Preiserhöhungen, obwohl die Ware innerhalb von vier Monaten geliefert wird*
- *Einschränkung von Vertragsleistungen, die dem Vertragspartner zustehen, z. B. Zurückbehaltung der Miete eines gemieteten Praxiscomputers, wenn dieser defekt ist*
- *Ausschluss der Gewährleistungsansprüche*
- *überhöhte Schadensersatzansprüche*

- *Ausschluss oder Beschränkung der Haftung bei grobem Verschulden*
- *Ausschluss oder Beschränkung der Rechte des Käufers für den Fall, dass der Verkäufer nicht oder nur verspätet leistet*

2. Bedenkliche Klauseln:
Bei diesen Klauseln ist zu prüfen, ob eine große Benachteiligung der Käuferin oder des Käufers vorliegt. Ist die Benachteiligung zu groß, sind die Klauseln unwirksam. Sind die Klauseln trotz der Schlechterstellung des Kunden noch hinnehmbar, bleiben sie gültig.

Beispiele:

- *Zu lange Annahme- oder Lieferfristen bzw. Annahme- und Lieferfrist sind zeitlich nicht abschätzbar.*
  Beispielsweise bei der Bestellung im Versandhandel wurde festgelegt: „Der Kunde ist an seine Bestellung gebunden, bis das Versandhaus über die Annahme oder Absage der Bestellung eine Mitteilung zustellt".
- *Rücktrittsvorbehalte, die dem Verkäufer ein einseitiges Rücktrittsrecht ohne sachlichen Grund zubilligen.*
  Beispielsweise die Klausel: „Der Reiseveranstalter ist berechtigt, die Reise ohne Angabe von Gründen abzusagen".
- *Unzumutbare Änderungsvorbehalte des Verkäufers.*
  Beispielsweise sind leichte Farbabweichungen bei Möbeln zulässig, die Lieferung von Birken- statt Eichenmöbeln ist aber unzulässig.

Keine unangemessene Benachteiligung des Verbrauchers durch AGB

Vorrang der persönlichen Absprache vor AGB-Klauseln

unwirksame AGB-Klauseln
- überraschende Klauseln
- absolut verbotene Klauseln
- eventuell bedenkliche Klauseln

Produkthaftung

Hersteller einer Ware haften gesetzlich dafür, dass die Ware fehlerfrei und sicher ist (Produkthaftungsgesetz).

Wann Hersteller für mangelhafte Ware haften

Schutz vor tragischen Folgen

Brüchige Schrauben, gefährliche Fehlkonstruktionen, missverständliche Bedienungsanleitungen, fehlende Sicherheitshinweise, mit Bakterien verseuchte Lebensmittel: Die Liste möglicher Produktfehler ist lang. Jeder Fehler kann zu tragischen Folgen führen. Das Gesetz ordnet an: Der Hersteller haftet. Er muss bei Verletzungen oder Erkrankungen für Arzt und Krankenhaus und Verdienstausfall sowie ein Schmerzensgeld zahlen und Sachschäden über 500 Euro ausgleichen. Ein Verschulden muss ihn nicht treffen. Kommt die Ware aus dem EU-Ausland, steht der Importeur dafür gerade. Der Händler zahlt, wenn er nicht sagen kann, wer für das Produkt verantwortlich ist. [...]

Produktfehler – Regeln für die Haftung

Produktfehler sind nicht nur gefährliche Qualitätsmängel und Konstruktionsfehler, sondern auch fehlende Sicherheitsvorkehrungen und -hinweise sowie unzureichende Bedienungsanleitungen. Sogar für Schäden, die bei naheliegendem Fehlgebrauch auftreten, müssen Hersteller und Importeure haften. Erst zehn Jahre, nachdem das fehlerhafte Produkt erstmals zum Verkauf angeboten wurde, erlischt die Haftung.

(Quelle: Vgl. Test.de, abgerufen unter: www.test.de/Produkthaftung-Wann-Hersteller-fuer-mangelhafte-Ware-haften-4493906 [03.02.2024])

Die **Produkthaftung** bezieht sich u. a. auf folgende Produktfehler:

- Produkt versagt wegen gefährlicher Qualitätsmängel
- gefährliche Fehlkonstruktion
- Konzeptionsfehler: Produkt funktioniert zwar, ist aber gefährlich (z. B. Fehlauslösung eines Airbags)
- Haftung für fehlerhafte Prothesen und andere Medizintechnik (z. B. Metall löst sich aus Hüftprothese)
- naheliegender Fehlgebrauch (z. B. Karies durch Dauernuckeln an der Trinkflasche)
- Warnpflicht missachtet (Hersteller müssen vor Gefahren warnen, die mit der Benutzung ihrer Produkte verbunden sind)

Kaufvertragsarten

Kaufverträge lassen sich nach verschiedenen Merkmalen bzw. Vereinbarungen unterscheiden. Hier werden die für jeden Verbraucher sowie Zahnärzte/Zahnärztinnen und die Zahnmedizinische Fachangestellten wichtigen Kenntnisse der folgenden drei Vertragsarten dargestellt.

Vertragsarten nach Bestimmung von Art, Güte und Beschaffenheit der Ware

Art des Vertrages	Beispiel
Stückkauf Gegenstand des Kaufvertrages ist eine nicht vertretbare Ware, d. h., die Ware gibt es in dieser Form nur einmal.	Einmalige Sonderanfertigungen, wie beispielsweise die Anfertigung eines Praxisempfangs nach Maß.
Gattungskauf Hierbei wurde ein Kaufvertrag über eine vertretbare Ware abgeschlossen, d. h., die Ware ist in dieser Form überall erhältlich.	Kauf von Verbandmaterial für den Praxisbedarf.
Kauf nach Besichtigung Der Käufer erhält die Möglichkeit, die Ware vor Vertragsabschluss zu besichtigen.	Eine Zahnmedizinische Fachangestellte möchte einen Gebrauchtwagen kaufen. Nach eingehender Besichtigung eines Fahrzeugs entschließt sie sich zum Kauf.
Kauf zur Probe Eine kleine Warenmenge wird zunächst gekauft und ausprobiert. Entspricht die Ware den Erwartungen, werden größere Nachbestellungen vorgenommen.	Ein Zahnarzt hat bei einem Winzer zunächst ein Probierpaket mit Weinen bestellt. Nachdem er die Weine probiert hat, kauft er größere Mengen der angebotenen Weine.

Art des Vertrages	Beispiel
Kauf nach Probe Der Verkäufer verpflichtet sich, eine Ware entsprechend einer vom Käufer vorgelegten Probe bzw. einer vorher dem Käufer überlassenen Probe zu liefern.	Der Vertreter einer Druckerei hat einem Zahnarzt eine Reihe von Briefbogenmustern überlassen. Der Zahnarzt bestellt 1.000 Briefbögen und Umschläge mit seinem Namensaufdruck gemäß eines der vorgelegten Muster.
Kauf auf Probe Dem Käufer wird eine Ware probeweise überlassen. Innerhalb der vereinbarten Frist hat der Käufer das Recht zur Rückgabe, wenn die Ware nicht seinen Erwartungen entspricht.	Eine Zahnärztin kauft ein Fotokopiergerät mit der Vereinbarung, dass eine Rückgabe des Gerätes innerhalb von drei Monaten jederzeit möglich ist.

Vertragsformen nach der Bestimmung der Lieferzeit

Art des Vertrages	Beispiel
Sofortkauf Die Lieferung muss unmittelbar nach Bestellung erfolgen.	Mit dem Lieferanten für Praxisbedarf wurde bei der Bestellung vereinbart: „Lieferung sofort.“
Kauf auf Abruf Zwecks Einsparung von Lagerkosten wird im Kaufvertrag festgehalten, dass innerhalb einer vereinbarten Frist der Käufer die zu liefernde Ware nach seinem Bedarf abruft.	Ein Krankenhaus kauft bei einem Gemüsegroßhändler 100 Zentner Kartoffeln. Es wird vereinbart, dass die Kartoffeln in beliebigen Teilmengen binnen eines Monats abgerufen werden können.
Fixkauf Im Kaufvertrag ist der Liefertag genau bestimmt. Der Fixkauf ist üblich, wenn beispielsweise eine Praxiseröffnung oder -renovierung genau pünktlich erfolgen soll, aber auch bei Saisonwaren.	Lieferung der Wartezimmermöbel am 25. Juli fix.
Termin- oder Zeitkauf Im Kaufvertrag wird die Lieferung zu einem späteren Termin bzw. innerhalb einer bestimmten Frist vereinbart.	„Lieferung Ende Februar“ „Lieferung innerhalb 6 Wochen“

Vertragsformen nach der Rechtsstellung der Vertragspartner

Bei Kaufverträgen macht es einen Unterschied, ob die Vertragspartner Unternehmer oder Verbraucher sind. Die Rechtsvorschriften unterscheiden sich danach. So kann z. B. beim Online-Kauf ein Verbraucher oder eine Verbraucherin den Kauf innerhalb von 14 Tagen widerrufen. Dieses Recht hat der Unternehmer, der Waren für seinen Betrieb kauft, nicht. Die sogenannten Freiberufler, z. B. Ärzte und Ärztinnen, Zahnärzte und Zahnärztinnen, Anwältinnen oder, Steuerberater, sind bei Kaufverträgen über Güter für die eigene Praxis Unternehmer.

Folgende Vertragsarten sind zu unterschieden:
Zweiseitiger Handelskauf: Sowohl der Käufer als auch der Verkäufer sind rechtlich gesehen Kaufleute (Einzahl: Kaufmann/Kauffrau). Kaufleute sind alle Unternehmer mit Ausnahme der Freiberufler. Ein Arzt ist also Unternehmer, aber kein Kaufmann.
Einseitiger Handelskauf: Einer der beiden Vertragsparteien ist Kaufmann, der andere nicht. Die oben genannten Unterscheidungen sind in der Praxis sehr wichtig, z. B. wenn eine mangelhafte Ware geliefert wird.
bürgerlicher Kauf: Der Käufer und der Verkäufer sind keine Kaufleute, sondern z. B. beide Privatpersonen.
Verbrauchsgüterkauf: Der Käufer ist eine Privatperson, der Verkäufer ist Unternehmer. Die Vorschriften zum Verbrauchsgüterkauf gelten für Waren und Dienstleistungen.

2 Störungen bei der Erfüllung des Kaufvertrages

Die Praxisausstattungs-GmbH in Stuttgart liefert die bestellten Wartezimmermöbel nicht am 25. Juli 20... Aus Versehen hatte man den 25. August 20.. als Liefertermin notiert. Die alten Wartezimmermöbel waren bei der Renovierung der Zahnarztpraxis entsorgt worden. Somit hat Dr. Heine keine Möbel für das renovierte Wartezimmer.

Vom örtlichen Möbelhaus Beermann werden der Praxis Ausstellungsmöbel für vier Wochen leihweise zur Verfügung gestellt. Die Leihgebühr beträgt 900,00 EUR.

Bei der Anlieferung der neuen Möbel am 25. August 20.. stellt Dr. Heine auf einem der Tische einen deutlich sichtbaren Kratzer auf der Tischoberfläche fest. Er ist so verärgert, dass er die gesamten Wartezimmermöbel nicht annehmen will. In einem Telefongespräch mit dem Geschäftsführer der Praxisausstattungs-GmbH sichert dieser eine unverzügliche Ausbesserung des Transportschadens zu.

Durch die Nachbesserung weicht die Farbe der Tischoberfläche von den übrigen Teilen des Tisches ab. Dr. Heine schreibt am 2. September 20.. an die Praxisausstattungs-GmbH, dass er auf einer Neulieferung des Tisches besteht. Mit der Praxisausstattungs-GmbHhatte Dr. Heine vereinbart, dass die Leihgebühr für die Ersatzmöbel direkt von dem Unternehmen an das Möbelhaus Beermann überwiesen wird. Am 5. September 20.. erhält Dr. Heine vom Möbelhaus eine Mahnung über die noch ausstehende Gebühr. Er überweist die Gebühr, zieht aber vom Rechnungsbetrag der Praxisausstattungs-GmbH 900,00 EUR ab.

Aufgaben

1. Bei der Praxisausstattungs-GmbH liegt eine Nicht-Rechtzeitig-Lieferung (Lieferungsverzug) vor.

   a) Beschreiben Sie die Voraussetzungen für eine Nicht-Rechtzeitig-Lieferung.

   b) Welches Recht nimmt Dr. Heine für sich in Anspruch?

   c) Erläutern Sie anhand von Beispielen die weiteren möglichen Rechte des Käufers.

2. Bei Lieferung der Praxismöbel stellte Dr. Heine fest, dass ein Tisch einen Kratzer aufweist.
   a) Um welche Art von Mangel handelt es sich?
   b) Erläutern Sie anhand von Beispielen weitere Mängelarten.
   c) Was versteht man bei einer Schlechtleistung (Mängelrüge) unter „Rügepflicht“?
   d) Erläutern Sie anhand von Beispielen die Rechte des Käufers bei der Mängelrüge.
3. Aus Verärgerung über die Vielzahl der Probleme will Dr. Heine zunächst die Möbel gar nicht annehmen.
   a) Würde Dr. Heine in Gläubigerverzug (Annahmeverzug) geraten, wenn er die Möbel nicht annimmt?
   b) Erläutern Sie anhand von Beispielen die Rechte des Verkäufers beim Gläubigerverzug (Annahmeverzug).
4. Das Möbelhaus Beermann mahnt bei Dr. Heine die Zahlung der Leihgebühr an.
   a) Unter welchen Voraussetzungen gerät ein Vertragspartner in Zahlungsverzug?
   b) Erläutern Sie die Rechte des Gläubigers beim Zahlungsverzug.

Mögliche Erfüllungsstörungen beim Kaufvertrag

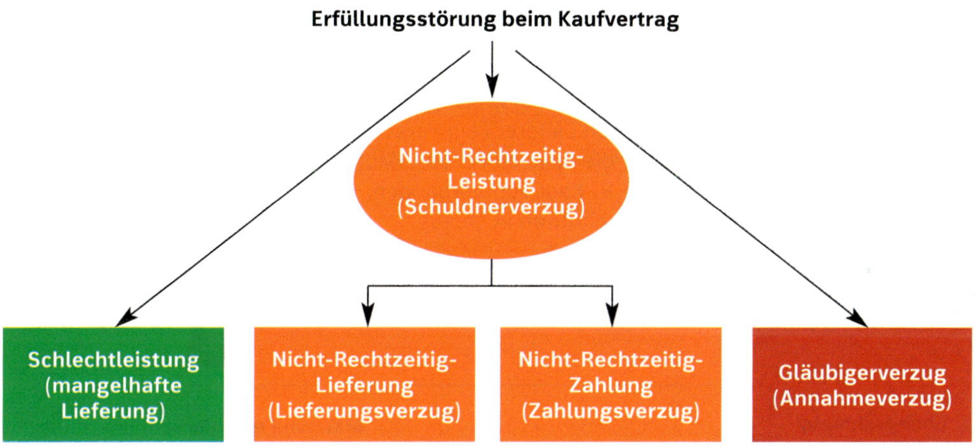

2.1 Nicht-Rechtzeitig-Lieferung (Lieferungsverzug)

Definition: *Der Verkäufer hat die Pflicht, die bestellte Ware innerhalb der vereinbarten Lieferzeit bzw. zum vereinbarten Liefertermin zu liefern. Hat der Verkäufer schuldhaft, d.h. vorsätzlich oder fahrlässig, nicht oder nicht rechtzeitig geliefert, gerät er in Lieferungsverzug.*

Voraussetzungen für das Vorliegen der Nicht-Rechtzeitig-Lieferung

Der Verkäufer befindet sich in Lieferungsverzug, wenn folgende Voraussetzungen gegeben sind:

- Die Lieferung muss fällig sein.
- Den Lieferanten trifft ein Verschulden.

Fälligkeit der Lieferung
Häufig ist der Liefertermin aufgrund der Vereinbarungen im Kaufvertrag nicht genau bestimmt.

Beispiele: *„Lieferung ab November", „Lieferung frühestens in etwa sechs Wochen"*

In diesem Fall muss der Käufer ermitteln, ob eine vom Verkäufer verschuldete Verzögerung vorliegt. Der Käufer sendet nach Überschreiten der Lieferfrist dem Lieferer eine Mahnung. Darin setzt er eine Frist, bis zu der die Lieferung spätestens erfolgen muss. Aufgrund der Mahnung ergeben sich die hier aufgezählten Folgen:

Liefert der Verkäufer nach dieser Mahnung nicht, ist er in Verzug.

Eine Mahnung entfällt, wenn

1. für die Leistung eine Zeit nach dem Kalender bestimmt ist,
2. der Schuldner die Leistung verweigert.

Bei einem genau bestimmten bzw. errechenbaren Liefertag gerät der Lieferer ohne Mahnung in Verzug. Errechenbar ist der Liefertag z. B. bei einer Vereinbarung wie „Lieferung vier Wochen nach Auftragseingang."

In der vorliegenden Ausgangssituation kommt die Praxisausstattungs-GmbH ohne Mahnung in Lieferungsverzug. Sie liefert nicht am fest vereinbarten Termin 25. Juli 20.. Außerdem trägt sie das Verschulden für die Verspätung.

Verschulden des Lieferers
Eine Voraussetzung für den Lieferungsverzug ist neben der Fälligkeit das Verschulden des Lieferers. Ein Verschulden des Lieferers liegt nicht vor, wenn aufgrund außergewöhnlicher Umstände, die er nicht beeinflussen kann (höhere Gewalt), eine Lieferung nicht möglich ist.

Solche durch höhere Gewalt verursachten Verspätungen der Lieferung sind Naturkatastrophen, Streiks usw. In diesen Fällen trifft den Lieferer kein Verschulden. Dies gilt aber nur bei **Stückkäufen** (Einzelprodukt bzw. Ware, die speziell für den Käufer angefertigt wurde, z. B. Praxisempfang). Bei **Gattungskäufen**, z. B. Kauf von Verbänden, Einmalspritzen, Mundspatel usw., kommt der Lieferer auch **ohne Verschulden** in Verzug.

Fälligkeit der Lieferung

ohne Mahnung
- Fixkauf
- Lieferung ist kalendermäßig bestimmt oder lässt sich berechnen
- Verkäufer verweigert die Lieferung

Mahnung erforderlich
- Lieferung ist kalendermäßig nicht bestimmt

Verschulden des Lieferanten
- bei Vorsatz oder Fahrlässigkeit
- Verzug ohne Verschulden beim Gattungskauf

Rechte des Käufers

Beim Lieferungsverzug kann der Käufer zwischen verschiedenen Rechten wählen. Folgende Rechte werden unterschieden:

Lieferung verlangen und eventuell Schadensersatz
Welches Recht der Käufer in Anspruch nimmt, hängt von der Situation ab. Ist zurzeit eine gleichwertige Ware nicht zu erhalten, wird der Käufer **auf Lieferung bestehen**. Das gleiche gilt, wenn der Preis der Ware gestiegen ist. Entsteht dem Käufer aus der verspäteten Lieferung ein Schaden, kann er **zusätzlich Schadensersatz** verlangen.

Beispiel: *Dr. Heine zieht die Leihgebühr von 900,00 EUR für das Möbelhaus Beermann von der Rechnung der Praxisausstattungs-GmbH ab.*

Rücktritt vom Vertrag und/oder Schadenersatz statt Leistung
Beabsichtigt der Käufer auf die Lieferung zu verzichten, muss er dem Verkäufer zunächst eine angemessene Frist zur Lieferung setzen. Diese Nachfrist entfällt, wenn der Schuldner die Leistung verweigert oder aufgrund der Umstände sofort Schadensersatz geltend gemacht werden kann.

Der Käufer lehnt dann nach Ablauf der Nachfrist die Lieferung ab und tritt vom Vertrag zurück. Die Inanspruchnahme dieses Rechts ist sinnvoll, wenn die Preise dieser Ware gesunken sind.

Benötigt der Käufer die Ware dringend, so ist er nach Ablauf der Nachfrist gezwungen, sich diese Ware anderweitig zu besorgen (**Deckungskauf**). Er kauft die Ware zur Not auch zu einem höheren Preis bei einer anderen Firma. Die Preisdifferenz stellt der Käufer dem Lieferanten in Rechnung.

Beispiel: *Der Zahnarzt Dr. Jürgens hat bei der Druckerei Gutenberg Broschüren bestellt. Die Lieferung wurde zum 31. Juli 20.. zugesichert. Am 2. August mahnt Dr. Jürgens die Broschüren an und setzt eine Nachfrist bis zum 10. August. Am 12. August kauft Dr. Jürgens die Broschüren bei der Medizindruck-KG zu einem wesentlich höheren Preis. Er teilt der Druckerei Gutenberg mit, dass er auf die Lieferung verzichtet und fordert als Schadenersatz die Erstattung der Preisdifferenz.*

Ersatz vergeblicher Aufwendungen
Anstelle von Schadenersatz kann der Käufer die Erstattung der Kosten vom Verkäufer verlangen, die im Vertrauen auf eine rechtzeitige Lieferung entstanden sind.

Beispiel: *Ein Zahnarzt hat bei einer Galerie ein Bild für ein Wartezimmer im Wert von 800,00 EUR gekauft. Das Bild soll am 20.10. geliefert werden. Aufgrund einer Mahnung vom 28.10. erklärt die Galerie, dass das Bild durch eine Unachtsamkeit zerstört wurde und somit nicht lieferbar sei. Der Zahnarzt hat einen Rahmen im Wert von 200,00 EUR anfertigen lassen, der nicht umgetauscht werden kann. Er verlangt zu Recht die Erstattung der Kosten für den Rahmen.*

Die zu ersetzenden Kosten müssen allerdings in einem vertretbaren Verhältnis zum Kaufpreis stehen. Im vorhergehenden Beispiel wäre die Forderung zur Erstattung der Kosten für einen Rahmen im Wert von 1.000,00 EUR unangemessen.

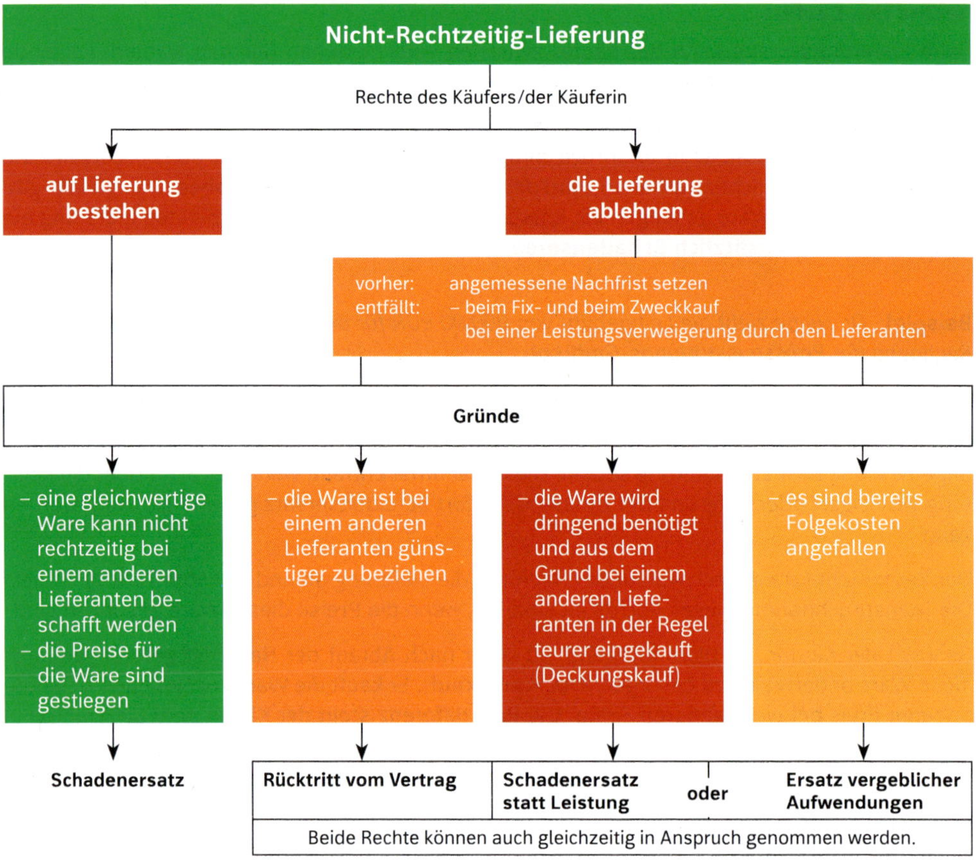

2.2 Schlechtleistung (Lieferung mangelhafter Ware)

Definition: *Der Verkäufer ist verpflichtet, die Ware mangelfrei zu liefern.*

Diese Definition ist zu erweitern um die Besonderheiten für „Waren mit digitalen Elementen". Bei diesen Waren sind die digitalen Elemente entscheidend für die Funktionsfähigkeit des Produktes. Typische Beispiele sind Smartphones, Tablets, Smartwatches, smarte Fernseher usw. Zur mangelfreien Lieferung dieser Waren gehört, dass der Verkäufer verpflichtet ist, für den Zeitraum der üblichen Nutzungsdauer den Käufer oder die Käuferin über Aktualisierungen zu informieren und diese bereitzustellen (Softwareupdates). Kommt der Verkäufer der Aktualisierungspflicht nicht nach, ist die Ware mangelhaft.

Eine gelieferte Ware gilt als mangelfrei, wenn

- diese die vereinbarte sowie die branchenübliche Beschaffenheit aufweist,
- diese für den im Kaufvertrag vereinbarten Zweck verwendet werden kann,
- das eventuell vereinbarte Zubehör bereitgestellt wird,
- die Montage oder Installationsanleitung beiliegt und diese den Montageanforderungen entspricht,
- bei Waren mit digitalen Elementen Softwareupdates während der üblichen Nutzungszeit zur Verfügung gestellt werden.

Alternativ wird beim Kauf von Praxisinventar oft die Montage, die Prüfung der Funktionsfähigkeit, die Übergabe und Schulung des Praxisteams vereinbart.

Demnach kann eine Ware der vereinbarten Beschaffenheit entsprechen; erfüllt sie aber eine der oben aufgezählten Voraussetzungen nicht, beispielsweise genügt sie den branchenüblichen Anforderungen oder den Montageanforderungen nicht, ist sie mangelhaft.

Der Käufer oder die Käuferin muss beim Eintreffen der Ware prüfen, ob Mängel festzustellen sind. Folgende Mängelarten können auftreten:

Sachmängel

Fehlerhafte Ware (Sache hat nicht die vereinbarte Beschaffenheit)
Bei fehlerhafter Ware unterscheidet man hinsichtlich der **Erkennbarkeit**:

- **offene Mängel**: sofort erkennbar, z. B. ein Kratzer auf einem Möbelstück,
- **versteckte Mängel**: erst bei Gebrauch erkennbar, z. B. ein Sterilisator erreicht nicht die eingestellte Temperatur,
- **arglistig verschwiegene Mängel:** z. B. absichtliche Nichtangabe eines Unfallschadens beim Kauf eines gebrauchten Pkw.

Ware ungleich Werbung
Die Ware entspricht nicht den Versprechungen der Werbung, z. B. das Dreiliterauto verbraucht tatsächlich fünf Liter Benzin je 100 km.

Montagemangel
Vereinbart wurde beispielsweise die Lieferung eines Gerätes einschließlich Aufstellung (Montage) in der Praxis. Unterläuft hierbei ein Fehler, liegt ein Sachmangel vor, für den der Verkäufer haftet.

Mangelhafte Montageanleitung
Aufgrund einer fehlerhaften Montageanleitung kann z. B. eine Schrankwand nicht sachgerecht aufgestellt werden.

Falschlieferung
Ein anderes Gut als die bestellte Ware wurde geliefert, z. B. Mullbinden statt elastischer Binden.

Zuweniglieferung
Es wurde weniger geliefert als vereinbart, z. B. 100 Einwegspritzen statt der bestellten 1.000 Stück.

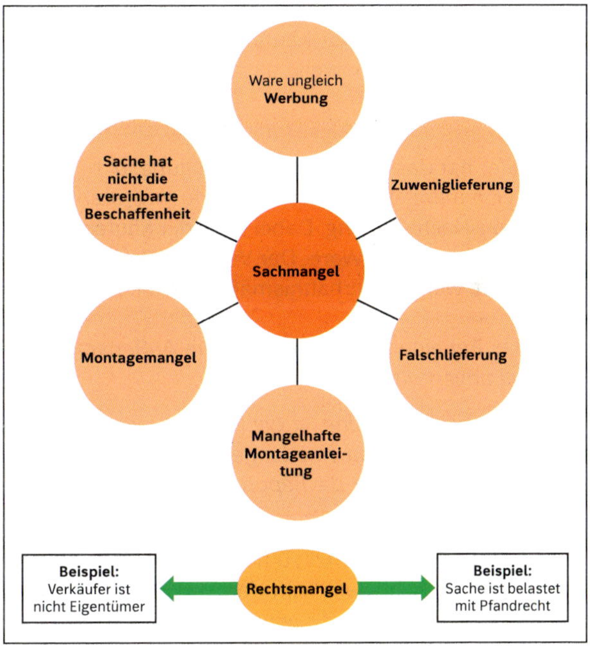

Rechtsmängel

Ein Rechtsmangel liegt beispielsweise vor, wenn der Verkäufer nicht Eigentümer der verkauften Ware ist. Gestohlene Ware kann somit niemals rechtmäßig erworben werden, auch wenn der Käufer selbst nicht wusste, dass es sich um gestohlene Ware handelt.

Hinsichtlich der Prüfungspflicht räumt der Gesetzgeber beim Privatkauf und beim Verbrauchsgüterkauf dem Käufer eine längere Frist ein. Er muss innerhalb der Gewährleistungsfrist die Ware auf Mängel prüfen. Beim zweiseitigen Handelskauf und beim sonstigen einseitigen Handelskauf ist die Ware hingegen unverzüglich auf Mängel zu untersuchen. Es empfiehlt sich aber immer, eine Ware unverzüglich auf ihre Mangelfreiheit hin zu überprüfen.

Kaufvertragsart	Offene Mängel	Versteckte Mängel	Arglistig verschwiegene Mängel
Verbrauchsgüterkauf	innerhalb der Gewährleistungspflicht (2 Jahre, aber nur innerhalb der ersten 12 Monate gilt die Ware als von Anfang an mangelhaft)		innerhalb von drei Jahren, ab Beginn des Folgejahres nach Entdeckung
Zweiseitiger Handelskauf	unverzüglich	unverzüglich nach Entdeckung, spätestens in der Gewährleistungsfrist	unverzüglich nach Entdeckung, innerhalb von drei Jahren, ab Beginn des Folgejahres nach Entdeckung

Liegt bei einer gelieferten Ware ein Mangel vor, schreibt der Käufer an den Verkäufer eine **Mängelrüge**. In dieser sind die Mängel genau aufzulisten. Sind die Mängel bereits bei Lieferung sichtbar, kann der Käufer die Annahme der Ware verweigern. Er kann sie aber auch annehmen mit dem Hinweis, dass man sich alle Rechte vorbehält.

Vorrangiges Recht des Käufers: Nacherfüllung

Der Käufer hat das Recht auf Nacherfüllung, d. h., der Verkäufer muss dafür sorgen, dass dem Käufer eine mangelfreie Ware zur Verfügung steht. Er setzt dem Verkäufer eine angemessene Frist für die Nacherfüllung. Dabei kann der Käufer wählen zwischen Nachbesserung (Reparatur) und Neulieferung der Ware. Der Verkäufer kann aber eine der beiden Arten der Nacherfüllung verweigern, wenn unverhältnismäßig hohe Kosten anfallen.

Beispiel: *Bei einem Neuwagen ist ein Außenspiegel defekt. Eine Neulieferung wäre in diesem Fall unverhältnismäßig.*

Bei einer Waschmaschine ist die Programmsteuerung defekt. Eine Reparatur wäre sehr teuer. Da die Waschmaschine eine lange Lieferzeit hat, besteht der Käufer auf Reparatur. In diesem Fall kann der Verkäufer die Reparatur verweigern und auf Neulieferung der Ware bestehen.

Bei einer **Nachbesserung** muss der Verkäufer den Mangel an der Ware beseitigen. Er hat alle damit verbundenen Kosten zu übernehmen. Nach zwei erfolglosen Reparaturen ist die Nacherfüllung fehlgeschlagen. Trifft den Verkäufer ein Verschulden am Mangel der Ware, so kann der Käufer **zusätzlich** Schadensersatz geltend machen.

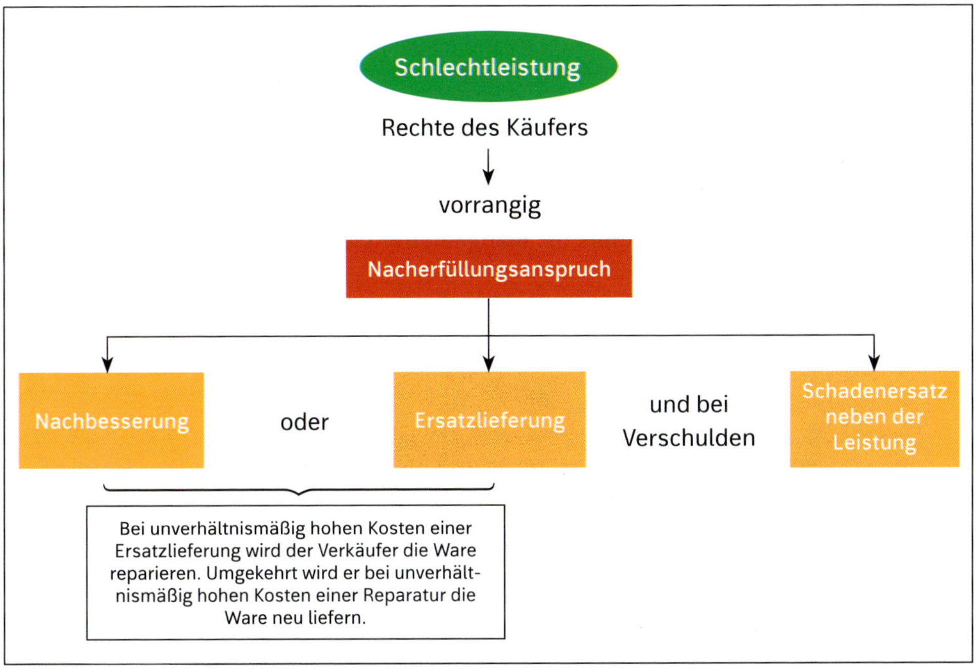

Nachrangige Rechte des Käufers

Wenn die Nacherfüllung fehlgeschlagen ist, kann der Käufer die folgenden **nachrangigen Rechte** geltend machen:

- Rücktritt vom Kaufvertrag
- Minderung
- Schadenersatz statt Leistung
- Ersatz vergeblicher Aufwendungen

Rücktritt vom Kaufvertrag

Hat der Verkäufer nach Ablauf einer angemessenen Nachfrist weder durch eine Reparatur Mängel beseitigt noch die Ware neu geliefert, kann der Käufer vom Vertrag zurücktreten. Dies gilt allerdings nur für **erhebliche Mängel** und nicht bei geringfügigen Mängeln.

Beispiel: *An der Rückseite eines Fernsehers sind durch den Transport mehrere Kratzer sichtbar. Ein Rücktritt des Käufers vom Vertrag ist hierbei ausgeschlossen.*

Bei einem Rücktritt muss der Verkäufer den Kaufgegenstand zurücknehmen und den eventuell schon bezahlten Kaufpreis zurückerstatten.

Minderung

Das Recht auf Minderung des Kaufpreises nimmt der Käufer üblicherweise bei unerheblichen Mängeln in Anspruch. Der Kaufvertrag bleibt bestehen und man einigt sich darauf, dass der Käufer einen geringeren Kaufpreis zahlt. Der Kaufpreis wird somit gemindert.

Schadenersatz statt Leistung

Dieses Recht hat der Käufer beim Rücktritt vom Kaufvertrag, wenn ihm durch die mangelhafte Leistung des Verkäufers ein Schaden entstanden ist.

Beispiel: *Eine Zahnärztin hat ein Röntgengerät gekauft. Das Gerät macht nur mangelhafte Aufnahmen. Trotz zweimaliger Nachbesserungen entspricht die Qualität der Aufnahmen nicht dem Standard. Die Zahnärztin tritt vom Vertrag zurück und verlangt den Ersatz des Ausfalls der Einnahmen.*

Ersatz vergeblicher Aufwendungen
In diesem Fall verlangt der Käufer den Ersatz der Aufwendungen, die er im Vertrauen auf eine einwandfreie Lieferung gemacht hat.

Beispiel: *Die Zahnärztin hat in einem Raum ihrer Praxis eine Wand entfernen lassen müssen, damit das neue Röntgengerät hineinpasste. Sie kann nach den gescheiterten Reparaturen des Röntgengerätes die Erstattung der Umbaukosten verlangen.*

Die nachrangige Rechte des Käufers bei mangelhafter Lieferung

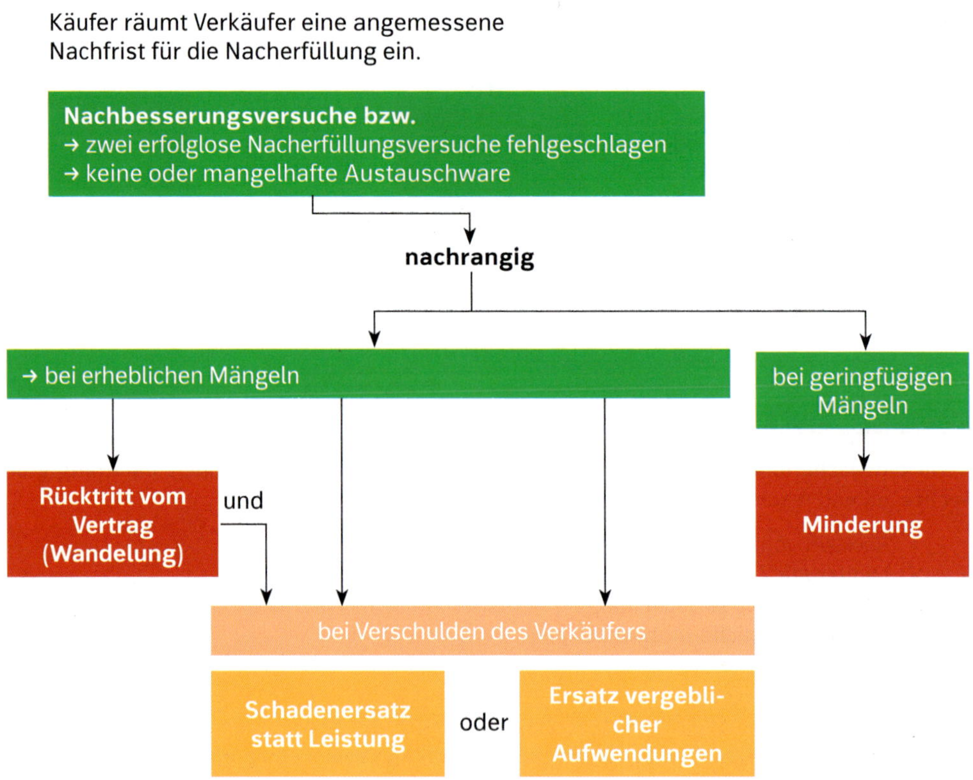

Haftung und Garantie bei Schlechtleistung

Ist einem Käufer ein Mangel der Ware bereits bei Vertragsabschluss bekannt, so entfällt die Haftung des Verkäufers. Dem Käufer stehen dann nur Rechte bei arglistig verschwiegenen Mängeln zu.

Verjährung der Mängelansprüche
Bei einer Mängelrüge innerhalb von 12 Monaten nach dem Kauf wird unterstellt, dass der Mangel bereits bei der Lieferung der Ware bestand. Bestreitet der Verkäufer, mangelhafte Ware geliefert zu haben, muss er nachweisen, dass der Käufer die Ware beschädigt hat.

Nach Ablauf von 12 Monaten liegt die Beweislast beim Käufer. Will er nun Rechte wegen Lieferung mangelhafter Ware geltend machen, muss er nachweisen, dass dieser Mangel bereits bei der Lieferung vorhanden war.

Die **gesetzliche Gewährleistungsfrist** für Mängel beträgt **zwei Jahre**. Beim Erwerb **gebrauchter Güter** kann sie auf ein Jahr verkürzt werden.

Neben der regelmäßigen Verjährungsfrist von zwei Jahren bei Kaufverträgen sind noch die folgenden Fristen zu beachten:

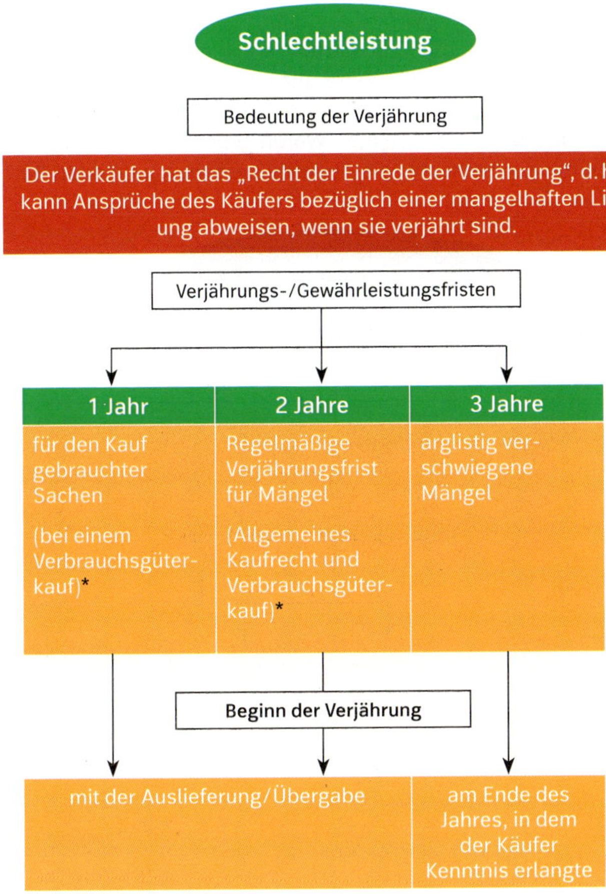

* Zu beachten ist die Beweislastumkehr nach 12 Monaten beim Verbrauchsgüterkauf.

2.3 Annahmeverzug

Ein **Annahmeverzug** liegt vor, wenn der **Käufer die zur rechten Zeit am rechten Ort** gelieferte mangelfreie Ware nicht annimmt. Ab dem Zeitpunkt der Annahmeverweigerung hat der Käufer die Verantwortung für die Ware. Wird sie beispielsweise beschädigt, haftet der Käufer für diesen Schaden.

Beispiel: *Ein Zahnarzt hat bei der Büroausstattungs-GmbH Schränke mit Einrichtungen für eine Hängeregistratur bestellt. Inzwischen hat er festgestellt, dass gleich zwei Konkurrenzunternehmen der Büroausstattungs-GmbH ähnliche Einrichtungen wesentlich preiswerter anbieten. Verärgert verweigert er die Annahme der ordnungsgemäß gelieferten Schränke.*

Rechte des Verkäufers

Der Verkäufer kann die ordnungsgemäß gelieferte Ware in eigene Verwahrung nehmen. Hat er nicht den notwendigen Platz, kann er die Ware auf Kosten und Gefahr des Käufers in einem Lagerhaus hinterlegen. Lagerhäuser werden von speziellen Firmen, oft Speditionen, betrieben. Sie stellen Räume zur Verfügung, in denen man Waren gegen Entgelt einlagern kann. Nach der Einlagerung der Waren hat der Verkäufer die Auswahl zwischen folgenden Rechten:

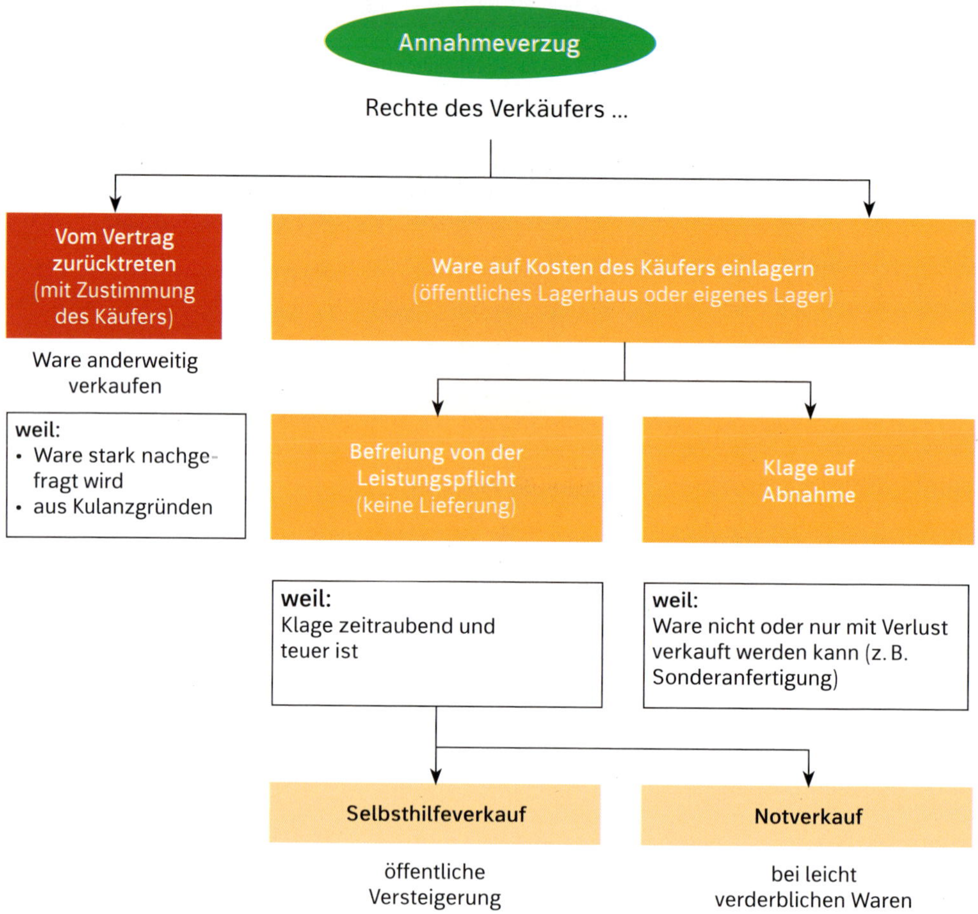

Rücktritt vom Vertrag

Bei einer leicht zu veräußernden Ware kann der Verkäufer im Fall der Annahmeverweigerung mit Zustimmung des Käufers vom Vertrag zurücktreten und die Ware anderweitig verkaufen. Die dabei anfallenden Mehrkosten trägt der Käufer.

Klage auf Abnahme

Der Verkäufer wird auf Abnahme der Ware klagen, wenn die Ware speziell für den Käufer hergestellt wurde oder sie anderweitig schwer zu verkaufen ist.

Beispiel: *Die Büroausstattungs-GmbH teilt dem Zahnarzt mit, dass sie die Schränke auf seine Kosten im Öffentlichen Lagerhaus in Essen, Am Dom 6, eingelagert hat. Weiterhin droht das Unternehmen damit, einen Rechtsanwalt mit einer Klage auf Abnahme der Ware zu beauftragen.*

Selbsthilfeverkauf
Der Verkäufer kann einen Selbsthilfeverkauf veranlassen. Die Ware wird dann öffentlich versteigert, d. h., bei einer Auktion (speziellen Verkaufsveranstaltung) bieten Käufer einen Preis für die Ware. Der Käufer, der den höchsten Preis bietet, erhält den Zuschlag. Geleitet wird die Versteigerung durch einen Auktionator.

Zum Schutz des Käufers muss der Verkäufer dabei Folgendes beachten:

- Der Ort der Aufbewahrung der Ware ist dem Käufer mitzuteilen.
- Dem Käufer ist eine Frist zur Abnahme der Ware einzuräumen und der Selbsthilfeverkauf anzudrohen. Der Käufer hat so die Möglichkeit, die Ware noch abzunehmen.
- Ort und Zeitpunkt des Selbsthilfeverkaufs sind dem Käufer mitzuteilen, damit dieser eventuell an der Versteigerung teilnehmen kann.

Über das Ergebnis des Selbsthilfeverkaufs erhält der Käufer eine Abrechnung. Der Käufer muss die Kosten und die Verluste übernehmen, wenn die Ware zu einem geringeren Preis verkauft wurde. Tritt der seltene Fall ein, dass ein höherer Preis erzielt wurde, steht dem Käufer der Mehrerlös zu.

Beispiel: *Die Büroausstattungs-GmbH hat sich beraten lassen und statt der Klage auf Abnahme den Selbsthilfeverkauf gewählt. Sie teilt dem Zahnarzt mit, dass die Schränke innerhalb von 14 Tagen vom Öffentlichen Lagerhaus gegen Erstattung aller bisher angefallenen Kosten abgeholt werden können. Ansonsten erfolge ein Selbsthilfeverkauf. Da der Zahnarzt die Schränke innerhalb der gesetzten Frist nicht abgenommen hat, erhält er vom Verkäufer die folgende Mitteilung: „Die Versteigerung der Praxisschränke findet am 10. September 2024 um 10:00 Uhr in den Versteigerungsräumen des Öffentlichen Lagerhauses, Am Dom 6, in Essen statt.“*

Notverkauf
Bei verderblicher Ware kann der Verkäufer sofort und ohne vorherige Mitteilung die Ware im Notverkauf auf Rechnung des Käufers veräußern.

2.4 Nicht-Rechtzeitig-Zahlung (Zahlungsverzug)

Eintritt des Zahlungsverzuges

Der Käufer gerät in Zahlungsverzug, wenn er den **Kaufpreis schuldhaft nicht oder nicht rechtzeitig zahlt.** Er erhält üblicherweise vom Gläubiger eine Mahnung, in der ihm eine letzte Zahlungsfrist eingeräumt wird. Die Mahnung ist nicht notwendig, wenn ein Termin für die Zahlung vereinbart wurde. Dies kann ein genau festgelegter Termin sein, z. B. Zahlung am 10.11. Üblich ist aber die Angabe einer Zahlungsfrist. Der späteste Termin für die Zahlung lässt sich dabei leicht errechnen.

Beispiel: *Zahlung des Rechnungsbetrages spätestens zehn Tage nach Lieferung. In diesem Fall gerät der Käufer bei nicht fristgemäßer Zahlung ab dem 11. Tag nach Lieferung automatisch in Zahlungsverzug.*

Der Gesetzgeber hat die Position des Verkäufers (Gläubigers) durch eine 30-Tage-Regelung gestärkt. Wurde kein Zahlungstermin vereinbart, gerät der Käufer (Schuldner) automatisch spätestens **30 Tage nach Zustellung der Rechnung (Zugang) in Verzug**. Eine Mahnung ist nicht mehr erforderlich. Allerdings muss bei einem Verbrauchsgüterkauf in der Rechnung auf diese 30-Tage-Regelung ausdrücklich und unmissverständlich hingewiesen werden.

Beispiel: *In einer Rechnung an Dr. Heine steht zum Zahlungstermin: Diese Rechnung ist sofort zur Zahlung fällig. 30 Tage nach Fälligkeit und Zugang dieser Rechnung sind Sie gemäß § 286 Abs. 3 BGB in Verzug. Die Verzugszinsen belaufen sich auf 5% über dem Basiszinssatz.*

Rechte des Verkäufers

Der Verkäufer hat folgende Rechte:

Zahlung verlangen und Schadenersatz wegen verspäteter Zahlung
In den meisten Fällen wird der Verkäufer die Zahlung des Kaufpreises bestehen. Zusätzlich zum Kaufpreis verlangt der Verkäufer die Erstattung des aus der verspäteten Zahlung entstandenen Schadens. Er stellt dem Käufer Verzugszinsen in Rechnung. Dies sind Zinsen, die für die Zeit der Fälligkeit des Rechnungsbetrages bis zum Zeitpunkt der verspäteten Zahlung berechnet werden.

Beispiel: *Ein Käufer erhält eine Rechnung am 10. April. Es gilt die 30-Tage-Regelung, d. h., die Rechnung ist spätestens am 10. Mai fällig. Da der Käufer nicht zahlt, hat der Verkäufer das Recht dem Käufer ab dem 11. Mai die gesetzlich festgelegten Verzugszinsen in Rechnung zu stellen.*

Außerdem muss der Käufer die Mahnkosten tragen.

Rücktritt vom Vertrag/Schadenersatz statt Leistung
Ist die Ware problemlos anderweitig zu verkaufen, kann der Verkäufer vom Vertrag zurückzutreten. Er muss allerdings beim Käufer die Herausgabe der Ware durchsetzen. Dem Käufer werden die Rücknahmekosten, Verzugszinsen und mögliche Mindereinnahmen in Rechnung gestellt. Vor dem Rücktritt vom Vertrag ist dem Käufer eine Nachfrist einzuräumen. Dies ist eine letzte Frist, in der der Käufer noch die Forderungen des Verkäufers bezahlen kann.

Der Rücktritt vom Vertrag ist mit dem Problem verbunden, die Ware vom Käufer zurückzuerhalten. Der Anspruch des Verkäufers auf Herausgabe der Ware wird oft durch Eigentumsvorbehalt abgesichert. Beim Eigentumsvorbehalt bleibt der Verkäufer bis zur vollständigen Zahlung des Kaufpreises Eigentümer.

Ein Zahlungsverzug in der Zahnarztpraxis liegt vor, wenn Patienten Honorarforderungen des Zahnarztes nicht oder erst verspätet bezahlen. Wie der Zahnarzt in einem Mahn- und Klageverfahren versuchen kann, das Geld beim Patienten einzutreiben, wird im entsprechenden Kapitel dargestellt.

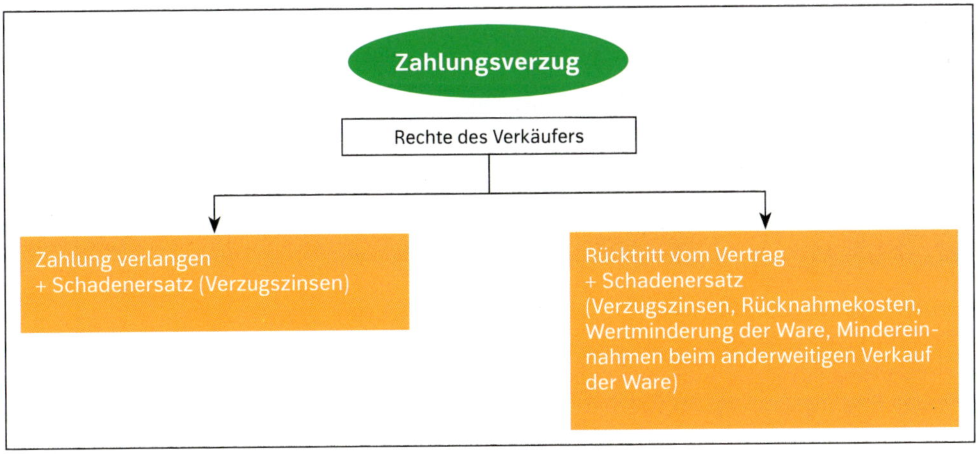

3 Grundsätze der Beschaffungsplanung und Lagerhaltung in der Zahnarztpraxis

„Wir hatten in diesem Monat unglaublich viele Vorsorgeuntersuchungen. Es ist toll, dass unsere Patienten so stark auf ihre Zahngesundheit achten. In dem Zusammenhang haben wir ungewöhnlich viele Comfort-Einmalhandschuhe verbraucht. Leider kann unser Lieferant genau diese Handschuhe augenblicklich nicht liefern“, stellt Sarah gegenüber Dr. Heine fest. „Diese Handschuhe sind besonders hautverträglich. Ich nutze sie auch gern. Haben Sie es schon bei einem anderen Lieferanten versucht?", fragt Dr. Heine. „Normalerweise haben wir so viele Einmalhandschuhe in unserem Praxisbedarf vorrätig, dass wir nur einmal pro Quartal bestellen müssen. Aufgrund des hohen Verbrauchs müssen wir nun nachbestellen. Ausgerechnet jetzt ist der Handschuh nicht lieferbar. Wir haben auch schon mehrere Anbieter angerufen. Vielleicht klappt es ja noch“, erwidert Sarah.

Aufgaben

1. Warum ist eine sorgfältige Beschaffungsplanung für die Zahnarztpraxis von großer Bedeutung?
2. Was versteht man unter Sprechstundenbedarf?
3. Wodurch unterscheidet sich der Praxisbedarf vom Sprechstundenbedarf?

4. Welche Arbeiten müssen im Rahmen einer systematischen Beschaffungsplanung geleistet werden?
5. Wie erreicht man die Einhaltung optimaler Lagerbedingungen?
6. Erklären Sie die folgenden Begriffe:
   - Meldebestand
   - optimale Bestellmenge

Beschaffungsplanung

Eine sorgfältige Beschaffungsplanung ist für die Zahnarztpraxis von grundlegender Bedeutung. Wie das Eingangsbeispiel zeigt, müssen Materialien auf Vorrat verfügbar sein, damit ein reibungsloser Praxisablauf gewährleistet ist. Je nach Funktionsbereich unterscheidet man:

Empfangs- und Verwaltungsbereich	▪ **Büromaterial**, z. B. Druckerpapier, Toner, Schreibmaterialien usw. ▪ **Vordrucke,** z. B. Arzneimittelverordnungsblätter, Arbeitsunfähigkeitsbescheinigungen, oder ▪ **Vordruckpapier,** spezielles Papier zur Erstellung der oben genannten Vordrucke mithilfe des Computers und Druckers ▪ **sonstige Vordrucke**, z. B. Privatrezepte, Terminzettel
Behandlung, Labor und Therapie	▪ **Praxisbedarf**, z. B. Einweghandschuhe, Schutzmasken ▪ **Sprechstundenbedarf**, z. B. Analgetika (schmerzstillende Mittel) zum unmittelbaren Gebrauch in der Sprechstunde vor oder nach schmerzhaften Eingriffen
Gesamtpraxis	▪ z. B. Reinigungsmittel, Flächendesinfektionsmittel

Bei der Behandlung von gesetzlich versicherten Patienten gibt es eine Besonderheit. Ein Teil der eingesetzten Verbrauchsmaterialien zählt zum **Sprechstundenbedarf**. Die Kosten hierfür übernehmen die gesetzlichen Krankenkassen. Bei vielen Kassenzahnärztlichen Vereinigungen erfolgt die Erstattung der Kosten über eine pauschalierte Vergütung zu den Leistungen, bei denen ein Verbrauch von Sprechstundenmaterial anfällt.

Der Sprechstundenbedarf ist folgendermaßen definiert:

Definition: *Zum Sprechstundenbedarf zählen Mittel, die im Rahmen einer vertragszahnärztlichen Behandlung bei mehr als einem Patienten angewendet werden oder für Notfälle vorrätig sein müssen.*

Welche Mittel zum Sprechstundenbedarf gehören, legen die Kassenzahnärztlichen Vereinigungen fest. Die Liste kann über das Internet abgerufen werden.

Die Lagerhaltung der Mittel des Sprechstundenbedarfs ist zu trennen von der Lagerhaltung der gleichen Mittel, die bei Nicht-Kassenpatienten zur Anwendung kommen, z. B. bei Privatpatienten. Benötigt beispielsweise ein Privatpatient bei der Behandlung eines dieser Mittel, muss er die Kosten dafür tragen.

Abzugrenzen vom Sprechstundenbedarf ist der **Praxisbedarf**.

Definition: *Unter Praxisbedarf versteht man alle Materialien, die zulasten des Zahnarztes/der Zahnärztin zum Betrieb der Praxis benötigt werden. Dazu zählt vor allem die Grundausstattung mit Verbrauchsmaterialien, z. B. Handschuhe, Tupfer, Einmalspritzen, Kanülen usw.*

Dieser Bedarf wird vom Zahnarzt bzw. der Zahnärztin eingekauft und bezahlt.

Eine systematische Beschaffungsplanung beinhaltet:

- Ermittlung der Mengen der zu beschaffenden Materialien an Sprechstunden- und Praxisbedarf,
- Auswahl der preisgünstigsten Lieferanten, Abschluss und Abwicklung der entsprechenden Kaufverträge,
- Wareneingangskontrolle und fachgerechte Lagerung der Materialien.

Wirtschaftlich günstig ist es, die **Materialien dem Bedarf der Praxis entsprechend einzukaufen**. Es reicht nicht, mit der Planung des Einkaufs zu beginnen, wenn die Vorräte fast aufgebraucht sind. Oft müssen dann kurzfristig zur Sicherung des Praxisbetriebs kleine Mengen eingekauft werden. Dies ist meist aufwendig und teuer. Der Einkauf zu großer Mengen führt dazu, dass die Materialien lange gelagert werden, was Kosten verursacht. Weiterhin besteht die Gefahr, dass durch Ablauf der Verfallszeit oder durch Verderb die Materialien entsorgt werden müssen.

Die Beschaffungsplanung setzt ein hohes Maß an Erfahrung voraus. Die zuständigen Zahnmedizinischen Fachangestellten müssen den Materialbedarf der Zahnarztpraxis genau einschätzen. Sie sind in der Lage, den richtigen Bestellzeitpunkt und die genauen Bestellmengen zu ermitteln. Darüber hinaus müssen sie die infrage kommenden Anbieter kennen, die Einkaufspreise vergleichen und die günstigsten Lieferanten auswählen.

Merksatz: *Oberstes Ziel einer Beschaffungsplanung ist ein möglichst kostengünstiger Einkauf der Praxismaterialien. Die Menge der zu beschaffenden Artikel muss auf den Bedarf des Praxisbetriebes genau abgestimmt sein.*

Der Praxiscomputer erleichtert die Beschaffungsplanung. Die meisten Praxisprogramme enthalten ein **Materialverwaltungsprogramm**. Folgende Daten liefert das Programm:

- Welche Mengen von welchem Material sind in der Praxis vorrätig
- Zu welchem Zeitpunkt verfallen Materialien
- Wann muss aufgrund der bisherigen Lieferzeiten bestellt werden, um Engpässe zu vermeiden

Das Programm leistet nicht die Einschätzung von Schwankungen beim Patientenzuspruch. Bei steigendem Patientenzuspruch benötigt man mehr Material. Die Anzahl der Patienten, die die Zahnarztpraxis aufsuchen, schwankt im Laufe eines Jahres. Während der Urlaubszeit ist der Patientenzuspruch geringer als im Herbst und Winter. Das Programm berücksichtigt aber Kennziffern, die sich aus dem Lagerzu- und -abgang berechnen lassen. Sie sind Grundlage zur Ermittlung des optimalen Bestellzeitpunktes.

Lagerhaltung

Es ist Aufgabe der Lagerhaltung, alle Materialien, die für einen reibungslosen Praxisablauf vorhanden sein müssen, vorrätig zu haben. Insbesondere die zur Behandlung der Patienten notwendigen Materialien müssen stets unmittelbar verfügbar sein.

Die Ausgaben für diese Materialien verursachen erheblichen Kosten. Eine möglichst **wirtschaftliche Lagerhaltung** ist daher ein Beitrag zur Senkung der Praxiskosten. Eine wirtschaftliche Lagerhaltung umfasst

- die Lagerung **optimaler Mengen**, die auf den Bedarf der Zahnarztpraxis abgestimmt sind, sowie
- die Einhaltung **optimaler Lagerbedingungen**.

Zur Einhaltung der optimalen Lagerbedingungen gehört die **Lagerung in geeigneten Räumen, Schränken, Kühlschränken** usw. In vielen Fällen ist nur bei der Einhaltung der vorgeschriebenen Temperaturen, dem Schutz vor Sonneneinstrahlung usw. die Gebrauchsfähigkeit der Materialien gesichert.

Bei der Entnahme von Materialien sind immer die schon am längsten im Lager liegenden Artikel zu entnehmen. Die Verfallsdaten der Materialien sind stets zu überprüfen. Materialien, die das Verfallsdatum überschritten haben, sind zu entsorgen. Mithilfe des Materialverwaltungsprogramms wird die Buchhaltung der Lagerbestände stets auf dem Laufenden gehalten. Sorgfältig sind alle Zu- und Abgänge zu erfassen.

Einhaltung optimaler Lagerbedingungen

Einlagerung in
- geeigneten Räumen
- geeigneten Schränken
- Kühlschränken

Entnahme grundsätzlich der Materialien, die am längsten im Lager liegen

Lagerpflege
- Prüfung der Verfallsdaten
- Entsorgung der nicht mehr verwendbaren Materialien

Merksätze zu wichtigen Grundsätzen der Lagerhaltung

- *Nur kontrollierte und ordnungsgemäße Ware lagern*
- *Zu- und Abgänge in der Lagerkartei bzw. im Materialverwaltungsprogramm festhalten*
- *Kenntnisnahme und Beachtung von Gefahrenhinweisen auf den Verpackungen*
- *Waren stets am bestimmten Platz mit entsprechender äußerer Kennzeichnung lagern*
- *Waren übersichtlich lagern, sodass schnelle Entnahme gesichert ist*
- *Neue Ware hinter die alte einordnen*
- *Ware in hygienisch sowie klimatisch erforderlichen Räumlichkeiten und Behältnissen lagern*
- *Regelmäßige Lagerkontrollen durchführen und dabei nicht mehr verwendende Ware aussortieren sowie sachgerecht entsorgen*
- *In bestimmten Zeitabständen eine Bestandskontrolle (Inventur) durchführen*

Eine wirtschaftliche Lagerhaltung spart Kosten. Dabei gilt es folgende Konflikte zu lösen:

- Kauf größerer Mengen, um Kosteneinsparungen beispielsweise bei Verpackung und Transport zu erreichen. Eventuell erhält die Praxis günstigere Einkaufspreise und Mengenrabatte.
- Beim Kauf größerer Mengen wird Geld (Liquidität) ausgegeben. Dieses investierte Geld steht nun in Form der Materialien auf dem Lager. Es fließt nur langsam und über einen längeren Zeitraum bei dem Teil der Materialien, der mit den Krankenkassen abgerechnet oder in Privatliquidationen berechnet werden kann, an die Praxis zurück.

Nur wenn die Ersparnisse beim Einkauf großer Mengen die Kosten der Lagerhaltung übersteigen, hat die Praxis einen Gewinn erzielt.

Eine genau auf den Materialbedarf der Praxis abgestimmte Materialbedarfsplanung muss somit beachten:

- Es befindet sich weder zu viel noch zu wenig Material auf Lager.
- Es ist ein störungsfreier Ablauf der Zahnarztpraxis gewährleistet; auch die normalen Schwankungen im Bedarf führen nicht zu Engpässen.
- Vom Zeitpunkt der Bestellung bis zur Lieferung reichen die vorhandenen Mengen aus, selbst wenn die Nachbestellung einmal mit Verspätung geliefert wird.

Bei der Ermittlung des optimalen Bestellzeitpunktes, der optimalen Lager- und der Mindestreservemenge hilft eine Reihe von Kennziffern. Mithilfe der Kennziffern weiß somit die zuständige ZFA, wann sie Praxis- bzw. Sprechstundenbedarf bestellen muss. Die wichtigsten Kennziffern werden anhand des folgenden Beispiels dargestellt.

Beispiel: *In der Praxis von Dr. Heine werden täglich durchschnittlich 10 Einmalspritzen verbraucht. Bei einer Nachbestellung dauert die Zeit bis zur Lieferung (Beschaffungszeit) durchschnittlich 5 Werktage. Ein Mindestbestand (Sicherungsbestand bzw. eiserner Bestand) von 100 Stück soll zum Ausgleich für einen unerwartet hohen Verbrauch oder bei Lieferproblemen des Herstellers immer am Lager vorhanden sein. Aus Kostengründen ist in der Materialverwaltung für diesen Artikel ein Höchstbestand von 300 Stück festgelegt.*

Zur Sicherung eines reibungslosen Praxisablaufs und Ermittlung eines optimalen Lagerbestandes werden in der Materialverwaltung folgende Kennzahlen berechnet:

Meldebestand

Wird im Lager der Meldebestand erreicht, bestellt die Zahnmedizinische Fachangestellte den Artikel. Der Meldebestand wird folgendermaßen errechnet:

Meldebestand = Mindestbestand + (Tagesbedarf x Lieferzeit)	Bezogen auf das Beispiel gilt: Meldebestand = 100 + (10 x 5) = 150

Die Beschaffungszeit beträgt 5 Tage und der Tagesverbrauch 10 Stück. Während der Beschaffungszeit werden 5 x 10 Stück Einmalspritzen verbraucht (Bedarf während der Beschaffungszeit). Da der Verbrauch nicht immer gleichmäßig ist und bei der Lieferzeit Verzögerungen möglich sind, hält man einen Mindestbestand des Artikels auf Lager. Dieser wird zur Überbrückung unvorhersehbarer Ereignisse vorgehalten.

Optimale Bestellmenge

Welche Menge ist beim Erreichen des Mindestbestandes zu bestellen? Die optimale Bestellmenge errechnet sich folgendermaßen:

Optimale Bestellmenge = Höchstbestand – Mindestbestand	Bezogen auf das Beispiel gilt: Optimale Bestellmenge = 300 – 100 = 200

Zum Zeitpunkt der Lieferung ist bei den Einmalspritzen der Mindestbestand erreicht.

Beispiel:
Meldebestand = 150 Stück
Verbrauch während der Lieferzeit: 5 x 10 = 50 Stück
Bestand zum Zeitpunkt der Lieferung: = 100 Stück

Mit der optimalen Bestellmenge von 200 Stück wird der Artikel zum Zeitpunkt der Lieferung im Lager wieder auf seine Höchstmenge von 300 Stück aufgefüllt.

- **Mindestbestand:**
  - bildet die notwendige Menge, die nicht unterschritten werden darf (Sicherungsbestand),
  - dient dazu, in unerwarteten Situationen, wie Artikel ist zur Zeit nicht lieferbar usw., handlungsfähig zu sein,
  - ist aufgrund von Erfahrungswerten zu schätzen.
- **Meldebestand:**
  - gibt den Zeitpunkt für eine neue Bestellung an,
  - berechnet sich auf der Grundlage des täglichen Verbrauchs und der Beschaffungszeit für die jeweilige Ware.
- **Höchstbestand:**
  - wird festgelegt unter Berücksichtigung der Häufigkeit der Warenentnahme, der Größe der vorhandenen Lagerfläche sowie der Art der Ware,
  - ist dann wieder erreicht, wenn die bestellte Menge eintrifft,
  - darf nicht überschritten werden.

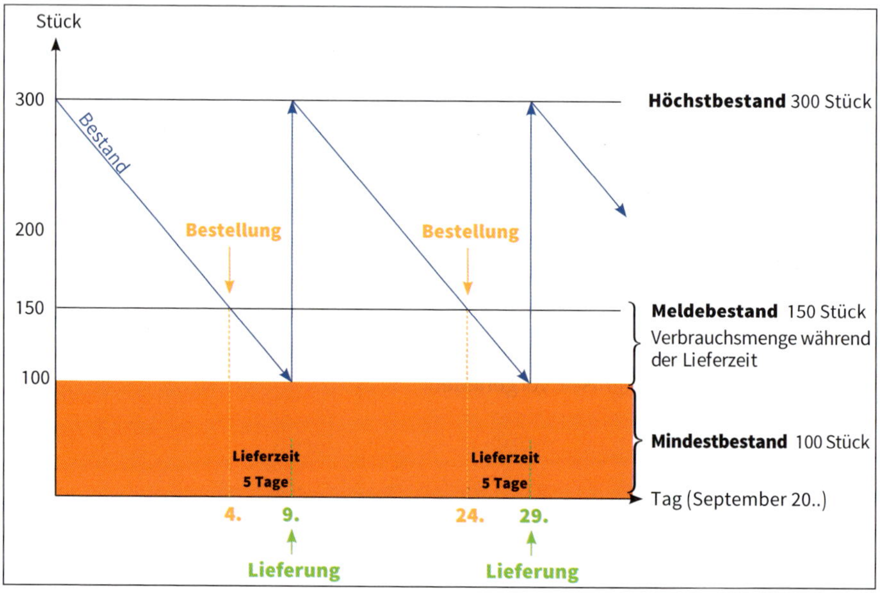

4 Zahlungsverkehr

4.1 Das Geldsystem und die Funktionen des Geldes

„Ich weiß gar nicht, wo das ganze Geld geblieben ist", stöhnt Sarahs Mutter. „Als wir noch alles bar bezahlten, hatten wir einen besseren Überblick. Jetzt werden die laufenden Kosten wie Miete, Strom, Heizung, Rundfunkbeitrag direkt vom Konto abgebucht. Die Einkäufe werden überwiegend bargeldlos bezahlt. Am Ende des Monats bleibt kaum noch etwas übrig. Wir sparen viel zu wenig. Wovon sollen wir den nächsten Urlaub bezahlen? Was ist, wenn wir eine neue Waschmaschine brauchen? Wir sollten ein Haushaltsbuch führen. So geht es jedenfalls nicht weiter."

Aufgaben

1. Welche Aufgabe hat das Geld in unserer Wirtschaft?
2. Beschreiben Sie die im heutigen Geldsystem vorhandenen Geldarten. Nennen Sie Beispiele, wann welche Geldart zur Bezahlung einer Schuld verwendet wird.
3. Welche Bedeutung haben der Euro und die Eurozone?
4. Im Eingangsbeispiel werden einige Funktionen des Geldes angesprochen. Nennen Sie die Funktionen des Geldes und geben Sie für jede Funktion ein Beispiel.

Die Bedeutung des Geldsystems

Das Geldsystem heute ist gekennzeichnet durch den Umlauf von Bargeld und Buchgeld. **Bargeld** nutzt man oft, um die kleinen Käufe des täglichen Lebens zu bezahlen. Ein immer größerer Teil der Zahlungen erfolgt bargeldlos. Dabei wird der Zahlungsbetrag vom Girokonto des Schuldners abgebucht. Auf dem Konto des Gläubigers erfolgt dann die Gutschrift. Daher bezeichnet man diesen Teil des Geldes als Buchgeld oder Giralgeld.

Der Euro und die Eurozone

Die Währung unseres Landes ist der Euro. Hatten früher alle Staaten in Europa eine eigene Währung, haben nun zwanzig Staaten der Europäischen Union (EU) eine gemeinsame Währung.

Dies hat beim Warenverkehr und bei Reisen in diese Länder den Vorteil, dass das Umrechnen oder Umtauschen von einer Währung in die andere entfällt.

Funktionen des Geldes

Der Gütertausch in der arbeitsteiligen Wirtschaft ist ohne Geld nicht abzuwickeln. Er erfolgt durch den Kauf bzw. den Verkauf von Gütern gegen Geld. Eine wichtige Aufgabe des Geldes im Wirtschaftskreislauf ist damit umschrieben:

***Merksatz:** Geld ist ein allgemein anerkanntes Tauschmittel.*

Die Europäische Zentralbank (EZB) ist für die 20 Mitgliedstaaten, die den Euro eingeführt haben, verantwortlich für die Ausgabe der Banknoten. Sie sind gesetzliches Zahlungsmittel. Dieses Zahlungsmittel muss jeder Gläubiger annehmen.

***Merksatz:** Geld ist gesetzliches Zahlungsmittel.*

Durch das Geld sind Preise vergleichbar und, wie das Eingangsbeispiel zeigt, lassen sich Ausgaben addieren. Das Geld macht dies als Recheneinheit möglich. Mit dem Geld als allgemeinem Wertmaßstab können die Preise für ein Gut festgelegt werden. So kann der Konsument Preise vergleichen und nach den günstigsten Angeboten suchen.

***Merksatz:** Geld erfüllt die Funktion als Wertmaßstab und Recheneinheit.*

Größere Anschaffungen tätigt man oft nicht direkt. Der Kauf dieser Güter erfolgt zu einem späteren Zeitpunkt. Man spart das Geld erst an, um sich die Anschaffung leisten zu können.

***Merksatz:** Geld erfüllt die Funktion eines Wertaufbewahrungsmittels.*

Bei Schenkungen und bei Erbschaften überträgt der Geber häufig Geld an den Begünstigten.

Merksatz: *Geld übernimmt auch die Funktion als Wertübertragungsmittel.*

Geldfunktionen

- Tauschmittel
- Zahlungsmittel
- Wertmaßstab/Recheneinheit
- Wertaufbewahrungsmittel
- Wertübertragungsmittel

4.2 Zahlungsarten

Sarah bittet die neue Auszubildende Nicole, in der Mittagspause Kaffee einzukaufen. Aus der Kaffeekasse erhält Nicole das Geld für die Einkäufe. „Denk aber an die Quittung, wir brauchen einen Beleg über die Ausgaben!“, mahnt Sarah. „Ja, ja, immer die Ausgaben im Blick halten, sonst wird‘s am Monatsende eng“, erwidert Nicole. „Das sagt meine Mutter auch immer.“

„Ihr Auszubildenden stöhnt schon über eure Ausgaben? Was soll ich denn sagen?“, schaltet sich Melanie ein. „Bei mir fallen jeden Monat Miete, Strom, Heizung und Telefon an. Wenn alle Daueraufträge abgebucht sind, bin ich froh, wenn ich mit dem Rest über die Runden komme.“

„Erledigst du deine Überweisungen auch mit Onlinebanking am PC?“, fragt Nicole. „Ja, und auch hier in der Praxis wickeln wir fast alle Zahlungen über Onlinebanking ab.“

„Ich mache privat noch kein Onlinebanking“, sagt Sarah. „Und ich habe auch am Praxiscomputer immer noch ein kribbeliges Gefühl, wenn ich eine Überweisung abschicke.“

Dr. Heine hat einen Teil der Unterhaltung gehört. „Ich bezahle die meisten Einkäufe mit der Kreditkarte“, sagt er. „Man muss nur aufpassen, dass man nicht leichtfertig einkauft und die Übersicht verliert.“ Dann wendet er sich an Nicole: „Übrigens brauche ich Ihre Kontoverbindung, Nicole, damit wir Ihnen bald Ihr erstes Ausbildungsgehalt überweisen können.“ – „Ich habe bei unserer Bank schon eine Broschüre zu einem Girokonto für Auszubildende erhalten“, antwortet Nicole. „Am Donnerstag gehe ich mit meiner Mutter ein Girokonto einrichten.“

Aufgaben

1. Viele kleine Einkäufe für die Praxis werden überwiegend bar abgewickelt.
   a) Warum benötigt man über den Zahlbetrag eine Quittung oder einen Kassenbeleg?
   b) Welche Bestandteile muss eine Quittung enthalten?
2. Nicole will ein Girokonto einrichten.
   a) Warum muss sie zur Eröffnung des Kontos, wie im Eingangsbeispiel beschrieben, ihre Mutter mitnehmen?
   b) Neben den ausführlichen Angaben zu ihrer Person muss Nicole auf dem Antrag zur Kontoeröffnung auch eine Unterschrift leisten. Warum muss beim Kreditinstitut eine Unterschrift des Kontoinhabers vorliegen?
3. Schauen Sie sich im Internet die Angebote der Kreditinstitute zu einem Auszubildenden-Girokonto an.
   a) Welche Vorteile hat dieses Girokonto gegenüber anderen Girokonten?
   b) Welche Dienste kann der Kontoinhaber bei diesem Konto nutzen?
   c) Welche Leistungen sind in diesem Girokonto nicht enthalten?
   d) Darf die Kontoinhaberin oder der Kontoinhaber dieses Konto auch überziehen?
4. Viele Patienten in der Praxis von Dr. Heine zahlen ihre Liquidation mit einer Überweisung.
   a) Besorgen Sie sich ein Überweisungsformular Ihres Kreditinstitutes und beschreiben Sie Aufbau und Inhalt der Überweisung.
   b) Erläutern Sie den Zahlungsablauf für eine Überweisung, wenn Sie einen Rechnungsbetrag von Ihrem Konto an ein Versandhaus in München überweisen, das ein Konto bei einem anderen Kreditinstitut hat.
5. In der Ausgangssituation wird der Dauerauftrag angesprochen. Sarah hat beim Abschluss einer Versicherung eine Einzugsermächtigung unterschrieben. In beiden Fällen handelt es sich um Sonderformen der Überweisung. Welche Sonderformen der Überweisung lassen sich unterscheiden? Beschreiben Sie diese kurz.
6. In der Praxis von Dr. Heine werden die gesamte Verwaltung des Praxiskontos und der Zahlungsverkehr mit Onlinebanking abgewickelt.
   a) Erkundigen Sie sich bei Ihrer Bank zu den Möglichkeiten des Onlinebankings.
   b) Welche Vorteile, aber auch welche Gefahren sind mit dem Onlinebanking verbunden?
7. Der elektronische Zahlungsverkehr erleichtert in erheblichem Umfang die Zahlungsabwicklung.
   a) Geben Sie eine Übersicht über die möglichen Zahlungsverfahren mit der Girocard.
   b) Welches Risiko geht der Gläubiger bei dem jeweiligen Zahlungsverfahren ein?
8. Immer öfter wird die Kreditkarte zur Zahlung von Einkäufen genutzt.
   a) Welche Voraussetzungen müssen erfüllt sein, damit man eine Kreditkarte erhält?
   b) Beschreiben Sie, wie die Zahlung mit Kreditkarte abläuft.
   c) Welche Vor- bzw. Nachteile hat die Zahlung mit der Kreditkarte?

Barzahlung

Mit Bargeld werden teilweise die Geschäfte des täglichen Lebens bezahlt, z. B. Einkäufe in Einzelhandelsgeschäften, Kauf von Zeitschriften usw. Merkmal für die Barzahlung ist, dass der Schuldner mit Bargeld zahlt und der Gläubiger Bargeld erhält. Der Zahler kann eine **Quittung** verlangen. Sie ist ein Beleg für die Ausgabe. In der Zahnarztpraxis ist sie als Beleg für die Buchführung immer zwingend erforderlich.

Bestandteile einer Quittung:
1. Betrag
2. Name des Zahlers
3. Grund der Zahlung
4. Empfangsbestätigung
5. Datum und Ort, an dem die Zahlung geleistet wird
6. Unterschrift des Empfängers

In der Zahnarztpraxis muss die Zahnmedizinische Fachangestellte **Quittungen** ausstellen bzw. auch direkt über den PC ausdrucken, wenn Patientinnen oder Patienten Leistungen bar bezahlen, beispielsweise das Honorar für eine professionelle Zahnreinigung (IGeL). Für die Buchführung der Praxis ist die Quittungsdurchschrift ein wichtiger Beleg. Aufgrund des Beleges erfolgt die Buchung als Bareinnahme.

Bei der Barzahlung wird normalerweise das Geld vom Schuldner direkt an den Gläubiger übergeben. Manchmal will ein Schuldner bar zahlen, obwohl sich der Gläubiger an einem völlig anderen Ort befindet. Für die Übermittlung des Geldes muss dann ein Dienstleistungsunternehmen in Anspruch genommen werden. Auskunft über Möglichkeiten des Bargeldtransfers erhält man bei jeder Bank. Entsprechende Informationen sind auch im Internet abrufbar.

Das Girokonto

Mit der Einrichtung eines Girokontos nimmt man viele Dienstleistungen seines Geldinstitutes in Anspruch. So kann man unter anderem weltweit vom eigenen Konto Geld abheben und am bargeldlosen Zahlungsverkehr teilnehmen. Das Geldinstitut sichert eine verlässliche Kontoführung zu. Vor der Eröffnung eines Girokontos sollte man sich über die Leistungen informieren, die die Bank anbietet. Insbesondere die Kosten der Kontoführung sind zu vergleichen. Für Auszubildende bieten fast alle Institute eine kostenfreie Kontoführung an.

Ein **Girokonto** kann jeder unter Vorlage seines Personalausweises eröffnen. Voraussetzung ist die volle Geschäftsfähigkeit. Somit muss man mindestens **18 Jahre** alt sein. Jugendliche unter 18 Jahren brauchen zur Kontoeröffnung die Einwilligung ihres gesetzlichen Vertreters.

Ein Antrag zur Eröffnung eines Kontos mit allen Angaben zur Person ist auszufüllen. Weiterhin muss der Kontoinhaber zu Überprüfungszwecken seine Unterschrift hinterlegen. In der Regel eröffnet der Bankkunde sein Konto in einer Bankfiliale oder über das Internet. Im Internet bieten immer mehr Direktbanken ihre Leistungen an.

Halbbare Zahlung

Definition: *Beim halbbaren Zahlungsverkehr hat üblicherweise der Gläubiger ein Girokonto und der Schuldner zahlt mit Bargeld.*

Da diese Form der Zahlung äußerst selten und außerdem mit hohen Kosten für den Schuldner verbunden ist, bieten die Kreditinstitute kaum noch diese Zahlungsmöglichkeit an. Möchte ein Schuldner unbedingt mit Bargeld zahlen, bleibt ihm als Ausweg meist nur die Bareinzahlung bei einer Bank auf ein fremdes Konto.

Allerdings nutzen vor allem Unternehmen im Versandhandel und Onlineshops die der halbbaren Zahlung zuzurechnende **Nachnahme,** um vor allem bei Neukunden den Eingang der Zahlung der Ware abzusichern. Sie versenden ihre Waren dann per Nachnahme durch einen Paketdienstleister, z. B. DHL, DPD, UPS. Die Auslieferung der Ware erfolgt nur, wenn der Paketempfänger den Rechnungsbetrag direkt beim Zusteller bezahlt. Über die Zahlung erhält der Empfänger des Paketes eine **Quittung**. Das eingezogene Bargeld wird dem Gläubiger auf sein Konto übermittelt.

In der Zahnarztpraxis kann die Nachnahme genutzt werden, wenn ein Patient seine Liquidation trotz mehrmaliger Mahnungen nicht bezahlt hat. Ein Brief wird als Nachnahmesendung an den säumigen Patienten geschickt. Der Zusteller händigt dem Patienten den Brief nur aus, wenn dieser ihm den Nachnahmebetrag einschließlich der Nachnahmegebühr bar entrichtet hat. Den Nachnahmebetrag erhält der Zahnarzt auf seinem Konto gutgeschrieben. Verweigert der Patient die Annahme des Briefes, muss er mit einem gerichtlichen Mahnverfahren rechnen.

Bargeldlose Zahlung

Beim bargeldlosen Zahlungsverkehr haben sowohl der Schuldner als auch der Gläubiger ein Girokonto. Die Zahlung erfolgt mit einem Überweisungsvordruck oder per Onlinebanking von Konto zu Konto.

Überweisung

Definition: *Die Überweisung ist die Anweisung eines Kontoinhabers an seine Bank, einen bestimmten Betrag vom eigenen Konto abzubuchen und auf das Konto des Begünstigten zu übertragen.*

Beispiel: *Dr. Alois Meier, Köln, hat bei der Firma Tischler in Essen einen Schreibtisch zum Preis von 1.525,00 EUR gekauft (Rechnungs-Nr. 251219). Dr. Meier überweist den Betrag von seinem Konto bei der Deutschen Bank Köln auf das Konto der Firma Tischler bei der Sparkasse Essen, IBAN DE2336 0501050004876354, BIC SPESDE3EXXX.*

Damit Dr. Meier einen Überweisungsvordruck ausfüllen kann, muss ihm die Kontoverbindung des Zahlungsempfängers bekannt sein. Daher ist bei Rechnungen von Unternehmen bzw. in den Liquidationsvordrucken der Zahnärztinnen und Zahnärzte immer die Bankverbindung angegeben.

Bargeldlose Zahlung ⟶ Überweisung

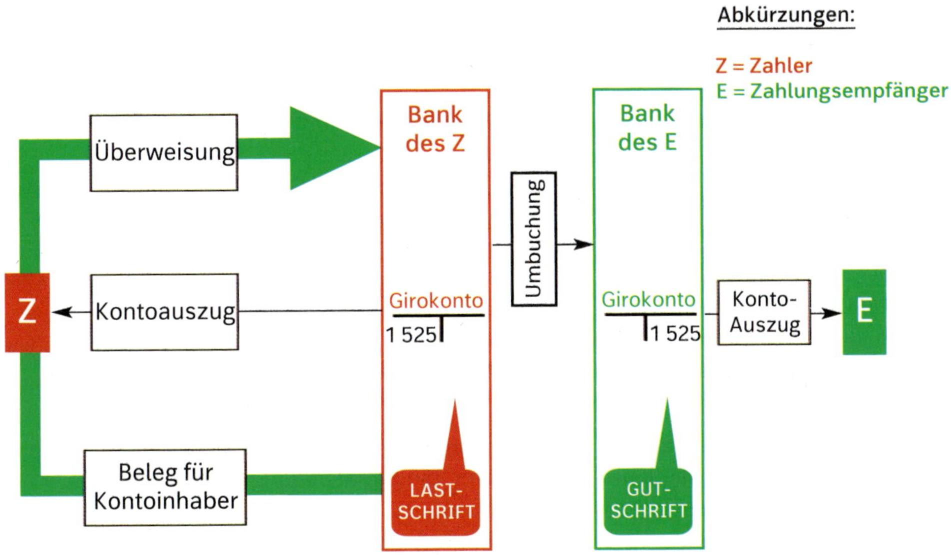

Bargeldloser Zahlungsverkehr in Europa

Die **SEPA-Verordnung** regelt den bargeldlosen Zahlungsverkehr innerhalb der europäischen Teilnehmerländer (siehe Abbildung). Es bestehen keine Unterschiede mehr zwischen Zahlungen im Inland und Zahlungen ins Ausland. Festgelegt wurden verbindliche einheitliche Verfahren für

- Überweisungen und
- Lastschriften.

Die Kontoverbindung wird mit der **IBAN** (**I**nternational **B**ank **A**ccount **N**umber), der internationalen Kontonummer angegeben. Bei grenzüberschreitenden Überweisungen und Lastschriften in andere SEPA-Staaten ist die **BIC** (**B**usiness **I**dentifier **C**ode), die internationale Bankleitzahl einzusetzen.

Sonderformen der Überweisung

Für regelmäßig wiederkehrende Zahlungen wie Miete, Energiekosten, Versicherungsbeiträge usw. können Sonderformen der Überweisung genutzt werden. Sie vereinfachen die Abwicklung der Zahlung und sind kostengünstiger als Einzelüberweisungen.

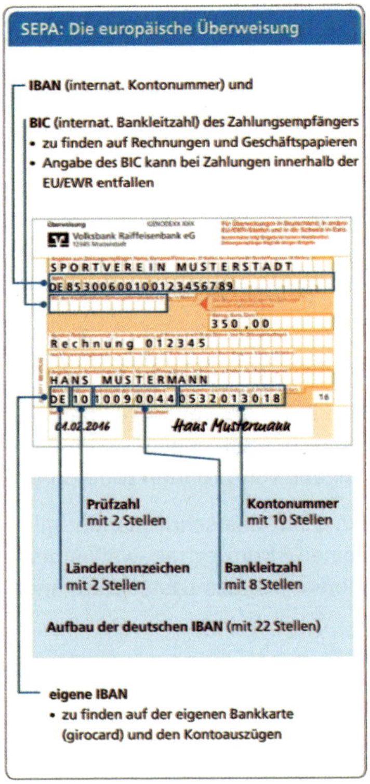

Quelle: Bundesverband der Deutschen Volksbanken und Raiffeisenbanken (BVR)

(Quelle: https://www.jugend-und-finanzen.de/Sekundarstufe-1/Unterrichtsmaterial/Bargeldlos-Zahlen-in-Europa-Alles-ist-SEPA/download. [24.01.2024])

Folgende Sonderformen lassen sich unterscheiden:

Dauerauftrag: *Der Dauerauftrag ist eine Anweisung an die Bank, einen gleichbleibenden Betrag regelmäßig zu einem bestimmten Termin auf ein bestimmtes Konto desselben Zahlungsempfängers zu überweisen (Miete, Mitgliedsbeiträge usw.).*

Für Rechnungen, die regelmäßig anfallen, z. B. Miete, Strom, Versicherungen, bietet sich zur Bezahlung das SEPA-Lastschriftverfahren an.

SEPA-Lastschrift: *Beim SEPA-Lastschriftverfahren löst der Zahlungsempfänger den Zahlungsvorgang aus. Grundlage ist ein SEPA-Lastschriftmandat. Der Schuldner ermächtigt einen Gläubiger, Zahlungen von seinem Konto mittels Lastschrift einzuziehen. Zugleich weist der Schuldner sein Kreditinstitut an, die vom Gläubiger auf seinem Konto vorgenommene Lastschrift einzulösen.*

Ein Zahlungsempfänger, zum Beispiel der Stromanbieter, möchte die fälligen Rechnungen vom Konto des Zahlers abbuchen. Hierzu muss die folgende Voraussetzung erfüllt sein:

Zum Einzug der Rechnungsbeträge per SEPA-Basis-Lastschriftverfahren ist ein SEPA-Lastschriftmandat notwendig. Mit diesem Mandat erteilt der Zahler dem Zahlungsempfänger, in unserem Beispiel dem Stromanbieter, die Ermächtigung für den Einzug von fälligen Rechnungen.

Der Zahlungsempfänger kann mit einem SEPA-Lastschriftmandat nun die fällige Rechnung vom Girokonto des Zahlers einziehen. Die Lastschrift bietet sich somit bei wiederkehrenden Zahlungen an.

Jedes SEPA-Lastschriftmandat muss folgende Angaben enthalten:

- Bezeichnung des Zahlungsempfängers,
- eine Gläubiger-Identifikationsnummer (CI) – eine jedem Gläubiger zugeteilte Nummer, mit der er jederzeit identifiziert werden kann,
- Name des Kunden (Zahler),
- Bezeichnung der Bank des Kunden (Zahler) und
- die Kontonummer des Kunden.

Diesen Angaben und die Angabe einer Mandatsreferenz (MR), meist die Rechnungsnummer, ermöglichen dem Zahler eine einfache Überprüfung der Belastungen auf seinem Girokonto.

Der Zahlungsempfänger darf nur fällige Beträge abbuchen. Der Zahler kann unberechtigten Lastschriftzahlungen innerhalb einer Frist von acht Wochen ab dem Tag der Abbuchung ohne Angabe von Gründen widersprechen.

Ein SEPA-Lastschriftmandat gilt solange, bis der Zahler es widerruft. Kündigt z. B. ein Kunde seinen Stromvertrag, weil er den Versorger wechselt, muss er bei seinem bisherigen Stromanbieter auch das Lastschriftmandat widerrufen.

Vorteile des SEPA-Basis-Lastschriftverfahrens

- Der Kontoinhaber bezahlt Rechnungen bequem und einfach bargeldlos.
- Nur mit SEPA-Lastschriftmandat darf ein Zahlungsempfänger Beträge abbuchen.
- Der Zahlungsempfänger zieht das Geld ein: Der Schuldner zahlt dadurch immer pünktlich.
- Die Lastschriftzahlungen sind nachvollziehbar, da der Zahlungsempfänger immer die Mandatsreferenz (MR) und die Gläubiger-Identifikationsnummer (CI) angeben muss.

- Lastschriftzahlungen können innerhalb einer Frist von acht Wochen ab Abbuchungstag kostenfrei widerrufen wierden.

Vorteile bei Abwicklung des bargeldlosen Zahlungsverkehrs

Jeder Schuldner ist verpflichtet, das Geld zur Bezahlung seiner Schuld an den Gläubiger zu übermitteln. Beim bargeldlosen Zahlungsverkehr übernehmen die Banken die Geldübermittlung. Dies macht Zahlungen einfacher und sicher. Es fallen aber **Kosten** für die Kontoführung an. Diese sind von Bank zu Bank unterschiedlich hoch. Daher ist ein Vergleich der Kosten ratsam. Insgesamt überwiegen aber die Vorteile, die der bargeldlose Zahlungsverkehr bietet.

Onlinebanking

Viele Kontoinhaber wickeln heute die gesamte Kontoführung über Onlinebanking ab. Über die Internetseite der Hausbank meldet sich der Kontoinhaber oder die Kontoinhaberin mit einem Benutzernamen und einer **PIN** (**P**ersönliche **I**dentifikations**n**ummer) an. Zusätzlich verlangen manche Kreditinstitute im Rahmen einer Zwei Faktor-Authentifizierung eine Bestätigung der Anmeldung mit einer TAN (Transaktionsnummer). Weiterhin werden alternative Anmeldeverfahren, z. B. mittels Fingerabdruck, Gesichtserkennung, angeboten. Danach kann man über die besonders gesicherte Verbindung Kontostände abfragen, Kontoauszüge abrufen, Zahlungsaufträge erteilen und alle sonstigen Dienstleistungen des Kreditinstitutes in Anspruch nehmen. Für jede einzelne Transaktionen, z. B. einen Überweisungsauftrag, muss eine **TAN** eingegeben oder generiert werden. TANs werden auf unterschiedlichen Übertragungswegen vom Kreditinstitut zur Verfügung gestellt.

Bankgeschäfte per Mausklick erledigen

Das sind die Vorteile auf einen Blick:

- Konto bequem vom PC aus führen
- Unabhängig von den Öffnungszeilen Ihrer Filiale
- Kontozugang rund um die Uhr
- Überblick über Ihre gesamten Kontoumsätze
- Hohe Sicherheitsstandards und moderne TAN-Verfahren
- Kombinierbar mit Telefon-Banking und Mobile-Banking

Modern und sicher

Die Sicherheit Ihres Kontos hat bei uns oberste Priorität. Deshalb setzen wir auf moderne Verfahren wie smsTAN, chipTAN, pushTAN und HBCI-Banking. So ist Onlinebanking nicht nur komfortabel, sondern auch sicher.

Auch Sie selbst können dazu beitragen, Ihr Konto zu schützen. Denn das A und O beim Onlinebanking ist ein gutes Passwort, das Sie niemandem anvertrauen. Lesen Sie mehr Tipps zum Thema Sicherheit im Internet.

(Quelle: Vgl. www.sparkasse.de/unsere-loesungen/firmenkunden/electronic-banking/online-banking.html, abgerufen am 24.11.2023])

Welches Verfahren bei der TAN-Übermittlung gewählt wird, hängt u. a. auch von der technischen Ausstattung beim Kontoinhaber ab. Hier bieten die Kreditinstitute entsprechende Beratung und Hilfen an.

Beim Onlinebanking verringert sich der Verwaltungsaufwand der Bank. Viele Banken bieten daher ihre Online-Konten sehr preiswert oder sogar kostenlos an.

Für die Verbindung zwischen dem Bankkunden und dem Kreditinstitut wird zunehmend das Mobiltelefon genutzt. Banking-Apps, Programme, die die Abwicklung aller Bankgeschäfte über das Smartphone steuern, sorgen für einen optimalen Komfort in der Bedienung und für die Sicherheit der Verbindung.

Bevorzugt der Bankkunde die sprachgesteuerte Abwicklung seiner Bankgeschäfte, wählt er das Telefonbanking. Nach Nennung der Nummer des Girokontos bzw. Eingabe über die Tastatur und einer Geheimzahl können alle Bankgeschäfte am Telefon erledigt werden. Üblicherweise übernehmen Computer mit Spracherkennung die Abwicklung der Aufträge.

Beim Einkauf im Internet nutzen Käufer und Verkäufer oft die Abwicklung der Zahlung über Zahlungsdienstleister, z. B. Amazon Pay, PayPal, Giropay, Klarna. Diese bieten hohe Sicherheit und für die Käufer teilweise einen umfassenden Käuferschutz. Entsprechende Informationen zu Anbietern und wie man die Zahlung abwickelt, finden sich im Internet.

Zahlung mit der Bankkarte (Girokarte/Debitkarte/BankCard)

Vorderseite

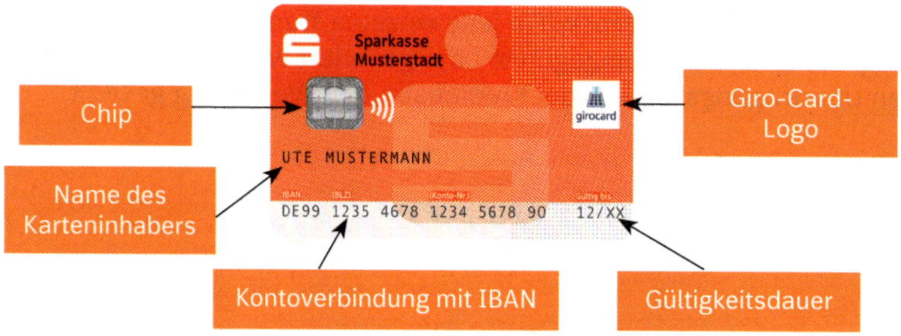

Rückseite

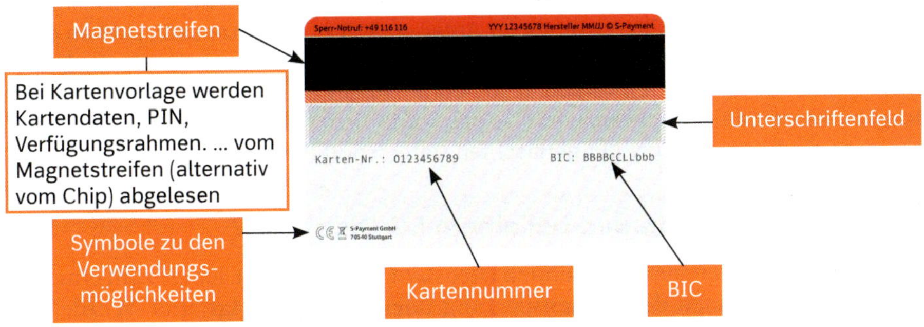

Nutzungsmöglichkeiten der Bankkarte (BankCard/Girocard)

- **Bargeldabhebung am Geldautomaten**
- **Zahlung mit PIN (POS)**
- **Zahlung mit Unterschrift (ELV)**
- **Kontaktlose Zahlung**

Bargeldabhebung

Mit der Bankkarte (BankCard, Girokarte, Debitkarte) kann der Karteninhaber den Bargeldservice an **Geldautomaten** nutzen. Die Abhebung von Bargeld an Geldautomaten der Bank, bei der der Kontoinhaber sein Konto hat, ist kostenfrei. Oftmals kostenpflichtig ist das Abheben von Bargeld an Geldautomaten anderer Banken. Bei der Abhebung am Geldautomaten ist die **Geheimzahl** (PIN) einzugeben. Der Kontoinhaber kann Bargeld nur abheben, wenn das Girokonto ein Guthaben ausweist oder der Kontoinhaber im Rahmen eines Dispositionskredits sein Konto überziehen kann. Auch im europäischen Ausland sind mit der Bankkarte die Bargeldbeschaffung am Geldautomaten und die Bezahlung von Einkäufen möglich. Viele Banken haben für Bargeldabhebungen bzw. die Zahlung von Einkäufen mit der Girokarte im Ausland besondere Höchstbeträge festgelegt. Diese geschieht aus Sicherheitsgründen, damit bei einem Kartenverlust der Schaden begrenzt ist.

POS-Zahlungssystem

Beim POS-Zahlungssystem (Point of Sale, Ort des Verkaufs) zahlt der Käufer an der Kasse eines Geschäfts bargeldlos.

Mit einem Lesegerät wird die Bankkarte geprüft. Je nach Situation muss der Kontoinhaber seine **Geheimzahl** (PIN) eingeben und die Zahlung bestätigen. Häufig wird bei Einkäufen erst ab einem bestimmten Betrag eine PIN-Eingabe verlangt. Bei der PIN-Abfrage geht es stets darum, sicherzustellen, dass die Transaktion vom rechtmäßigen Besitzer der Karte durchgeführt wird.

Bei modernen Bezahlterminals kann der Kunde kontaktlos zahlen. Er hält die Bankkarte dicht an eine gekennzeichnete Stelle des Terminals. Die Daten der Karte werden dann erfasst. Der Betrag wird vom Girokonto abgebucht.

ELV – Elektronisches Lastschriftverfahren

Beim elektronischen Lastschriftverfahren legt der Kunde beim Kauf seine Bankkarte vor. Der Händler druckt einen Zahlungsbeleg aus. Diesen unterschreibt der Kunde. Mit dieser Unterschrift gibt der Käufer dem Händler die Ermächtigung, den Rechnungsbetrag von seinem Konto einzuziehen. Manche Händler nutzen dieses Verfahren anstelle des POS-Zahlungssystems.

Die Anbieter von Systemen für die EC-Kartenzahlung bieten die Wahl an, jederzeit zu entscheiden, ob mittels PIN oder Unterschrift gezahlt werden soll. Bei der Zahlung mit PIN sind für den Verkäufer die Kosten höher. Ein prozentualer Anteil, z. B. 0,2 % vom Umsatz, sind an den Zahlungsanbieter zu zahlen. Dieses System gilt allerdings als das sichere Verfahren. Zahlungen mittels Unterschrift sind für den Verkäufer kostenfrei. Aber Zahlungen per Unterschrift können zurückgebucht werden, wenn beispielsweise das Konto nicht gedeckt ist. Es besteht zudem die Gefahr, dass die Karte mit einer gut gefälschten Unterschrift missbraucht wird.

Wer haftet für den Schaden bei einem EC-Diebstahl?

Die Haftung für den Schaden nach einem Diebstahl der Girokarte hängt zum einen davon ab, ob Abhebungen nach der Kartensperrung oder vorher erfolgt sind. Wurde vor der Kartensperrung unberechtigterweise Geld abgehoben, haftet der Kunden nur mit einem Pauschalbetrag von bis zu 50 EUR; den Rest muss die Bank übernehmen. Es sei denn, dem Kunden ist Fahrlässigkeit vorzuwerfen. Dies ist etwa der Fall, wenn PIN und Karte in derselben Geldbörse aufbewahrt werden oder die PIN einer dritten Person mitgeteilt wurde. Für alle Geldverfügungen nach der Sperrung der Karte haftet die Bank allein, jedoch nicht, wenn die Karte unmittelbar nach dem Diebstahl mit ihrer korrekten PIN benutzt wurde, so das Amtsgericht München (Aktenzeichen 233 C 3757/11). Denn dies spricht dafür, dass PIN und Karte nicht getrennt voneinander aufbewahrt wurden.

(Quelle: Vgl. Redaktion Fachanwaltssuche; FAS Fachanwalt Service GmbH, Köln [07.02.2024])

Zahlung über Zahlungsdienstleister im Internet

Beim Einkauf im Internet nutzen Käufer und Verkäufer oft die Abwicklung der Zahlung über Zahlungsdienstleister wie Giropay, AmazonPay, ApplePay oder PayPal. Diese bieten hohe Sicherheit und für die Käufer teilweise einen umfassenden Käuferschutz. Entsprechende Informationen zu Anbietern und wie man die Zahlung abwickelt, finden sich im Internet. So bietet zum Beispiel die Verbraucherzentrale folgende Information zu dem häufig genutzten Zahlungsdienstleister PayPal:

PayPal

Zahlungszeitpunkt: vor Erhalt der Ware

Wie zahlen Sie?

Sie hinterlegen Ihre Bankdaten bei PayPal und loggen sich im Bestellprozess mit Ihren PayPal-Zugangsdaten ein. Auch Lastschriften und Ratenzahlungen können über PayPal abgewickelt werden. Mit einem Gast-Konto ist sogar der Einkauf ohne ein personalisiertes PayPal-Konto möglich.

Vorteile

- Die Ware wird schnell versendet.
- Sie müssen Ihre Zahlungsdaten nicht bei jedem Online-Shop neu eingeben, da diese bereits bei PayPal hinterlegt sind.
- PayPal garantiert einen Käuferschutz. Sie können demnach Geld zurückbekommen, wenn etwas mit der Lieferung schiefgeht. Dies gilt allerdings nicht, wenn Sie den Kauf per „PayPal-Freunde“ abschließen.
- Für internationale Transaktionen geeignet

Nachteile

- Ihre Daten werden von einem Unternehmen verarbeitet, das in den USA ansässig ist.
- Wenn Fremde Ihr PayPal-Passwort bekommen, können Sie ohne Ihre Bankdaten zu kennen einkaufen.

Das haben andere Verbraucherinnen und Verbraucher berichtet:

- Bei Lieferschwierigkeiten des Online-Shops wurde vom Bezahldienstleister teils dennoch das Geld eingefordert.
- Achten Sie darauf, Schwierigkeiten direkt bei PayPal zu melden. Buchen Sie den Kaufbetrag nicht einfach über Ihr angebundenes Konto zurück, da das zusätzlichen Ärger verursachen könnte.
- Betrüger oder Betrügerinnen können mit Ihrem PayPal-Passwort und Ihrer E-Mail-Adresse ungehindert bei Online-Shops einkaufen, wenn Sie die zweistufige Verifizierung nicht eingestellt haben.
- Geben Sie Ihr Passwort nicht weiter und achten Sie auf die Passwortsicherheit.

(Quelle: www.verbraucherzentrale.de [07.02.2024])

Zahlung mit dem Smartphone

Mit dem Smartphone (oder mit einer Smartwatch) kann man mittlerweile direkt an vielen Ladenkassen bezahlen. Voraussetzung ist ein NFC-fähiges Smartphone und eine entsprechende App zur Durchführung dieser Bezahlfunktion (zu NFC, siehe Seite 148). Apps bieten fast alle Kreditinstitute an, aber auch große IT-Unternehmen, z. B. Google mit Google Pay und Apple mit ApplePay.

Mobiles Bezahlen mit dem Smartphone funktioniert ähnlich wie das kontaktlose Bezahlen mit einer NFC-fähigen Girokarte oder Kreditkarte. Dabei sorgt die Pay App auf dem Smartphone für die Abwicklung des Bezahlvorgangs. Zuvor muss der Nutzer die App mit seiner Bank- oder Kreditkarte verbunden haben. Dann wird das Smartphone an das Terminal gehalten; die Abrechnung des Zahlungsvorgangs erfolgt auf dem gleichen Wege wie bei der Zahlung mit Karte.

Die Vorteile der Zahlung mit der Pay-App sind:

- Das Smartphone ist meistens griffbereit vorhanden.
- Diese Art der Zahlung ist sicher und einfach.
- Die Zahlung ist in allen Geschäften möglich, die Bezahl-Apps anbieten oder in denen man mit Girokarte oder Kreditkarte zahlen kann.

Von Nachteil kann sein, dass bestimmte Anbieter von Bezahl-Apps Daten über das Käuferverhalten sammeln. Als Folge werden Nutzer der App gezielt mit individuell abgestimmter Werbung angesprochen.

Zahlung mit Kreditkarte

Bei der Kreditkarte schließt der Kreditkarteninhaber mit einem Kreditkartenunternehmen, z. B. MasterCard, Visa, einen Vertrag. Diese stellen die Kreditkarte kostenfrei oder gegen eine Gebühr zur Verfügung. Der Karteninhaber kann nun in allen Geschäften, die Kreditkarten akzeptieren (Vertragsunternehmen), Einkäufe mit der Kreditkarte bezahlen.

Die Kreditkarte wird im Kartenlesegerät geprüft. Anschließend muss der Karteninhaber ab einem bestimmten Betrag seine PIN eingeben. Der Einkaufsbetrag wird dem Geschäft gutgeschrieben. Das Kartenunternehmen zieht aber einen Betrag für seine Dienstleistung (Provisionsbetrag) ab.

Die Kreditkarte kann auch für Online-Einkäufe genutzt werden. Dabei ist aber größte Vorsicht geboten.

Der Karteninhaber kann die Kreditkarte auch zur Bargeldbeschaffung nutzen. Die Kreditkartenunternehmen erheben für diese Dienstleistung eine Provision.

Eine Lastschrift über alle Umsätze erfolgt monatlich.

Vorteile der Kreditkarte:

- bargeldlose Zahlung bei Vertragsunternehmen im In- und Ausland und beim Online-Einkauf,
- Begrenzung des Risikos bei Verlust und Missbrauch,
- spätere Belastung der getätigten Käufe,
- Möglichkeit der Bargeldbeschaffung im In- und Ausland,
- Zusatzleistungen wie Auslandskranken-, Reise- und Gepäckversicherung.

Nachteile der Kreditkarte:
Der Karteninhaber muss darauf achten, dass die von ihm getätigten Einkäufe den Rahmen seiner Einkünfte nicht übersteigen. Die Gefahr, die Übersicht zu verlieren, ist groß.

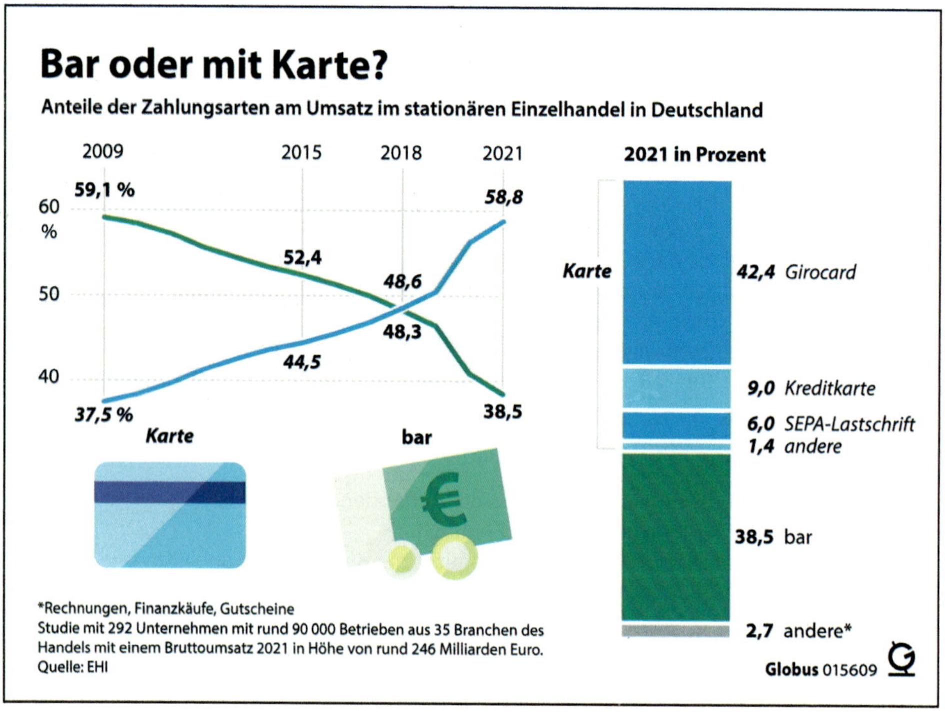

Lernfeld 13: Arbeitsprozesse organisieren und optimieren

1 Praxisorganisation

Sarah erinnert sich an ihren ersten Arbeitstag. Den Vormittag hatte sie an der Anmeldung verbracht und bei der Annahme der Patienten geholfen. Nach der Sprechstunde zeigte ihr Melanie die gesamte Praxis. Sie erläuterte, welche Untersuchungen, Behandlungen oder sonstige Tätigkeiten in den verschiedenen Räumen stattfinden. „Das ist ja eine perfekte Organisation", hatte Sarah festgestellt. Melanie nickte stolz. „Dies ist sicher auch ein Grund für den Erfolg unserer Praxis."

Aufgaben

1. Welche Aufgabenbereiche gibt es in der zahnmedizinischen Praxis?
2. Erstellen Sie eine Übersicht über die Arbeiten, die in diesen Bereichen anfallen.
3. Wie wird im Praxisalltag sichergestellt, dass Aufgaben nicht doppelt oder gar nicht erledigt werden?
4. Wie können die Zahnärztin oder der Zahnarzt und das Praxisteam sicherstellen, dass alle Abläufe in immer gleich hoher Qualität erbracht werden?
5. Was versteht man unter einer Stelle?
6. Welche Gesichtspunkte sind bei der Zuweisung einer Stelle an eine Zahnmedizinische Fachangestellte zu beachten?
7. Erläutern Sie kurz die Punkte einer Stellenbeschreibung.
8. Beschreiben Sie die drei unterschiedlichen Regelungsarten, die in jeder Zahnarztpraxis zum Tragen kommen.

Eine reibungslose Praxisorganisation erhöht die Patientenzufriedenheit und ist Grundlage für den wirtschaftlichen Erfolg einer Praxis. Ziel ist eine optimale Arbeitsteilung und die Übertragung (Delegierung) von Aufgaben an das Praxispersonal. In der Praxis niedergelassener Zahnärzte und Zahnärztinnen ergibt sich folgende sinnvolle arbeitsteilige Gliederung:

Patientenannahme und allgemeine Praxisverwaltung	Assistenz bei der Behandlung	Betreuung und Durchführung von Diagnosehilfen einschließlich Praxislabor	Abrechnung

Diese Bereiche sind die Hauptaufgaben in einer Zahnarztpraxis. Sie sind typisch für den Aufbau der Praxis, daher bezeichnet man sie als **Aufbauorganisation**. Diese bildet die Grundlage für die weitere Praxisorganisation. Bei jeder dieser Hauptaufgaben ist nun genau festzulegen, welche Tätigkeiten in diesen Bereichen von den Zahnmedizinischen Fachangestellten auszuführen sind (Aufgabenanalyse). Die Ermittlung und Beschreibung aller delegierbaren Arbeiten bezeichnet man als **Ablauforganisation**. Die Aufbauorganisation zeigt somit die Bereiche einer Zahnarztpraxis, die Ablauforganisation beinhaltet alle Tätigkeiten (Teilaufgaben), die in diesen Bereichen geleistet werden müssen. Die folgende Tabelle ist ein Beispiel für eine Ablauforganisation.

Patientenannahme und allgemeine Verwaltung	**Assistenz bei der Behandlung**	**Betreuung und Durchführung von Diagnosehilfen einschließlich Praxislabor**	**Abrechnung**
▪ Telefondienst ▪ Terminplanung ▪ Patientenannahme mit allen notwendigen Verwaltungsarbeiten ▪ Weiterleiten der Patienten in die Behandlungsbereiche ▪ Bearbeiten des Posteingangs ▪ Abwicklung des Schriftverkehrs einschl. Bearbeitung des Postausgangs ▪ Überwachung der Zahlungseingänge ▪ Abwicklung der Beschaffung des Praxisbedarfs ▪ Belegorganisation	▪ Assistenz bei der Behandlung ▪ Erfassen der Behandlungsdaten ▪ Durchführung aller Hygienemaßnahmen	▪ Mithilfe beim Einsatz diagnostischer Hilfsmittel, wie Röntgen ▪ Arbeiten im Praxislabor, z. B. Erstellen und Bearbeiten von Provisorien	▪ Abrechnung der kassenzahnärztlichen Leistungen ▪ Abrechnung der privatzahnärztlichen Leistungen ▪ Erstellen von Heil- und Kostenplänen ▪ Abwicklung der Abrechnung mit der KZV

Diese Aufgaben müssen auf die Zahnmedizinischen Fachangestellten aufgeteilt werden. Dabei werden Aufgaben einer einzelnen ZFA zugewiesen, z. B. eine ZFA übernimmt die Assistenz bei der Behandlung. Dies bezeichnet man als Einzelzuordnung. Manchmal ist es sinnvoll, Aufgaben einem Bereich zuzuordnen, z. B. die Aufgaben des Praxisempfangs. Dies nennt man dann Gruppenzuordnung. Eine möglichst genau geregelte **Aufgabenteilung** trägt dazu bei, dass Aufgaben nicht doppelt oder gar nicht erledigt werden. Aufgrund ihrer Erfahrungen können Zahnmedizinische Fachangestellte wertvolle Beiträge zur Planung, Organisation, Gestaltung und Kontrolle der Praxisabläufe beitragen. Für die Zahnärztin oder den Zahnarzt ist es daher sinnvoll, bei der Aufteilung der delegierbaren Leistungen das Praxispersonal mit einzubeziehen. In einer gut organisierten Zahnarztpraxis wird die Aufgabenteilung in einer Tabelle (**Zuständigkeitsmatrix**) dokumentiert. Die Tabelle zeigt für jeden einsehbar, welche ZFA für welche Aufgaben verantwortlich ist. Damit diese Praxisaufgaben immer in gleich hoher Qualität durchgeführt werden, legt man **Ablaufpläne** fest (siehe S. 236f). Diese sind ein Baustein des **Qualitätsmanagements**.

Aufbauorganisation	Ablauforganisation
Festlegung der Bereiche (Hauptaufgaben) einer Praxis	▪ Ermittlung und Beschreibung aller Arbeiten (Teilaufgaben) in den einzelnen Bereichen ▪ Zuordnung der Aufgaben an ZFA (Einzelzuordnung) bzw. an einen Bereich (Gruppenzuordnung)

Die Zuordnung von Aufgaben an die Zahnmedizinischen Fachangestellten erfolgt durch die Zusammenfassung von Teilaufgaben zu einem Aufgabenbereich, den eine ZFA übernimmt. Dies bezeichnet man als **Stelle**. Die ZFA füllt eine Stelle aus.

Dabei sind folgende Gesichtspunkte zu beachten:

- Eine Stelle muss dem Leistungsvermögen einer Zahnmedizinischen Fachangestellten entsprechen. Sie darf weder über- noch unterfordert sein.
- Die Zuordnung der Teilaufgaben muss eindeutig und überschaubar sein. Damit ist auch eindeutig die Verantwortlichkeit für die ordnungsgemäße Erfüllung dieser Aufgaben festgelegt.
- Mit der Zuordnung der Teilaufgaben ist eine Spezialisierung verbunden. Dadurch wird die Leistungserstellung in der Zahnarztpraxis effektiver und damit wirtschaftlicher.

Damit die Zusammenarbeit der Zahnmedizinischen Fachangestellten reibungslos funktioniert und Aufgaben nicht doppelt erledigt werden, helfen Stellenbeschreibungen. Dies sind Arbeitsplatzbeschreibungen, in denen u. a. die für diese Stelle notwendigen Kompetenzen, die zu erledigenden Aufgaben, die damit verbundenen Befugnisse und die Beziehung zu den anderen Stellen beschrieben sind. Eine Stellenbeschreibung beinhaltet folgende Angaben:

- **Stellenaufgabe:** Detaillierte Beschreibung aller Teilaufgaben, die von der Zahnmedizinischen Fachangestellten in dieser Stelle zu übernehmen sind.
- **Stellenanforderungen:** Es werden die Fertigkeiten, Fähigkeiten und Kenntnisse benannt, über die eine Zahnmedizinische Fachangestellte bei dieser Stelle verfügen muss.
- **Stelleneingliederung:** Welche Verantwortlichkeiten umfasst die Stelle, welche Weisungsbefugnisse sind gegenüber Mitarbeitern mit dieser Stelle verbunden.
- **Besondere Kompetenzen:** Welche körperlichen, geistigen aber auch charakterlichen Kompetenzen werden bei dieser Stelle vorausgesetzt (Belastbarkeit, Flexibilität, Höflichkeit usw.).
- **Entlohnung:** Gehalt bzw. Gehaltsgruppe

Sollen Zahnmedizinische Fachangestellte innerhalb der Praxis die Stelle wechseln, wird dies durch eine Stellenbeschreibung erheblich erleichtert. Sie wissen dadurch, welche Aufgaben sie zu übernehmen haben. Sucht die Praxis neue Mitarbeiterinnen oder Mitarbeiter, erleichtert die Stellenbeschreibung das Formulieren einer Stellenanzeige. Diese ist nichts anderes als eine Kurzform einer Stellenbeschreibung. Eine Stellenanzeige könnte folgendermaßen aussehen:

Wir suchen ab sofort für unsere moderne und innovative Zahnarztpraxis im Zentrum von Köln

Zahnmedizinische Fachangestellte (w/m/d) in Vollzeit

Ihre Aufgaben

- Empfang und erster Kontakt für die Patienten und Patientinnen
- Begrüßung der Patienten und Patientinnen und Aufnahme ihrer Daten
- Erledigung von administrativen Aufgaben
- Mitwirkung bei der Abrechnung
- Assistenz bei der Behandlung

Ihr Profil

- Abgeschlossene Berufsausbildung als ZFA
- Zuverlässiges und strukturiertes Arbeiten
- Teamfähig, serviceorientiert, höfliches Auftreten

Ihre Perspektiven

- Es erwartet Sie ein vielseitiges Beschäftigungsfeld.
- Sie arbeiten in einem freundlichen und aufgeschlossenen Team.
- Leistungsgerechte Bezahlung

Mit der Zuweisung der Stellen sind die immer wiederkehrenden Arbeitsvorgänge, die die Zahnmedizinischen Fachangestellten übernehmen, festgelegt. Dies bezeichnet man als **generelle Regelungen**.

Oft ergeben sich aber Situationen, in denen von Fall zu Fall eine Regelung zu treffen ist.

Beispiel: *In der Praxis mussten mehr Patienten als sonst notfallmäßig behandelt werden. Die eingeplanten Pufferzeiten reichen nicht aus. Die Terminverschiebung beträgt bereits 60 Minuten. In diesem Fall sind aufgrund einer Anweisung der Zahnärztin/des Zahnarztes die noch eingeplanten Patienten zu benachrichtigen und eventuell umzubestellen.*

Diese Art der Regelung bezeichnet man als fallweise Regelung bzw. Disposition. Manchmal ergibt es sich, dass aufgrund einer völlig unerwarteten Situation spontan reagiert werden muss, beispielsweise wenn ein Patient in der Praxis kollabiert. In diesem Fall spricht man von **Improvisation**.

Beispiel: *Ein Patient kollabiert in der Praxis.*

Improvisation bedeutet nicht, dass eine Zahnarztpraxis auf solche Fälle nicht vorbereitet ist. Die Abläufe zur Ersten Hilfe werden schon geprobt. Nur die Situation tritt völlig ungeplant auf und es muss spontan gehandelt werden.

Die Sicherung der Leistungsbereitschaft einer Zahnarztpraxis erfordert ein System von Regelungen = Organisation

- **generelle Regelungen =** Regelungen für Vorgänge, die sich in unveränderter Weise wiederholen
- **fallweise Regelungen =** Regelungen, die in Abhängigkeit von der Situation von Fall zu Fall getroffen werden
- **Improvisation =** Regelungen, die aufgrund einer unerwarteten Situation getroffen werden

2 Einbindung des Praxispersonals

Marietta hat an einigen Fortbildungen zum Praxismanagement teilgenommen. Dr. Heine überträgt ihr daraufhin die Leitung der Praxisverwaltung. Sarah gratuliert Marietta: „Herzlichen Glückwunsch! Nun haben wir ja in allen Fragen zur Verwaltung und Abrechnung dich als Ansprechpartnerin. Wie kommst du denn bei deiner neuen Aufgabe mit unserer Ersthelferin Melanie klar?“ „Das ist überhaupt kein Problem. Dr. Heine hat sich vorher mit uns beiden zusammengesetzt. Wir haben über die Aufteilung unserer Aufgaben gesprochen. Dabei war klar, dass Melanie aufgrund ihrer Schwangerschaft Aufgaben abgibt. Dann wurden alle Mitarbeiterinnen im Rahmen einer Teambesprechung informiert.“ „Unser Dr. Heine ist schon ein toller Chef. Er bindet uns in viele Fragen zur Praxisorganisation mit ein.“

Aufgaben

1. Welcher Zusammenhang besteht zwischen Führungsstil und Arbeitsklima?
2. Wodurch ist ein autoritärer Führungsstil gekennzeichnet?
3. Was sind Kennzeichen für einen kooperativen Führungsstil?
4. Im Rahmen der Praxisorganisation werden Befugnisse an die ZFA übertragen. Welche Arten von Befugnissen lassen sich unterscheiden?
   Geben Sie jeweils Beispiele für diese Befugnisarten.
5. Leitungsaufgaben werden im Bereich Verwaltung, Abrechnung und Organisation von Assistenz und Prophylaxe an Fachangestellte delegiert.
   Welche grundsätzlichen Modelle lassen sich dabei unterscheiden?
6. Erläutern Sie kurz Vor- und Nachteile dieser Modelle.

Führungsstile

Der niedergelassene Zahnarzt ist als Chef verantwortlich für die Praxisorganisation. Ein guter Chef wird bei der Gestaltung der Praxisorganisation die Kompetenzen des Personals einbinden. Dies gelingt am besten mit einem kooperativen Führungsstil. Folgende Arten von Führungsstilen werden unterschieden.

Führungsstile

unterschieden werden

autoritärer Führungsstil

Kennzeichen:
- Chef/Chefin verteilt Aufgaben und gibt Anweisungen ohne Rücksprache
- Chef/Chefin überwacht die Einhaltung und fordert die Umsetzung ohne Widerspruch

kooperativer Führungsstil

Kennzeichen:
- Chef/Chefin bezieht die Fach- und Sachkompetenz der Mitarbeitenden ein
- Mitarbeitergespräche
- offene Organisationskritik
- konstruktive Fehleranalyse
- Ermunterung und Lob der Mitarbeitenden

Leitungs- und Entscheidungsbefugnisse der Zahnmedizinischen Fachangestellten

Im Rahmen des Praxisalltags wird eine Vielzahl von Befugnissen an die Zahnmedizinische Fachangestellten übertragen. Hierbei unterscheidet man:

- **Verfügungsbefugnisse:** Die Zahnmedizinische Fachangestellte darf im Rahmen ihrer Aufgaben über Teile der Praxisausstattung verfügen.

  Beispiel: *Sarah gibt im Rahmen der Behandlung eines Patienten die von Dr. Heine genannten Abrechnungsdaten am Computer ein. Sie druckt ein Rezept und eine Arbeitsunfähigkeitsbescheinigung aus.*

- **Entscheidungsbefugnisse:** Die Zahnmedizinische Fachangestellte darf im Rahmen ihrer Aufgaben selbstständige Entscheidungen treffen.

  Beispiel: *Marietta entscheidet bei der Erstellung des Personaleinsatzplans, wer wo wann eingesetzt wird.*

- **Anordnungsbefugnisse:** Im Rahmen ihrer Aufgaben hat die Zahnmedizinische Fachangestellte das Recht, anderen Zahnmedizinischen Fachangestellten Weisungen zu erteilen.

  Beispiel: *Jennifer hat sich krankgemeldet. Marietta ordnet an, dass Sarah deren Assistenzaufgaben übernimmt.*

Der Praxisinhaber oder die Praxisinhaberin ist für die Gesamtleitung der Praxis verantwortlich. Es können aber Leitungsaufgaben zur Organisation und Verwaltung der Praxis an einzelne Zahnmedizinische Fachangestellte übertragen werden. In der Praxis von Dr. Heine ist jetzt Marietta verantwortlich für die gesamte Personaleinsatzplanung, die Abrechnung und die Verwaltung. Es ergibt sich somit folgendes Bild hinsichtlich der Leitung im delegierbaren Bereich:

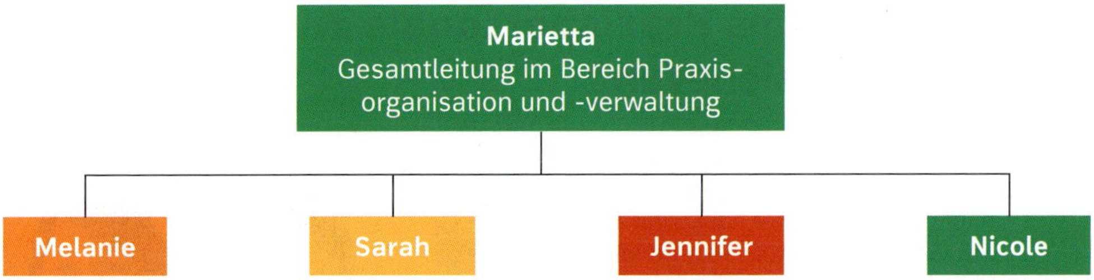

Dieses Leitungssystem bezeichnet man als **Einliniensystem**. Es hat den **Vorteil**, dass die Verantwortlichkeiten eindeutig festgelegt sind. Alle Angestellten wissen, wer neben dem Praxisinhaber berechtigt ist, Anweisungen zu geben. Allerdings hat dieses System den **Nachteil**, dass sich die gesamte Verantwortung im delegierbaren Bereich auf eine einzige Zahnmedizinische Fachangestellte konzentriert.

Dieses Leitungssystem ist umsetzbar in Praxen mit einem Zahnarzt oder einer Zahnärztin und einer überschaubaren Anzahl an Zahnmedizinischen Fachangestellten. In Praxen mit mehreren Zahnärzten und Zahnärztinnen oder bei Zahnmedizinischen Versorgungszentren mit einer Vielzahl an Zahnmedizinischen Fachangestellten wäre eine Person mit der Gesamtleitung der Praxisverwaltung überfordert. Man teilt daher die Leitungsaufgaben im delegierbaren Bereich auf. Die folgende Abbildung zeigt dieses Leitungssystem.

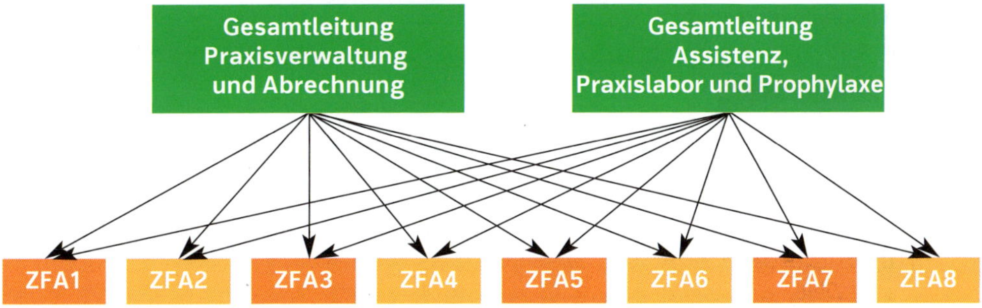

Dieses Leitungssystem wird als **Mehrliniensystem** bezeichnet. Ein **Vorteil** ist sicherlich die Spezialisierung. Von **Nachteil** ist, dass ein erheblicher Aufwand notwendig ist, um eine klare Abgrenzung der Kompetenzen und eine Koordination der Anweisungen zu erreichen.

In der Praxis von Dr. Heine ist Melanie Datenschutzbeauftragte und verantwortlich für die Organisation der EDV. Sie ist somit außerhalb des Liniensystems zuständig für alle Fragen zum Datenschutz und zur EDV. Eine solche Stelle bezeichnet man als **Stabsstelle**. Liniensysteme, die ergänzt werden um Spezialisten mit Leitungsaufgaben in ihrem Bereich, bezeichnet man als **Stab-Linien-System**.

3 Beiträge des Praxispersonals zur Qualitätssicherung

Sarah und Marietta kommen aus der Personalbesprechung. „Da haben wir aber ausführlich über viele Praxisabläufe diskutiert. Die besprochenen Maßnahmen zur Qualitätssicherung finde ich gut. Ich hoffe, wir schaffen es, bei den Praxisabläufen immer eine gleichbleibende Qualität zu erreichen“, sagt Sarah zu Marietta. „Bei Problemen bist du unser Ansprechpartner. Verantwortlich für Praxisorganisation und Qualitätssicherung, da hast du eine große Aufgabe. Deine erste Tat war ja schon beeindruckend. In dem von dir erstellten Organigramm ist erstmals genau festgehalten, wer für welche Aufgabe zuständig ist und die Verantwortung trägt.“ „Ja, wir müssen alle dazu beitragen, dass die Patienten von der Qualität unserer Zahnarztpraxis überzeugt sind“, erwidert Marietta. „Ablaufpläne, Checklisten und die neu entwickelten Verfahrensanweisungen nach QEP werden uns dabei helfen. Auch den Fragebogen, den wir an die Patienten verteilt haben, finden alle gut. Die Ergebnisse diskutieren wir dann in der nächsten Personalbesprechung.“

Aufgaben

1. Warum muss ein niedergelassener Zahnarzt in seiner Praxis mit dem Praxisteam Maßnahmen der Qualitätssicherung umsetzen?
2. Erstellen Sie anhand der Vorgaben des gemeinsamen Bundesausschusses (G-BA) eine Übersicht über
   - Ziele,
   - Grundelemente,
   - Instrumente

   eines Qualitätsmanagements in der Praxis eines niedergelassenen Zahnarztes.
3. Beschreiben Sie die Bereiche, die beim Qualitätsmanagement unterschieden werden.
4. In Ihrer Ausbildungspraxis soll die Qualität der Abläufe überprüft und eventuell verbessert werden. Welche Schritte sind hierzu notwendig?
5. Welchen Nutzen bringt eine hohe Qualität und Standardisierung der Praxisabläufe für den Zahnarzt/die Zahnärztin, die Praxismitarbeiter und die Patienten?
6. Wählen Sie einen Praxisablauf bzw. -vorgang aus, der in Ihrer Praxis verbessert werden soll. Erarbeiten Sie eine Planung zur Verbesserung mithilfe des PDCA-Zyklus.
7. Erstellen Sie ein Organigramm zur Aufbauorganisation in Ihrer Praxis.
8. Der Vorgang „Erfassung der Abrechnungsziffern eines Patienten während bzw. nach der Behandlung“ soll mithilfe eines Flussdiagramms dokumentiert werden. Erarbeiten Sie einen entsprechenden Vorschlag.
9. Im QEP Qualitätszielkatalog (Seite 238) stehen Vorschläge zum Empfang eines Patienten. Überprüfen Sie, ob diese Vorgaben im Praxisalltag so umzusetzen sind.
10. Erstellen Sie eine Arbeitsanweisung für die „Lagerung von Sterilgut“.

11. Erarbeiten Sie eine Checkliste „Händedesinfektion".

12. Was ist Sinn und Ziel von regelmäßigen Patientenbefragungen?

Gesetzliche Vorgaben

Der Patient oder die Patientin muss sich auf eine sichere und gute zahnärztliche Versorgung verlassen können. Aus diesem Grund ist die Sicherung der Qualität der zahnärztlichen Dienstleistung gesetzlich vorgeschrieben. Die **Pflicht zum Qualitätsmanagement** ist u. a. im Sozialgesetzbuch Fünftes Buch (SGB V) festgelegt. Genaue Anforderungen, was an Qualitätsmanagement und Qualitätssicherungsmaßnahmen umzusetzen ist, hat der **Gemeinsame Bundesausschuss (G-BA)** festgelegt. Der gemeinsame Bundesausschuss ist das oberste Gremium der Selbstverwaltung von Zahnärztinnen und Zahnärzten, Ärzten und Ärztinnen, Krankenkassen und Krankenhäusern. Die folgende Zusammenfassung aus der Qualitätsmanagement-Richtlinie (Stand: 2020) enthält die für niedergelassene Zahnärztinnen und Zahnärzte wichtigsten Vorgaben:

- Zweck der Richtlinie
  Alle niedergelassenen Zahnärztinnen und Zahnärzte mit Kassenzulassung sind verpflichtet, ein Qualitätsmanagement einzuführen und dann stetig weiterzuentwickeln. Der damit verbundene Aufwand muss angemessen sein und darf die Praxis nicht überfordern.
- Ziele des Qualitätsmanagements
  - Die Qualität der medizinischen Versorgung der Patientinnen und Patienten soll gesichert und verbessert werden. Dabei steht der Patient im Vordergrund (Patientenorientierung).
  - Weiterhin soll Qualitätsmanagement die Zufriedenheit der Praxisleitung und Praxismitarbeiter erhöhen.
  - Alle wichtigen Praxisabläufe werden erfasst und systematisch dargestellt. Dadurch werden mögliche Risiken insbesondere bei Behandlungsabläufen sichtbar. Die sich daraus ergebenden Probleme können so vermieden werden.
- Grundelemente eines Qualitätsmanagements
  (1) im Bereich der Patientenversorgung
    - Die Versorgung der Patienten und Patientinnen muss fachlichen Standards und dem aktuellen Stand der zahnmedizinischen Wissenschaft entsprechen.
    - Die Patientenorientierung, die Sicherheit der Patienten bei der zahnärztlichen Behandlung und die Patienteninformation und -beratung sind stets zu beachten und verbessern.
    - Alle wichtigen Behandlungsabläufe sind zu erfassen und strukturiert darzustellen (z. B. in Form von Checklisten).

  (2) im Bereich Praxisführung, Mitarbeiter und Organisation
    - Die Verantwortlichkeiten der Mitarbeiterinnen und Mitarbeiter sind zu regeln und zu dokumentieren.
    - Eine Mitarbeiterorientierung ist umzusetzen. Diese zeigt sich in der Beachtung aller Richtlinien zum Arbeitsschutz und der Förderung der Mitarbeiterinnen und Mitarbeiter durch Fort- und Weiterbildung.
    - Im Rahmen des Praxismanagements sind u. a. eine gelungene Terminplanung (Terminpraxis), der Datenschutz, alle Hygienemaßnahmen entsprechend dem Hygieneplan umzusetzen und stetig zu verbessern.
    - Eine gute Kommunikation zwischen allen Mitarbeitern der Praxis (intern) und zu allen Partnern der Praxis (andere Zahnärzte, Ärzte, Krankenhäuser, usw.) sorgt für einen gelungenen Informationsaustausch.

- **Instrumente eines Qualitätsmanagements**
  - **Überprüfung von Praxisabläufen anhand von Zielvorgaben nach dem PDCA-Zyklus, z. B. Verringerung der Wartezeiten für Patientinnen und Patienten.**
  - **Durchführung regelmäßiger Teambesprechungen.**
  - **Einsatz von Prozess- und Ablaufbeschreibungen und Durchführungsanleitungen.**
  - **Regelmäßige Patientenbefragungen.**
  - **Bearbeitung von Beschwerden mit Hilfe eines Beschwerdemanagements.**
  - **Einsatz von Organigrammen und Checklisten zur Darstellung von Praxisabläufen.**
  - **Einführung eines Risiko- und Fehlermanagements um Risiken und Fehler zu erkennen und zu minimieren.**
  - **Pflege eines Notfallmanagements, damit bei Notfällen alle Praxismitarbeiter richtig reagieren und geschult helfen.**
  - **Dokumentation der Behandlungsverläufe und der Beratung.**

(Quelle: Vgl. Qualitätsprüfungs-Richtlinie vertragszahnärztliche Versorgung, QP-RL-Z; abrufbar unter: https://www.g-ba.de/downloads/62-492-2376/QP-RL-Z_2020-12-03_iK-2020-12-01.pdf [08.02.2024])

Die Instrumente des Qualitätsmanagements werden auf den folgenden Seiten umfassend dargestellt.

Bereiche der Qualitätssicherung

Folgende Bereiche der Qualitätssicherung werden unterschieden:

Strukturqualität

Hierbei stehen die **Qualität der zahnärztlichen Leistungen, die Qualität des Personals und die Qualität der Ausstattung der Zahnarztpraxis** im Vordergrund. Zahnärztinnen und Zahnärzte sind zur Fortbildung verpflichtet. So soll sichergestellt werden, dass sie zahnärztliche Leistungen auf einem gleichbleibend hohen Niveau erbringen und die Behandlung dem neuesten Stand zahnmedizinischer Erkenntnisse entspricht. Ebenso muss das Praxispersonal durch Fortbildung und Schulungen zu einer hohen Strukturqualität beitragen. Aber auch die Ausstattung der Zahnarztpraxis mit leistungsfähigen Geräten für Diagnose, Behandlung und Verwaltung ist wichtig. In einer gut ausgestatteten Zahnarztpraxis lässt sich leichter eine hervorragende zahnärztliche Versorgung der Patienten sicherstellen.

Prozessqualität

Hierbei geht es um die **Qualität des Behandlungsprozesses**, vom Empfang des Patienten bis zum Abschluss aller Behandlungsmaßnahmen. Der Ablauf aller Behandlungsschritte ist immer wieder zu überprüfen. Gegebenenfalls sind Verbesserungen umzusetzen.

Ergebnisqualität

Hierbei wird überprüft, ob beim Patienten oder der Patientin ein zufriedenstellendes Behandlungsergebnis erzielt wurde. Dabei unterscheidet man zwischen dem **objektiven und subjektiven Behandlungsergebnis**. Bei dem objektiven Behandlungsergebnis ist anhand der Untersuchungsergebnisse eine Besserung der Zahngesundheit nachweisbar. Das subjektive Behandlungsergebnis beinhaltet die von Patienten empfundene Zufriedenheit mit der Behandlung. Um diese zu ermitteln, werden häufig Patientenfragebögen eingesetzt.

Strukturqualität	Prozessqualität	Ergebnisqualität
– Ausstattung der Praxis – Fähigkeiten des Zahnarztes und des Personals	– Qualität des gesamten Behandlungsprozesses	– objektive Ergebnisqualität – nachweisbare Besserung – subjektive Ergebnisqualität – Zufriedenheit der Patienten

Ablauf und Ziele der Qualitätssicherung

Die Strukturqualität lässt sich nur über einen längeren Zeitraum verändern. Beispielsweise nehmen Neuanschaffungen in die Ausstattung der Praxis und Teilnahme an Weiterbildungen Zeit in Anspruch. Die Ergebnisqualität ergibt sich aus der Qualität der Leistungserbringung (Strukturqualität) und der Qualität des Behandlungsprozesses (Prozessqualität). Daher bildet die Prozessqualität einen Schwerpunkt des Qualitätsmanagements.

Die Planung und Strukturierung der wichtigen Praxisabläufe und -vorgänge im Rahmen des Qualitätsmanagements vollzieht sich in folgenden Schritten:

- systematische Erfassung und Dokumentation aller relevanten Praxisabläufe und -vorgänge sowohl im zahnmedizinischen als auch im Verwaltungsbereich,
- Festlegung, wer für welche Vorgänge die Verantwortung trägt,
- Überprüfung, ob Verbesserungsmöglichkeiten umgesetzt werden sollten,
- eventuell Planung und Umsetzung von Verbesserungen (z. B. nach dem PDCA-Zyklus, siehe S. 236).

Als Ergebnis sollte eine Standardisierung der Praxisabläufe auf einem hohen Qualitätsniveau erreicht werden. Dies bringt einen erheblichen Nutzen für alle Beteiligten.

Nutzen für Zahnärztinnen und Zahnärzte

- optimaler Einsatz der Zahnärztin bzw. des Zahnarztes und des Personals durch strukturierte Abläufe,
- Arbeitsentlastung und größere Arbeitszufriedenheit durch effiziente und standardisierte Praxisorganisation,
- mehr Transparenz durch Dokumentation aller wichtigen Praxisabläufe,
- Optimierung der praxisinternen Kommunikation und der Kommunikation zu anderen Praxen und Einrichtungen des Gesundheitswesens, z. B. Zahnkliniken,
- eindeutige Regelungen für Verantwortlichkeiten und Zuständigkeiten,
- Vermeidung von Fehlern,
- bessere Nachprüfbarkeit der Ergebnisse, da Qualitätsmerkmale und Praxisziele festgelegt wurden und regelmäßig überprüft werden können.

Nutzen für Mitarbeiterinnen und Mitarbeiter

- Arbeitsentlastung durch effiziente Arbeitsorganisation,
- Arbeitszufriedenheit durch klare Regelung der Verantwortlichkeiten,
- leichtere Einarbeitung neuer Mitarbeiter und reibungslose Urlaubs- und Krankheitsvertretung durch transparente Dokumentation,
- konstruktives Arbeitsklima.

Nutzen für Patientinnen und Patienten

- Der Wunsch der meisten Versicherten nach einer besseren Einschätzung der Qualität der zahnmedizinischen Versorgung wird durch das Qualitätsmanagement am ehesten erfüllt.
- Eine effiziente Praxisorganisation ermöglicht es dem Zahnarzt oder der Zahnärztin, mehr Zeit für die Patienten zu haben.

- Durch die lückenlose Dokumentation und die Verbesserung des Informationsflusses zu anderen Ärzten, Ärztinnen und Einrichtungen der Gesundheitsversorgung wird eine bessere Abstimmung der Behandlungsmaßnahmen gewährleistet.
- Die Zufriedenheit der Patienten wird in Befragungen ermittelt.

Verbesserung von Praxisabläufen mithilfe des PDCA-Zyklus

Der PDCA-Zyklus dient der Verbesserung von Praxisabläufen. Er besteht aus vier Elementen:

- Plan (Plane anhand einer neuen Vorgabe)
- Do (Setze den Plan um)
- Check (Überprüfe das Ergebnis)
- Act (Handle, wenn das Ergebnis vom Ziel abweicht).

Plan

Praxisabläufe müssen in ihrer Umsetzung von Zeit zu Zeit überprüft werden. Ziel ist es, die Qualität zu verbessern. In der Phase **Plan** analysiert das Praxisteam den aktuellen Zustand. Dann entwickelt es ein Konzept mit Verbesserungsvorschlägen. Diese sind Zielvorgabe für die folgende Phase

Beispiel: *Die durchschnittliche Wartezeit der Patienten soll auf maximal zehn Minuten verkürzt werden.*

Es wird geplant, mit welchen Maßnahmen die angestrebten Verbesserungen erreicht werden sollen. Bei diesem Beispiel bieten sich folgende Lösungen an:

- Einführung einer Notfallsprechstunde für Schmerzpatienten,
- eine genauere und bessere Einschätzung der jeweiligen Behandlungszeiten,
- die Einplanung von längeren Pufferzeiten für Notfälle.

Aufgrund der Vorschläge werden Vorgaben entwickelt, die umgesetzt werden sollen.

Do

In der zweiten Phase erfolgt die Umsetzung. Dabei wird das Konzept getestet.

Beispiel: *Die Zahnarztpraxis bietet eine Notfallsprechstunde für Schmerzpatienten an und berechnet die Behandlungszeiten neu.*

Check

Der neu gestaltete Ablauf und die erreichten Resultate werden überprüft. Wurden die Verbesserungen erreicht?

Beispiel: *Alle Patientinnen und Patienten werden vor Behandlungsbeginn gefragt, wie lang ihre Wartezeit war.*

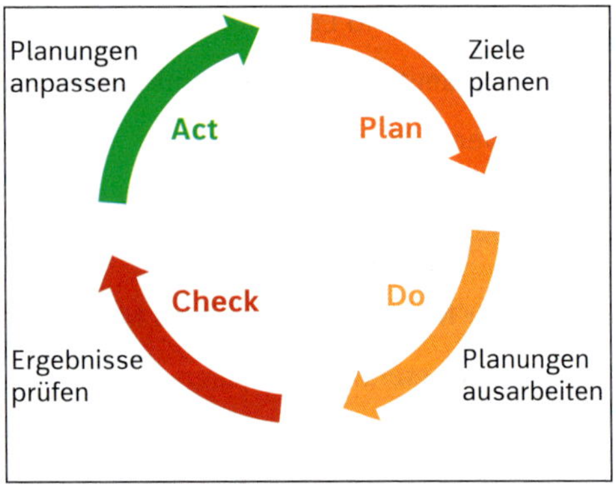

PDCA-Zyklus

Act

Entsprechen die Ergebnisse den Zielen, wird der neu gestaltete Praxisablauf beibehalten und dokumentiert. Wurden die Ziele nicht erreicht, werden weitere Verbesserungsmaßnahmen geplant (Plan). Der Zyklus wird von neuem durchlaufen.

Beispiel: *Es ist gelungen, die Wartezeit wurde auf durchschnittlich 10 Minuten verkürzt.*

Organigramm

Eine Übersicht über die Aufbauorganisation in grafischer Form ist das Organigramm. Es beschreibt Aufgaben, die personelle Zuständigkeiten und damit die Verantwortung, die im delegierbaren Bereich an Praxismitarbeiterinnen und -mitarbeiter übertragen wurde.

Wie im Kapitel Praxisorganisation (siehe S. 225f) beschrieben, werden in der Zahnarztpraxis Hauptaufgaben festgelegt. Diesen werden dann die Teilaufgaben zugeordnet. Anschließend wird festgelegt, welche Haupt- und Teilaufgaben eine ZFA übernimmt. Für eine Zahnarztpraxis kann sich z. B. das folgende Bild eines Organigramms ergeben:

Anmeldung, Praxisverwaltung	Assistenz	Diagnosehilfen (Labor, Röntgen usw.)	Abrechnung
Frau Rosen	Frau Kraus	Frau Klimm	Frau Bilin

Dokumentation von Praxisabläufen (Prozessdokumentationen)

Praxis- und Behandlungsabläufe sollen fehlerfrei mit hoher Qualität durchgeführt werden. Um dies sicherzustellen, erfolgt in vielen Praxen eine umfassende Dokumentation dieser Abläufe. Alle Tätigkeiten werden erfasst und in Ablaufbeschreibungen dokumentiert.

Dies hat folgende Vorteile:

- die Durchführung eines Ablaufs wird vereinheitlicht,
- Verbesserungen können sofort umgesetzt werden,
- der Arbeitsablauf wird verbindlich für alle festgelegt,
- neue Mitarbeiter werden leichter eingearbeitet,
- die Vertretung untereinander ist leichter.

Um einen Praxisablauf nachvollziehbar und übersichtlich darzustellen, verwendet man sogenannte **Flussdiagramme**. Das folgende Beispiel zeigt den Empfang eines Patienten.

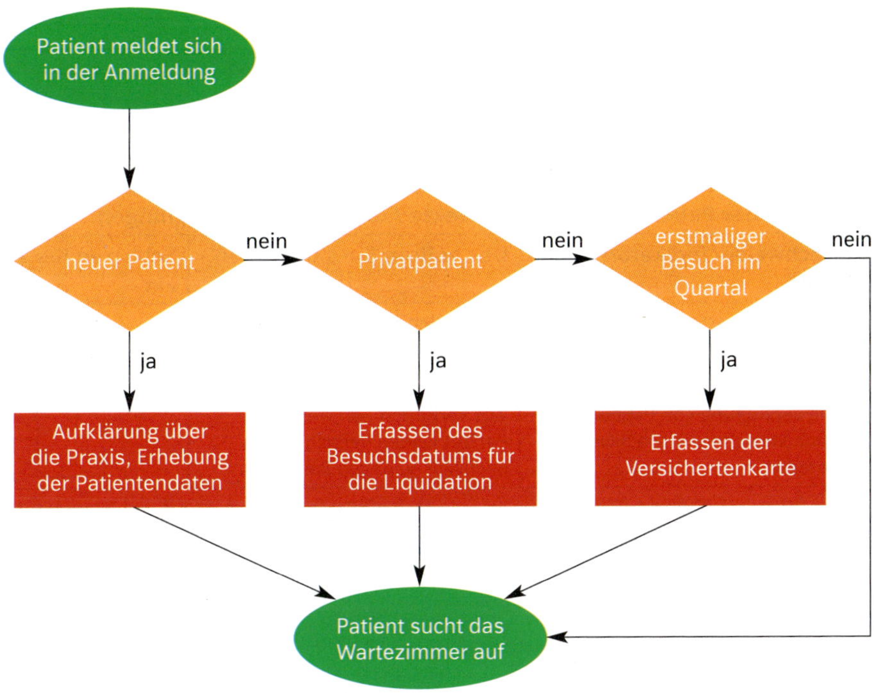

Die im Flussdiagramm verwendeten Symbole haben folgende Bedeutung:

Start oder Ende eines Prozesses

Tätigkeit

Entscheidungsraute mit ja-/nein-Zweig

Dokumentation von Praxisabläufen mithilfe von QEP (Qualität und Entwicklung in Praxen)

Die Kassenzahnärztliche Bundesvereinigung (KZBV) und die Kassenzahnärztlichen Vereinigungen (KZV) bieten den vertragszahnärztlichen Praxen umfassende Hilfen bei der Entwicklung eines Qualitätsmanagements. Den Praxen werden u. a. hierzu QEP-Bausteine zur Verfügung gestellt.

Auf deren Basis soll ein Qualitätsmanagement mit folgenden Schritten entwickelt werden:

- Selbstbewertung der Praxis um den jetzigen Stand der Qualität der Praxis zu bestimmen mithilfe des QEP-Qualitätszielkatalogs,
- Einführung regelmäßiger Teamsitzungen,
- Entwicklung eines QM-Maßnahmen- und Zeitplans,
- Festlegung der Verantwortlichkeiten,
- Schritt für Schritt Aufbau eines QM-Handbuchs.

Als ein Beispiel wurden hier die Bausteine für den Patientenempfang ausgewählt:

1.1.2 Anmeldung			
Ziel 1: Patienten und andere Personen werden in der Praxis/im MVZ empfangen.			
	Nachweise/Indikatoren	**Das sollten Sie sich fragen**	**Schätzen Sie sich ein ✓**
1.	Patienten und andere Personen werden nach Betreten der Räumlichkeiten begrüßt und nach ihrem Anliegen gefragt.	*Wie verhalten Sie sich, wenn Patienten oder andere Personen die Räumlichkeiten betreten?*	☐
2.	Für Patienten und andere Personen sind die Mitarbeiter der Praxis/des MVZ eindeutig erkennbar.	*Woran erkennen Patienten und andere Personen eindeutig die Mitarbeiter der Praxis/des MVZ?*	☐
Ziel 2: Eine vollständige Erhebung der Patientendaten gewährleistet eine eindeutige Identifikation der Patienten und eine korrekte Abrechnung der Leistungen.			
	Nachweise/Indikatoren	**Das sollten Sie sich fragen**	**Schätzen Sie sich ein ✓**
1.	Die Patientenstammdaten sind vollständig erfasst und werden aktualisiert.	Wie stellen Sie sicher, dass Patientenstammdaten vollständig erfasst sind und gepflegt werden?	☐
2.	Die Versorgung von Patienten ohne Versicherungsnachweis ist geregelt.	Wie verfahren Sie. wenn ein Patient keinen Versicherungsnachweis vorlegen kann?	☐

(Quelle: Qualitätszielkatalog, Kapitel 1, Patientenversorgung, S. 4, www.kbv.de/media/sp/QEP_QZK_2010_Kap1_Auszug.pdf, verändert, [10.01.2020])

Aufbau und Inhalt des QEP-Qualitätsziel-Katalogs und QEP-Kernziele können abgerufen werden unter http://www.kbv.de/html/1374.php [09.02.2024]

Beim Aufbau und der Dokumentation des Qualitätsmanagement für die eigene Zahnarztpraxis helfen QEP-Manuals, die von der jeweiligen KZV und anderen Organisationen der Zahnärzte angeboten werden. Manual bedeutet Handbuch. Zur Verfügung gestellt werden u. a. Musterdokumente, Checklisten, Maßnahmenpläne und Beispiele für interne Regelungen.

Arbeitsanweisungen

Die Dokumentation kann bis zur Festlegung von Arbeitsanweisungen gehen. In **Arbeitsanweisungen** wird genau festgelegt, welche einzelnen Arbeitsschritte in welcher Reihenfolge unter Nutzung welcher Hilfsmittel zur Ausführung eines Arbeitsauftrages notwendig sind. Arbeitsanweisungen werden verwendet, wenn nur eine Person an der Ausführung einer Tätigkeit beteiligt ist, z. B. bei Durchführung einer Instrumentenreinigung. Sie können Teil einer umfassenderen Verfahrensanweisung sein, z. B. Einsetzung eines Implantats.

Eine Arbeitsanweisung im QM-Handbuch einer Praxis kann folgendermaßen aussehen:

Name der Praxis　　　　　　　　　　　　　　　　　　　　　　　Arbeitsanweisung 3

Arbeitsanweisung 3 Instrumentenvorreinigung				
Nr.	**Arbeitsschritte**	**Zuordnung**	**Anweisungen**	**Kontrolle**
1.	Instrumente unter fließendem Wasser abspülen	ZH/ZFA	– Geeignete Handschuhe anziehen – Instrumente sorgfältig mit Wasser abspülen	☐
2.	Instrumente in Sammelbehälter ablegen	ZH/ZFA	– Geeignete Sammelbehälter auswählen – Ggf. Instrumente direkt in den Aufbereitungsraum bringen	☐

☐ Unterweisung erfolgt und dokumentiert

Checklisten

In Checklisten sind alle für einen Vorgang notwendigen Arbeitsschritte aufgelistet. Sie dienen der Kontrolle einzelner Abläufe. Ziel ist es, eine vollständige und vergleichbare Ausführung von Praxisabläufen mit einem hohen Qualitätsstandard zu erreichen.

Checkliste Arbeitssicherheit

	ja	nein	Bemerkungen und Nachweis
I. Brandschutz			
1. Hängt eine Brandschutzverordnung aus?			
2. Sind die Rettungs- und Fluchtwege entsprechend gekennzeichnet?			
3. Gibt es einen Sammelplatz?			
4. Ist den Mitarbeitern bekannt, wo sich die Feuerlöscher befinden?			
5. Werden regelmäßig Brandschutzübungen durchgeführt?			
6. Sind die Feuerlöscher gewartet?			
II. Arbeitssicherheit			
1. Wurden bei der Arbeitsschutzbegehung Risiken identifiziert?			
2. Wurden diese Risiken zeitnah abgestellt?			
3. Sind schon Berufsunfälle vorgekommen?			
4. Wird ein Verbandsbuch geführt?			
5. Sind den Mitarbeitern die BG-Richtlinien bekannt?			
6. Werden die Mitarbeiter über Vorsichts- und Verhaltensmaßnahmen zur Vermeidung von Gefahren unterwiesen?			
7. Sind den Mitarbeitern die Sicherheitsdatenblätter bekannt?			
III. Umgang mit Gefahrstoffen			
1. Liegen für alle Gefahrstoffe Sicherheitsdatenblätter vor?			
2. Werden Gefahrstoffe in einem verschlossenen Schrank aufbewahrt?			
3. Ist das Vorgehen bei Unfällen mit Gefahrstoffen bekannt?			
4. Liegen von allen Mitarbeitern Nachweise der vorgeschriebenen Unterweisungen vor?			
5. Hängen die vorgeschriebenen Merkblätter und Gesetzestexte aus?			

Patientenbefragung

Patientenbefragungen sind ein wichtiges Element des Qualitätsmanagements. Sie geben Rückmeldungen zur Zufriedenheit der Patienten und Anregungen für Verbesserungen. Patientenbefragungen sind in regelmäßigen Abständen durchzuführen und es ist immer der gleiche Fragebogen zu verwenden. Nur so werden vergleichbare Ergebnisse erzielt.

Patientenfragebögen werden von der KZBV der jeweiligen KZV und vielen Organisationen der Zahnärzte zur Verfügung gestellt.

Patientenfragebogen

Anzahl der Zahnarztbesuche in den letzten 12 Monaten: ________

1. Aus welchem Grund gehen Sie zum Zahnarzt?

☐ Ich gehe nur, wenn ich Schmerzen habe.
☐ Ich gehe auch manchmal zur Kontrolle.
☐ Ich gehe regelmäßig zur Kontrolle.

2. Bitte nehmen Sie sich einen Moment Zeit, um unsere Praxis zu beurteilen.

☐ Beantworten Sie die folgenden Fragen, indem Sie ein Kreuz in der Spalte machen, die aus Ihrer Sicht am ehesten zutrifft. Die Zahlen stehen für folgende Bewertung:
☐ 1 = sehr gut, 2 = gut, 3 = befriedigend, 4 = ausreichend, 5 = mangelhaft

	1	2	3	4	5
Freundlichkeit und Hilfsbereitschaft des Praxispersonals					
Information durch unser Personal					
Dauer der Wartezeiten in unserer Praxis vor einem Termin					
Beratung und Informationen zu privaten Zuzahlungen					
Betreuung in unserer Praxis insgesamt					

4 Personaleinsatzplanung

„Nun haben wir uns ja mit Dr. Heine über meinen zukünftigen Einsatz unterhalten", sagt Sarah zu Marietta. „Ich werde dir in Zukunft bei deinen Aufgaben helfen und dich auch einmal vertreten." „Über diese Entlastung bin ich sehr froh", erwidert Marietta. „Aber wie kann ich dir bei der Erstellung des Dienstplans für die kommende Woche helfen? Ich fürchte, mir fehlt da noch die Erfahrung." „Das wird schon klappen", beruhigt Marietta ihre Kollegin. „Du kennst alle Bereiche der Zahnarztpraxis und du hast bei der Führung des Terminplans mitgewirkt. Wir müssen berücksichtigen, dass Melanie wegen ihrer Schwangerschaft nur in der Anmeldung arbeiten darf. Und nächste Woche kommt Annette aus der Elternzeit zurück, die nach der Geburt ihrer Tochter nur noch 25 Stunden die Woche arbeiten möchte." Sarah lächelt erleichtert. „Mit deiner Hilfe bekommen wir bestimmt einen gelungenen Einsatzplan hin."

Aufgaben

1. Beschreiben Sie, nach welchen Gesichtspunkten der Personaleinsatzplan aufgestellt wird.

2. Warum sollte bei der Erstellung des Dienstplans das Praxisteam mit eingebunden werden?

3. Welche Entlastungsmöglichkeiten bieten sich bei längeren Erkrankungen oder während der Urlaubszeiten für die Zahnarztpraxis an?

Die Anzahl der Patientinnen und Patienten, die eine Praxis aufsuchen, ist von Tag zu Tag unterschiedlich. Die Leistungen, die zu ihrer Behandlung erbracht werden, schwanken im Laufe eines Tages, einer Woche, eines Monats und oft auch noch je nach Jahreszeit. Damit möglichst genau die richtige Anzahl an Mitarbeiterinnen und Mitarbeitern zur Verfügung steht, um einen reibungslosen Praxisablauf zu gewährleisten, wird eine Personaleinsatzplanung durchgeführt. Diese regelt, welche Mitarbeiter wann in welchem zeitlichen Umfang in der Praxis eingesetzt werden. Dabei ist zu berücksichtigen:

- wöchentliche Arbeitszeit,
- Teilzeitarbeit,
- Einschränkungen aufgrund der persönlichen Situation (kein früher Beginn, Ende der Arbeitszeit spätestens zu einer bestimmten Zeit),
- Krankheit,
- Einschränkungen der Arbeitsbereiche, z. B. während der Schwangerschaft,
- Urlaubstage.

Die Aufzählung zeigt, wie schwierig eine für alle Mitarbeiterinnen und Mitarbeiter zufriedenstellende Personalplanung ist. Sie sollte immer in Zusammenarbeit mit den Mitarbeitern entwickelt werden, denn sie hat einen wesentlichen Einfluss auf die **Mitarbeiterzufriedenheit**.

Insbesondere hinsichtlich der persönlichen Vorgaben und der geplanten Jahresurlaube sollte zu Beginn des Jahres gemeinsam eine Abstimmung erfolgen. Ein faires Aushandeln von Kompromissen im Praxisteam ist hier unbedingt erforderlich.

Dabei darf nicht vergessen werden, dass die Erfordernisse der Praxis und Bedürfnisse der Patienten Vorrang haben. Bei der Erstellung der Dienstpläne sollten unbedingt folgende Punkte beachtet werden:

- In Krankheitsfällen oder während des Urlaubs einzelner Angestellter sollte die notwendige Mehrarbeit die anderen Angestellten möglichst nicht übermäßig belasten. Bei der Berücksichtigung der Urlaubszeiten kann eine gleichmäßige Mehrbelastung noch bewältigt werden. Ist bei Krankheit, insbesondere bei längeren Erkrankungen, ein hohes Maß an Mehrarbeit erforderlich, empfiehlt es sich, mögliche Personalreserven zu aktivieren. So könnte z. B. eine aus der Praxis ausgeschiedene Zahnmedizinische Fachangestellte sich bereit erklären, in solchen Fällen auszuhelfen.
- Bei der Aufteilung der anfallenden Arbeiten sollten auch die Wünsche der einzelnen Angestellten mit berücksichtigt werden. Aufgaben, die von niemandem gern übernommen werden, sind möglichst gerecht auf alle zu verteilen.
- Arbeiten die Zahnmedizinischen Fachangestellten in verschiedenen Schichten, muss auf den gleichmäßigen Einsatz auf die verschiedenen Schichtzeiten geachtet werden. Würde eine ZFA beispielsweise bevorzugt nur zur Frühschicht eingesetzt, führt dies schnell zu Konflikten.

In den Dienstplänen wird auf der Grundlage der Behandlungs- und Terminpläne festgelegt, wer welche Aufgaben an welchem Platz zu welcher Zeit zu übernehmen hat. Die Planung erfolgt für mindestens eine Woche im Voraus. Sie wird meist mithilfe des Computers durchgeführt. Viele Praxisprogramme verfügen über ein entsprechendes Modul. Ansonsten gibt es entsprechende Anbieter.

Jeder Praxismitarbeiter erhält dann eine Übersicht über seine Aufgaben und Einsatzzeiten. In der Personaleinsatzplanung werden auch die zuvor miteinander abgestimmten Urlaubszeiten eingegeben. Das Programm berücksichtigt dann bei der Erstellung von Dienstplänen diese Vorgaben automatisch.

Praxissoftware Dentis:
Dienstplan

Umfang: Dienstplanung und Planung des Personaleinsatzes für die Zahnarztpraxis. Mit Dienstplan können Sie die Einsatzplanung Ihres Personals optimal gestalten.

Funktionen

- **Personalerfassung**
- **Personal- und Dienstplanung**
- **Planung unter Berücksichtigung von Krankheit, Urlaub, Lehrgängen, usw.**
- **Automatische Zustellung der Dienstpläne an die Mitarbeiter per E-Mail**
- **Arbeitszeiterfassung**

5 Mahn- und Klageverfahren

Der Privatpatient Otto Müller hat am 10. April 20.. eine Liquidation über 320,00 EUR zugesandt bekommen. Am 3. Juni 20.. wurde Herr Müller von der Zahnarztpraxis Dr. Heine daran erinnert, dass die Liquidation noch nicht bezahlt ist. Am 20. Juni 20.. ist immer noch keine Zahlung erfolgt. Sarah soll nun ein zweites Mahnschreiben erstellen. In diesem wird Herrn Müller eine Frist bis zum 1. Juli 20.. gesetzt. Doch dieser zahlt noch immer nicht. Am 8. Juli 20.. sendet Dr. Heine dem Patienten Müller eine Nachnahme. Herr Müller verweigert die Annahme. Daraufhin stellt Dr. Heine am 21. Juli 20.. einen Antrag auf Erlass eines Mahnbescheides. Dieser wird Otto Müller am 30. Juli 20.. zugestellt. Herr Müller zahlt trotz des Mahnbescheides nicht. Somit wird am 15. August 20.. ein Vollstreckungsbescheid beantragt, der Herrn Müller zugestellt wird. Über das Amtsgericht wird auf Antrag und nach Vorlage des Vollstreckungsbescheides ein Pfändungs- und Überweisungsbeschluss erlassen, der dem Arbeitgeber von Herrn Müller zugeht. Die Forderung von Dr. Heine mit allen entstandenen Kosten wird durch Pfändung in das Arbeitseinkommen von Herrn Müller nach und nach getilgt.

Aufgaben

1. Die Ausgangssituation beschreibt, wie Dr. Heine zunächst im Rahmen des außergerichtlichen Mahnverfahrens versucht, an sein Honorar zu kommen.

   a) Was versteht man unter einem außergerichtlichen Mahnverfahren?

   b) Welche in der Ausgangssituation beschriebenen Maßnahmen zählen noch zum außergerichtlichen Mahnverfahren?

2. Welche Überlegungen sind vor Beschreiten des gerichtlichen Mahnverfahrens anzustellen?

3. Dr. Heine hat sich entschieden, einen Antrag auf Erlass eines Mahnbescheides zu stellen, um auf diesem Wege seine Forderung einzutreiben.
   a) Beschreiben Sie den Ablauf beim Mahnbescheid bis zur Zustellung an den Antragsgegner.
   b) Wie kann der Antragsgegner auf die Zustellung eines Mahnbescheides reagieren?
   c) Welche Folgen hat die jeweilige Reaktion für den Antragsteller?
4. Nachdem Herr Müller auf den Mahnbescheid nicht reagiert hat, beantragt Dr. Heine die Zustellung eines Vollstreckungsbescheids an Herrn Müller.
   a) Welche Konsequenzen sind mit dem Vollstreckungsbescheid für Herrn Müller verbunden?
   b) Wie kann Herr Müller auf den Vollstreckungsbescheid reagieren?
5. Aufgrund des Vollstreckungsbescheides stellt das Gericht dem Arbeitgeber des Herrn Müller einen Pfändungs- und Überweisungsbeschluss zu.
   a) Beschreiben Sie diese Möglichkeit der Zwangsvollstreckung.
   b) Nennen Sie noch andere Möglichkeiten der Zwangsvollstreckung.
   c) Welche Konsequenzen ergeben sich für den Gläubiger und den Schuldner, wenn ein Vermögen zur Befriedigung der ausstehenden Schulden vorhanden ist?
6. In welchem Fall ist eine Klage im Zivilprozessverfahren dem gerichtlichen Mahnverfahren mit Mahn- und Vollstreckungsbescheid vorzuziehen?

Außergerichtliches Mahnverfahren

Patienten, die 30 Tage nach Rechnungsdatum bzw. bis zum angegebenen Zahlungstermin ihre Rechnung nicht bezahlt haben, erhalten eine Mahnung. Zahlt der Patient immer noch nicht, erhält er weitere Mahnungen. Wie viele Mahnungen dem Patienten zugesandt werden, ist von Praxis zu Praxis unterschiedlich. Es gibt kein einheitliches vorgeschriebenes Verfahren. Eine Forderung ohne gerichtliche Hilfe einzutreiben, bezeichnet man als außergerichtliches Mahnverfahren. Die folgende Abbildung stellt eine Möglichkeit des außergerichtlichen Mahnverfahrens dar. Der damit verbundene Aufwand ist groß. Viele Praxen überlassen die Erstellung der Privatliquidationen den Zahnärztlichen Verrechnungsstellen. Diese übernehmen dann die Überwachung des Zahlungseingangs und damit auch das außergerichtliche Mahnverfahren.

Das außergerichtliche Mahnverfahren

1. Mahnung *Das Zahlungsziel ist um 14 Tage überschritten.*	**2. Mahnung** *Trotz Mahnung sind weitere zwei Wochen ohne Bezahlung der Rechnung vergangen*	**3. Mahnung** *Nach Verstreichen weiterer 8–14 Tage erfolgt die letzte Mahnung*
	Übliche angewandte Maßnahmen	
Zahlungserinnerung bzw. erste Mahnung mit einer Nachfrist von 14 Tagen	*2. Mahnung mit einer Zahlungsfrist von 8–14 Tagen; Androhung von Mahngebühren und Verzugszinsen*	*Letzte Mahnung mit Nachfrist von einer Woche, Androhung gerichtlicher Maßnahmen, Erhebung von Mahngebühren und Verzugszinsen*
	Inhalt, Stil, Art der Formulierung	
Höflich, freundlich, taktvoll, verständnisvoll	*Zwar höflich, aber konsequent, entschieden, nachdrücklich*	*Androhung unangenehmer Konsequenzen (Zwangsvollstreckung, Einschaltung Inkassounternehmen ...)*

Gerichtliches Mahnverfahren

War das außergerichtliche Mahnverfahren erfolglos, kann der Zahnarzt mithilfe des gerichtlichen Mahnverfahrens die ausstehende Zahlung eintreiben. Bei geringen Honorarforderungen lohnt sich wegen der hohen Kosten ein gerichtliches Mahnverfahren meist nicht. Die Gerichtskosten hängen vom Streitwert ab. Ab einem Streitwert von 5.000,00 EUR besteht bei einer Zahlungsklage vor dem Landgericht Anwaltspflicht.

Beim gerichtlichen Mahnverfahren stehen zwei Wege zur Verfügung:

1. Antrag auf Erlass eines Mahnbescheids,
2. Direkt eine Klage bei Gericht auf Zahlung einreichen (Zivilprozess).

Mahnbescheid

Ist die Forderung unstrittig und zu erwarten, dass der Schuldner den Anspruch anerkennt, so ist der Antrag auf Erlass eines Mahnbescheides sinnvoll. Vorteile dieses Mahnverfahren sind:

- Die Verjährung wird gehemmt.
- Die Kosten sind niedriger als beim Zivilprozess.
- Das Mahnverfahren wird zügig abgewickelt.

Über Zahlungsaufforderungen kommt es manchmal zwischen dem Zahnarzt (Gläubiger) und dem Patienten (Schuldner) zum Streit. Gründe können sein, dass der Patient Zweifel an der Korrektheit der Liquidation hat oder dass er seinerseits Forderungen an den Zahnarzt oder die Zahnärztin hat. In solchen Fällen ist direkt bei Gericht Klage zu erheben. So können dann im Zivilprozess die strittigen Fragen geklärt werden.

Bei einem Mahnbescheid leitet der Zahnarzt als Antragsteller das gerichtliche Mahnverfahren durch einen Antrag auf Erlass eines Mahnbescheids ein. Aufgrund des Antrags erlässt das Mahngericht den Mahnbescheid und stellt diesen dem Patienten (Antragsgegner) zu.

Der Mahnbescheid ist somit ein gerichtliches Schreiben, das der Gläubiger einem Schuldner über das Mahngericht zustellen lässt, um eine nicht bezahlte Forderung gelten zu machen.

Das gerichtliche Mahnverfahren bietet dem Zahnarzt als Gläubiger die Möglichkeit, seine Forderungen mithilfe des Gerichts schnell und kostengünstig einzutreiben. Zentrale Mahngerichte wickeln die Verfahren ab. Das folgende Schema zeigt den Ablauf des gerichtlichen Mahnverfahrens.

Ablauf des gesamten gerichtlichen Mahnverfahrens

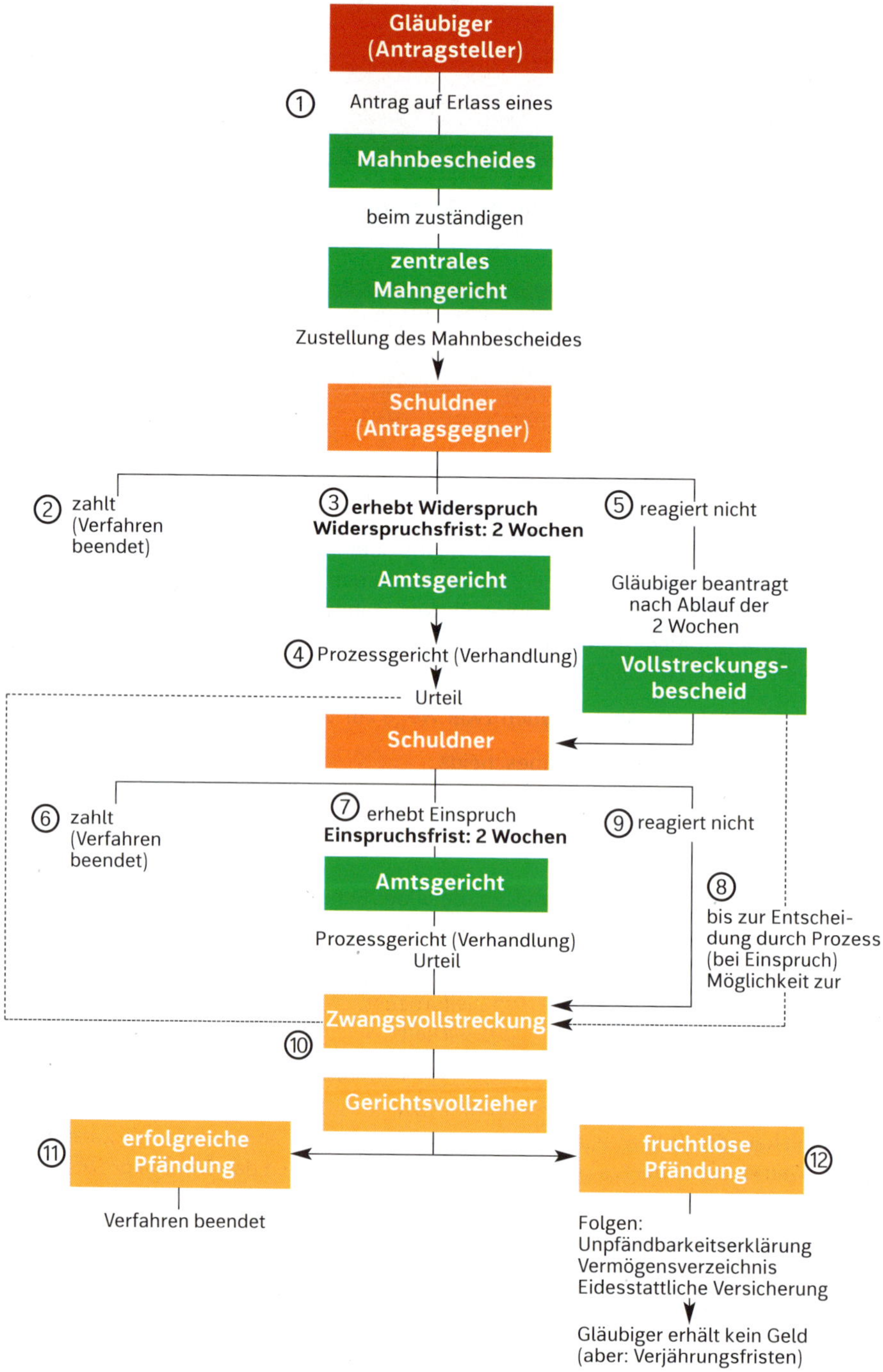

Das Gericht prüft vor der Zustellung des Mahnbescheides an den Patienten (Schuldner) lediglich, ob der vorliegende Antrag vollständig ist. Eine Prüfung, ob die Forderung gegenüber dem Schuldner berechtigt ist, findet nicht statt. Deshalb hat der Schuldner, der in diesem Verfahren Antragsgegner heißt, die Möglichkeit, binnen zwei Wochen Widerspruch einzulegen. Der Patient (Schuldner) erklärt damit gegenüber dem Gericht, dass die ihm zugestellte Aufforderung zur Bezahlung einer Forderung des Zahnarztes (Gläubiger) nicht berechtigt ist. Bei einem Widerspruch muss der Zahnarzt als Gläubiger (Antragsteller) entscheiden, ob es zu einer Gerichtsverhandlung mit einem Urteil kommen soll. Reagiert der Schuldner nicht auf einen Mahnbescheid, muss der Antragsteller überlegen, ob er einen Antrag auf Erlass eines Vollstreckungsbescheides stellt.

Der Vollstreckungsbescheid ist ein Titel (gerichtliche Urkunde), mit dem der Zahnarzt als Gläubiger die zwangsweise Eintreibung seiner Forderung veranlassen kann.

Es entstehen keine zusätzlichen Kosten. Im vorhergehenden Schema sind die möglichen Reaktionen des Schuldners auf einen Vollstreckungsbescheid dargestellt.

Zwangsvollstreckung
Sowohl ein Urteil, das einen Schuldner zur Zahlung verpflichtet, als auch der Vollstreckungsbescheid sind sogenannte vollstreckbare Titel. Der Gläubiger kann unter Vorlage des Urteils bzw. des Vollstreckungsbescheides bei Gericht die Zwangsvollstreckung veranlassen. Dies macht nur Sinn, wenn beim Schuldner Vermögenswerte (Geld, wertvolle Gegenstände, Immobilien) vorhanden sind.

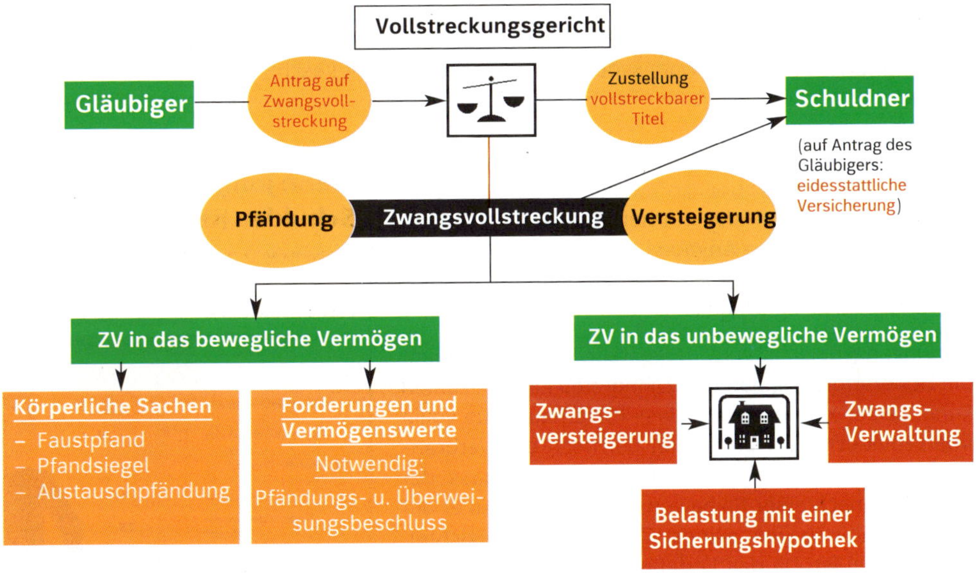

Die Zwangsvollstreckung in das bewegliche Vermögen erfolgt beim Schuldner durch Pfändung wertvoller Dinge (Gegenstände), wie Bargeld, Schmuck usw.

Die Pfändung ist eine Beschlagnahme von Vermögensgegenständen des Schuldners. Diese werden verwertet, um mit den erzielten Erlösen dann die Forderung des Gläubigers zu bezahlen.

Gepfändet werden können aber auch Teile von Forderungen, die der Schuldner anderen gegenüber hat, z. B. Teile seines Lohns bzw. Gehalts. (Lohn und Gehalt sind eine Forderung des Arbeitnehmers gegenüber dem Arbeitgeber.) Die Pfändung wertvoller Gegenstände führt ein Vollstreckungsbeamter (Gerichtsvollzieher) durch. Kleinere Gegenstände nimmt er mit, auf größere Gegenstände wie z. B. Möbel, Teppiche klebt er eine Pfandsiegelmarke.

Mit dieser Siegelmarke wird sichtbar dokumentiert, dass die Sachen, auf denen sie aufgeklebt ist, beschlagnahmt sind.

Pfändbar sind aber nicht alle Vermögensgegenstände des Schuldners. Unpfändbar sind Sachen,

- die dem persönlichen Gebrauch dienen, beispielsweise Kleidung und Hausrat,
- die zur Ausübung des Berufs erforderlich sind, z. B. Computer bei einem Schriftsteller, mit dem er seine Manuskripte schreibt.

Der Gerichtsvollzieher lässt die gepfändeten Sachen versteigern. Mit dem Versteigerungserlös werden die Kosten des Verfahrens und die Schulden bezahlt.

Bezieht der Schuldner als Arbeitnehmer Lohn oder Gehalt, wird der pfändbare Teil seines Einkommens einbehalten, um damit seine Schulden zu bezahlen.

Besitzt der Schuldner ein Haus, eine Eigentumswohnung oder ein Grundstück (Immobilien), werden diese zur Tilgung seiner Schulden verwertet (Zwangsvollstreckung in unbewegliches Vermögen).

Sind alle Kosten des gerichtlichen Mahnverfahrens gedeckt sowie alle Forderungen des Gläubigers beglichen, ist die Zwangsvollstreckung erfolgreich abgeschlossen. Konnten durch die Zwangsvollstreckung nicht alle Forderungen des Gläubigers beglichen werden, kann er den Schuldner zur Abgabe einer eidesstattlichen Versicherung vorladen lassen. Vor Gericht muss der Schuldner Auskunft über sein Vermögen geben und eidesstattlich erklären, dass diese Auskunft der Wahrheit entspricht. Bei wahrheitswidrigen Angaben macht er sich strafbar. Der Schuldner wird in ein bei Gericht geführtes Schuldnerverzeichnis eingetragen.

Im Eingangsbeispiel wird dargestellt, dass ein Patient die Honorarforderungen des Zahnarztes nicht bezahlen kann. Leider kommt es vor, dass Privathaushalte völlig überschuldet sind. Dann bleibt nur noch das Verbraucherinsolvenzverfahren. Dies hat zum Ziel, dass der Schuldner nach einer Reihe von Jahren, in denen er auf den pfändbaren Teil seines Einkommens verzichtet, schuldenfrei ist. Da das Verfahren sehr kompliziert ist, sollte der Schuldner eine Schuldnerberatungsstelle oder andere sachverständige Hilfen für die Verfahrensabwicklung in Anspruch nehmen.

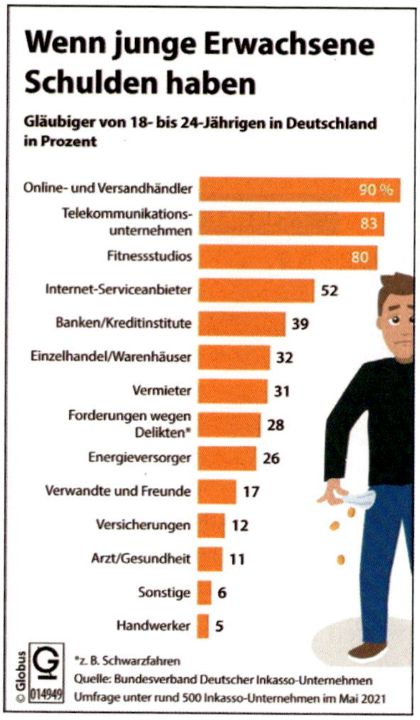

6 Verjährung von Forderungen

Sarah hat das gerichtliche Mahnverfahren beim Patienten Otto Müller aufmerksam verfolgt. „Es war ein Glück, dass wenigstens über die Pfändung seines Gehalts noch unsere Liquidation und die Mahnkosten bezahlt wurden", sagt sie. „Ja, ich habe durch Erfahrung gelernt", erklärt ihr Dr. Heine. „Vor einigen Jahren haben wir bei einem Patienten mit mehreren hundert Euro Schulden nichts unternommen. Letztens sehe ich ausgerechnet diesen Patienten mit einem teuren Sportwagen. Wir haben die Unterlagen unserem Rechtsanwalt übergeben. Das deprimierende Ergebnis war, es ist nichts zu machen. Unsere Forderung war bereits verjährt."

Aufgaben

1. Wann verjähren Honorarforderungen von Zahnärzten?
2. Was hätte Herr Dr. Heine vorsorglich machen können, um eine Verjährung zu vermeiden?
3. Wodurch unterscheidet sich die Hemmung der Verjährung von der Unterbrechung der Verjährung?
4. Geben Sie Beispiele für Tatbestände, die eine Hemmung der Verjährung bewirken.

Wichtige Verjährungsfristen

Im Gesetz ist festgelegt, dass Forderungen nach Ablauf bestimmter Fristen verjähren. Das bedeutet, der Schuldner ist dann nicht mehr verpflichtet, seine Schulden zu bezahlen.

***Definition:** Nach der Vollendung der Verjährung ist der Schuldner berechtigt, die Leistung mit dem Hinweis auf die Verjährung zu verweigern. Dies bezeichnet man als Einrede der Verjährung.*

Die wichtigste Verjährungsfrist ist die **dreijährige Regelverjährung.** Hierunter fallen z. B. alle Forderungen aus Dienst-, Kauf- und Arbeitsverträgen, Miete und Pacht. Auch die Forderungen des Zahnarztes aus dem Behandlungsvertrag an säumige Patienten gehören hierzu. Die dreijährige Verjährungsfrist beginnt stets am Ende des Entstehungsjahres. Für die Berechnung der Verjährung gilt:

Tag der Fälligkeit der Forderung
+ Zeit bis zum Jahresende (31.12., 24:00 Uhr)
+ 3 Jahre
= Verjährungszeitpunkt

Neubeginn der Verjährung

Neubeginn der Verjährung heißt, die Verjährungsfrist beginnt von Neuem zu laufen. Bestimmte Ereignisse können den Zeitablauf der Verjährung verändern. Bangt ein Gläubiger um seine Forderung, kann er beispielsweise mit einem vollstreckbaren Titel die Zwangsvollstreckung veranlassen und so für eine Unterbrechung der Verjährung sorgen. Dabei bedeutet Unterbrechung, dass die ursprüngliche Verjährung, z. B. die dreijährige Verjährung bei Honorarforderungen eines Zahnarztes von Neuem beginnt, jetzt aber nicht mehr am Jahresende.

Die folgende Übersicht zeigt wichtige Ereignisse, die zu einer Unterbrechung führen:

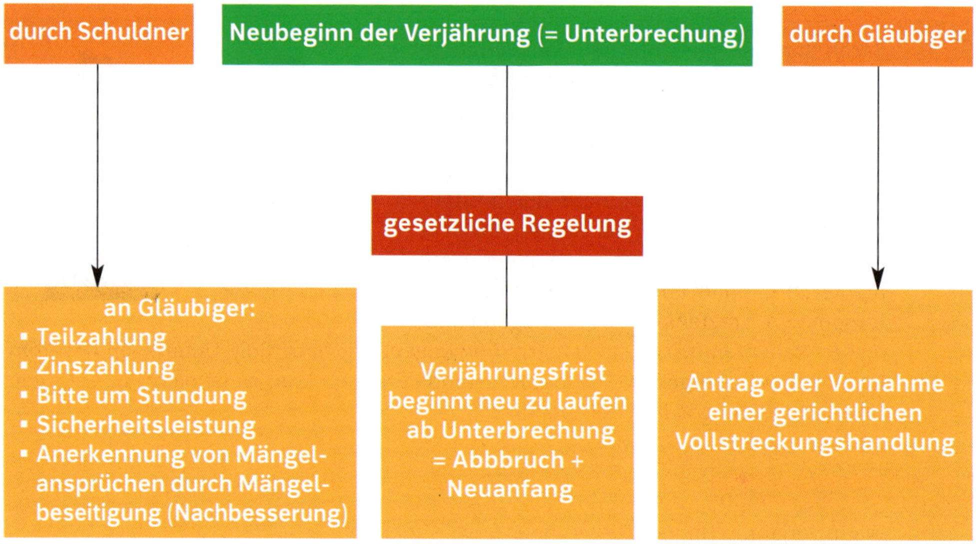

Hemmung der Verjährung

Eine Hemmung der Verjährung bedeutet, dass die Verjährung während eines Zeitraumes ausgesetzt wird. Nach Wegfall der Hemmung läuft die Verjährung dann weiter. Um die Zeitdauer der Hemmung verlängert sich die Verjährungsfrist. Die folgende Übersicht zeigt einige wichtige Ereignisse, die zu einer Hemmung der Verjährung führen:

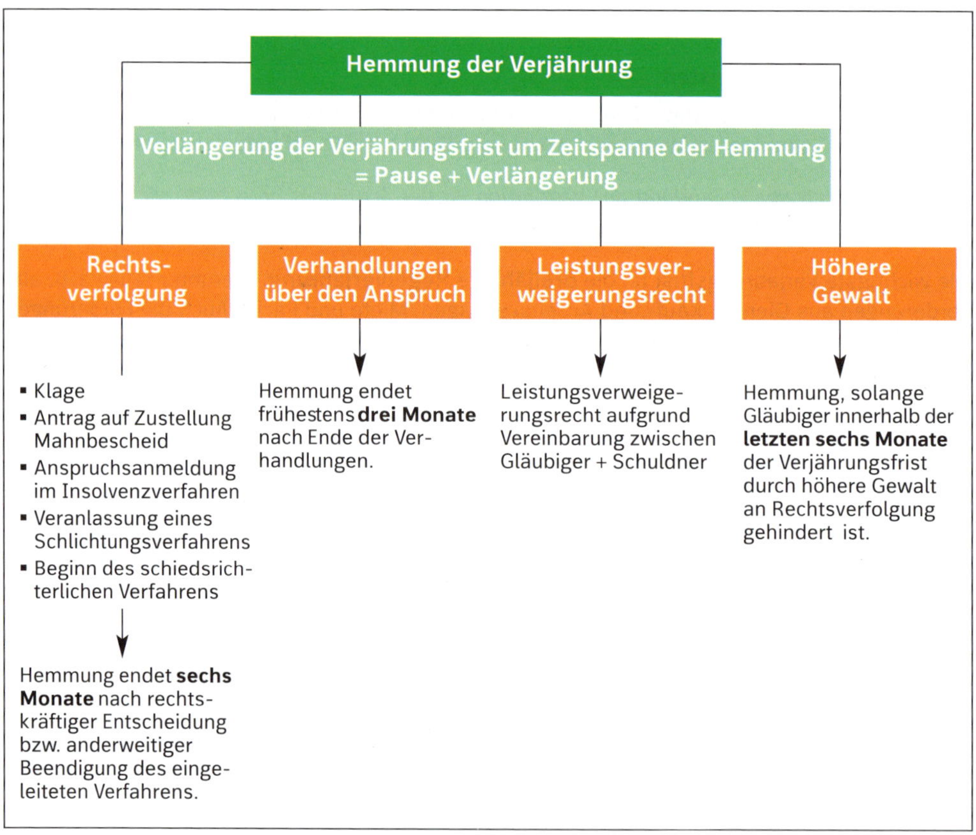

7 Arbeitszeugnis und Arbeitsvertrag – Abschluss der Ausbildung und Beginn der beruflichen Tätigkeit

„Nun geht deine Ausbildung zu Ende. Wo sind die drei Jahre nur geblieben?“, seufzt Melanie. „Die Zeit ist wie im Fluge vergangen. Nun bin ich gespannt auf die neuen Aufgaben in der Zahnarztpraxis. Dr. Heine hat mir zum Abschluss meiner Ausbildung schon mein Arbeitszeugnis gegeben. Den Arbeitsvertrag habe ich auch schon unterschrieben“, antwortet Sarah. „Dr. Heine hat das Standardformular der Zahnärztekammer verwendet. Das berücksichtigt alle tarif- und arbeitsrechtlichen Vorschriften“, stellt Melanie fest.

Aufgaben

1. Lesen Sie das Arbeitszeugnis von Sarah.
   a) Handelt es sich im Beispiel um ein einfaches oder ein qualifiziertes Zeugnis? Erläutern Sie, worin der Unterschied besteht.
   b) Welche Grundsätze hat ein Arbeitgeber beim Abfassen eines Zeugnisses zu beachten?
   c) Erläutern Sie anhand des vorliegenden Zeugnisses, wie ein Arbeitszeugnis gegliedert ist.
   d) Wie beurteilen Sie das vorliegende Zeugnis hinsichtlich der Bewertungen der Leistungen und des Verhaltens?
2. Sind niedergelassene Zahnärztinnen und Zahnärzte verpflichtet, Arbeitsverträge mit Zahnmedizinischen Fachangestellten schriftlich abzuschließen?
3. Wodurch unterscheiden sich befristete und unbefristete Arbeitsverträge?
4. Erläutern Sie kurz die wichtigsten Pflichten aus dem Arbeitsvertrag, die die Zahnmedizinische Fachangestellte und der Zahnarzt oder die Zahnärztin haben.
5. Welche wichtigen Inhalte sind in einem Arbeitsvertrag zu regeln?
6. Durch den Verweis auf den jeweils gültigen Mantel- und den Gehaltstarifvertrag kann man in Arbeitsverträgen die tariflichen Regelungen übernehmen.
   a) Was ist der Unterschied zwischen dem Mantel- und dem Gehaltstarif?
   b) Wann gelten diese automatisch?
7. Laden Sie aus dem Internet den Standardarbeitsvertrag Ihrer Zahnärztekammer herunter.
   a) Erstellen Sie eine Übersicht über die Inhalte des Arbeitsvertrages.
   b) Prüfen Sie, ob die tarifrechtlichen Regelungen des Mantel- und Gehaltstarifvertrages in diesem Arbeitsvertrag übernommen wurden.

8. Sarah erhält von Dr. Heine ein Anfangsgehalt von 2.368,00 EUR. Führen Sie für dieses Bruttogehalt eine Gehaltsabrechnung mit einem Gehaltsrechner aus dem Internet durch. Zu berücksichtigen ist, dass Dr. Heine die tariflich geregelten 45,00 EUR zur betrieblich Altersversorgung zahlt. Weiterhin stockt Sarah mit 50,00 EUR aufgrund von Entgeltumwandlung die betriebliche Altersversorgung auf. Hierauf zahlt Dr. Heine den im Tarifvertrag vereinbarten Zuschuss von 10,00 EUR.

7.1 Arbeitszeugnis

Bei Beendigung des Ausbildungsverhältnisses und bei Beendigung des Arbeitsverhältnisses hat ein Arbeitnehmer einen **Rechtsanspruch auf ein Arbeitszeugnis**. Man unterscheidet zwischen einem einfachen und einem **qualifizierten Zeugnis**. Das einfache Zeugnis beinhaltet Art des Dienstverhältnisses und dessen Dauer. Beim qualifizierten Zeugnis erfolgt zusätzlich eine Beurteilung über Führung und Leistung. Der Arbeitnehmer kann wählen, ob er ein einfaches oder ein qualifiziertes Zeugnis erhalten möchte. Ein qualifiziertes Zeugnis enthält folgende Punkte:

- Personaldaten – Name, Vorname, Geburtsdatum,
- Dauer der Tätigkeit und genaue Bezeichnung,
- Beschreibung der Aufgaben, die während der Tätigkeit wahrgenommen wurden,
- Bewertung der Leistung und des Verhaltens,
- Grund für das Ausstellen eines Zeugnisses, z. B. Ausbildungsende.

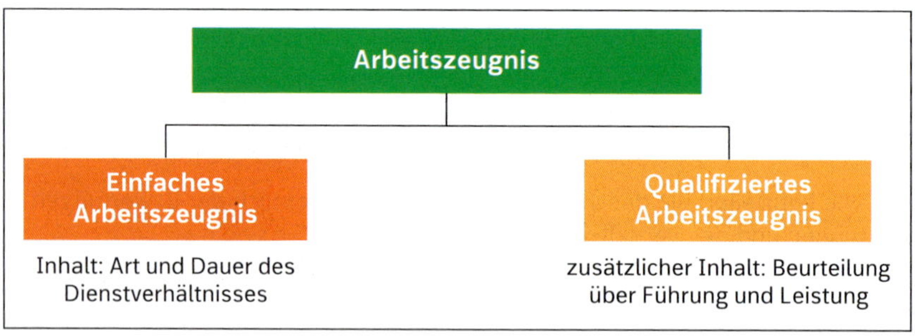

Ein Arbeitszeugnis darf die zukünftigen Chancen des Arbeitnehmers nicht unverhältnismäßig beeinträchtigen. Daher sollte es der Arbeitgeber wohlwollend abfassen. Trotzdem muss es die Wahrheit widerspiegeln. Es gilt:

- Inhaltlich dürfen nur Angaben zu arbeitsbezogenen Tatsachen gemacht werden.
- Aussagen, die negativ gewertet werden können, dürfen nur im Arbeitszeugnis stehen, wenn sie beweisbar sind.
- Der Arbeitgeber muss beim Abfassen des Zeugnisses im Blick haben, wie ein neuer Arbeitgeber dieses Zeugnis einschätzt.
- Zeugnisse dürfen nicht mit verschlüsselten Formulierungen versehen werden, die den Arbeitsnehmer in einer Weise charakterisieren, die dem eigentlichen Wortlaut nicht entnommen werden kann.

Beispiel: *Frau Feier trug erheblich zur Gestaltung eines positiven Betriebsklimas bei. Dies heißt im Klartext: Frau Feier redete viel und umfassend mit ihren Kolleginnen und Kollegen über Dinge, die mit der eigentlichen dienstlichen Tätigkeit nichts zu tun hatten.*

Fühlt sich ein Arbeitnehmer unzutreffend und ungerecht beurteilt, muss er sich mit dem Arbeitgeber auseinandersetzen. Im schlimmsten Fall muss er auf die Erteilung eines korrekten Zeugnisses klagen. Der Arbeitgeber ist schadenersatzpflichtig, wenn ein Zeugnis falsche Aussagen enthält.

Beispiel: *Frau Feier findet aufgrund der obigen Aussage keinen neuen Arbeitgeber. Nachdem sie erfahren hat, was mit dieser Aussage gemeint ist, verlangt sie die Erstellung eines neuen Zeugnisses. Weiterhin fordert sie vom Arbeitgeber die Erstattung des bisherigen Verdienstausfalls.*

Arbeitszeugnis

- **Der Arbeitnehmer hat einen Rechtsanspruch auf ein Zeugnis.**
- **Es muss alle für die Gesamtbeurteilung wesentlichen Angaben enthalten.**
- **Die Aussagen müssen der Wahrheit entsprechen.**
- **Das Zeugnis muss vom verständigen Wohlwollen für den Arbeitnehmer getragen sein.**
- **Das Zeugnis darf das berufliche Fortkommen des Arbeitnehmers nicht unnötig erschweren.**

Da ein Zeugnis das Fortkommen des Arbeitnehmers nicht unnötig erschweren darf, hat sich eine eigene Sprache bei der Bewertung der Leistung und des Verhaltens herausgebildet. Liest man unbedarft die Beschreibungen der Leistungen, so schätzt man diese besser ein, als sie tatsächlich sind. Um Arbeitszeugnisse bewerten zu können, muss man die tatsächliche Bedeutung gebräuchlicher Formulierungen kennen. Die folgende Übersicht zeigt eine Abstufung zwischen sehr guten und völlig unzureichenden Leistungen:

sehr gute Leistungen	Sie hat die ihr übertragenen Arbeiten stets zu unserer vollsten Zufriedenheit erledigt.
gute Leistungen	Sie hat die ihr übertragenen Arbeiten stets zu unserer vollen Zufriedenheit erledigt.
befriedigende Leistungen	Sie hat die ihr übertragenen Arbeiten zu unserer vollen Zufriedenheit erledigt.
ausreichende Leistungen	Sie hat die ihr übertragenen Arbeiten zu unserer Zufriedenheit erledigt.
mangelhafte Leistungen	Sie hat die ihr übertragenen Arbeiten im Großen und Ganzen zu unserer Zufriedenheit erledigt.
völlig unzureichende Leistungen	Sie hat sich bemüht, die ihr übertragenen Aufgaben zu unserer Zufriedenheit zu erledigen.

Dr. Hubert Heine hat seiner Auszubildenden Sarah Neumann zum Abschluss der Ausbildung folgendes Zeugnis ausgestellt:

Dr. med. dent. Hubert Heine
Zahnarzt
Steeler Straße 128
45138 Essen

Zeugnis – Sarah Neumann

Frau Sarah Neumann, geboren am 28. Januar 2005 in Essen, hat in der Zeit vom 1. August 2022 bis 15. Juli 2025 in unserer Praxis eine Ausbildung als Zahnmedizinische Fachangestellte absolviert.

Während der Ausbildung wurde sie in den Praxisbereichen Patientenempfang, Praxisverwaltung sowie Assistenz eingesetzt.

Frau Neumann ist eine Mitarbeiterin, die sich mit großem Engagement und hoher Belastbarkeit stets für die Belange der Praxis einsetzte. Die ihr übertragenen Aufgaben erledigte sie stets zu unserer vollsten Zufriedenheit. Ihre Leistungen und ihre Lernbereitschaft während der Ausbildung fanden unsere höchste Anerkennung. Sie war in der Lage, auch bei einem ungewöhnlich hohen Patientenzuspruch die ihr übertragenen Aufgaben tadellos wahrzunehmen und dabei den Patienten Geduld, Freundlichkeit und Zuwendung angedeihen zu lassen. Sie wird daher von den Patienten überaus geschätzt.

In das Praxisteam hat Frau Neumann sich vom ersten Tag ihrer Ausbildung an überragend eingefügt. Aufgrund ihrer Aufgeschlossenheit, Sachlichkeit und Hilfsbereitschaft wird sie auch von ihren Kolleginnen sehr geschätzt.

Wir werden Frau Neumann nach bestandener Prüfung als Zahnmedizinische Fachangestellte übernehmen und wünschen ihr in unserem Praxisteam alles Gute für die weitere berufliche Zukunft.

Essen, 15. Juli 20..

Dr. Hubert Heine

7.2 Arbeitsvertrag

Ein Arbeitsverhältnis mit allen zu regelnden Inhalten wird durch einen **Arbeitsvertrag** geschlossen. Endet ein Arbeitsverhältnis vereinbarungsgemäß nach Ablauf einer bestimmten Zeit, handelt es sich um einen **befristeten Arbeitsvertrag**. Befristete Arbeitsverträge sind üblich bei Vertretungen. Normalerweise werden Arbeitsverhältnisse auf unbestimmte Zeit geschlossen und enden erst durch Kündigung (**unbefristete Arbeitsverträge**). Grundsätzlich gilt bei Verträgen Vertragsfreiheit. Die Vertragsparteien können den Inhalt des Vertrages frei bestimmen. Diese Vertragsfreiheit ist bei Arbeitsverträgen eingeschränkt. Hier gelten umfassende gesetzliche Regelungen und das Tarifrecht.

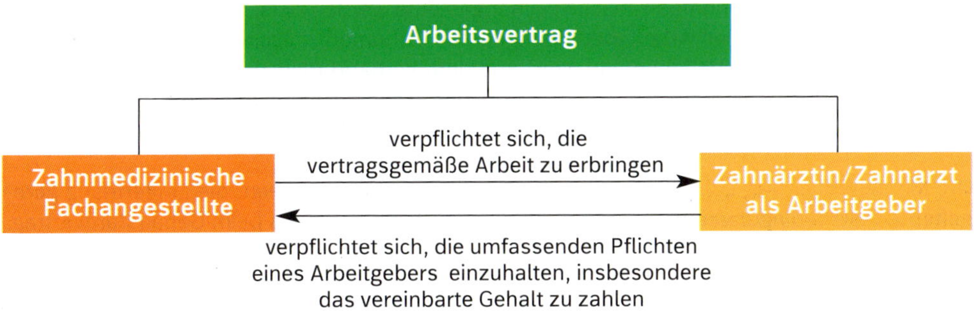

Zahnmedizinische Fachangestellte haben folgende Pflichten zu beachten:

- Dienstleistungspflicht,
- Sorgfalts- und Haftpflicht,
- Pflicht zur Sauberkeit und Hygiene,
- Schweigepflicht.

Für die Zahnärztin/den Zahnarzt gelten:

- Fürsorgepflicht,
- Vergütungspflicht,
- Zeugnispflicht.

Im Normalfall wird ein Arbeitnehmer für einen längeren Zeitraum als einen Monat eingestellt. Damit hat er nach dem Nachweisgesetz einen Anspruch darauf, dass die wesentlichen Inhalte des Arbeitsvertrages schriftlich niedergelegt werden.

Das **Nachweisgesetz** verpflichtet jeden Arbeitgeber bei Arbeitsverträgen, die länger als einen Monat dauern, die wesentlichen Bedingungen eines Arbeitsvertrages aufzuzeichnen, die Niederschrift zu unterzeichnen und dem Arbeitnehmer auszuhändigen. Spätestens einen Monat nach Beginn des Arbeitsverhältnisses ist die Niederschrift dem Arbeitnehmer auszuhändigen. In der Niederschrift müssen folgende Punkte enthalten sein:

1. Namen und Anschrift der Vertragsparteien
2. Zeitpunkt des Beginns der Beschäftigung
3. bei einem befristeten Vertrag die geplante Dauer der Beschäftigung
4. den Arbeitsort bzw. bei wechselnden Arbeitsorten einen Hinweis, dass der Arbeitnehmer an verschiedenen Orten beschäftigt werden kann

5. eine Tätigkeitsbeschreibung
6. die Höhe des Arbeitsentgelts einschließlich von Zuschlägen
7. vereinbarte Arbeitszeit einschließlich der Ruhepausen,
8. Dauer des jährlichen Erholungsurlaubs
9. Kündigungsfristen
10. Hinweis auf für dieses Arbeitsverhältnis geltende Tarifverträge, Betriebs- oder Dienstvereinbarungen.
11. sofern vereinbart, ein Hinweis auf die Dauer der Probezeit,
12. ein etwaiger Anspruch auf Fortbildungen

Tarifverträge für die Zahnmedizinische Fachangestellte werden zwischen der Arbeitsgemeinschaft zur Regelung der Arbeitsbedingungen für Zahnmedizinische Fachangestellte und Zahnarzthelferinnen (Arbeitgebervertreter) und dem Verband medizinischer Fachberufe e. V. (Arbeitnehmervertreter) abgeschlossen. Dabei unterscheidet man den **Manteltarifvertrag** und den **Gehaltstarifvertrag**.

Der Manteltarifvertrag enthält, wie die folgende Inhaltsübersicht zeigt, die längerfristig geregelten Arbeitsbedingungen. Die Laufzeit ist üblicherweise länger als beim Gehaltstarifvertrag.

§ 1 Geltungsbereich
§ 2 Anwendungsbereich
§ 3 Arbeitsvertrag
§ 4 Probezeit
§ 5 Schweigepflicht
§ 6 Arbeitsschutz
§ 7 Arbeitszeit
§ 8 Mehr-, Sonntags-, Feiertags- und Nachtarbeit
§ 9 Arbeitsversäumnis
§ 10 Vergütung
§ 11 Besondere Zuwendungen
§ 11a Betriebliche Altersversorgung
§ 12 Fortzahlung der Vergütung bei persönlicher Arbeitsverhinderung
§ 13 Teilzeitarbeit
§ 14 Krankenbezüge
§ 15 Sachbezüge
§ 16 Vergütungsregelung bei Schwangerschaft
§ 17 Fortzahlung der Vergütung beim Ableben einer Angestellten
§ 18 Urlaub
§ 19 Beendigung des Arbeitsverhältnisses
§ 20 Zeugnis
§ 21 Ausschlussfristen
§ 22 Wahrung des Besitzstandes
§ 23 Jugendliche
§ 24 Verzicht auf Tarifbezüge
§ 25 In-Kraft-Treten und Gültigkeitsdauer

(Vgl. www.vmf-online.de Stand: 2023. [13.02.2024])

Im Gehaltstarifvertrag ist im „§ 4 Gehälter für voll- und teilzeitbeschäftigte Zahnmedizinische Fachangestellte" die Höhe der monatlichen Gehälter geregelt. Diese sind abhängig von Tätigkeitsgruppe und von der Anzahl der Berufsjahre. Die Tätigkeitsgruppe wird bestimmt durch den Grad der Verantwortung und die Schwierigkeit der Tätigkeit. Der jeweils gültige Gehaltstarifvertrag für Zahnmedizinische Fachangestellte kann im Internet abgerufen werden.Die Laufzeit des Gehaltstarifvertrages beträgt üblicherweise ein bis zwei Jahre. Tarifverträge gelten automatisch, wenn die Zahnmedizinische Fachangestellte Mitglied in einem Berufsverband und ihr Arbeitgeber Mitglied in der Arbeitsgemeinschaft der Arbeitgeber ist, die die Verträge aushandeln. In allen anderen Arbeitsverträgen gelten diese Tarife, wenn im Arbeitsvertrag ausdrücklich diese zugrunde gelegt werden (Tarifbindungsklausel). In den Arbeitsverträgen, die von den Zahnärztekammern zur Verfügung gestellt werden, sind alle wichtigen gesetzlichen Regeln berücksichtigt, ebenso die tariflichen Regelungen, sofern für den Landesärztekammerbezirk Tarifverträge abgeschlossen wurden. Das Formular eines Musterarbeitsvertrages der jeweils zuständigen Zahnärztekammer ist über das Internet abrufbar.

8 Die Bewerbung – ein neuer Berufsabschnitt

„Nun geht die Ausbildung zu Ende. Viele Mitschülerinnen aus meiner Klasse werden übernommen. Einige müssen sich eine neue Zahnarztpraxis suchen", erzählt Sarah. „Ja, wir sind froh, dass du nun bald als fertige ZFA in der Praxis tätig bist. Wir suchen darüber hinaus noch eine weitere Zahnmedizinische Fachangestellte. Was wir bislang an Bewerbungen erhalten haben, ist teilweise kaum zu glauben," antwortet Melanie. „Ich verstehe das nicht. Gerade eine Bewerbung muss doch so gestaltet sein, dass sie nicht gleich als untauglich aussortiert wird."

Aufgaben

1. Wo können Sie Stellenanzeigen von Zahnarztpraxen finden?
2. Welche Möglichkeiten sollte man darüber hinaus bei der Suche nach einer Stelle nutzen?
3. Erläutern Sie kurz Bedeutung und Inhalt einer Bewerbungsmappe.
4. Wie kann man eine Vielzahl von Bewerbungen mit möglichst geringem Aufwand erstellen?
5. Was sollt man beachten, um ein Vorstellungsgespräch erfolgreich zu gestalten?

Zum Ende der Ausbildung beginnt für viele Zahnmedizinische Fachangestellte ein neuer Lebensabschnitt, der oft verbunden ist mit dem Wechsel in eine neue Zahnarztpraxis. Dieser Wechsel beginnt mit der Stellensuche. Entsprechende Stellenanzeigen finden sich

- in Zeitungen,
- bei der Agentur für Arbeit,
- über das Internet.

Sowohl die Agentur für Arbeit als auch private Personalberatungen nutzen immer mehr das Internet als Plattform für Stellenanzeigen.

Darüber hinaus sollte aber auch eine **Initiativbewerbung** in Erwägung gezogen werden. Hierbei bewirbt man sich, obwohl von der entsprechenden Zahnarztpraxis kein Stellengesuch vorliegt. Diese Bewerbung beruht auf der Hoffnung, dass die eingereichten Unterlagen so überzeugend sind, dass trotzdem eine Einstellung erfolgt. Weiterhin kann in den Zahnarztpraxen der Umgebung angefragt werden, ob eine Zahnmedizinische Fachangestellte gesucht wird. Eine weitere Möglichkeit ist das Aufgeben einer eigenen Stellenanzeige.

Um sich erfolgreich zu bewerben, bedarf es eines umfassenden und klugen Bewerbungsmanagements. Dies beginnt mit der Erstellung von **Bewerbungsmappen**, die

- ein Deckblatt mit Foto und Anschrift,
- ein Anschreiben mit der Bewerbung und
- einen Lebenslauf

enthalten. Auf die Erstellung dieser Mappe ist größte Sorgfalt zu legen. Bei einem attraktiven Stellenangebot erhält eine Zahnarztpraxis oft eine Vielzahl von Bewerbungen. Um das Einstellungsverfahren zu vereinfachen, werden die unbrauchbaren Bewerbungen gleich aussortiert. Aus den verbleibenden Mappen werden die mit dem besten Gesamteindruck ausgewählt. Die Bewerbungsmappe ist somit

- die Visitenkarte der Bewerberin gegenüber der Zahnärztin oder dem Zahnarzt,
- die Entscheidungsgrundlage für die Einladung zu einem Vorstellungsgespräch.

Dasselbe gilt für Bewerbungsunterlagen in digitaler Form. Die Bewerbungsunterlagen müssen zeigen:

- Wer bin ich?
- Was kann ich?

Daher ist der größtmögliche Wert auf die Qualität der Unterlagen und auf eine ansprechende Gestaltung zu legen.

Bei der Suche nach einer neuen Stelle ist meist eine Vielzahl von Bewerbungen zu schreiben. Daher sollten als Grundlage in einer Mappe

- ein Deckblatt,
- das Muster eines Bewerbungsschreibens,
- der Lebenslauf und
- Fotokopien aller wichtigen Zeugnisse

vorhanden sein. Diese Mappe dient dann als Basis für die Erstellung von Bewerbungen. Sind diese Dokumente gleichzeitig im Computer gespeichert, wird die Erstellung der Bewerbungen erleichtert.

Bei einer erfolgreichen Bewerbung kommt es zu einem **Vorstellungsgespräch**. Darauf muss man sich umfassend vorbereiten. Viele Einrichtungen bieten entsprechende Schulungen an. Mit erfahrenen Praktikern werden Einstellungsgespräche geübt. Zur erfolgreichen Gestaltung des Vorstellungsgesprächs gehören:

- **Gesprächsvorbereitung** durch umfassende Information über die Zahnarztpraxis, z. B. durch ausführliches Lesen der Internetseiten,
- **Kleidung und Auftreten** – angemessene Kleidung und ein freundliches Auftreten sind unbedingt zu beachten,
- **Fragen im** Bewerbungsgespräch – eventuell sollte man sich wichtige Fragen, die die Stelle betreffen, zuvor notieren.

Das erfolgreiche Bewerbungsverfahren endet mit dem Abschluss eines Arbeitsvertrages. Schriftlich sind alle wichtigen Inhalte zum Arbeitsverhältnis zu regeln. So werden von vornherein Missverständnisse und Irrtümer ausgeschlossen.

Sachwortverzeichnis

Bildquellenverzeichnis

BC GmbH Verlags- und Medien-, Forschungs- und Beratungsgesellschaft, Ingelheim: 48.6, 48.7, 48.8.

Beiersdorf AG, Hamburg: 179.1.

Bundesagentur für Arbeit, Nürnberg: 2024, https://www.arbeitsagentur.de/bildung, Stand: 26.01.2024 96.1.

Bundesministerium für Familie, Senioren, Frauen und Jugend, Berlin: 54.2, 54.3.

Bundesverband der Deutschen Volksbanken und Raiffeisenbanken (BVR), Berlin: 217.2.

Bundeszahnärztekammer, Berlin: 149.1.

Computer konkret AG, Falkenstein: 140.2.

DATAMED Computersysteme GmbH, Eggenfelden: 137.1, 137.2.

Deutsche Post AG, Bonn: 158.1.

Di Gaspare, Michele (Bild und Technik Agentur für technische Grafik und Visualisierung), Bergheim: 9.1, 35.1, 50.1, 50.2, 111.3, 111.4.

fotolia.com, New York: Alexander Raths 38.1; ArTo 126.1; CandyBox Images 27.3, 133.1; contrastwerkstatt 145.2, 257.3; Gina Sanders 80.1, 110.1; J.M. Guyon 79.1; Jann 166.3; jayrb 167.1; karelnoppe 29.1, 213.2; Lisa F. Young 84.1, 90.2; Minerva Studio 229.3, 232.2, 241.2; momius 152.1; Nick Freund 15.2, 33.2, 34.2, 39.2, 41.2, 49.2, 51.3, 61.2, 72.3, 87.2, 101.2, 105.2, 108.2, 111.1, 116.2, 119.2, 136.2, 141.1, 156.2, 162.2, 170.3, 213.4, 225.2, 251.1, 257.2; niroworld 140.1; photowahn 120.1; Racle Fotodesign 7.1, 10.1, 27.1, 33.1, 34.1, 39.1, 41.1, 49.1, 51.2, 61.1, 70.2, 72.2, 87.1, 90.1, 95.1, 98.2, 101.1, 105.1, 108.1, 111.2, 116.1, 119.1, 123.2, 136.1, 138.1, 141.2, 168.2, 170.2, 205.2, 213.3, 225.1, 229.2, 232.1, 241.1, 243.2, 249.2, 251.2, 257.1; Razvan, Radu 45.2; seen0001 255.2; Syda Productions 53.1; tina7si 94.2; WoGi 48.1, 48.2, 48.3, 48.4, 48.5.

GET Sol 1 GmbH, Leipzig: 104.1.

integra Software Services PVT Ltd, Pondicherry: 74.1, 143.2.

iStockphoto.com, Calgary: ajr_images 125.2; EXTREME-PHOTOGRAPHER 223.1; GlobalStock 66.2, 211.1, 213.5; pixelfit 26.7; RyanKing999 26.4.

Jouve Germany GmbH & Co. KG, München: 8.1, 16.1, 17.1, 43.1, 44.1, 45.1, 46.1, 47.1, 51.1, 57.1, 58.1, 60.1, 71.1, 71.2, 71.3, 72.1, 78.1, 78.2, 89.1, 93.1, 103.1, 112.1, 113.1, 123.3, 124.1, 128.1, 130.1, 133.2, 144.1, 145.1, 154.1, 165.1, 177.1, 178.1, 183.1, 188.1, 194.1, 208.1, 210.1, 213.1, 217.1, 219.1, 225.3, 231.1, 236.1, 237.1, 237.3, 237.4, 237.5, 237.6, 246.1, 247.1, 252.1, 253.1.

Kassenzahnärztliche Vereinigung Baden-Württemberg (KZV BW), Stuttgart: 31.1.

Landeszahnärztekammer Sachsen (LZKS), Dresden: 151.1.

Picture-Alliance GmbH, Frankfurt a.M.: blickwinkel/ McPHOTO/ADR 10.2, 22.1, 27.2, 66.3, 70.3; dpa-infografik 69.1, 85.1, 98.1, 100.1, 155.1, 186.1, 212.1, 224.1, 248.2; dpa-infografik GmbH 69.2, 75.1, 88.1; Westend61

Page, Robijn 221.3.

S-Payment GmbH, Stuttgart: 220.1, 221.1.

Shutterstock.com, New York: HobbitArt 26.8; lantapix 215.1; Studio Romantic 112.2.

stock.adobe.com, Dublin: Albers, Joachim B. 167.2; Berg, Martina 8.3; contrastwerkstatt 102.1; curto 243.1; daphnusia 26.2; drubig-photo 24.1; eccolo 185.1; fotohansel 120.2; Gelpi